Bogusław Wołoszański

RĂZBOIUL SECRET AL LUI STALIN

Descrierea CIP a Bibliotecii Naţionale a României
WOLOSZANSKI BOGUSLAW
Războiul secret al lui Stalin / Boguslaw Woloszanski ;
trad.: Anca Irina Ionescu. - Bucureşti : Orizonturi, 2015
ISBN 978-973-736-294-0

I. Ionescu, Anca Irina (trad.)

94(47)"19" Stalin,I.V
929 Stalin,I.V

Coperta: *Puiu Enache*
Corector: *Lucia Gruescu*
Tehnoredactor: *Puiu Enache*

Bdul Libertăţii nr. 4, bl. 117, et. 7, ap. 20
telefon: 021.3177679, 0744531333
e-mail: orizonturi@editura-orizonturi.ro

Bogusław Wołoszański

RĂZBOIUL SECRET AL LUI STALIN

Traducere de:

ANCA IRINA IONESCU

Editura ORIZONTURI

În colecţia

SECRETELE ISTORIEI

au apărut:

- **PROCESUL DE LA NÜRNBERG vol. 1**
  de Joey J Heydecker & Johannes Leeb

- **PROCESUL DE LA NÜRNBERG vol. 2**
  de Joey J Heydecker & Johannes Leeb

- **RĂZBOIUL SECRET AL LUI HITLER**
  de Bogusław Woloszański

vor apărea:

- **RĂZBOIUL SECRET AL LUI CHURCHILL**
  de Bogusław Woloszański

- **ŞOCUL TIRANILOR**
  de Bogusław Woloszański

Ultime apariţii:

- **ORGOLIILE KREMLINULUI. O istorie a Imperiului rus de la 1552 până astăzi**
  de Hélène Carrère D'Encausse

Dragă cititorule,

Epoca lui Stalin este una din perioadele cel mai puţin cunoscute din istoria Uniunii Sovietice şi a Europei. Deciziile se luau în tăcerea cabinetului de la Kremlin, fără stenografi, martorii s-au temut să vorbească zeci de ani chiar după moartea dictatorului, iar documentele rămase în arhive au fost inaccesibile pentru cercetători. Însă după destrămarea Uniunii Sovietice au fost desecretizate multe documente, mareşalii, politicienii şi victimele sistemului stalinist şi-au scris memoriile. În sfârşit, cu o întârziere de o jumătate de secol, se poate face o încercare de dezvăluire a imaginii celor întâmplate la Moscova la sfârşitul anilor 30.

Omenirea se îndrepta spre război, iar în faţa lui Stalin se ivise ocazia să-şi realizeze scopul măreţ, căruia i s-a dedicat fără cruţare: învingerea statelor vecine şi introducerea orânduirii sovietice pe teritoriul acestora. Ştia că numai atunci Uniunea Sovietică, „insulă izolată în marea imperialistă Sduşmană", va putea să se menţină şi să se dezvolte. Aşadar, trebuia să aţâţe conflictul dintre Germania nazistă şi puterile democratice, pentru ca să se declanşeze un război care să le nimicească puterile. A iniţiat atunci un joc politic secret viclean, făcând un slalom abil între Germania, Marea Britanie şi Franţa. A acaparat teritoriile ţărilor vecine, le-a distrus armatele până când şi-a dat seama că socotelile lui au dat greş. L-a subapreciat pe Hitler, puterea economică a Germaniei şi forţele Wehrmacht-ului. Când a înţeles toate acestea, şi anume la sfârşitul anului 1940, nu-i mai rămânea decât o singură soluţie: să lovească înaintea lui Hitler. Nu a mai apucat...

Este oare adevărat că armatele germane, începând războiul cu Uniunea Sovietică în ziua de 22 iunie 1941, au luat-o înaintea Armatei Roşii numai cu câteva săptămâni?

Îţi propun, dragă cititorule, o analiză a ceea ce s-a întâmplat la Moscova şi în alte capitale ale lumii pentru ca, aflând mersul evenimentelor, acţiunile guvernelor puterilor mondiale, ale serviciilor secrete şi ale statelor majore să găseşti răspunsul la această întrebare.

B. Wołoszański

PARTEA I – Criza

Noaptea

La Kremlin era linişte. Chiar şi gardienii patrulau fără zgomot pe coridoarele luminate de candelabrele de cristal, fără să facă nici cel mai mic foşnet. Deşi era târziu, în toate birourile ardea lumina, iar cei care se aflau în interiorul lor aşteptau o convocare care putea sosi în orice clipă de la cabinetul cel mai înalt. De aceea, se străduiau să fie suficient de aproape de telefon, ca să-l poată ridica repede şi să nu trezească cumva bănuieli că moţăiau sau că pierdeau timpul în alt fel.

De astă dată soneria a sunat în cabinetul cel mai înalt, acolo unde Stalin, aplecat deasupra mesei de stejar, studia hârtiile aduse de Nikolai Ejov[1], şeful NKVD[2].

A ridicat receptorul şi numai după ce a aflat cine doreşte să vorbească cu el a şoptit încet:

— Intră... După o clipă a adăugat: Intră, tovarăşe Beria[3].

---

[1] **Nikolai Ivanovici Ejov** (1894–1940), lucrător al organelor de urmărire, numit în septembrie 1936 comisar pentru afacerile interne, s-a remarcat ca executant nemilos al epurărilor staliniste, în urma cărora au fost ucişi sau trimişi în lagăre aproximativ 12 milioane de oameni. Din 22 septembrie 1938, când Lavrenti Beria a fost numit adjunctul său, a fost treptat înlăturat de la putere. La 23 octombrie 1938 şi-a prezentat demisia, în încercarea de a-şi salva viaţa. A fost arestat în ianuarie 1939 şi a fost condamnat la moarte şi probabil, executat prin împuşcare la 4 februarie 1940.

[2] **NKVD** *(Narodnâi Komissariat Vnutrennih Del)* – Comisariatul Poporului pentru Afaceri Interne – omologul ministerului afacerilor interne din alte state europene.

[3] **Lavrenti Pavlovici Beria** (1899–1953), lucrător cu state îndelungate în aparatul poliţienesc (Ceka, GPU), a preluat în 1938 funcţia de comisar pentru afacerile interne (NKVD). Prima lui misiune a fost să înlăture haosul provocat de marile epurări din 1937-1938. Resortul condus de el a organizat exterminarea în masă a populaţiei civile (locuitorii sovietici şi polonezi din teritoriile anexate la URSS), precum şi a prizonierilor de război (Katyn). La 30 iulie 1941 a intrat în componenţa Comitetului de Stat pentru Apărare. În 1945 a fost numit mareşal al Uniunii Sovietice. După moartea lui Stalin, s-a străduit să preia puterea; s-a manifestat ca adept al reformelor economice

Stalin a pus receptorul în furcă şi s-a uitat cu coada ochiului la Ejov. Acesta îşi aplecase capul peste hârtii, prefăcându-se că studiază atent un document. Se străduia să-şi ascundă în felul acesta tulburarea provocată de vestea că peste câteva clipe în încăpere va intra Lavrenti Beria.

Cu o lună mai devreme, într-o seară de iulie din 1938, când se prezentase ca de obicei la cabinetul Conducătorului ca să-i arate un raport referitor la eliminarea duşmanilor partidului şi statului, acesta îi spusese:

— Este necesar să întărim NKVD şi să vă numim un ajutor, tovarăşe Ejov. Aveţi vreo sugestie?

Luat prin surprindere de aceste cuvinte, Ejov şovăise. Nu se aşteptase ca eforturile lui să fie considerate nesatisfăcătoare şi să se aprecieze că ar avea nevoie de sprijin. Se dăruise fără odihnă muncii pentru Stalin şi realizase tot ceea ce aşteptase Conducătorul de la el. Preluase funcţia de şef al NKVD-lui în septembrie 1936. Îşi introdusese extrem de repede în instituţie propriile cadre, ceea ce necesitase asasinarea sau îndepărtarea a cel puţin 14.000 din vechii angajaţi. Sub conducerea lui, NKVD arestase 12 milioane de oameni, trataţi apoi în mod nemilos şi fără scrupule. El fusese cel care convinsese Plenara Comitetului Central al PCUS(b)[1] să-şi dea consimţământul cu privire la aplicarea torturii psihice şi fizice împotriva arestaţilor. În cea mai mare parte a cazurilor nu au existat niciun fel de dovezi ale vinovăţiei oamenilor aflaţi în închisorile NKVD-ului, căci aceştia ajunseseră acolo în urma denunţurilor vecinilor şi colegilor de muncă sau a unor bănuieli vagi, care luau naştere pe neaşteptate în mintea angajaţilor NKVD. Aşadar, cei arestaţi trebuiau obligaţi să recunoască faptul că sunt sabotori, spioni, agenţi secreţi, membri ai unui complot cu scopul răsturnării lui Stalin de la putere şi al schimbării orânduirii de stat. Pentru aceasta ar fi fost nevoie de timp. Introducerea torturii

şi al liberalizării vieţii în URSS, a cerut amnistierea pentru 90% din deţinuţi, autogestionarea republicilor sovietice, ceea ce a reprezentat principalul motiv pentru care alţi membri de frunte ai puterii au organizat un complot împotriva lui. La 26 iunie 1953 a fost arestat în timpul unei şedinţe a Prezidiului Comitetului Central, probabil judecat şi condamnat la moarte ca „duşman al partidului şi al poporului".

[1] **PCUS(b)** – Partidul Comunist al Uniunii Sovietice (bolşevic) – partid înfiinţat în 1925 prin transformarea Partidul Comunist Rus (bolşevic); denumirea „bolşevic" este legată de scindarea care a avut lor în 1912, când din Partidul Social-Democrat al Rusiei Muncitoreşti s-a desprins fracţiunea bolşevică. În 1952, PCUS(b) şi-a schimbat denumirea în Partidul Comunist al Uniunii Sovietice (PCUS).

simplifica lucrurile. Ejov, deşi ţinea o evidenţă foarte amănunţită, nu ştia câte persoane fuseseră torturate în încăperile special amenajate ale închisorilor NKVD. Probabil peste un milion. Era o dovadă cât se poate de clară a eficienţei aparatului pe care îl pusese la punct într-o perioadă de timp foarte scurtă. Atunci de ce era nevoie de un adjunct?

Ejov făcuse chiar ceva mai mult: serviciile lui îi dăduseră lui Stalin posibilitatea să se descotorosească de opoziţia din partid şi de toţi cei pe care îi bănuia că ar putea să ameninţe puterea tătucului poporului. În faţa plutoanelor de execuţie au păşit oameni care ajunseseră în vârful ierarhiei de stat şi de partid. Din cei cinci mareşali ai URSS, trei fuseseră condamnaţi la moarte, din cei 16 conducători ai armatei – 14, toţi cei opt amirali fuseseră lichidaţi, din 67 de comandanţi de corp de armată – 60, din 199 de comandaţi de divizie – 136, din 900 de ofiţeri cu rang de general au fost împuşcaţi sau spânzuraţi 600. „Epurarea" rândurilor partidului nu fusese un lucru simplu, dar Ejov reuşise să adune dovezi împotriva membrilor de frunte ai acestuia: Buharin, Zinoviev, Kamenev, Rudzutak şi mulţi alţii, care ar fi putut reprezenta o ameninţare pentru Stalin. A mers până acolo încât a reuşit să obţină condamnarea la moarte pentru o sută (după alte date 110) din cei 131 de membri ai Comitetului Central al partidului comunist. Aşadar, de ce tocmai acum, când era în culmea succesului, Stalin dorea să-i dea un „ajutor"? Ce greşeală făcuse? Cum se expusese?

— Nu, nu am nicio candidatură... a răspuns el.

— Cred că ar trebui să fie tovarăşul Beria, a spus Stalin.

Ejov tăcea. Aştepta să mai audă ceva, dar Stalin nu mai spusese nimic. Stalin ştia că mai înainte cu câteva săptămâni şeful NKVD se hotărâse să-l lichideze pe Beria, având presentimentul neclar că acesta ar putea să-i pună în primejdie funcţia. La începutul lui iulie 1938 îi trasase sarcină lui Serghei Goglidze de la serviciul NKVD din Gruzia să strângă dovezi cu privire la faptul că Beria face parte dintr-o „organizaţie militaro-fascistă". Iar acum, iată că omul acesta care fusese în celula morţii scăpase de acolo, mai mult chiar, din ordinul lui Stalin devenise adjunctul lui!

— E un candidat bun, a rostit în cele din urmă Ejov. Tovarăşul Beria ar putea să lucreze nu numai ca adjunct. Ar putea fi chiar comisar al poporului...

— Nu, nu e bun de comisar al poporului – a spus Stalin cu toată convingerea. Pe moment, părea chiar sincer. Va fi un bun adjunct.

Această conversaţie avea loc în iulie 1938. Timp de câteva săptămâni, Stalin nu a mai revenit la acest subiect, până în ziua de 22 august.

Lavrenti Beria

Semiîntunericul din cabinet era completat de fasciculul de lumină care răzbătea prin uşa întredeschisă a secretariatului, unde stătea Beria.

— Tovarăşe Beria – Stalin s-a ridicat şi a ieşit din spatele biroului. Amabilitatea cu care îl salută pe noul venit îl făcu pe Ejov să se încrunte şi mai tare. Începuse să se teamă.

— Partidul are o nouă însărcinare pentru dumneata, spuse Stalin, neglijând în mod voit prezenţa comisarului, care continua să şadă lângă birou. Vei deveni adjunctul tovorăşului Ejov. Este o funcţie nouă în serviciul dumitale pentru partid şi popor. Aceasta a fost decizia Biroului Politic, continua Stalin să vorbească spre uimirea vădită a lui Beria, care îşi ascundea cu greu stânjeneala. Nu-i venea să creadă că destinul i se schimbase atât de brusc. Cu numai câteva săptămâni în urmă nu ştia ce să facă să scape din ghearele lui Ejov. Atunci luase o decizie disperată. Îi telefonase lui Stalin. Aceasta îl salvase, căci îi amintise Conducătorului de existenţa sa, exact în momentul în care acesta se hotărâse să scape de Ejov.

— Să-ţi predai obligaţiile de secretar şi să vii la Moscova. Ai să fii gata până în august pentru noua misiune?

— Da, tovarăşe Stalin, răspunse Beria.

Se străduia să nu se uite le Ejov, care îşi adunase toate hârtiile în dosar şi se ridicase din fotoliu. Omuleţul mic de statură, numai cu puţin peste 150 cm, supranumit piticul sângeros, zâmbea nesincer.

Stalin, care controla foarte meticulos şi în cele mai mici amănunte funcţionarea NKVD, îşi dădea seama perfect cât de puternică este această instituţie şi cât de greu va fi s-o stăpânească după lichidarea lui Ejov. Aşadar, avea nevoie de un organizator loial şi priceput şi îl vedea în acest rol tocmai pe Beria. Numindu-l adjunct al şefului NKVD îi dădea timp să cunoască structura gigantică elaborată de Ejov, să-i izoleze pe oamenii acestuia, să se gândească cum să scape de ei. În acelaşi timp,

Stalin la masa de lucru

plănuia să convoace o comisie specială care să cerceteze abuzurile comise de NKVD. În componenţa ei urmau să intre Gheorghi Malenkov, secretar al CC al PCUS, Veaceslav Molotov, preşedintele Sovietului Comisarilor Poporului şi Andrei Vîşinski, procurorul general. Împreună cu Beria, aceştia trebuiau să strângă dovezi ale vinovăţiei lui Ejov, să-l determine să demisioneze ca să-l poată aduce apoi în faţa tribunalului. Îşi îndeplinise misiunea şi acum trebuia să moară, căci era exclus ca un om care ştia atât de multe despre Stalin şi avea o influenţă atât de mare în cea mai puternică instituţie a statului să fie lăsat în viaţă.

Se apropia miezul nopţii şi Stalin le-a făcut semn oaspeţilor săi că nu mai are nimic să le spună. Călăul şi viitoarea lui victimă au ieşit împreună din cabinet.

Stalin s-a întors la biroul său, ca să termine de citit documentele lăsate de Ejov, care propunea aplicarea pedepsei gradul I, cum obişnuia să numească pedeapsa cu moartea, pentru un număr de 3.571 de persoane. Numele lor erau dactilografiate pe 11 pagini. Stalin le citea cu mare atenţie, aşa cum îi era obiceiul. A doua zi lista urma să fie semnată de membrii Biroului Politic.

Din Turnul Spaski răsună dangătul orologiului care anunţa miezul nopţii. În noaptea aceea nu mai avea planificate alte convorbiri. De regulă, termina discuţiile la miezul nopţii, dar mai rămânea în cabinetul său mare cu boazerii de stejar până la ora două sau trei dimineaţa. Abia atunci cobora în apartamentul lui particular sau ordona să fie dus la dacea (vila) din apropierea Moscovei. Pentru el, noaptea era perioada cea mai propice pentru a-şi gândi următoarea mişcare. Situaţia din Europa din luna august 1938 ameninţa cu izbucnirea unui război şi impunea schimbarea politicii de până atunci. Nu se aşteptase la una ca asta.

A doua revoluţie

Evoluţia situaţiei din Europa nu-l nelinişte pe Stalin, deşi conflictul izbucnise pe neaşteptate şi ar fi putut să escaladeze sub forma unui război între cele mai mari puteri ale acelei lumi. Se aşteptase de mult această stare de lucruri, care i-ar fi înlesnit o admirabilă încununare a revoluţiei sale. El, Stalin, rămas mereu în umbra lui Lenin, pornise acum la înfăptuirea celei de-a doua revoluţii. O revoluţie mai mare, mai splendidă, care trebuia să ducă la apariţia unei adevărate mari puteri socialiste.

Ce-i lăsase Lenin? Un stat socialist slab, rezultat al unui război mondial îndelungat, în care oamenii se ridicaseră împotriva ţarului, iar după abdicarea acestuia, împotriva guvernului, care nu voia să pună capăt războiului. Societatea era de partea bolşevicilor numai pentru că le promisese soldaţilor că, după patru ani de înfrângeri, se vor întoarce acasă. Îşi ţinuseră promisiunea, deşi cu preţul unei păci înjositoare cu germanii, pe care o încheiaseră în martie 1918 la Brest-Litovsk. Au preluat puterea. Au consolidat-o printr-o teroare cumplită, pe care încă din vara anului 1918 au îndreptat-o chiar împotriva poporului. Îi nimiciseră pe cei mai înverşunaţi duşmani, cu toate acestea, statul lor era condamnat la exterminare.

Lenin postulase că întemeierea statului socialist în Rusia va da semnalul pentru începerea revoluţiei europene, în urma căreia în jurul frontierelor Rusiei vor lua fiinţă alte state socialiste. Iniţial, totul părea să arate că situaţia va evolua în conformitate cu speranţele conducătorilor bolşevici. Febra revoluţiei cuprinsese Europa, care trăia acelaşi şoc al războiului ca şi Rusia: Germania, Italia, Finlanda, Ungaria. Armata Roşie a pornit spre vest, să ducă revoluţia în Polonia şi să aţâţe insurecţia comunistă din Germania. Dar înfrângerea de lângă Varşovia din august 1920, când armata lui Tuhacevski a fugit în dezordine, temându-se să nu fie înconjurată de armata poloneză, a nimicit speranţele de stăpânire a Europei şi de creare a unor state conduse de guverne comuniste.

Speranţa formării unei cununi de state socialiste de-a lungul graniţelor Uniunii Sovietice s-a stins şi, în 1925, Stalin, care venise la putere în urma lui Lenin, decedat în 1924, a fost nevoit să adopte strategia „construirii socialismului într-un singur stat". Ce e drept, la mijlocul anilor '20 nu exista o ameninţare directă din partea statelor vecine, dar pentru conducătorii bolşevici era evident că situaţia este cât se poate de nefavorabilă.

Stalin spunea aşa:

— Gândul că lumea capitalistă va privi pasiv la succesele noastre pe frontul economic, succese care vor revoluţiona clasa muncitoare din întreaga lume, este o iluzie. De aceea, atât timp cât vom rămâne înconjuraţi de capitalism, atât timp cât proletariatul nu va învinge cel puţin în câteva state, nu putem spune că victoria noastră este definitivă. Aşadar, indiferent ce succese vom obţine în construcţia socialismului, nu putem afirma că statul nostru, statul dictaturii proletariatului, nu este ameninţat de nicio primejdie. Trebuie să facem în aşa fel, încât actuala încercuire capitalistă să fie înlocuită cu o vecinătate socialistă, ceea ce se va întâmpla după victoria proletariatului în câteva state. Numai atunci vom putea spune că victoria noastră este definitivă.

Aceste cuvinte ilustrează obiectivul acţiunilor puterii sovietice: să pună mâna pe armată şi când aceasta va deveni suficient de puternică pentru a nu mai risca o înfrângere precum cea din 1920, să pornească spre vest şi să creeze state socialiste de jur împrejurul frontierelor sovietice. Însă Armata Roşie era foarte slabă sub toate aspectele.

Moralul ei era foarte scăzut, fapt dovedit de numărul mare de dezertări din timpul războiului civil. În 1921 au dezertat 231.000 de persoane, dintre care 1.704 ofiţeri. Un an mai târziu, au fugit 112.224 de persoane, dintre care 3.763 de ofiţeri.

Armata Roşie rămânea o mare masă revoluţionară, indisciplinată şi heteroclită, în care nu exista respect pentru gradele superioare; ostaşii de rând aveau voie să desconsidere ordinele superiorilor sau să-i reclame în faţa comisarilor politici.

Mihail Frunze[1], care în ianuarie 1925 a primit funcţia de comisar al poporului pentru război, a pornit cu o uriaşă energie la reorganizarea imensei, dar slabei Armate Roşii. A făcut foarte mult, dar nu şi-a terminat munca. A murit pe neaşteptate la 31 octombrie 1925, ca urmare a unei operaţii de stomac nereuşite. Nu voise să se supună acelei operaţii, dar a fost obligat, căci aşa îi ordonase Comitetul Central, care

[1] **Mihail Vasilievici Frunze** (1885–1925), ofiţer şi strateg, legat din anii tinereţii de mişcarea revoluţionară (a luat parte la revoluţia din 1905). În timpul războiului civil a comandat unităţile Armatei Roşii care luptau pe frontul de răsărit împotriva armatelor amiralului Kolceak şi pe frontul de sud împotriva generalului Vranghel. Din martie 1924 a fost adjunct al comisarului pentru război, din ianuarie 1925 – comisar pentru război. A murit în urma unei operaţii nereuşite la stomac.

era îngrijorat pentru sănătatea marelui comandant. Oare nu se ascundea aici mâna lui Stalin? O astfel de recomandare nu putea fi emisă fără acordul lui. Atunci înseamnă că Stalin a ordonat lichidarea lui Frunze? Nu există dovezi în acest sens, dar este greu de presupus că, dacă ar fi existat, s-ar fi putut păstra. Un lucru este sigur: Frunze era o ameninţare pentru Stalin, a cărui poziţie în cadrul autorităţii comuniste era încă slabă, în timp ce adversarii lui erau puternici. Frunze – comandantul legendar din timpul războiului civil, care reorganizase în mod atât de dinamic Armata Roşie, devenea un rival redutabil. Dar ar fi putut să mai fie şi un alt motiv.

Partidul bolşevic se identifica, practic, cu armata, dovada cea mai clară fiind uniformele pe care le purtau şi conducătorii de partid. Stalin a mers până la sfârşitul vieţii lui într-un veston militar fără însemne, iar în zilele reci purta cu multă plăcere pe umeri o veche manta militară. Frunze a rupt această unitate dintre partid şi armată. A construit o armată de profesionişti, comandată de ofiţeri de meserie, care îşi făcuseră studiile în academii militare, nu de comisari politici. În felul acesta, Armata Roşie a început să se desprindă treptat de sub controlul partidului şi să-şi piardă caracterul revoluţionar. Fireşte, Frunze s-a străduit să facă în aşa fel, încât trecerea să nu fie bruscă, îndemnându-i pe ofiţeri să intre în partidul comunist, dar aceasta nu a schimbat direcţia reformelor pe care le-a introdus în armată. Tocmai de aceea a trebuit să renunţe la funcţia de comisar pentru problemele armatei în favoarea unui om în care Stalin avea încredere: Kliment Voroşilov[1]. Era de meserie lăcătuş şi îşi câştigase merite în ochii bolşevicilor deoarece făcuse agitaţie în rândurile muncitorilor de la fabricile de armament împotriva „asupritorilor". Drept recompensă, în anul 1918 i s-a încredinţat comanda apărării oraşului Ţariţîn[2] împotriva armatei Albilor. S-a achitat

[1] **Kliment Efremovici Voroşilov** (1881–1969), activist bolşevic din 1903, şi-a datorat cariera ulterioară colaborării în luptă alături de Stalin în 1918 la Ţariţîn, unde a comandat Frontul şi apoi în cadrul Armatei a 10-a. În 1925 a preluat funcţia de comisar cu problemele armatei şi un an mai târziu a devenit membru al Biroul Politic al Partidului Bolşevic. În 1935 a fost unul dintre primii cinci ofiţeri avansaţi la gradul de mareşal al Uniunii Sovietice. A luat parte activă la epurările din Armata Roşie. În iunie 1941 a intrat în componenţa Comitetului pentru Apărarea Patriei şi a fost numit comandant al Direcţiei Nord-Vest. A organizat apărarea Leningradului şi a comandat armatele Frontului Leningrad. Din 1942 a fost comandantul mişcării de partizani. În perioada 1945-1947, în calitate de şef al Comisiei Aliate de Control din Ungaria, a organizat introducerea regimului comunist în această ţară. După întoarcerea la Moscova a primit funcţia de adjunct al preşedintelui Consiliului de Miniştri al URSS, iar din 1953 până în 1960, când a ieşit la pensie, a fost preşedintele Sovietului Suprem al URSS.

[2] **Ţariţîn** – oraş în Rusia, numit Stalingrad în perioada 1925–1961, iar actualmente Volgograd.

atât de prost de această sarcină, încât comisarul de război de la vremea respectivă, Lev Troţki, îi scria lui Lenin că n-ar trebui să comande nici măcar un regiment, necum o armată întreagă şi a cerut retragerea lui. Stalin n-a ţinut seama de lipsa de competenţă a vechiului lui prieten cu care colaborase la Ţariţîn. Voroşilov era credincios ca un câine şi nu avea niciun fel de ambiţii politice. Aceasta a fost suficient pentru ca în 1925 Stalin să-i dea funcţia de comisar. În felul acesta, a reluat controlul asupra armatei, care îi scăpase din mână în timpul lui Frunze. Acţiunile incompetentului Voroşilov aveau să fie compensate de sprijinul tânărului şi dinamicului Mihail Tuhacevksi, căruia Stalin, cu toată antipatia pe care o nutrea faţă de el din timpul războiului cu Polonia, i-a încredinţat funcţia de şef al Statului Major.

Tuhacevski s-a pus pe treabă cu mult entuziasm. În 1926 a ordonat să se facă o analiză a dotării şi gradului de instruire al Armatei Roşii. Rezultatele acestei mari acţiuni au fost prezentate în decembrie 1927 într-un raport către Stalin, iar un an mai târziu, în cartea *A început războiul*. A expus aici o concepţie modernă de război în mişcare, în care rolul principal este jucat de tancuri şi avioane. Tancul, această armă care trebuia să fie produsă şi furnizată unităţilor în număr mare, urma să asigure Armatei Roşii forţa ofensivă necesară şi să-i permită să ajungă până la Canalul Mânecii. Dar armata lui Tuhacevski nu avea această armă. În anul 1928, Armata Roşie dispunea numai de vreo 150 de tancuri, majoritatea fiind *Mk V* de producţie britanică din Primul Război Mondial, care nu reuşeau decât cu greu să ţină pasul cu soldaţii care mărşăluiau rapid. În uzinele locale se produseseră numai 30 de tancuri *KS* şi *MS-23*, copii ale unor tancuri franceze din Primul Război Mondial, tip Renault *FT 17*. Este adevărat că în acel an a început producţia noilor care de luptă MS-1[1], o variantă evoluată a prototipului francez, dar fuseseră terminate abia 92 de bucăţi. Mai multe nu se puteau obţine, deoarece exista o singură fabrică, Krasnoe Sormovo, şi aceasta nu-şi putea mări producţia.

Fie că Stalin a bănuit în propunerile lui Tuhacevski o încercare de a-i submina puterea, fie că şi-a dat seama că şeful Statului Major devenea independent mult prea repede, fapt este că a reacţionat foarte violent la propunerile de dotare a armatei cu tehnică modernă de luptă,

[1] **MS-1** (T-18), tanc uşor proiectat în 1923, o variantă dezvoltată a unui prototip francez: fusese modernizat compartimentul motorului, motorul, cutia de viteze şi suspensia. Producţia a început în 1928 şi până în 1931 au fost fabricate 960 de astfel de care blindate de luptă în câteva versiuni (printre altele, *MS-3*, cu motor mai puternic şi cu o mitralieră suplimentară).

numindu-le fleacuri. Tuhacevski, căruia opinia lui Stalin i-a fost adusă la cunoştinţă de Kliment Voroşilov, s-a retras în mod onorabil şi şi-a prezentat demisia. A fost trimis la Leningrad, în funcţia de comandant al zonei militare de acolo.

Fără îndoială că Tuhacevski şi-a prezentat proiectele prea devreme. În realitate, şi el, şi Stalin aveau acelaşi scop: să creeze o armată redutabilă, care să dispună de arme de atac şi să fie capabilă să îngenuncheze Europa. Dar Stalin nu era de acord cu ritmul schimbărilor propuse de Tuhacevski. Mai întâi, trebuia să realizeze marea revoluţie. Trebuia să îndrepte erorile lui Lenin, care, după părerea lui, se abătuse de la calea trasată. Se speriase de valul de nemulţumire socială provocat de comunismul războinic şi pe care nu reuşise să-l înăbuşe nici măcar teroarea. În anul 1920, în gubernia Tambov a izbucnit o răscoală a ţăranilor, care au alcătuit o armată de partizani compusă din aproximativ 50.000 de oameni. În martie 1921, la Kronstadt a izbucnit o revoltă a marinarilor din Flota Balticii. Lenin nu mai putea amâna atenuarea politicii de rigoare a comunismului. A inventat Noua Politică Economică (NEP), care dădea statului control asupra pieţei libere. În această realitate economică ceţoasă au crescut averile comercianţilor, ale meşteşugarilor şi ale ţăranilor mai harnici. Burghezia cea veche s-a consolidat şi a luat naştere una nouă, şi mai puternică, iar Stalin şi-a dat seama că va dezbina Uniunea Sovietică. În noua lui revoluţie, burghezia duşmănoasă va fi eliminată şi marea industrie va deveni cuibul clasei muncitoare, pe care bolşevicii îşi bazau construirea noii orânduiri.

Aşadar, trebuia să se construiască mii de fabrici, uzine, mine, furnale, staţii electrice. În Uniunea Sovietică mâna de lucru era din belşug, dar lipseau uneltele şi materialele de construcţie, maşinile pentru noile uzine şi specialiştii care să le pună în mişcare. Toate acestea puteau fi cumpărate din străinătate, dar Uniunea Sovietică nu avea cu ce să plătească.

În perioada ţaristă, Rusia exportase aproape în exclusivitate materii prime: ţiţei, cărbune, lemn, blănuri şi cereale. În felul acesta, cu banii intraţi din export putea să finanţeze achiziţiile din străinătate, absolut indispensabile pentru dezvoltarea economiei, care începuse să înflorească înainte de izbucnirea Primului Război Mondial. Un articol important de export în Rusia ţaristă era grâul. În 1913 s-a exportat o cantitate de 13 milioane tone. A fost o cifră record, pe care bolşevicii nu reuşeau să o atingă. În 1925 au vândut peste graniţă numai două milioane de tone, aşadar de şase ori mai puţin! Care era motivul acestei scăderi drastice a cifrei de export? Revoluţia. Revoluţia îi distrusese pe proprietarii de pământ, ale căror gospodării erau principalele producătoare de grâu şi lichidase 600.000 de ţărani înstăriţi, care asigurau în Rusia ţaristă o treime din producţia de grâne.

Imaginea distrugerilor a fost completată de războiul civil, în urma căruia au pierit peste două milioane de oameni, mii de sate au fost complet distruse, milioane de hectare de teren s-au transformat în pârloage.

La plenara Comitetului Central din 9 iulie 1928, Stalin spunea: „Trebuie să avem neapărat rezerve de grâu pentru export. Trebuie să importăm echipament pentru fabricile noastre. Trebuie să importăm maşini agricole, tractoare şi piese de schimb. Dar nu vom reuşi să facem acest lucru fără un export de grâne. Înainte de război exportam anual 500-600 de milioane de puduri de grâu. Este adevărat că acest export uriaş era posibil pentru că oamenii mâncau prea puţin. Dar trebuie să înţelegem că atunci pe piaţă erau de două ori mai multe mărfuri decât acum".

Producţia agricolă se putea dezvolta rapid după modelul gospodăriilor germane pe suprafeţe mari şi al fermelor americane. Baza agriculturii moderne erau maşinile, dar cum să dai în Rusia cea înapoiată

În războiul civil, ambele părţi, şi Albii şi Roşii s-au întrecut în atrocităţi

unelte noi ţăranilor analfabeţi, care cultivau pământul cu ajutorul plugului de lemn, tras de o vacă sau de soţie şi de copii? Cu ce să cumpere ţăranii săraci unelte agricole? Şi cum să înveţe să le mânuiască? De unde să ia benzină şi piese de schimb? Gradul de înapoiere a satului rusesc părea să fie o barieră de netrecut.

Dar Stalin a găsit o metodă de îndepărtare a piedicilor: înfiinţarea unor centre mari de maşini agricole şi a marilor gospodării agricole, în care ţăranii vor lucra împreună, folosind în comun echipamentul modern, deservit de personal şi mecanici calificaţi. Însă oamenii de la sate s-au împotrivit. Ţăranul rus nu înţelegea comunismul ca proprietate comună asupra pământului, producţie comună şi distribuţie a rezultatelor muncii. În anul 1928, numai 0,7% din ţăranii sovietici făceau parte din partidul comunist şi numai 1,7% din familii se hotărâseră să intre în colhozuri. Stalin nu avea de gând să aştepte până când ţăranii se vor maturiza politic. Aceştia erau acum duşmanii lui. Conservatori, neîncrezători, îşi păzeau amărâtul de lot ca pe cea mai mare comoară. Trebuiau să moară.

La 27 decembrie 1929, Stalin a declarat război ţăranilor sub lozinca: „Să lichidăm chiaburimea ca clasă!” Fireşte, era o manevră propagandistică. Ţăranii înstăriţi urmau să fie prima victimă a colectivizării. Detaşamentele poliţiei politice secrete OGPU şi ale armatei au pornit împotriva satului, strivind orice manifestare de rezistenţă din partea celor care refuzau să-şi dea pământul şi vitele. Tribunale speciale pronunţau sentinţe de condamnare la moarte sau la închisoare sub orice pretext. Aceasta a fost una din formele de teroare. Dar instrumentul cel mai eficient de înmuiere a voinţei ţăranilor îndârjiţi avea să fie foamea. Soldaţii rechiziţionau alimentele, lăsându-le prea puţin pentru ca familiile ţăranilor să poată supravieţui peste iarnă. Patrulele instalate pe toate drumurile rechiziţionau toate căruţele şi împiedicau introducerea alimentelor în sat. Foamea, ca o viitură, a cuprins suprafeţe mari din Ucraina, care pe vremea ţarilor era supranumită grânarul Europei.

În perioada colectivizării, aproximativ 5 milioane de oameni au murit de foame, împuşcaţi, spânzuraţi sau îngropaţi de vii. Nimeni nu mai poate stabili cifra exactă a celor pe care i-a jertfit Stalin ca să nu-l deranjeze în înfăptuirea revoluţiei.

Cel puţin 10 milioane de ţărani au fost duşi în Siberia şi în Asia Centrală. Dintre aceştia, 3–4 milioane au murit pe drum sau au fost ucişi, aproximativ 3 milioane au ajuns în lagărele de concentrare.

În timp ce măcelul era în toi în satele din Rusia, Bielorusia şi Ucraina, în octombrie 1928, Comitetul Central a aprobat planul economic cincinal. Au luat naştere marile şantiere, care aveau să schimbe faţa Uniunii Sovietice. Aceasta a fost a doua etapă a revoluţiei lui Stalin.

În câţiva ani au luat naştere 1.500 de uzine. Au crescut marii giganţi ai industriei: Magnitogorsk, Novokuzneţk, Stalingrad, Harkov, Celeabinsk. În ultimul an al primului cincinal, producţia industrială a depăşit nivelul antebelic de două ori şi jumătate. Uniunea Sovietică începuse să se afirme ca mare putere industrială. Dar şi militară, căci în anii 1928–1935 a luat naştere marea industrie de război. Înainte de primul cincinal uzinele sovietice produseseră 92 de tancuri, în anul 1932 – 1.053. Numărul avioanelor fabricate a crescut în timpul cincinalului de la 1.394 la 3.285. Iar acesta nu era decât începutul.

Aflat în exil la Leningrad, Tuhacevski nu renunţase la ideea necesităţii mecanizării armatei. Şi şi-a pus în aplicare ideile pe poligoanele de acolo – a organizat unităţi de desant şi le-a instruit pentru acţiuni de mare amploare. A experimentat introducerea pe câmpul de luptă a marilor unităţi de blindate pentru operaţiuni independente şi a analizat noile soluţii în domeniul apărării antiaeriene a oraşelor şi a obiectivelor industriale. Aştepta un moment favorabil pentru a-şi prezenta propunerile de restructurare a forţelor armate. În anul 1929 şi-a dat seama că acest moment sosise, atunci când Comitetul Central al PCUS a adoptat o decizie cu privire la starea apărării din URSS, în care se afirma că într-un interval de doi ani armata trebuie să fie înzestrată cu echipament modern. În aprilie 1930 i-a trimis lui Stalin un raport pe tema necesităţii efectuării unor schimbări în armată. Secretarul general nu avea nevoie de sfaturi, nici de îndemnuri pentru a efectua schimbările, dar încă nu venise momentul să se ocupe de modernizarea Armatei Roşii. Drept urmare, raportul a avut un rezultat cu totul diferit de cel la care se aştepta autorul lui.

Stalin l-a acuzat pe Tuhacevski de dorinţa de a militariza ţara. Era o acuzaţie la fel de gravă precum cea de spionaj sau de trădare. Militarizarea, în concepţia autorităţilor comuniste, însemna intensificarea producţiei de armament, ceea ce, în condiţiile din Uniunea Sovietică, ar fi însemnat reducerea producţiei de îmbrăcăminte, aşadar era ceva îndreptat împotriva societăţii. Era o acuzaţie care putea avea consecinţe fatale. Mai ales în perioada în care Stalin începea primul val al marii răfuieli cu comandanţii superiori ai Armatei Roşii care proveneau din corpul de ofiţeri ţarişti. Urmărirea din cadrul procesului aşa-numitului Partid Industrial[1] a dus la arestarea câtorva ofiţeri care, chipurile, conlucraseră cu cei acuzaţi de păgubirea economiei. Era un motiv suficient pentru ca maşina persecuţiei să fie îndreptată împotriva armatei şi cei mai importanţi ofiţeri au ajuns la închisoare: Aleksandr Baltiski, Vladimir Egoriev, Aleksandr Lignau, Serghei Lukirski; la fel şi teoreticienii armatei: Kakurin, Snesarev, Aleksandr Svecin şi mulţi alţii. Au fost trimişi în lagăre, deşi cei mai mulţi dintre ei au fost eliberaţi după doi ani. În acest grup ar fi trebuit să se găsească şi Tuhacevski?

Se pare că Stalin, formulând acuzaţia de „militarism", se decisese să-l anihileze pe omul faţă de care nutrea de mult o ură ascunsă. Dar s-a abţinut din nou de la aplicarea soluţiei finale, fără îndoială pentru că îşi dădea seama că nu este suficient de puternic pentru a condamna la moarte un erou al războiului civil. Poate că plănuia o refacere rapidă a armatei după terminarea cincinalului şi ajunsese la concluzia că Tuhacevski îi va fi necesar. Aşadar, Tuhacevski, fără să aibă habar ce soartă îl aşteaptă, a început să urce rapid scara carierei militare. În iunie 1931 a fost numit vicepreşedinte al Consiliului de Război, vicecomisar pentru chestiunile militare şi maritime şi şef al dotării armatei. Din aceste funcţii putea modela Armata Roşie ca o forţă de atac capabilă să zdrobească orice duşman, atât pe cel care ar încerca să încalce din afară graniţele Uniunii Sovietice, cât şi pe cel împotriva căruia partidul comunist va decide să-şi îndrepte braţul său înarmat. Nucleul acestei armate urmau să fie unităţile blindate. În august 1931, Consiliul pentru chestiunile Muncii şi Apărării a aprobat, la propunerea lui Tuhacevski, programul de producţie de blindate. Până la sfârşitul anului 1932 se alcătuiseră primele două corpuri − unităţi operaţionale independente, fiecare din ele compusă din două brigăzi mecanizate, o brigadă de mitraliere şi o divizie independentă de artilerie antiaeriană. Analizele şi experienţa de la marile manevre arătau să personalul corpului trebuie să se compună din 9.865 de ofiţeri şi soldaţi cu 469 de blindate şi 200 de camioane. Până în 1936 au fost create 4 corpuri mecanizate, 6 regimente independente de blindate, 15 regimente mecanizate ale diviziei de artilerie şi 83 de batalioane şi companii de blindate în diviziile de infanterie.

[1] Aşa-numitul proces al partidului industrial a avut loc între 25 octombrie şi 7 decembrie 1930 împotriva a opt ingineri, acuzaţi de o presupusă participare la conspiraţia Partidului Industrial, având drept scop sabotarea economiei URSS; procesul s-a încheiat cu sentinţe de închisoare, căci Stalin nu avea încă o poziţie suficient de puternică, pentru a-i lichida pe acuzaţi.

Bazele industriei blindatelor au fost puse în timpul primului cincinal 1929-1934, iar producţia a crescut cu fiecare an. În 1930, s-au produs 170 de tancuri, un an mai târziu - 740, în 1932 - 3.038, pentru a se atinge producţia maximă de tancuri de 4.803 bucăţi în 1936. Până în 1937, uzinele sovietice au produs 20.239 de avioane, 21.010 tancuri, 30.216 piese de artilerie, aproximativ 2,5 milioane de mitraliere. Cu astfel de rezultate nu se putea mândri nici industria celor mai puternice state din lume de la vremea respectivă.

Tuhacevski a înţeles ce importanţă uriaşă are aviaţia pentru acţiunile militare. În planurile lui, aviaţia urma să fie o forţă independentă. La începutul anului 1936 a început formarea armatei aerului, care număra 250-260 de avioane de vânătoare şi de bombardament; acestea urmau să acţioneze în direcţiile strategice. Cumva pe marginea acestor mari acţiuni organizatorice, Tuhacevski şi-a realizat pasiunile şi dragostea pentru noutăţile tehnice, care nu întotdeauna dau rezultatele aşteptate. Încercările cu cuterele explozive s-au încheiat cu un fiasco, la fel ca şi experimentele cu avionul-mamă care ridica în aer pe aripile sale patru avioane de vânătoare. Încrederea în puterea tehnicii a dat totuşi roade în cercetările Institutului de Ştiinţă Experimentală a Rachetelor - care se găsea sub protecţia directă a lui Tuhacevski - referitoare la motoarele cu reacţie şi la metodele de radiolocaţie pentru descoperirea avioanelor.

Norocul ţinea în continuare cu el. În 1935, când în URSS s-a revenit la gradele militare (în locul gradelor pe funcţii, introduse după revoluţie), Tuhacevski a primit gradul de mareşal, fiind unul din cei cinci ofiţeri care au obţinut această onoare supremă pentru orice soldat. Mareşalul Tuhacevski avea motive să creadă în puterea şi în succesul său.

În acelaşi an, în timpul manevrelor de la Kiev, el a demonstrat ce forţă reprezintă Armata Roşie. Observatorii militari străini priveau cu uimire cum cele 1.040 de tancuri care parcurseseră 650 de kilometri se desfăşurau din marş în formaţie de luptă. Pentru generalul britanic Archibald Wavell[1], care ştia că armata ţării lui dispune de vreo

[1] **Archibald Wavell** (1883-1950), feldmareşal, unul dintre cei mai remarcabili comandanţi militari britanici, a obţinut în iulie 1939 funcţia de comandant suprem al forţelor terestre din Orientul Apropiat. Armatele comandate de el au pornit la ofensivă împotriva armatei italiene mult mai numeroase şi au ocupat Cirenaica. Ulterior, au învins şi au nimicit armatele italiene din Africa Răsăriteană. În 1941 a fost delegat în India şi a primit funcţia de comandant şef al forţelor britanice din această ţară. În decembrie acelaşi an, a fost numit în fruntea nou-înfiinţatului Comandament al Forţelor Aliate din Asia de Sud-Est. În iulie 1943 a fost numit vicerege al Indiei, iar în 1947 s-a întors în Marea Britanie.

300 de tancuri, priveliştea acestei mase uriaşe de blindate adunate pe un singur poligon era şocantă. Cu atât mai mult cu cât, alături de modernele *T-26* construite sub licenţa britanică Vickers 6ton, a văzut tancurile medii *T-28* cu trei turele şi tancurile grele *T-32*, copii destul de fidele ale britanicului *Independent Tank*. Forţa blindatelor demonstrată în exerciţiile introductive a fost numai un preludiu pentru performanţele exerciţiilor următoare, care i-au uluit pe observatorii străini. Priveau înmărmuriţi cât de jos deasupra liniei orizontului au apărut nişte punctişoare negre care s-au apropiat rapid de ei. Erau marile bombardiere *TB-3*[1].

La un moment dat, pe aripile lor au apărut siluete de soldaţi, care ieşeau din cabină şi se târau pe suprafeţele late. Cerul s-a umplut de sute de paraşute albe. Niciunul dintre observatorii străini nu mai văzuse un desant aerian de asemenea amploare. Paraşutiştii care aterizau, după ce îşi împachetau paraşutele şi îşi scoteau arma, se îndreptau spre o luncă mare. Rapiditatea cu care alcătuiau formaţiunea de luptă, siguranţa manevrelor şi a întregii operaţiuni arătau că unităţile erau bine instruite şi coordonate. În timp ce soldaţii se apropiau de luncă, au început să aterizeze marile avioane de transport, cvadrimotoarele *TB-3* folosite pentru transportul soldaţilor şi al armamentului. Imediat ce se aşezau pe pista improvizată, sub fuzelaj se deschidea o trapă şi prin ea ieşeau tanchetele de mărime medie, automobile blindate şi tunuri. Sub ochii observatorilor se alcătuia un detaşament de luptă care dispunea de artilerie şi de blindate. O astfel de unitate ar fi putut zdrobi apărarea duşmanului, care nu putea să se pregătească atât de repede pentru un atac neaşteptat efectuat departe, în spatele frontului.

Era momentul celui mai mare triumf al lui Tuhacevski şi al puterii Armatei Roşii reorganizate de el.

Dar dezamăgirea a urmat curând. La câteva luni după manevrele de la Kiev, NKVD a arestat mulţi ofiţeri superiori. Au ajuns la închisoare comandantul brigăzii independente 8 de blindate, Dmitri Schimdt,

---

[1] **TB-3 (ANT-6)** – avion de bombardament construit de A. Tupolev, o variantă evoluată a bombardierului bimotor *TB-1*. Prototipul a fost lansat în decembrie 1930, iar doi ani mai târziu avioanele au fost introduse în unităţi. În anii următori au fost modernizate continuu. Din 1931 până în 1938 au fost construite 818 bucăţi. Până în 1941 au fost folosite ca avioane de bombardament (de exemplu, în războiul cu Finlanda), mai târziu, ca avioane de transport, pentru 30 de soldaţi sau paraşutişti.
Date tehnico-tactice: 4 motoare cu puterea de 830 CP, lungimea 25,2 m, anvergura maximă 4,18 m. Greutatea la decolare 18.800 – 18.875 kg. Viteza 288 km/h, independenţa de zbor 960 km, armament 8 mitraliere calibru 7,62 mm şi 3.000 kg bombe.

acuzat că a uneltit în vederea uciderii comisarului Kliment Voroşilov, iar apoi la pregătirea revoltei din propria brigadă. Au fost arestaţi comandanţii de corp de armată Vitali Primakov, Vitovt Putna şi Semion Turovski, comandantul de divizie Iuri Sablin. Toţi erau comunişti vechi, care îşi legaseră de multă vreme destinul de partidul bolşevic şi îl slujiseră cu deplin devotament.

La 22 mai 1937 a fost arestat şi mareşalul Mihail Tuhacevski. A fost torturat şi şi-a recunoscut vinovăţia, iar în iulie acelaşi an a fost condamnat la moarte.

Marele val de epurări din armată a înghiţit peste 36.000 de ofiţeri condamnaţi la moarte, la ani lungi de temniţă, sau eliberaţi din funcţie. De ce s-a apucat Stalin să se răfuiască atât de crunt cu cadrele ofiţereşti ale Armatei Roşii atunci când devenise cea mai mare putere? Ofiţerii au fost următoarea victimă a revoluţiei lui.

Mai întâi îi pacificase pe ţărani. Apoi lovise în activiştii de partid. Nu avea nevoie de foştii bolşevici supuşi care îşi aminteau de Lenin şi de Troţki, nici de vechii revoluţionari care luptaseră împotriva autocraţiei ţariste şi nu acceptau un nou conducător absolut. La toate nivelele ierarhiei de partid trebuiau să se găsească oameni devotaţi lui şi pe deplin conştienţi de faptul că viaţa lor depinde de un gest al mâinii dictatorului, aşadar să fie gata să îndeplinească fără şovăire orice indicaţie venită de la Kremlin.

În corpul de ofiţeri erau prea mulţi oameni şcoliţi în instituţiile ţariste şi care serviseră în armata ţaristă. Nu se potriveau cu armata unui stat care luase naştere ca urmare a revoluţiei. Nu avusese niciodată încredere în ei. Îi suspecta că trecuseră de partea bolşevicilor ca să-şi salveze pielea, iar meritele pe care şi le câştigaseră în timpul revoluţiei şi al războiului civil acţionau în defavoarea lor. Se bucurau de popularitate, despre ei se scriau poezii şi cântece, faptele lor eroice erau preamărite. Îi puneau în umbră propria glorie. Printre ofiţeri erau mulţi susţinători ai lui Lev Troţki[1], organizatorul armatei bolşevice, conducă-

[1] **Lev Troţki** (pe numele său adevărat Leon Bronstein, 1879–1940), teoretician comunist şi activist revoluţionar, legat iniţial de social-democraţi, abia în 1917 s-a decis să-l sprijine pe Lenin şi pe bolşevici (a fost primit în partidul bolşevic în august 1917). A jucat un rol esenţial în revoluţia din octombrie ca politician şi comandant. După victorie, a obţinut funcţia de comisar pentru afacerile externe. După semnarea păcii de la Brest-Litovsk cu nemţii, a renunţat la funcţie, dar, în acelaşi timp, a dobândit funcţia de comisar pentru problemele armatei. A organizat foarte repede Armata Roşie, primind în rândurile ei mulţi foşti ofiţeri ţarişti, ceea ce i-a atras critici aspre din partea activiştilor bolşevici de frunte şi din partea lui Stalin. Desemnat de Lenin drept succesor al său, nu a reuşit totuşi să câştige lupta pentru ocuparea postului de şef al

torul legendar din perioada revoluţiei şi a războiului civil şi cel mai mare rival la obţinerea puterii. În Uniunea Sovietică toată lumea considera că Troţki ar fi trebuit să fie urmaşul lui Lenin, dar nu a reuşit să lupte pentru cel mai înalt loc în stat. Stalin i-a închis destul de uşor calea spre putere, ulterior l-a alungat din Moscova, iar în 1929 şi din Uniunea Sovietică. Dar trebuia să ţină seama de ameninţarea, reală sau imaginară, din partea politicienilor şi comandanţilor care îl recunoşteau pe Troţki drept adevăratul conducător al revoluţiei. Aşadar, aceştia trebuiau găsiţi şi lichidaţi, iar celor care se ascundeau mai adânc să li se bage frica în oase, indiferent de funcţiile pe care le aveau în stat sau în armată şi indiferent de meritele pe care le aveau faţă de revoluţie. Lupta cu troţkiştii a devenit obsesia lui Stalin, iar Nikolai Ejov, şeful NKVD a pus-o în aplicare cu o cruzime sadică.

Stalin, care citea în fiecare seară rapoartele şi semna sentinţele de condamnare la moarte, ştia perfect câte mii de ofiţeri vor fi condamnaţi la moarte, la închisoare sau vor fi eliberaţi din armată. Îşi dădea seama, fireşte, că locul specialiştilor formaţi la şcolile de ofiţeri, care se familiarizaseră cu mirosul prafului de puşcă pe câmpurile de luptă ale războiului civil, va fi luat de oameni tineri, care nu aveau nici măcar o parte din experienţa, din capacitatea de luptă şi pregătirea militară a predecesorilor lor. Dar aveau timp să dobândească toate calificările necesare în şcolile în care atârnau portretele lui Stalin şi în care se aflau busturile lui. Aşa credea.

Anul 1937 nu a adus ameninţări prea mari pentru Uniunea Sovietică, exceptând situaţia complicată din Extremul Orient. Acolo, în lupta pentru cucerirea Manciuriei din 1932, Japonia înfiinţase Armata de la Kwantung[1], care ar fi putut să treacă frontierele URSS şi să ocupe Siberia. Dar această primejdie fusese înlăturată în anul 1937. În noaptea

partidului şi al statului. A fost învins de Stalin, în noiembrie 1926 a fost îndepărtat din Biroul Politic, un an mai târziu şi din Comitetul Central, apoi şi din partid. În ianuarie 1928 a fost silit să plece la Alma Ata, un an mai târziu a fost exilat din Uniunea Sovietică. A trăit în mai multe ţări europene, până în 1936 când s-a stabilit în Mexic, unde a fost asasinat în 1940 din ordinul lui Stalin.

[1] **Armata de la Kwantung** – detaşamente militare japoneze organizate în 1907 cu scopul apărării liniei ferate din Manciuria de sud. Un act de sabotaj organizat de comandamentul acestei armate în septembrie 1931 pe linia ferată din Manciuria de sud devenise un pretext pentru retragerea forţelor din Coreea (fără acordul guvernului japonez) şi cucerirea a trei provincii din Manciuria, pe teritoriul căruia fusese creat statul-marionetă Manzhouguo. Forţele armatei de la Kwantung au crescut până la 5 divizii în 1937 şi în acel an unităţile ei au fost trimise la luptele din China de nord. În august 1945, a fost învinsă de armata sovietică, a cărei superioritate numerică era decisivă, şi a depus armele.

de 7 iulie, unitatea japoneză care lua parte la manevre în apropierea podului Marco Polo din Beijing a cerut dreptul de a intra în micul orăşel Wan-ping, înconjurat de ziduri, unde, după cum se bănuia, murise unul dintre soldaţii japonezi. Comandantul garnizoanei chineze a refuzat, iar în timp ce se desfăşurau negocierile s-au auzit împuşcături din partea soldaţilor unităţii comuniste. Era o provocare evidentă, care în atmosfera foarte fierbinte a conflictului şi a urii împotriva japonezilor care îi unea pe comuniştii şi naţionaliştii chinezi, s-a transformat într- un război între cele două state. Japonia, îndreptându-şi armatele spre întinderile uriaşe ale statului chinez, a fost nevoită să renunţe la planul de cotropire a Siberiei sovietice. Stalin, fără îndoială aflat la originea incidentului de la podul Marco Polo, putea fi sigur că măcar un an Japonia nu-şi va trimite unităţile împotriva soldaţilor lui din Extremul Orient. Aceste previziuni şi-au găsit confirmarea şi printr-un tratat, căci la 10 august 1938 cele două sate au încheiat o înţelegere de încetare a ostilităţilor.

Ce altă ţară ar fi putut să arunce o provocare Uniunii Sovietice?

Ar fi putut face acest lucru Marea Britanie? Era o mare putere militară, dar exclusiv maritimă. Vasele Majestăţii Sale nu puteau să ajungă până la Moscova, iar forţele terestre britanice numărau 153.000 de oameni, dintre care 120.000 staţionaţi pe Insulele Britanice şi restul aflaţi în coloniile îndepărtate. În plus, această armată puţin numeroasă dispunea în 1936 de numai 375 de tancuri. În Europa forţa lor era neglijabilă.

Franţa? Armata ei de o jumătate de milion de oameni era bine echipată - 1.300 de tancuri moderne reprezentau o forţă. Cu toate acestea, generalii francezi sufereau de complexul Primului Război Mondial, când ţara lor cunoscuse pierderi uriaşe: aproape 4 milioane de soldaţi ucişi şi răniţi, dintre care 600.000 de invalizi, mii de sate şi oraşe complet distruse. Împotriva repetării acestei tragedii se construise un sistem de fortificaţii care se întindea de-a lungul întregii frontiere cu Germania, sistem denumit, în cinstea creatorului lui, linia Maginot[1]. Franţa se ascundea în spatele acestei lini întărite, fiind convinsă că este în siguranţă. Şi nu exista speranţa că îşi va trimite armatele la luptă pe câmp.

Dar Germania? După venirea lui Hitler la putere în ianuarie 1933, Germania începuse să încalce îngrădirile impuse armatei germane

[1] **André Maginot** (1877-1932), politician francez, rănit grav în timpul Primului Război Mondial, în 1915 a revenit în serviciul public, primind funcţia de ministru al coloniilor. În 1929, când a fost pentru a doua oară ministru de război, a reuşit să realizeze proiectul de construire a sistemului de fortificaţii de-a lungul frontierei cu Germania.

prin tratatul de la Versailles, însă la începutul anului 1935 avea numai puţin peste 250.000 de militari, practic, nici un fel de tancuri, avioane, submarine. În martie 1935, a introdus recrutarea obligatorie pentru formarea armatei Wehrmacht, ceea ce promitea creşterea rapidă a efectivelor. Cu toate acestea, până în toamna aceluiaşi an, efectivele nu crescuseră decât la 400.000 de oameni. Alcătuirea unei armate atât de puternice încât să poată porni la război împotriva Europei trebuia să dureze mai mult, cu atât mai mult cu cât tancurile *PzKpfw I* şi *II*[1], care fuseseră introduse în dotarea Wehrmacht-ului începând din 1934, erau pentru instrucţie şi era greu de imaginat că aceste tancuri mici, cu blindaj subţire, ar fi putut să pornească la luptă. Iar armata sovietică avea în 1935 sub arme 1,3 milioane de oameni. Dispunea de peste 10.000 de tancuri tip *T-26* şi *BT*, care erau dintre cele mai moderne din lume, iar industria sovietică furniza armatei peste 3.000 de tancuri anual.

Aşadar, frontierele Uniunii Sovietice erau în siguranţă, cel puţin atât timp cât îi trebuia lui Stalin pentru a efectua marea epurare în armată, după care avea să apară o nouă Armată Roşie.

Dar dintr-odată, toate planurile lui Stalin s-au prăbuşit. Nu ţinuse seama de faptul că Hitler va realiza un miracol economic: va începe înarmarea într-un asemenea ritm încât Wehrmacht-ul va ajunge repede din urmă Armata Roşie ca număr de efective şi o va depăşi în privinţa dotării şi echipamentului. Încă de la sfârşitul anului 1936, războiul civil din Spania demonstrase cât de bine înarmaţi sunt soldaţii germani.

[1] **PzKpfw I** (*Sd Kfz. 101*), tanc uşor german construit în 1933 pe baza tanchetei britanice *Carden Loyd Mk I*. Producţia de serie a versiunii *A* a început în 1934, un an mai târziu a început şi producţia versiunii *B*, cu modificări importante la sistemul de deplasare; a fost dotat cu un motor cu o putere de peste 50 CP, ceea ce a îmbunătăţit considerabil performanţele tancului. Aceste tancuri au primit botezul focului în timpul războiului civil din Spania din anii 1936-1937. În septembrie 1939 reprezentau nucleul forţelor blindate germane (cele 1.445 de tancuri de acest tip reprezentau aprox. 50% din totul forţelor blindate). Au fost folosite până în 1942, în special pentru misiuni de recunoaştere. Au fost produse în total 2.677 de tancuri de acest tip.
Date tehnico-tactice (*PzKpfw I Ausf. B*): echipaj două persoane, motor Maybach *NL 38 TR* cu puterea de 100 CP, greutatea 5,9 t, blindaj 6-13 mm, armament: două mitraliere calibru 7,92 mm, viteza 40 km/h, autonomie 170 km.
PzKpfw II (*Sd Kfz. 121*), tanc uşor construit în 1935. În momentul izbucnirii celui de-al Doilea Război Mondial, Wehrmacht-ul dispunea de 1.226 tancuri de acest tip. Până în 1943 au fost utilizate peste tot, pe toate fronturile europene şi în Africa de Nord.
Date tehnico-tactice (*PzKpfw II Ausf. F*): echipaj 3 persoane, motor Maybach HL 62TR cu puterea de 140 CP, greutate 9,5 tone, blindaj 14.5–35 mm, armament: un tun mic calibru 20 mm, o mitralieră calibru 7,92, viteza 40 km/h, autonomie 200 km.

Rapoartele pe care le trimiteau ofiţerii sovietici de informaţii de pe acel front arătau că armele germane trimise armatelor generalului Franco erau cu mult mai bune decât cele sovietice. Avioanele de vânătoare *Messerschmitt Bf 109*[1] câştigau fără nicio greutate duelurile aeriene cu cele sovietice de tip *I-16*[2], fiind mai rapide şi mai bine înarmate decât acestea. Bombardierele *Heinkel He 111* erau atât de rapide, încât zburau fără escortă, căci niciun avion de vânătoare al duşmanului nu putea să le ajungă. Tunurile antiaeriene *Flak 36* erau foarte precise şi eficiente nu numai pentru doborârea avioanelor ci şi împotriva tancurilor şi a carelor blindate.

Evenimentele din Europa arătau că Hitler, care îşi crease o armată atât de puternică într-un interval de timp foarte scurt, doreşte să profite fără întârziere de forţa ei. La 7 martie 1936 a decis să intre cu armatele în Regiunea Renană, unde, în conformitate cu Tratatul de la Versailles, nu puteau să existe soldaţi germani. Guvernele Marii Britanii şi Franţei, garanţii Tratatului, nu au reacţionat în niciun fel când diviziile germane au intrat în Köln. Aceasta i-a dat curaj Führer-ului.

La 12 februarie 1938, Hitler i-a cerut cancelarului austriac Kurt von Schuschnigg, care la invitaţia lui venise împreună cu ministrul

---

[1] **Messerschmitt Bf-109**, avion german de vânătoare, unul din cele mai bune din cel de-al Doilea Război Mondial, proiectat la sfârşitul anului 1933 de prof. Willy Messerschmitt şi colaboratorii lui de la uzina Bayerische Flugzeugwerke (de unde şi denumirea *Bf-109*). Producţia de serie a început în februarie 1937 (*Bf-109N-1*). Avioanele de vânătoare *Bf-109B, C* şi *E* au primit botezul focului în cadrul Legiunii Condor în războiul civil din Spania. Până la sfârşitul războiului, avioanele *Bf* au rămas tipul de bază al aviaţiei germane de vânătoare. În anii 1939-1945 s-au produs 30.573 de avioane *BF-109* de toate tipurile.

Date tactico-tehnice (BF-109G-6): motor cu puterea de 1.475-2.000 CP, anvergura 9,92 m, lungimea 8,84, greutatea max. la decolare 3.150-3.678 kg, viteza max. 630 km/h, autonomie de zbor 560 km, armament 1 tun calibru 30 mm, două mitraliere grele calibru 13 (suplimentar: două tunuri mici calibru 20 mm sau două tunuri mici calibru 30 mm sau două aruncătoare de rachete sau bombe cu greutatea de 250 kg).

[2] **I-16**, avion de vânătoare şi de bombardament sovietic, construit în 1933 de Polikarpov, primul avion de vânătoare din lume monoplan cu teren de aterizare retractabil. Aceste avioane au început să fie folosite în 1935. Din toamna anului 1936, 278 de astfel de avioane au fost livrate armatelor republicane din Spania, unde a început chiar producţia sub licenţă. În momentul izbucnirii războiului cu Germania, *I-16* era tipul cel mai răspândit de avioane sovietice de vânătoare. S-au produs în total 7.005 avioane de acest timp (plus 1.639 în versiunea de instructaj).

Date tactico-tehnice (*I-16* tipul *24*): motor cu puterea de 1100 CP, anvergura 9,0 m, lungimea 6,13 m, greutatea max. la decolare 2.095 kg, viteza maximă 525 km/h, autonomie de zbor 698 km, armament două tunuri mici calibru 20 mm, două mitraliere calibru 7,62, două rezervoare cu chimicale sau 6 rachete calibru 82 mm.

de externe Guido Schmidt în vizită la reşedinţa privată „Berghof" din Obersalzberg, să ridice interdicţia activităţii partidului nazist pe teritoriul Austriei, să-l numească ministru de interne pe nazistul dr. Arthur Seyss-Inquart şi Austria să preia sistemul economic german. Aceasta ar fi însemnat unificarea celor două state, ceea ce era interzis prin Tratatul de la Versailles. Schuschnigg a încercat să se apere. După întoarcerea la Viena a început să caute febril sprijin în Italia, în Marea Britanie şi în Franţa; nereuşind în demersurile sale, a organizat la 13 martie un plebiscit în chestiunea unirii Austriei cu Germania. Aflând de aceasta, Hitler a decis să pună în aplicare planul „Otto" – invadarea Austriei. În această operaţiune au fost angajaţi aproximativ 105.000 de militari ai Wehrmacht-ului, 35.000-50.000 de membri ai trupelor SS şi poliţişti şi unităţi de aviaţie. În total, la acţiune au participat aproximativ 180.000-200.000 de oameni.

La 12 martie dis-de-dimineaţă armatele germane au trecut graniţa austriacă, iar la prânz a pornit într-acolo şi Adolf Hitler. Austria era acum în interiorul frontierelor celui de-al Treilea Reich.

Aşadar, un alt punct al Tratatului de la Versailles era încălcat în felul acesta, iar Marea Britanie şi Franţa nu au reacţionat. Hitler se simţea încă şi mai sigur de el. Nimic nu-l mai putea opri. Avea intenţia să destrame şi Cehoslovacia şi să o înglobeze între frontierele Reich-ului. Dar nu toată Cehoslovacia dintr-odată. Avea aici un cap de pod înaintat –

12 martie 1938: unităţile germane intră în Austria

Partidul Germanilor Sudeţi, care acţiona în partea de vest a Cehiei, unde trăiau aproximativ 3 milioane de germani. După Anschluss-ul cu Austria, în aprilie 1938, partidul a convocat un congres la Karlovy Vary şi a prezentat guvernului cehoslovac revendicări care ar fi dus la autonomia completă a aşa-numitei zone sudete.

Situaţia s-a înrăutăţit rapid, după ce la jumătatea lui mai 1938, poliţiştii cehi au împuşcat doi germani sudeţi. Sir Neville Henderson[1], ambasadorul britanic, a informat la 20 mai de la Berlin că „tonul presei germane a devenit mai nervos şi se vorbeşte despre o intervenţie militară". O zi mai târziu, Basil Newton, ambasadorul de la Paris, informa Londra că „cehii sunt foarte neliniştiţi de mişcările de trupe germane în zona de frontieră şi prevăd posibilitatea decretării mobilizării generale".

La 21 mai, ambasadorul Henderson i s-a adresat aşadar lui Joachim von Ribbentrop, ministrul german al afacerilor externe, iar acesta, „într-o dispoziţie sufletească exaltată şi milităroasă", după cum a raportat la Londra ambasadorul, a spus:

— Cehii sunt nebuni, iar dacă persistă în atitudinea lor, vor fi nimiciţi!

„Situaţia este extrem de critică", a apreciat ambasadorul.

Stalin, urmărind de la Kremlin evoluţia evenimentelor, nu mai putea avea nicio îndoială: Hitler va realiza ceea ce intenţionează, iar ocuparea Regiunii Sudete va fi primul pas către ocuparea Cehoslovaciei. Următorul va fi războiul. Wehrmacht-ul întărit prin anexarea Austriei şi a Cehiei va porni spre răsărit. Hitler promisese de mult acest lucru. Între timp, Armata Roşie slăbise mult, căci plutoanele de execuţie şi lagărele îi înghiţiseră pe cei mai buni ofiţeri ai acesteia. Aşadar, trebuia să termine cu asta. De aceea, l-a chemat la Moscova pe Lavrenti Beria şi a început acţiunea de îndepărtare a lui Ejov, „piticul sângeros". Marea epurare a încetat. Acum trebuia să pregătească armata pentru a participa la marea conflagraţie europeană.

Aceşti cehi nesuferiţi!

Sir Hugh Sinclair[2], şeful serviciilor secrete britanice, se uita impacientat la ceasul de deasupra căminului mic din cabinetul său. Era

[1] **Neville Meyrick Henderson** (1882–1942), diplomat britanic, din 1905 ambasador la Belgrad, apoi în Argentina; în anii 1937–1939 a fost ambasador la Berlin.

[2] **Hugh Sinclair**, ofiţer britanic de marină, consilierul regelui George V pentru chestiunile maritime, în 1923 a ajuns în fruntea serviciilor secrete britanice (SIS) pe care le-a condus până la moartea sa, survenită în octombrie 1939 (a murit de cancer).

aproape ora 16.00, când trebuia să se vadă cu colaboratorii săi. Aştepta întâlnirea aceasta cu nerăbdare, căci era ultima activitate de serviciu pe care o planificase pentru această zi de septembrie.

Nu se simţea bine. Vremea ceţoasă de toamnă, deosebit de supărătoare la Londra, unde umiditatea aerului se combina cu fumul de la sutele de coşuri ale sobelor cu cărbuni cu care londonezii îşi încălzeau locuinţele, nu era propice sănătăţii lui. De regulă, pe o vreme ca aceasta se străduia să fie cât mai rar la Londra, dar evenimentele din ultimele săptămâni nu-i permiseseră să părăsească pentru o perioadă mai lungă biroul de la etajul al patrulea din clădirea înaltă de pe Broadway, nr. 54 unde, prin amabilitatea lui Winston Churchill, pe atunci ministru al trezoreriei, închiriase două etaje şi îşi mutase birourile instituţiei sale.

Îşi lărgi gulerul cămăşii şi băgă mâna în buzunarul hainei, de unde scoase o cutiuţă de argint cu pastilele care îl ajutau la respirat, atunci când aerul devenea înăbuşitor. Simţea o oarecare uşurare la gândul că îşi planificase numai o singură întâlnire de lucru în această după-amiază, după care va putea pleca la clubul lui preferat, „Army and Navy", unde se va aşeza la locul lui dintotdeauna, sub portretul mare al lui Nell Dwynne cu vânzătoarea de portocale care devenise amanta regelui Charles II. Făcea acest lucru în fiecare după-amiază, iar păhărelul de brandy avea o influenţă cât se poate de binefăcătoare asupra dispoziţiei lui.

S-a auzit o ciocănitură în uşa cabinetului şi, o clipă mai târziu, a apărut adjunctul lui, colonelul Stewart Menzies[1], iar în spatele lui se vedea deja silueta maiorului Macolm L. Wallcombe. Cei doi au aşteptat o clipă un gest de invitaţie din partea şefului, după care au intrat şi s-au instalat comod în fotoliile trase lângă birou.

Menzies a scos dintr-o servietă de piele câteva foi dactilografiate.

— Fireşte, este numai un proiect, a explicat el, punând filele pe masă.

---

[1] **Stewart Menzies** (1890–1968) şi-a început serviciul în timpul Primului Război Mondial, în departamentul de informaţii MI1c (numit şi MI6). În octombrie 1938 a fost numit în testamentul amiralului Hugh Sinclair, şeful Secret Intelligence Service (înfiinţat în locul MI9, deşi vechea denumire s-a păstrat în continuare), ca urmaş al acestuia şi, în ciuda împotrivirii din partea multor membri ai guvernului, a preluat această funcţie la 28 octombrie, datorită sprijinului primit din partea regelui şi a premierului. A organizat şi a dus la bun sfârşit numeroase acţiuni de spionaj şi contraspionaj pe teritoriul Marii Britanii şi al statelor europene. După război, a ieşit la pensie, dar în 1951, la rugămintea lui Winston Churchill, a revenit în activitate. Curând, a ieşit din nou la pensie, eveniment legat de depistarea agentului sovietic Kim Philby în centrala serviciilor speciale britanice.

Sinclair a întins mâna după foi şi a parcurs în câteva minute documentul intitulat „Ce trebuie să facem?”.

Câteva săptămâni mai înainte, la începutul lunii mai 1938, premierul Neville Chamberlain[1] recomandase să se elaboreze o analiză a situaţiei din Europa şi să se examineze posibilitatea unei acţiuni împotriva Germaniei. Era evident neliniştit de situaţia care începuse să se dezvolte în Europa, după anexarea Austriei. Acţiunile lui Hitler împotriva Cehoslovaciei au provocat iritarea premierului, deşi, în mod paradoxal, şi-a îndreptat supărarea nu împotriva naziştilor, ci a cehilor.

— Cum este posibil ca o ţărişoară aşa de mică să strice echilibrul marilor puteri?, spunea el cu indignare.

Iar Horace Wilson, consilierul lui loial, în care Chamberlain avea o încredere fără margini, îi ţinea isonul.

— Şi, în fond, nici nu este un stat adevărat, căci a fost creat pe baza Tratatului de la Versailles. De fapt, nu înseamnă nimic.

Premierul Chamberlain nu-i agrea pe cehi. O dată îi scăpase expresia că „nu sunt un popor de pe raftul de sus, nici măcar de pe cel din mijloc”, afirmaţie care, ieşită din gura unui politician englez obişnuit să-şi cântărească bine cuvintele şi mai ales opiniile negative, era deosebit de şocantă. Guvernul şi politicienii din Cehoslovacia îl răsplăteau cu aceeaşi antipatie, ceea ce ştia din rapoartele ambasadei germane şi îi aprofunda iritarea.

Theo Kordt, primul secretar al ambasadei germane, a prezentat guvernului britanic stenograma convorbirii telefonice ascultate de

---

[1] **Neville Chamberlain** (1869–1940), premier al guvernului britanic, şi-a început activitatea politică în 1915, când a fost ales primar al oraşului Birmingham. Din 1918 a fost deputat în parlament din partea Partidului Conservator. Din 1922 a ocupat funcţii înalte în stat, printre altele, a fost de mai multe ori ministru al sănătăţii şi ministru al trezoreriei. La 28 mai 1937 a preluat funcţia de premier. Temându-se de puterea Germaniei şi de războiul pentru care Marea Britanie nu era pregătită, a dus o politică de concesii (*appeasement*), a cărei încununare a fost acordul încheiat la 30 septembrie 1938 la München, în baza căruia Germania a câştiga dreptul de a anexa o parte din Cehoslovacia (aşa-numita zonă sudetă, *Sudentenland*). După ce Germania a ocupat în martie 1939 întreaga Cehie, ceea ce reprezenta o încălcare a înţelegerii de la München, Chamberlain a fost nevoit să renunţe la politica de concesii, dar nu a iniţiat acţiuni militare ofensive, limitându-se la trimiterea pe continent a unităţilor corpului expediţionar. În mai 1940, după invadarea Norvegiei de către armatele germane, guvernul Chamberlain şi-a pierdut sprijinul unei părţi a Partidului Conservator, ceea ce l-a obligat pe premier să-şi prezinte demisia la 10 mai 1940. A mai rămas în guvernul premierului Winston Churchill până la 30 septembrie acelaşi an, când a demisionat pe motive de sănătate. A murit de cancer la 9 octombrie acelaşi an.

serviciile secrete germane şi trimisă lui de la Berlin. Era o discuţie între Jan Masaryk[1], ambasadorul ceh la Londra, şi preşedintele Edvard Beneš[2].

— Bătrânul acela răutăcios... (urma aici un epitet deosebit de depreciativ şi de prost gust la adresa lui Chamberlain)... i s-a făcut dor să-l pupe în fund pe Adolf, spuse Masaryk. Stă cu limba scoasă, gata pregătit.

— N-ai decât să i-o bagi înapoi, răspunsese Beneš. Încearcă să-l faci să se răzgândească.

— Bestia bătrână şi-a pierdut deja simţurile, cu excepţia mirosului, cu care amuşină căcatul nazist şi se învârte în jurul lui fericit.

— Atunci vorbeşte cu Wilson, a spus Beneš, având-ul în vedere pe consilierul apropiat al lui Chamberlain. Roagă-l să-i atragă atenţia premierului că şi Anglia este în primejdie, dacă nu ne menţinem ferm pe poziţie. Crezi că ai putea să-l faci să înţeleagă?

— Cum să vorbesc cu Wilson?, a răspuns Masaryk. Nu e decât un şacal.

Când primise stenograma, premierul britanic ar fi putut să-şi spună că este vorba de o provocare. Dar nu Chamberlain. El, care era deosebit de sensibil la acest capitol, l-a chemat pe Wilson, şi i-a cerut explicaţii, de ce serviciile Ministerului de Externe nu înregistrează convorbirile

[1] **Jan Masaryk** (1886–1948), fiul lui Tomáš Garrigue Masaryk (considerat creatorul statului cehoslovac), şi-a început cariera diplomatică în 1919, la posturile din Washington şi Londra. Din 1921 a fost secretarul lui Edvard Beneš. Între 1925–1938 a fost ambasador la Londra. În timpul celui de-al Doilea Război Mondial a îndeplinit funcţia de ministru de externe în guvernul cehoslovac în exil. La cererea preşedintelui Beneš a rămas în această funcţie şi după preluarea puterii de către partidul comunist, în februarie 1948, dar a murit câteva săptămâni mai târziu, căzând de la o fereastră a Ministerului Afacerilor Externe; împrejurările morţii nu au fost elucidate.

[2] **Edvard Beneš** (1884–1948), activist naţionalist (în noiembrie 1918 a creat împreună cu T.G. Masaryk guvernul provizoriu cehoslovac), după destrămarea Austro-Ungariei şi apariţia statului cehoslovac, a preluat funcţia de ministru al afacerilor externe, pe care a ocupat-o până în 1935. Dorea o apropiere mai mare a ţării sale de Franţa şi îmbunătăţirea relaţiilor cu Germania şi cu Uniunea Sovietică. Dar nu dorea o alianţă cu Polonia, căci se temea că Polonia va intra în conflict cu Germania. În 1935 a devenit preşedintele Cehoslovaciei, funcţie din care a plecat în noiembrie 1938, după ce marile puteri europene au semnat acordul de la München. În aceeaşi lună a plecat în Statele Unite. După ocuparea Cehiei de către nemţi, a organizat Comitetul Naţional din emigraţie. În martie 1945 a mers la Moscova, de unde s-a întors la Praga împreună cu Corpul Ceh format în Uniunea Sovietică. A fost reales în 1946 preşedinte al Cehoslovaciei, dar în iunie 1948 a refuzat să semneze noua constituţie şi la 7 iunie noile autorităţi comuniste l-au silit să demisioneze din funcţie. A murit trei luni mai târziu.

politicienilor cehi, iar el trebuie să afle astfel de lucruri de la nemţi. Wilson a verificat şi a constatat că respectiva convorbire care îl înfuriase pe premier fusese înregistrată de centrul britanic de ascultare a convorbirilor, dar nimeni nu îndrăznise să-i predea premierului stenograma care cuprindea atât de multe insulte la adresa lui.

Preşedintele Edvard Beneš

E greu de presupus că Chamberlain era un om atât de meschin încât, din cauza antipatiei sale pentru cehi şi jignit de epitetele pe care i le atribuise ambasadorul ceh, s-a decis să nu intervină în apărarea acestui stat în faţa celui de-al Treilea Reich. Totuşi la 30 august 1938, la şedinţa de guvern, Chamberlain a spus:

— Cabinetul este de părere că nu trebuie să formulăm ameninţări la adresa lui Herr Hitler, dar, dacă va intra în Cehoslovacia, îi vom declara război. Este o chestiune de mult prea mare importanţă, pentru ca o astfel de decizie să rămână secretă.

Jan Masaryk, ambasadorul Cehoslovaciei la Berlin

Amiralul Sinclair ştia prea bine care este atitudinea premierului faţă de Cehoslovacia şi a înţeles cât de periculoasă pentru pacea Europei este situaţia care se crea în acea regiune a continentului. Tocmai de aceea acordase atât de multă atenţie elaborării documentului care ar fi putut înlesni guvernului Majestăţii Sale o acţiune efectivă în favoarea păcii. Parcurse cu privirea foile de hârtie pe care i le dăduse Menzies, unde se putea citi:

„Pentru a câştiga timpul necesar în vederea restructurării forţelor militare britanice, trebuie să se dea Germaniei o parte din Cehoslovacia şi, în anumite împrejurări, chiar întreaga ţară."

O criză de sufocare îi întrerupse lectura. Puse documentul deoparte.

— Vă rog să mă iertaţi, domnilor, le-a spus el subalternilor săi. Este o chestiune mult prea serioasă ca s-o citesc în grabă.

Încerca să-şi mascheze înrăutăţirea stării de sănătate.

Perioadele de tensiune internaţională erau întotdeauna foarte profitabile pentru serviciile secrete. Sinclair ştia că premierul, înţelegând intuitiv primejdia pe care o genera atitudinea pasivă şi împăciuitoare a guvernului lui în domeniul politicii şi al diplomaţiei, se străduia să compenseze câte ceva cu ajutorul serviciilor britanice de informaţii.

La mai puţin de două săptămâni după intrarea armatelor germane în Austria în aprilie 1938, îl convocase pe Sinclair şi îi ordonase să intensifice activitatea antigermană. Curând după aceea a autorizat acţiunea de penetrare în cercurile monarhiştilor austrieci, proiectată de colonelul Menzies. A reuşit să stabilească şi contactul cu tronul austriac, cu arhiducele Otto, care, împreună cu împărăteasa Zita, locuia în apropiere de Bruxelles, la Château Sternockezeele. Se gândea că, având sprijinul arhiducelui şi al adepţilor acestuia, va reuşi să organizeze în Austria o reţea de diversiune şi de spionaj pentru care era dispus să plătească urmaşului tronului suma de 50.000 de pfunţi (250.000 de dolari) lunar. Din păcate, cheltuielile mari nu au fost de niciun folos, căci contraspionajul german a descoperit curând această organizaţie.

Premierul Chamberlain a autorizat şi o altă decizie a lui Sinclair, care a înfiinţat o unitate specială, numită Secţia „D", de la cuvântul *Distrugere*, a cărei misiune era „căutarea unor posibilităţi de atac împotriva duşmanilor potenţiali în alt mod decât prin forţă". A fost înfiinţată, de asemenea, şi Secţia „V", care trebuia să acţioneze împotriva Uniunii Sovietice. Dar Sinclair nu acorda multă însemnătate acestei direcţii de acţiune a serviciilor sale. Poate şi pentru că nu spera să obţină cine ştie ce mari succese. Contraspionajul sovietic contracara cu succes toate încercările de organizare a reţelelor de informatori în acel stat poliţienesc. Ultimul grup de spioni britanici care acţionase în URSS printre specialiştii de la firma Vickers fusese demascat de ruşi în 1933. Mai înainte, britanicii pierduseră din vina lor informaţii preţioase cuprinse în telegramele cifrate ale ruşilor. Aceasta se întâmplase după ce poliţia a ocupat la 12 mai 1927 clădirea firmei comerciale sovietice „Arcos" de la Londra, care era considerată pe drept cuvânt un centru de spionaj. Într-adevăr, s-au găsit acolo documente care conţineau multe date cu privire la organizarea spionajului sovietic, precum şi cifrurile. Dar câteva zile mai târziu, opoziţia parlamentară a cerut explicaţii, de ce organizase o acţiune care dusese la înrăutăţirea serioasă a relaţiilor diplomatice cu Uniunea Sovietică. Guvernul a fost nevoit să prezinte documentele găsite în seifurile de la „Arcos", ratând astfel posibilitatea de a profita de aceste descoperiri preţioase.

În 1938, în Uniunea Sovietică existau numai câteva mici grupuri de spionaj, cu numele de cod „Prometheus Nertwork", „Inter-Marium Programme", „Abramtchik Faction", înfiinţate încă din anii '30. Pe atunci, comandorul Wilfred Dunderdale[1], născut la Odesa, care vorbea excelent limba rusă, stabilise un contact cu prinţul Alexei Dolgoruki, unul dintre cei mai bogaţi oameni din lume, emigrat la Paris. Cu ajutorul lui, a ajuns la un alt emigrant, generalul Aleksandr Kutepov, care, considerând că bolşevismul trebuie combătut cu propriile sale arme, adică prin aplicarea terorii, a început să înfiinţeze pe teritoriul Uniunii Sovietice „organizaţii de luptă", care urmau să efectueze acţiuni de sabotaj şi de spionaj. În 1930, grupa specială condusă de Iakov Serebreanski, numit Iaşa, şi de soţia acestuia, l-a însoţit pe general de la locuinţa sa din Paris cu intenţia de a-l introduce pe furiş la Moscova. Planul nu a fost realizat în totalitate, căci generalul a făcut un atac de cord şi a murit. Grupele de luptă au scăpat astfel de deconspirare, ceea ce s-ar fi întâmplat în mod sigur, dacă generalul Kutepov ar fi fost dus la Moscova şi supus torturii, dar activitatea lor în atmosfera generală de teroare care cuprinsese Uniunea Sovietică la mijlocul anilor '30 nu putea fi eficientă. Poate de aceea în 1938 Sinclair a propus înfiinţarea Secţiei V, care urma să se ocupe de coordonarea activităţii de spionaj de pe teritoriul Uniunii Sovietice.

Probabil că la această organizaţie se gândea Chamberlain când îi scria surorii sale la 20 martie 1938, împărtăşindu-i planurile şi intenţiile sale politice:

„În legătură cu ruşii, Secret Service trage discret din spatele scenei sforile care ne vor aduce în război cu nemţii şi nu-şi pierde vremea căscând gura pe fereastră".

Amiralul Sinclair ajunsese până la locul din document în care autorii deciseseră să formuleze câteva opinii cu privire la Uniunea Sovietică:

„Nu vom putea avea niciodată încredere în acest stat. Să ne ţinem departe de diavol, dar să nu ignorăm prezenţa lui până la un anumit punct şi să ne adaptăm mijloacele la condiţiile existente în momentul dat".

Sinclair a pus deoparte foile şi a închis dosarul. Era deja foarte obosit. Stewart Menzies remarcase starea în care se afla şeful şi a decis să nu mai abordeze alte teme:

[1] Prototipul superagentului James Bond 007, jucat de Ian Fleming.

— Domnilor, vă mulţumim, a spus încet amiralul. Vom discuta împreună modificările pe care consider că este necesar să le facem la acest document, după care îl vom transmite premierului.

Toţi s-au ridicat în picioare, au dat din cap şi au părăsit cabinetul.

— De ce a lipsit adjunctul dumitale?, s-a întors Menzies către Malcolm Wollcomb.

— Te referi la David Footman? Are altceva de făcut, a răspuns lapidar maiorul, explicând motivul absenţei unuia dintre autorii raportului prezentat lui Sinclair.

În acest scurt schimb de cuvinte se ascundea – ceea ce nu bănuia niciunul din ei – una dintre cele mai mari înfrângeri ale politicii britanice şi ale serviciului de informaţii englez.

În timp ce Menzies şi Wollcomb îşi luau rămas bun în faţa scărilor, David Footman analiza împreună cu prietenul său materialele din raportul „Ce trebuie să facem?" care ar mai fi putut să fie folosite. Footman, un bărbat în jur de patruzeci de ani, de obicei foarte elegant, era unul dintre cei mai promiţători lucrători ai secţiei politice a Serviciilor Secrete britanice. Îşi făcuse studiile la Marlborough College, o şcoală de elită, apoi la Oxford, unde studiase istoria artei, iar în 1927 se însurase cu o fată cu acelaşi nume de familie ca şi el. A divorţat în 1936 şi a rămas burlac. Nu se poate spune dacă motivul schimbărilor din viaţa lui a fost orientarea sexuală, deşi prietenia profundă pe care a legat-o în 1937 cu Guy Burgess ar putea indica acest lucru, deşi, oficial, erau legaţi prin interesul comun pentru istoria artei. După un serviciu de scurtă durată la consulatul din Orientul Mijlociu a fost recrutat pentru Secret Intelligence Service. A câştigat repede recunoaşterea şefilor săi, iar maiorul Wollcomb, care se pregătea să iasă la pensie, l-a indicat pe Footman drept succesorul lui.

Oare Footman ştia că Guy Burgess, împreună cu care studia raportul secret, era spion sovietic şi fusese de acord să colaboreze cu el? Nu există dovezi în acest sens.

Guy Burgess, absolvent al colegiului Trinity din Cambridge, avea legături strânse cu organizaţia „Apostolii", care reunea tineri cu convingeri de stânga şi comuniste, majoritatea homosexuali, iar în 1933 fusese atras în colaborarea cu spionajul sovietic. Mulţi dintre colegii lui din această organizaţie s-au lăsat convinşi să lucreze pentru ruşi, deoarece considerau că stalinismul este viitorul omenirii şi numai Uniunea Sovietică poate să-l oprească pe Hitler.

Când l-a cunoscut pe Footman era deja bine instalat în lumea homosexuală din Europa; era legat de aceasta prin prietenia profundă cu deputatul conservator căpitanul Jack Macnamara, datorită căruia a făcut cunoştinţă cu Edouard Pfeiffer, şeful de cabinet al ministrului francez de război, ulterior premier. Printre iubiţii lui Burgess se găseau şi membri ai organizaţiei *Hitlerjugend*.

În 1937, Footman l-a introdus pe Guy Burgess la SIS, iar acesta s-a făcut remarcat ca lucrător talentat al serviciilor secrete, căci i-a sucit mintea tânărului diplomat de la ambasada germană din Londra, baronul Wolfgang zu Putlitza, care a început imediat să furnizeze spionajului britanic informaţii preţioase. Drept recunoştinţă pentru aceste merite şi altele asemănătoare, lui Burgess i s-a propus postul de adjunct al şefului Secţiei D (*Destruction*).

Footman, dacă nu ştia despre legăturile lui Burgess, putea să-i arate cu conştiinţa împăcată, ca unui coleg de serviciu, raportul care preciza foarte clar direcţiile politicii britanice.

Aşadar, la 18 septembrie 1938, premierul Chamberlain a primit documentul intitulat „Ce trebuie să facem?" şi s-a cufundat în lectura lui, în timp ce Stalin făcea acelaşi lucru la Moscova. Nici nu putea să viseze la o imagine mai clară a intenţiilor britanice.

Nu vor face niciun pas

Târziu în seara zilei de 2 septembrie 1938, în clădirea ambasadei germane de la Moscova, tânărul diplomat Johannes Herwarth von Bittenfeld şi-a aruncat haina pe umeri în grabă şi a pornit repede pe coridor spre apartamentul ambasadorului. A cerut să fie primit, deşi era târziu, căci tocmai se întorsese dintr-o călătorie la Odesa şi considera că este necesar să-i împărtăşească şefului observaţiile sale. Puteau avea o importanţă crucială pentru rapoartele pe care le trimitea zilnic ambasadorul la Berlin.

Alergă pe scară în sus şi intră într-un salonaş unde se aştepta să-l găsească pe ambasador, dar vârstnicul conte Friedrich Werner von der Schulenburg[1] avea nevoie de mai mult timp ca să se pregătească

[1] **Friedrich Werner von der Schulenburg** (1876–1944), aristocrat german, din 1935 ambasadorul Germaniei la Moscova. Era convins că între cele două state colaborarea este posibilă şi se străduia că prevină izbucnirea războiului între Germania şi URSS. S-a întors la Berlin în iunie 1941. După înfrângerea de la Stalingrad din ianuarie 1943, a intrat într-o organizaţie antinazistă care plănuia înlăturarea lui Hitler; în noul guvern, urma să deţină portofoliul ministrului de externe. După atentatul împotriva lui Hitler din 20 iulie 1944, a fost arestat şi executat la 10 octombrie acelaşi an. O soartă similară a

pentru o vizită neaşteptată. Nu-şi permitea niciodată să arate neglijent, nici chiar faţă de subalternii mai tineri şi nici în împrejurări neobişnuite, cum era cea de astăzi.

Johannes Herwarth îşi mângâia părul şi începu să se plimbe prin salonaş, străduindu-se să-şi aranjeze în minte raportul. Herwarth avea treizeci şi patru de ani, i se spunea Johnnie pentru că îşi petrecuse copilăria în Anglia şi era unul dintre cei mai iubiţi membri ai corpului diplomatic, în mare măsură şi datorită soţiei sale pline de farmec, Elisabeth, supranumită Pussi. În vila pe care o închiriaseră la 20 de kilometri de Moscova, se întâlneau frecvent diplomaţi de la alte ambasade ca să joace tenis sau să călărească. Herwarth legase o prietenie aparte cu Charles Bohlen, lucrător la ambasada americană, ceea ce avea să aibă curând o influenţă considerabilă asupra mersului evenimentelor mondiale.

Uşa se deschise şi contele von der Schulenburg apăru într-o haină de casă, cu o eşarfă înflorată sub gulerul descheiat al cămăşii cu dungi.

— Domnule ambasador, începu Herwarth, care ştia că şefului nu-i plăcea să i se spună „Excelenţă". M-am întors acum o jumătate de oră şi veştile pe care le aduc mi s-au părut atât de importante, încât mi-am permis să mă prezint la raport imediat după sosire.

Herwarth vorbea cam precipitat. Se aşeză în fotoliul indicat de Schulenburg.

— Pe drumul de la Moscova la Odesa nu am observat niciun fel de mişcări de armată, începu el, văzând privirea întrebătoare a ambasadorului. După cum ştiţi, în această ţară nu există posibilitatea să călătoreşti ocolind oraşele mari, căci nu există astfel de drumuri. Mi-am permis un mic tertip – i-am rugat pe oamenii din escorta rusească din celălalt automobil să mă lase să fac câteva fotografii ca amintire. Am precizat că nu vreau să fotografiez obiective militare şi i-am rugat să-mi dea de ştire claxonând de două ori atunci când intram într-o zonă militară.

Văzând aprecierea din ochii ambasadorului, Herwarth zâmbi.

— Nu cred că sunt chiar aşa de proşti, remarcă Schulenburg.

— Nici eu nu cred, domnule ambasador, conveni Herwarth, dar mi-au îndeplinit cu conştiinciozitate rugămintea. Aş spune că a fost pentru ei un pretext foarte bun pentru a demonstra că nu se petrece nimic pe terenurile armatei. Nu am remarcat mişcări de trupe, nici urme de

---

avut-o şi fiul lui cel mai mic, Fritz Dietloff, înalt funcţionar în poliţia din Silezia, executat la 10 septembrie 1944, pentru participarea la atentatul împotriva lui Hitler.

şenile de tanc, bivuacuri de cantonament pentru soldaţi, nimic de felul acesta. Ruşii nu se pregătesc să lupte pentru Cehoslovacia!

Rosti ultimele cuvinte mai apăsat şi tăcu, aşteptând întrebările ambasadorului. Acesta nu avea însă chef să continue conversaţia. Secretarul se ridică în picioare.

— Mâine voi prezenta un raport detaliat, domnule ambasador, adăugă el din uşă.

Schulenburg înclină capul, ceea ce însemna în acelaşi timp mulţumiri pentru conştiinciozitatea cu care tânărul diplomat îşi îndeplinise misiunea în drum spre Odesa, dar şi acordul cu declaraţia lui.

Nu avea nicio îndoială că toată această chestiune, inclusiv permisiunea acordată de guvernul sovietic tânărului diplomat german să efectueze o călătorie la Odesa şi comportamentul escortei care îl însoţise erau o expresie a atitudinii lui Stalin faţă de Germania şi de situaţia care se crease în jurul Cehoslovaciei. Dorea să arate că nu se pregăteşte de război şi nu va lua parte la conflictul dintre state pe care le considera inamicele Uniunii Sovietice. Era foarte probabil să fie aşa, dar se putea avea încredere în dictatorul asiatic?

Contele von der Schulenburg stinse lumina şi urcă scările. Noaptea nu era perioada cea mai bună pentru a rezolva această problemă. Nu avea nicio îndoială că, în curând, comisarul sovietic pentru afaceri externe, Maksim Litvinov, îi va da suficiente dovezi ale adevăratelor intenţii ale lui Stalin. Dar era sigur că Uniunea Sovietică nu va interveni în problema cehoslovacă, lăsând-o pe seama Marii Britanii şi a Germaniei. Stalin putea să asiste liniştit la acest joc politic. Dar asta numai dacă Polonia nu va interveni de partea Germaniei. De asta se temea.

Incidentul

Se lumina de ziuă când în micul orăşel Cheb din vestul Cehoslovaciei, numit în germană Eger, doi poliţişti s-au oprit în faţa hotelului „Victoria". Şi-au rezemat bicicletele de balustrada scărilor şi au urcat pe mica terasă din faţa uşii. Alţi câţiva poliţişti, veniţi tot pe bicicletă ceva mai târziu, s-au oprit la o distanţă de vreo zece metri. Au rămas în dreptul porţii şi şi-au prins ţigările.

Uşa hotelului era încuiată, aşadar un poliţist mai în vârstă a tras de lanţul soneriei şi a făcut câţiva paşi înapoi, căci de sub copertina de sticlă nu se vedea în sus şi a privit apoi la ferestrele înalte. Între timp, cel mai tânăr a scos din buzunar o hârtie şi a despăturit-o, ca s-o înmâneze persoanei care va deschise uşa. Era un ordin judecătoresc semnat de dr. Anton Dryak, judecătorul local, în vederea efectuării unei percheziţii la sediul Partidului Germanilor Sudeţi care se afla în clădirea hotelului „Victoria".

Au trecut câteva minute, dar nimeni nu se apropia de uşă.

— Mai sună o dată, a spus tânărul.

Poliţistul a tras din nou de lănţişorul soneriei. Atunci cineva a deschis o fereastră la primul etaj. Împuşcătura a răsunat sec, pe neaşteptate. Glonţul tras din pistol l-a nimerit pe bărbatul de pe scări în cap. S-a prăbuşit fără un sunet pe plăcile de gresie cu care erau căptuşite treptele, iar balta de sânge care se forma în jurul capului său a început să crească rapid.

Poliţistul mai tânăr, care amuţise încremenit privind neputincios cum din capul colegului ţâşneşte şuvoiul negru de sânge, a înţeles imediat că el va fi următoarea ţintă. S-a întors brusc, ca să fugă din locul primejdios. A făcut câţiva paşi, când a răsunat o serie de împuşcături şi omul s-a prăbuşit pe trepte, ciuruit de gloanţele care îl nimeriseră în gât şi în spate.

S-a făcut linişte, sfâşiată apoi aproape imediat de ţipetele poliţiştilor care stăteau în dreptul porţii. Aceştia s-au răspândit în fugă să se pună la adăpost, unul dintre ei a sărit pe bicicletă şi a fugit după ajutoare.

Alte împuşcături nu s-au auzit, iar poliţiştii înarmaţi numai cu pistoale nu aveau de gând să ia hotelul cu asalt. Pentru forţarea uşilor masive ar fi fost nevoie de arme puternice, aşa că au rămas în ascunzătoare, până când s-a auzit zgomot în strada învecinată şi de după colţ a apărut un automobil blindat, din a cărui turelă se vedea ţeava unei mitraliere grele. Automobilul s-a oprit la câţiva metri de hotel şi turela s-a întors în direcţia ferestrelor de la primul etaj.

— Predaţi-vă! Portiera maşinii s-a deschis şi poliţiştii, ascunzându-se în spatele ei, au început să strige spre clădire prin portavoce: Ieşiţi cu mâinile deasupra capului şi nu vi se va întâmpla nimic! Dacă vă apăraţi, deschidem focul!

Din camionul care se oprise după colţ au sărit vreo zece-cincisprezece poliţişti şi au instalat o mitralieră la adăpostul zidului.

De sus s-a auzit zgomot de sticlă spartă, în geam s-a făcut o gaură şi cioburile s-au împrăştiat pe jos. În gaură a apărut ţeava unei mitraliere. Imediat au apărut apoi ţevi de mitralieră şi la alte geamuri, ceea ce dovedea că în încăperile de la primul etaj se aflau câţiva oameni decişi să se lupte cu poliţiştii cehi.

— Predaţi-vă!, a strigat din nou poliţistul de la adăpostul portierei automobilului blindat.

Atunci au răsunat împuşcături de sus. Imediat, mitraliera de pe blindat i-a răspuns şi apoi spre zidurile clădirii a pornit o rafală şi de la mitraliera de pe zid. Primele gloanţe au desprins tencuiala de sub ferestre, dar cehii au nimerit repede ţinta. Câteva minute mai târziu, strada era plină de fum, de praf de cărămidă, de cioburi şi de tencuială sfărâmată. Împuşcăturile dinspre hotel erau tot mai rare, ca şi când apărătorilor li s-ar fi terminat muniţia, dar nu aveau intenţia să se predea.

Abia când soldaţii şi-au instalat mitraliera în balconul casei de vizavi de unde aveau un câmp de tragere foarte bun, atacatorii au devenit mai activi. Loviturile ajunse la ţintă provocaseră fără îndoială pierderi însemnate în rândul apărătorilor, căci la un moment dat nu s-au mai auzit decât mitralierele poliţiştilor şi ale soldaţilor cehi, în timp ce împuşcăturile din hotel, din ce în ce mai rare, au amuţit de tot.

— Opriţi focul! Portiera automobilului blindat s-a deschis din nou şi din automobil a coborât poliţistul care îi somase ceva mai înainte pe cei din hotel să se predea.

S-a făcut linişte. Soldaţii au început să iasă cu grijă din adăpost şi, gata în orice clipă să se arunce la pământ, au pornit spre hotel. Se temeau de o capcană, dar nu a mai răsunat nicio împuşcătură. S-au apropiat încet de scările de la intrare. Unul dintre ei s-a aplecat deasupra poliţistului împuşcat la începutul schimbului de focuri şi l-a apucat de mână ca să-i simtă pulsul. I-a dat drumul imediat, căci omul era mort. Starea celui de-al doilea, al cărui cap zăcea într-o baltă de sânge, nici nu mai trebuia verificată.

Uşa de la intrare, ciuruită de gloanţe şi fragmente de grenade, a căzut din ţâţâni când unul dintre soldaţi a lovit-o cu piciorul. În holul plin de bucăţi de tencuială căzute din tavan, de cioburi de la ferestre şi fragmente de mobilă nu era nimeni.

— Vedeţi în pivniţă, a spus ofiţerul. Apoi a arătat cu mâna spre etajul întâi. Acolo sunt birourile partidului. Aveţi grijă să nu fie minată scara.

Soldaţii au urcat cu mare grijă la etaj, unde era un prăpăd şi mai mare decât la parter. Au dat peste primul cadavru chiar pe coridor. Un bărbat în veston cafeniu cu banderola hitleristă pe braţ zăcea prăbuşit peste o baricadă de scaune, trasă în dreptul ferestrei, ca să-l apere de gloanţe. Pe ceilalţi şapte i-au găsit în încăperile care erau folosite ca sediu al partidului nazist, aşa cum atestau steagurile cu zvastică întinse pe pereţi şi portretele lui Hitler.

— Opt, a raportat unul dintre soldaţi. Toţi morţi.

— Strângeţi mizeria de aici, a spus ofiţerul. Şi-a scos şapca şi şi-a şters sudoarea de pe frunte. Şi după aceea căutaţi-i pe ceilalţi membri ai organizaţiei.

Nimeni nu observase că pe fereastra de la pivniţă se strecurase în curte un bărbat zvelt numai în cămaşă şi cu nişte pantaloni care abia îi ajungeau până la glezne. Aruncase vestonul, probabil ca să nu fie recunoscut. A fugit îndoit de mijloc prin curtea înecată încă în fum şi s-a ascuns în tufişurile de lângă zid. A aşteptat acolo până când doi soldaţi cehi care apăruseră pe neaşteptate în curte au ieşit pe poartă, apoi s-a urcat pe acoperiş, a fugit de-a lungul lui, tropăind destul de tare cu cizmele mari şi a sărit apoi în strada pustie, căci locuitorii, auzind schimbul de focuri preferaseră să nu iasă din case. Zece minute mai târziu ajungea la locuinţa unuia dintre colegi, care l-a ascuns în portbagajul maşinii şi au pornit imediat la Aš (numit de germani Asch), unde se afla sediul central al partidului *Sudetendeutsche Partei*.

— Am reuşit să scap de la hotelul „Victoria", i-a raportat el lui Konrad Henlein[1], şeful partidului, un bărbat înalt şi slab, cu un chip posomorât. Privea bănuitor, cât se poate de uimit de înfăţişarea adjunctului său.

— Am fost atacaţi în zori, a continuat Karl Hermann Frank[2]; toţi camarazii au murit.

---

[1] **Konrad Henlein** (1898–1945), activist al minorităţii germane din Cehoslovacia începând din 1931, a condus organizaţiile Uniunea Germană de Gimnastică din Cehoslovacia şi apoi Frontul Patriotic Sudet German (*Sudetendeutsch Heimatfront*). În 1935 a ajuns în fruntea Partidului Germanilor Sudeţi (*Sudetendeutsche Partei*), care cerea unirea acestei părţi a Cehoslovaciei cu Germania. La 28 martie 1938 s-a întâlnit în secret cu Hitler, de la care a primit instrucţiuni în legătură cu acţiunile în favoarea cauzei unirii cu cel de-al Treiela Reich. După preluarea de către Germania a acestor teritorii din Cehoslovacia ca urmare a Acordului de la München, în octombrie 1938, a primit funcţia de guvernator al aşa-numitului Sudetenland. De la 1 mai 1939 a fost Gauleiter al Protectoratului Cehia şi Moravia, deşi puterea efectivă se afla în mâinile adjunctului său, Karl Hermann Frank. După război a fost prins de soldaţii americani şi s-a sinucis cu ajutorul unei lame ascunse într-o tabacheră.

[2] **Karl Herman Frank** (1898–1946), activist al germanilor sudeţi, deputat în parlamentul cehoslovac; după ocuparea teritoriilor sudete de către armatele germane în anul 1938 a obţinut funcţia de adjunct al Gauleiter-ului. Din martie 1939 a fost secretar al Statului Major şi şef al trupelor SS şi al poliţiei din Protectoratul Cehia şi Moravia în rang de SS-Gruppenführer. După moartea lui Reinhard Heydrich, în ziua de 4 iunie 1942, a preluat puterea efectivă în protectorat, aplicând teroarea în masă; este răspunzător pentru masacrul de la Lidice, ordonat ca represalii după moartea lui Heydrich. În 1946 a fost predat de americani autorităţilor cehoslovace, a

Rostise ultimele cuvinte cu mândrie şi bucurie. Henlein nu a reacţionat la exaltarea lui Frank, care dorea să relateze cât mai repede lupta.

— Camarazii noştri au căzut în lupta pentru libertate, ucişi de cehi, a spus el, când Frank şi-a terminat povestirea. Jertfa lor nu va fi uitată. Nu se putea întâmpla într-un moment mai potrivit.

Îşi dădea perfect de bine seama ce consecinţe ar fi putut avea lupta de mai înainte. Cu trei luni mai devreme, în mai 1938, când pieriseră doi nemţi sudeţi, Hitler profitase de aceasta pentru a cere din nou anexarea regiuni sudete la Reich. Moartea celor opt oameni, prezentată în lumina potrivită, putea deveni un argument încă şi mai puternic.

— Trebuie să-l informez imediat pe Führer!, a strigat Henlein. Încerca să imite întrucâtva tonul bombastic al cuvântărilor lui Hitler.

— Adolf Hitler poate acum să demonstreze lumii că sudeţii şi cehii nu pot să trăiască împreună! Negocierile sunt zadarnice! Singura soluţie pentru nemţii sudeţi este revenirea în Reich!

Vorbea fireşte de întoarcerea lor împreună cu o parte din teritoriul Cehoslovaciei.

Ştirea din Cheb nu a făcut o impresie prea deosebită asupra lui Hitler, care în ziua de 13 septembrie se afla la „Berghof", reşedinţa lui din Obersalzberg. Discutase deja cu două săptămâni mai devreme împreună cu adjutanţii lui despre un posibil incident din Cehia, care ar fi putut deveni un pretext pentru iniţierea unei acţiuni armate împotriva acestui stat. Fără îndoială că moartea a opt germani sudeţi era un astfel de incident. Aşadar, după micul dejun care i se servise în acea zi la ora zece, primise informaţia din Cehoslovacia cu acelaşi interes pe care îl manifestase şi faţă de alte rapoarte şi a ieşit pe uşă fără să spună un cuvânt. În faţa vilei se afla un Mercedes care, escortat de alte trei automobile trebuia să-l ducă la München, aflat la o distanţă de 170 km, unde avea de rezolvat alte chestiuni personale.

Raportul despre incidentul din Cehoslovacia a provocat tulburare în alt loc: la sediul guvernului britanic de la Londra, din Downing Street. Premierul Chamberlain a citit raportul trimis de ambasada din Praga şi a decis că nu mai poate aştepta. Nu avea nicio îndoială că următoarea mişcare a lui Hitler va fi să trimită armata în Cehoslovacia.

Premierul a decis să se pună în aplicare planul secret Z, pe care îl elaborase împreună cu câţiva dintre miniştrii cabinetului său cu câteva săptămâni mai devreme pentru cazul în care situaţia internaţională se va înrăutăţi brusc. Într-o însemnare strict secretă referitoare la

---

fost condamnat la moarte, iar sentinţa a fost executată public în curtea închisorii, în ziua de 22 mai 1946.

aceasta, Sir Horace Wilson a scris: „Există un plan, numit Planul Z, pe care îl cunosc numai primul ministru, ministrul trezoreriei şi ministrul afacerilor externe, Sir Neville Henderson şi cu mine, şi aşa trebuie să rămână. Planul va fi pus în aplicare numai în anumite condiţii... Succesul planului depinde în întregime de elementul surpriză..."

În cercul celor iniţiaţi a pătruns totuşi încă o persoană: sora premierului, căreia acesta i-a dezvăluit în ce constă acţiunea secretă şi surprinzătoare. Premierul urma să se întâlnească „în anumite condiţii" cu Hitler! Nu ar fi fost o acţiune izvorâtă din disperare, ci din „dorinţa profundă şi umanitară" de a face totul pentru a se evita un război.

La 13 septembrie 1938, când Hitler a ajuns la München, a aflat că de la Londra sosise o telegramă: premierul Chamberlain cere o întrevedere şi este gata să vină neîntârziat.

Două zile mai târziu, britanicul stătea pe scara avionului de pe aeroportul Heston. A spus aşa:

— Mă duc la cancelarul german, căci, după aprecierea mea, situaţia este de aşa natură încât o discuţie ar putea avea consecinţe pozitive. Scopul politicii mele este pacea. Disponibilitatea Führer-ului de a accepta sugestiile mele îmi dă speranţa că vizita la el nu va rămâne fără rezultate.

Pe aeroportul din Salzburg a fost întâmpinat de ministrul afacerilor externe al Reich-ului, Joachim von Ribbentrop, şi coloana de automobile a pornit spre reşedinţa montană. O jumătate de oră mai târziu, Mercedesul negru cu drapelele britanic şi german a cotit de pe drumul principal care ducea spre Berchtesgaden pe o alee îngustă, umbrită de copaci bătrâni, care mergea în sus, spre vârful muntelui.

Hitler a organizat o ceremonie simplă, dar impresionantă. De o parte şi de alta a drumului au apărut la un moment dat şiruri aliniate de soldaţi SS în vestoane negre, care arătau impunător şi ameninţător în acelaşi timp. Aşa şi trebuia. Horace Wilson, consilierul premierului, privind la soldaţi a spus:

— Mă întreb dacă o să mai ieşim vii de aici – şi o clipă mai târziu a adăugat: Şi mă întreb dacă n-o să ne rostogolim la vale.

Nu glumea. Politicianul britanic se temea într-adevăr pentru viaţa lui.

Câteva minute mai târziu, când automobilul s-a oprit pe mica platformă din faţa vilei în stil bavarez amestecat cu berlinez, Wilson, văzându-l pe trepte pe Hitler, a spus vădit surprins:

— My Lord, Hitler ne aşteaptă pe treptele de la „Berghof"!

Salutul de întâmpinare a fost scurt, au intrat repede în clădire, unde în sala de şedinţă s-a servit ceai. Hitler s-a aşezat alături de oaspetele principal, mai departe Schmidt, interpretul, apoi Hermann Göring, Wilhelm Keitel, Wilson şi încă un diplomat britanic.

— Am auzit multe despre această încăpere, a început Chamberlain, dar este mult mai mare decât mă aşteptam. Se uita pe fereastră, de unde se deschidea o privelişte splendidă spre Alpi. Începuse să plouă şi peisajul îşi mai pierduse ceva din farmec, dar era în continuare încântător.

— Dar şi dumneavoastră aveţi încăperi mari în Anglia, a răspuns politicos Hitler.

— Trebuie să veniţi să vedeţi.

— Aş fi primit cu demonstraţii de nemulţumire.

— Ei, ar trebui să alegem un moment potrivit.

Făcând un schimb de amabilităţi, Hitler şi oaspeţii lui beau ceaiul slab, în care era mult prea mult lapte, după cum îşi amintea meticulosul Wilson.

După câteva minute, Hitler a propus ca Chamberlain să treacă în cabinetul lui privat, unde urmau să discute între patru ochi, numai în prezenţa interpretului, dr. Paul Schmidt.

S-au aşezat pe fotoliile comode, tapiţate cu brocart. Hitler a ascultat răbdător sugestiile lui Chamberlain, după care problema cehoslovacă s-ar putea rezolva prin strămutarea populaţiei germane şi o anumită rectificare a graniţelor.

Hitler s-a orientat rapid. Englezul încerca să îndrepte cu abilitate conversaţia într-o direcţie care nu-i convenea absolut deloc. Nu avea intenţia să discute despre strămutarea a trei milioane de oameni din Cehoslovacia în Germania. Nu de ei avea nevoie, ci de zona strategică unde locuiau.

L-a întrerupt pe Chamberlain vorbind neceremonios:

— Toate acestea sunt reflecţii de tip academic. Chestiunea trebuie rezolvată imediat! Sunt gata mai degrabă să risc un război mondial, decât să accept ca situaţia să se prelungească.

— Dacă v-aţi decis deja pentru război, de ce aţi acceptat să vă fac această vizită în Germania? Chamberlain a ridicat capul arătând ca o barză care îşi caută prada în baltă.

— Războiul poate fi evitat, dacă se acceptă principiul autodeterminării populaţiei germane din Sudetenland, a răspuns Hitler.

Acesta era alt tertip al lui. Dobândirea autonomiei pentru germanii sudeţi îl interesa la fel de puţin ca şi strămutarea acelor oameni în interiorul graniţelor Reich-ului.

— Englezii ar fi de acord cu desprinderea regiunii sudete din Cehoslovacia şi cu aplicarea principiului autodeterminării?, a continuat Hitler. Nu este o idee germană. Autonomia acestei regiuni a fost discutată încă din 1919. Dacă doriţi, putem continua convorbirile, domnule premier, dar mai întâi trebuie să-mi explicaţi dacă recunoaşteţi dreptul germanilor sudeţi la autodeterminare.

Chamberlain a văzut aici o anumită şansă de a ajunge la o înţelegere. Acum iniţiativa era de partea lui, dar se temea să nu meargă prea departe.

— Fără consultări fireşte că nu pot face o declaraţie categorică în numele guvernului englez, a răspuns el. Trebuie să mă consult mai întâi cu guvernul francez, cu lordul Runciman (politicianul britanic care conducea negocierile cu guvernul cehoslovac) şi cu cabinetul britanic. Dar pot să vă prezint opinia mea personală. După ce v-am ascultat şi ţinând seama de motivele dumneavoastră, văzând situaţia într-o lumină mai bună, pot numai să spun că sunt gata să mă asigur că punctul meu personal de vedere va fi împărtăşit de miniştrii mei - Chamberlain vorbea foarte vag, dar rezultatul pe care îl dorea trebuia să fie cel pe care îl aştepta Hitler.

— Acum pot să spun că recunosc principiul separării regiunii sudete de Cehoslovacia pe baza autodeterminării, a încheiat el.

Încă din primul moment când Chamberlain intrase în cabinetul său, Hitler fusese sigur de victorie. Dar nu crezuse că o va obţine atât de uşor.

După întoarcerea la Londra, pe platforma aeroportului, înconjurat de ziarişti, Chamberlain a declarat:

— M-am întors şi trebuie să raportez rezultatele misiunii mele în faţa guvernului britanic şi a guvernul francez. Înainte de a face acest lucru nu pot vorbi despre desfăşurarea vizitei mele. Vreau numai să spun că sunt convins că ne vom continua eforturile pentru a rezolva pe cale paşnică problema cehoslovacă, deoarece de ea depinde pacea vremurilor noastre.

Şi nu minţea. Era convins că rezolvarea problemei cehoslovace va asigura pacea Europei pentru ani buni de atunci înainte. De aceea la 16 septembrie a început să elaboreze un plan care ar fi trebuit să-l mulţumească pe Hitler; desprinderea din teritoriul Cehoslovaciei a raioanelor cu peste 50% populaţie germană şi a zonelor fortificate de lângă frontieră. Fireşte, aceasta nu se putea fără acordul Cehoslovaciei, dar până aici Chamberlain era de bună credinţă. Considera că trebuie doar să se facă suficiente presiuni şi se va obţine efectul scontat. Şi, într-adevăr, la 21 septembrie 1938, preşedintele Edvard Beneš a răspuns că „silit de împrejurări şi supunându-se presiunilor categorice din partea guvernelor englez şi francez, guvernul Republicii Cehoslovace acceptă cu tristeţe propunerile franco-britanice."

Pacea fusese salvată! La 22 septembrie Chamberlain a plecat la o nouă întâlnire cu Hitler, de astă dată la Bad Godesberg.

Hitler l-a condus pe premierul britanic în sala de şedinţă; era într-o dispoziţie excelentă. Chamberlain triumfa la rândul lui, nebănuind ce îl aşteaptă: L-a informat plin de mândrie pe Hitler că Cehoslovacia era de acord să accepte planul de autonomie al regiunii sudete. În continuare, dorea să stabilească pe parcursul acestei convorbiri câteva detalii.

— Îmi pare rău, domnule Chamberlain, acum nu pot să mă ocup de aceste lucruri, a spus dintr-odată Hitler.

Britanicul a amuţit de uimire. Sângele i-a năvălit în obraji şi a sărit din fotoliu, dar Hitler nu l-a lăsat să vorbească.

— Ocuparea teritoriilor sudete care urmează să fie cedate Germaniei trebuie să aibă loc imediat! Fără niciun fel de negocieri!, a spus mai departe Hitler, fără să ia în seamă indignarea lui Chamberlain.

La un moment dat, a intrat adjutantul lui Hitler şi i-a dat un bilet. Acesta a parcurs textul şi i l-a dat interpretului, care l-a citit în engleză:

— Beneš a decretat mobilizarea generală!

Toţi au înţeles semnificaţia acestei informaţii: Război! Hitler rămăsese singur. Dintr-odată a fost de acord cu negocierile, deşi cu câteva minute mai înainte respinsese orice posibilitate de discuţie pe tema sudetă. Acesta a fost singurul lucru pe care l-a câştigat Chamberlain la Bad Godesberg: şansa de atenuare a atitudinii germane. A fost totuşi un moment de slăbiciune pentru Führer, care s-a retras foarte repede pe poziţiile iniţiale: a cerut cedarea fără condiţii a zonei sudete. Nu a dat înapoi nici la 26 septembrie când a venit la el Horace Wilson, însoţit de ambasadorul Henderson.

Führer-ul a recurs la arma lui cea mai redutabilă: l-a speriat pe trimisul englez. I-a dat de înţeles că este gata de orice şi nu va ezita să trimită armata pentru a ocupa partea de vest a Cehoslovaciei.

Hitler şedea pe canapea în cabinetul lui din Cancelaria Reich-ului. În afară de el, în încăpere mai era ministrul Ribbentrop, adjutantul, colonel Rudolf Schmundt, interpretul dr. Schmidt, secretarul de stat dr. Weizsäcker şi două secretare.

Wilson s-a aşezat pe un fotoliu atât de aproape de Führer, că genunchii li se atingeau din când în când.

La început, conversaţia s-a desfăşurat într-o atmosferă paşnică. Asta până în momentul în care interpretul a citit scrisoarea trimisă de guvernul cehoslovac la Londra şi prin care respingea posibilitatea cedării zonei sudete.

Hitler a sărit în picioare.

— Guvernul cehoslovac nu are decât două posibilităţi, a strigat el: acceptarea sau respingerea propunerilor germane. În al doilea caz, voi distruge Cehoslovacia!

S-a răsucit şi a pornit spre uşă, lăsându-i baltă pe englezi. Dintr-odată însă s-a oprit şi s-a întors la locul său.

Wilson şi-a dat seama că este un moment prielnic pentru prezentarea poziţiei britanice. I-a dat asigurări că guvernul britanic nu este de acord cu decizia guvernului cehoslovac şi va depune eforturi ca să aranjeze o întâlnire între reprezentanţii Germaniei şi ai Cehoslovaciei.

— Porcul ăsta bătrân trebuie să fie nebun dacă îşi închipuie că poate să mă influenţeze în acest fel, a urlat Hitler.

— Dacă Herr Hitler se referă la premier, a spus Wilson, vizibil şocat de purtarea gazdei, trebuie să vă asigur că nu este nebun, dar doreşte să menţină pacea.

— Părerile acestui linge funduri nu mă interesează!, a răcnit din nou Hitler. Pe mine mă interesează oamenii mei din Cehia, care sunt ucişi şi schingiuiţi de sodomitul ăsta de Beneš! Este peste puterea de îndurare a unui bun german! Mă auzi, porc tâmpit?

Şi s-a ridicat din nou de pe canapea.

— În ordine, ne-am înţeles, a spus el, schimbând brusc tonul. Ne vom întâlni cu cehii, dar numai dacă acceptă deciziile de la Bad Godesberg şi prima dată din octombrie − se referea la data retragerii administraţiei şi a armatei cehe din regiunea sudetă.

— Trebuie să ştiu în cel mult două zile, a continua Hitler, dacă cehii acceptă aceste condiţii sau dacă trebuie să-i radem de pe suprafaţa pământului înainte de 1 octombrie. Le dau două zile de gândire! Trebuie să primesc răspunsul confirmat în două zile, adică până miercuri!

— Miercuri până la miezul nopţii?, a întrebat politicos Wilson.

— Nu, până la două după-amiază!

Conversaţia se încheiase. Hitler a ieşit din cabinet fără să-şi mai ia rămas-bun de la englezi, iar aceştia, vizibil stânjeniţi, au înclinat din cap către ceilalţi germani rămaşi în încăpere şi, precedaţi de ofiţerul SS, au pornit spre ieşire.

În mapa pe care Horace Wilson o strângea sub braţ se afla un document pe care ar fi trebuit să i-l citească lui Hitler, dacă discuţia s-ar fi desfăşurat prost. Dar conversaţia decursese cum nu se poate mai prost, iar diplomatul britanic a ieşit din cabinetul Führer-ului fără să prezinte lucrul cel mai important. Foaia de hârtie din servieta lui conţinea un text scris de Sir John Simon, ministrul trezoreriei, prin care se afirma că, dacă Germania va intra în Cehoslovacia, Franţa va interveni în ajutorul acestei ţări, iar Marea Britanie va sprijini acţiunile aliatei sale. Premierul Chamberlain numea acesta text un „ultimatum" care ar fi putut schimba cursul evenimentelor.

Hitler a blufat tot timpul, urmărind cu atenţie reacţia adversarului. Când a sesizat locul slab, a făcut imediat pasul următor, fără a-i lăsa adversarului nicio posibilitate de manevră. Dacă Wilson ar fi citit acel ultimatum, l-ar fi obligat pe Hitler să dea înapoi, dar nu îndrăznise, căci... se temuse de o nouă izbucnire şi de alt val de insulte! Mai târziu, s-a justificat:

— Când m-am întors la Londra, mulţi membri ai cabinetului s-au înfuriat (că nu citise ultimatumul - B.W.), dar eu nu puteam uita în ce atmosferă se desfăşura acea convorbire. Hitler parcă era scos din minţi. La un moment dat mi-a spus: „Dacă vreţi să ştiţi ce părere am despre cehi, să veniţi la *Sportpalast*[1] în seara aceasta şi ascultaţi discursul meu". Atunci m-am gândit că dacă îi spun atunci ceea ce trebuia să-i spun (să-l informez despre ultimatum - B.W.), purtarea lui va depăşi orice limite.

Hitler nu vedea în faţa lui decât pe un reprezentant înspăimântat al unei mari puteri şi şi-a dat seama că îşi poate permite orice. Se conducea în politică în funcţie de dispoziţia sufletească, de capriciu, de impulsurile bruşte, fiind profund convins că aceste semnale provin de la Providenţa care îl pusese în fruntea poporului german, ca să-l conducă spre glorie. Nu se putea lupta cu el decât cu aceeaşi armă, dar diplomaţii şi politicienii care participaseră la întâlnirea cu Hitler nu au înţeles acest lucru. Au acţionat în conformitate cu canoanele diplomaţiei. Au mers pe cărările bine cunoscute şi de aceea au pierdut.

[1] Palatul sporturilor - sală de spectacole din Berlin.

Atunci, la 26 septembrie, Wilson nu a scos din servietă ultimatumul şi i-a arătat astfel lui Hitler că îi este frică de el. El, Wilson, reprezentantul unei mari puteri! Atunci Hitler a făcut pasul următor.

În aceeaşi zi, 26 septembrie 1938, vorbind în faţa mulţimii de la *Sportpalast*, a repetat ameninţările la adresa Cehoslovaciei.

Era de astă dată o declaraţie publică şi nu mai exista cale înapoi.

Wilson i-a prezentat lui Hitler ultimatumul abia a doua zi:

„Guvernul francez ne-a informat – scria Chamberlain – că dacă cehii resping memorandumul şi Germania atacă Cehoslovacia, Franţa îşi va îndeplini angajamentele faţă de Cehoslovacia. Dacă în urma acestui act forţele franceze vor fi angrenate în acţiuni militare împotriva Germaniei, ne vom simţi obligaţi faţă de Franţa".

În acest moment decisiv al luptei, Chamberlain nu a amintit nicio clipă de Uniunea Sovietică, deşi diplomaţia sovietică devenise deosebit de activă în ultimele luni.

La 17 martie 1938, comisarul sovietic pentru afaceri externe, Maksim Litvinov[1] propusese guvernelor Marii Britanii, Franţei şi Statelor Unite o acţiune comună împotriva Germaniei.

Curând şi alţi politicieni sovietici au reluat această propunere pe diverse căi atât de des, încât la Londra se glumea că cel mai activ diplomat din istoria Imperiului este Ivan Maiski, ambasadorul sovietic.

---

[1] **Maksim Litvinov** – pe numele său adevărat Meir Henoch Wallach-Finkelstein (1876–1952), politician sovietic, participant la mişcarea revoluţionară din 1898. Din 1907 s-a aflat în emigraţie în Marea Britanie, unde s-a însurat cu Ivy Low, o englezoaică cu relaţii în sferele politice. După victoria revoluţiei din octombrie 1917, a fost numit emisar la Londra. Din 1921 a devenit adjunctul comisarului poporului pentru afaceri externe. În 1930 a devenit comisar pentru afaceri externe. A realizat semnarea pactului de neagresiune cu Polonia în 1932, reluarea relaţiilor diplomatice cu Statele Unite în 1933 şi intrarea Uniunii Sovietice în Liga Naţiunilor în 1934. Era considerat adept al colaborării dintre Uniunea Sovietică şi Occident şi antinazist (era evreu) şi această opinie a fost decisivă în înlăturarea lui din funcţie, atunci când Iosif Stalin a decis să strângă legăturile de colaborare cu Adolf Hitler. Exclus din Comitetul Central al PCUS urma să fie arestat, dar a fost salvat de izbucnirea războiului cu Germania. În 1941 Litvinov a fost numit din nou adjunct al comisarului pentru afaceri externe şi în această calitate în curând a plecat ca ambasador în Statele Unite, unde a rămas până în 1943.

Consfătuirea

Trecuse ora 22.00 şi Stalin nu sosise. Oamenii care se adunaseră în cabinetul lui aşteptau deja de trei ore şi nimic nu arăta că şedinţa va începe prea curând.

Mareşalul Kliment Voroşilov se foia nervos în fotoliu, dar avea grijă, la fel ca toţi ceilalţi, să nu cumva să pară nerăbdător sau, mai rău, nemulţumit de absenţa Conducătorului. Toţi se străduiau să lase impresia că o întârziere de trei ore este ceva normal la care se aşteptau. Nimeni nu îndrăznea să înceapă discuţia pe tema care urma să fie probabil subiectul consfătuirii, adică a situaţiei din Cehoslovacia. Aşadar, frânturile de conversaţie erau schimburi de amabilităţi, discuţii despre vreme, care în ultimele zile se înrăutăţise simţitor. Numai Lavrenti Beria nu spunea nimic şi tot timpul stătuse aplecat peste un caiet gros, în care scria de zor ceva. Nimeni nu îndrăznea să-l întrebe ce scrie. Ejov nu era de faţă, ceea ce nu-i mira pe cei din încăpere. Ştiau că, din momentul în care Stalin îi numise un adjunct, soarta lui este pecetluită. Nu puteau decât să se întrebe când va fi obligat să-şi dea demisia şi apoi arestat, ceea ce le provoca o mare satisfacţie, aşa cum nu poate produce decât o răzbunare îndelung aşteptată.

Voroşilov a întins mâna după servieta de piele pe care o adusese cu el şi a scos din ea un dosar cu coperte de carton. Rupsese sigiliul mare de lac de mult, atunci când începuseră să-l aştepte pe Stalin şi se uitase de mai multe ori la documentele din interior. Serviciul de informaţii al armatei, GRU, raporta din Polonia, prin intermediul unui agent numit „Musca"[1], că nu exista nicio posibilitate ca autorităţile să acorde trupelor sovietice dreptul de liberă trecere prin ţară.

— Asta e important, e important, spunea el ca pentru sine şi a subliniat câteva propoziţii cu un creion roşu cu vârful bont.

A închis mapa şi s-a uitat pe fereastră. Se străduia să lase impresia că se gândeşte la conţinutul documentului pe care îl citise, însă de fapt moţăia cu ochii deschişi. Era vechea şcoală militară din vremurile de la Ţariţîn, când, după mai multe zile şi nopţi nedormite, ar fi fost gata să-şi dea un an de viaţă pentru un minut de somn.

Beria a ridicat ochii din spatele lentilelor ochelarilor cu ramă de aur şi a privit de jur împrejur prin încăpere. Toţi ceilalţi care moţăiau s-au înviorat imediat. Începuseră să se teamă de acest om, aşa cum se temuseră până acum câteva săptămâni de şeful lui.

[1] Identitatea lui nu a fost stabilită.

Beria a simţit că privirile lui provocaseră o oarecare nelinişte şi s-a întors repede la caiet, începând să scrie.

După miezul nopţii, când îl aşteptau deja de patru ore pe Stalin, în cabinet atmosfera se mai destinse puţin. Toţi fuseseră de acord tacit că pot să-şi descheie nasturele de la gulerele înalte ale cămăşilor şi să se instaleze mai comod pe scaune, ba chiar să-şi rezeme capul în mâini. Câţiva dintre ei se ridicaseră chiar sub pretext că se duc la toaletă şi făcuseră câţiva paşi pe coridor cu mare grijă ca nu cumva Stalin să apară tocmai atunci.

Şi, în sfârşit, acesta a apărut din apartamentul lui privat, spre care dădea uşa din partea cealaltă a cabinetului, capitonată cu pluş gros.

N-a rostit niciun cuvânt, s-a aşezat direct la birou să lectureze cele câteva documente aflate pe masă. Apoi s-a ridicat tot aşa, fără un cuvânt şi s-a apropiat de masa de şedinţă.

— Ei, raportează, Klim, s-a întors el spre Voroşilov.

Acesta a aruncat o privire nesigură într-o parte, ca şi când ar fi aşteptat să-i sufle cineva despre ce trebuie să vorbească. Dar a ajuns repede la concluzia că invitaţia lui Stalin se referă la prezentarea stării de pregătire a armatei în câteva districte.

— De la 23 septembrie 1938, a început Voroşilov, sunt gata de luptă armatele din Districtul militar special Kiev. Grupurile de armată Viniţa şi Jitomir se îndreaptă spre frontieră. Trei regimente de vânători şi patru de aviaţie de bombardament sunt deja pe aeroporturile din apropierea frontierei de stat. Rezerviştii vin spre noile puncte de adunare.

Voroşilov a povestit câteva minute care sunt detaşamentele aflate în stare de luptă, ceea ce fireşte că nimeni nu putea ţine minte, poate cu excepţia lui Stalin, care asculta cu atenţie şi îşi făcea chiar şi însemnări.

Din raportul comisarului reieşea că Uniunea Sovietică pusese în mişcare forţe foarte însemnate. Unităţile de cavalerie, de infanterie, de blindate şi motorizate, reprezentând o forţă de aproximativ 30 de divizii, erau masate spre frontierele statului. Tot atâtea ocupau poziţii secundare. O mare masă de oameni şi echipamente militare ale Armatei Roşii se pregăteau de război. Dar cu cine? Cehoslovacia era despărţită de Uniunea Sovietică prin teritoriile Poloniei şi României. Stalin nu putea să-şi facă iluzii că aceste state vor fi de acord ca pe teritoriul lor să intre 60-80 de divizii sovietice, aşadar forţe mai mari şi mai numeroase decât armatele lor.

Polonia îşi manifestase hotărârea, gata să intre în război, dacă ruşii i-ar fi încălcat teritoriul. În Volînia avuseseră loc, între 5 și 19 septembrie, manevre militare ample, la care asistase însuşi inspectorul general al forţelor armate, mareşalul Edward Rydz-Śmigły. La manevre participaseră cinci divizii de infanterie, o brigadă de cavalerie blindată motorizată, o divizie de cavalerie, câteva companii de tancuri.

Din februarie 1938, România dezminţea energic zvonurile că va permite trecerea trupelor sovietice; începând din primăvară, diplomaţii români dădeau asigurări cu privire la neutralitatea lor în legătură cu conflictul germano-cehoslovac.

Nici cehii nu se grăbeau să accepte ajutorul sovietic, căci se temeau că vor trebui să plătească un preţ prea mare pentru el. În august 1938, când Voroşilov l-a invitat pe generalul Jaroslav Fajfr, şeful Direcţiei III a Statului Major, să discute condiţiile ajutorului sovietic, cehii evitaseră sub fel de fel de pretexte invitaţia.

— Patru brigăzi aeriene cu 548 de avioane sunt gata să zboare în Cehoslovacia. România şi-a exprimat acordul cu privire la tranzitarea aeriană, continua Voroşilov.

— Trebuie să li se pună cehilor condiţii cu privire la siguranţa aviatorilor noştri, la apărarea antiaeriană etc., a spus dintr-odată Stalin, iar comisarul şi-a notat sârguincios. Astăzi trebuie să aducem la cunoştinţa guvernului francez această intenţie de acţiune.

Fără îndoială că acesta era punctul cel mai important al planului despre care vorbea Voroşilov. Zborul regimentelor de aviaţie sovietice trebuia să fie un mare foc de artificii propagandistic. Atât şi nimic mai mult.

Cehoslovacia avea în prima linie 568 de avioane de bombardament, de vânătoare şi de recunoaştere, aşadar ceva mai multe decât regimentele sovietice pe care urmau să le trimită în ajutor. Unde aveau să-şi stabilească baza? Pregătirea aeroporturilor dura cel puţin câteva săptămâni. Pentru piloţii sovietici, aterizarea într-o zonă necunoscută era o manevră periculoasă. Trebuie să se organizeze sistemul de comunicaţii şi de semnalizare, locuinţe pentru aviatori şi personalul de la sol, puncte de supraveghere şi de coordonare cu unităţile cehe, depozite pentru piese de schimb şi muniţie, combustibili. Cehoslovacia nu putea furniza de pe o zi pe alta mii de tone de combustibil pentru noile avioane. Cisternele cu benzină, trenurile cu bombe şi gloanţe pentru mitraliere trebuiau să traverseze teritoriul României şi al Poloniei, dar se ştia că aceste state nu-şi vor da consimţământul. În această situaţie, cele 548 de avioane, care ar ateriza pe teritoriul Cehoslovaciei, ar fi putut participa la o singură acţiune, după care ar trebui să se întoarcă fără muniţie, fără combustibil şi ar fi devenit ţinte uşoare pentru aviaţia germană. Ce stat s-ar fi lipsit cu atâta uşurinţă de atâtea avioane preţioase?

Stalin ordonase într-adevăr ca armata să fie în stare de luptă, dar totul se desfăşura în conformitate cu planul lui de a mări tensiunea internaţională, rămânând în acelaşi timp deoparte. Faptul că în apropierea frontierei de vest a Uniunii Sovietice se aflau sub arme câteva zeci de divizii trebuia să influenţeze planurile şi acţiunile politicienilor europeni. Situaţia genera teamă şi nervozitate în ţările vecine. În această atmosferă se redeschideau vechile conflicte şi pe marginea conflictului principal ceho-german se putea ajunge şi la alte fricţiuni. Ungaria a chemat sub arme, în noaptea de 16 spre 17 septembrie, aproximativ 50.000 de rezervişti şi a executat manevre în apropierea graniţei cu Slovacia, după care armatele nu s-au întors în cazărmi, ci, dotate cu muniţie de luptă, au rămas în zone de frontieră. Românii, temându-se de o intervenţie militară a ungurilor, au întărit paza frontierelor, dar nu au decretat mobilizarea.

Stalin evaluase foarte bine situaţia. Era sigur că Hitler nu va renunţa la anexarea regiunii sudete, căci aceasta l-ar fi compromis în faţa propriei societăţi şi ar fi însemnat sfârşitul carierei lui. A fost nevoit să trimită Wehrmacht-ul împotriva celor 42 de divizii cehe, bine înarmate şi masate în zona sudetă admirabil fortificată. Învingerea lor nu ar fi fost o treabă uşoară, cu atât mai mult cu cât Marea Britanie şi Franţa erau obligate să acorde ajutor militar Cehoslovaciei. Dacă Marea Britanie, ale cărei forţe terestre şi aeriene erau slabe, nu avea posibilitatea să participe la război decât prin blocada instituită de vasele puternicei sale Royal Navy împotriva porturilor germane, armata franceză putea arunca în luptă câteva zeci de divizii. Şi Polonia s-ar fi putut alătura aliaţilor occidentali şi ar fi putut trimite pe front 40 de divizii. Francezii ar fi sângerat pe linia Siegfried, ale cărei fortificaţii fuseseră terminate în grabă de germani. Nemţii şi-ar fi tocat forţele în războiul de uzură din vest şi în luptele cu cehii şi polonezii în est. Iar Stalin putea să aştepte, să-şi mobilizeze forţele, să se pregătească şi să lovească abia în final.

Venise momentul celei de-a patra etape a revoluţiei sale: ocuparea ţărilor învecinate, ceea ce era absolut necesar pentru a se putea forma o comunitate socialistă de-a lungul frontierelor Uniunii Sovietice. Pentru atingerea acestui scop era nevoie de un război european. Aşadar, acesta trebuia provocat. Stalin elaborase de mult această politică. Spusese deja la Conferinţa de partid de la Moscova din 27 ianuarie 1925:

— Ar putea să pară ciudat, dar aceasta este realitatea, tovarăşi. Dacă în anul 1917 cele două mari coaliţii de state capitaliste nu ar fi fost angajate într-o luptă pe viaţă şi pe moarte între ele în cadrul războiului imperialist, dacă nu ar fi sărit una la gâtul celeilalte, dacă nu ar fi fost ocupate şi dacă nu ar fi fost în criză de timp şi ar mai fi apucat să arunce provocarea guvernului sovietic, regimul sovietic nu ar fi supravieţuit. Luptele, războaiele şi conflictele dintre duşmanii noştri sunt, repet, cei mai mari aliaţi ai noştri.

Cu câteva zile mai înainte, când luase cuvântul la Plenara secretă a Comitetului Central al Partidului Bolşevic, spusese ceva mai mult:

— Lozinca noastră va rămâne ca şi până acum lozinca păcii. Dar dacă va începe războiul, nu vom sta cu braţele încrucişate. Va trebui să pornim la acţiune, dar vom fi ultimii. Vom face în aşa fel, încât noi să aruncăm pe cântar greutatea decisivă, care va stabili cine este învingătorul.

Şi aceasta a fost politica pe care a aplicat-o atunci când în Europa a început criza; criza trebuia adâncită, pentru ca să se transforme într-un război european, pe care ar fi putut să-l câştige Uniunea Sovietică.

În septembrie 1938, Stalin era foarte aproape de ţintă. Dar nu prevăzuse o întorsătură neaşteptată.

*

La 28 septembrie, premierul Chamberlain a rostit o cuvântare în Camera Comunelor. Vorbea cu voce monotonă, enumerând evenimentele din ultimele zile. În sala parlamentului se simţea tensiunea care rezulta, fără îndoială, din convingerea tuturor deputaţilor că în orice clipă poate sosi informaţia despre izbucnirea războiului.

În faţa clădirii parlamentului stătea îngrămădită o mare mulţime de londonezi. Prezenţa acelor oameni, deşi calmi şi tăcuţi, sublinia şi mai mult gravitatea momentului. Era ora 4.24 după-amiază, când cineva i-a înmânat un bilet deputatului care şedea la marginea rândului al doilea, spunându-i să-l dea premierului. Biletul transmis din mână în mână a ajuns până la Sir John Simon. Acesta şi-a aruncat ochii pe el, s-a ridicat, s-a apropiat de premierul care vorbea, iar acesta, văzându-l, s-a oprit uitându-se întrebător la el. Simon i-a dat biletul fără un cuvânt şi s-a întors la locul lui.

Chamberlain a parcurs biletul şi faţa i s-a destins. A ridicat capul şi a privit în sală triumfător.

— Herr Hitler, a început el deja pe alt ton - a fost de acord să amâne mobilizarea cu douăzeci şi patru de ore şi să se întâlnească cu mine şi cu domnii Mussolini şi Daladier la München.

S-a întrerupt şi a înconjurat cu privirile încăperea. O clipă a domnit o tăcere deplină, apoi dintr-odată au izbucnit strigăte de bucurie. Deputaţii s-au ridicat în picioare şi au început să aplaude. Aproape toţi ovaţionau pacea. Winston Churchill s-a ridicat şi el, dar numai ca să iasă din sală.

— Guvernul a trebuit probabil să aleagă între ruşine şi război, i-a spus el unui deputat care trecea pe lângă el. A ales ruşinea şi va avea parte de război.

Chamberlain a dat de câteva ori din cap, ca şi când ar fi mulţumit pentru ovaţii. Ştirea pe care i-o transmisese Simon nu fusese o surpriză pentru el. Se aştepta la aceasta. Seara precedentă, în timpul unei discuţii cu Wilson, spusese:

— Am reflectat la toate. Cred că în condiţiile actuale ar fi bine dacă ne-am întâlni cu toţii: Hitler, Mussolini, eu şi Daladier. Am luat măsurile de cuviinţă.

*

Rostise aceste cuvinte după ce luase legătura cu Mussolini şi îl rugase pe dictatorul italian să intermedieze. Acesta, care rămăsese deocamdată în umbra marii crize, văzuse o ocazie admirabilă de a-şi sublinia poziţia pe arena europeană, aşa că a acceptat încântat ideea lui Chamberlain. În ziua de 28 septembrie la ora 7 dimineaţa, Bernardo Attolico, ambasadorul italian de la Berlin, i-a prezentat ministrului Ribbentrop ideea unei întâlniri la vârf. La amiază totul se ştia deja.

Ce îl făcuse pe Hitler să accepte propunerea unei conferinţe la München? Numai convingerea că Marea Britanie şi Franţa vor accepta pretenţiile pe care le ridicase faţă de Cehoslovacia.

În aceeaşi după-amiază, ministrul britanic de externe l-a invitat pe ambasadorul ceh, Jan Masaryk, ca să-l informeze cu privire la conferinţa care urma să aibă loc curând la München.

— Este o conferinţă în timpul căreia se va discuta soarta ţării mele - a spus uimit şi indignat Masaryk -, iar noi nu am fost invitaţi să luăm parte?

— Este o conferinţă a marilor puteri, a venit răspunsul.

— Atunci înţeleg că a fost invitată şi Uniunea Sovietică. La urma urmelor, şi Rusia are un tratat cu ţara mea...

Această observaţie l-a derutat pe lordul Halifax.

Winston Churchill – adversar înverşunat al politicii de concesiuni

— N-a fost timp să fie invitată şi Rusia, a spus el nesigur, dându-şi seama de şubrezenia acestui argument. Şi a adăugat: Insistenţa asupra participării ei ar fi putut să-l întoarcă pe Hitler împotriva ideii conferinţei.

Minţea pentru a doua oară. Problema participării Uniunii Sovietice fusese examinată de Chamberlain şi de Wilson, dar căzuseră de acord că agresivitatea şi lipsa de scrupule a lui Stalin ar putea complica problemele şi îngreuna, dacă nu chiar împiedica de-a dreptul încheierea unei înţelegeri. Masaryk ştia perfect despre ce înţelegere este vorba. Privindu-l drept în ochi pe lordul Halifax a spus:

Premierul N. Chamberlain şi A. Hitler la München

— Dacă jertfiţi poporul meu pentru a salva pacea, voi fi primul care să vă fie recunoscător. Dacă nu, Dumnezeu să aibă grijă de sufletele voastre.

Nu ştia că în curând avea să afle despre umilirea la care fusese supusă delegaţia ţării sale: aceasta sosise la München, dar nu i se dăduse voie să intre în sala de şedinţă.

În dimineaţa zilei de 29 septembrie 1938 au început tratativele de la München. Hitler a sosit cu suita lui ostentativă, în care la loc de cinste se afla Herman Göring în vestonul lui alb. După el venea ministrul Joachim von Ribbentrop, pe chipul căruia se putea citi victoria. Germanii îl înconjurau cu o deosebit atenţie pe Benito Mussolini, care sosise la München însoţit de ginerele lui, contele Galeazzo Ciano, ministrul afacerilor externe. Partea franceză era reprezentată de premierul Edouard Daladier şi de Georges Bonnet, ministrul de externe. Horace Wilson se ţinea după înţepatul Chamberlain.

Erau acolo şi cehii: dr. Vojtěch Mastný, ambasadorul ceh de la Berlin şi dr. Hubert Masaryk, reprezentantul Ministerului Afacerilor Externe. Şedeau într-o cameră, dar nimeni nu se apropia de ei. Abia la douăsprezece ore după ce începuse conferinţa, uşa s-a deschis şi Horace Wilson a apărut în cadrul ei.

— Aproape că am terminat, a spuse el zâmbind ca un medic care pleacă de lângă masa de operaţie după o trudă de câteva ore, încheiată cu salvarea unei vieţi. Veţi fi mulţumiţi, domnilor, veţi vedea că am reuşit să ajungem la o înţelegere practic în toate chestiunile!

— Şi care va fi soarta noastră? Dr. Mastný nu împărtăşea entuziasmul interlocutorului său.

— Nu chiar aşa de rea cum ar fi putut fi. Wilson continua să zâmbească. Herr Hitler a făcut câteva concesii.

S-a apropiat de masă şi a desfăşurat în faţa cehilor harta pe care o ţinuse până atunci făcută sul. Cehii s-au uitat o clipă în tăcerea la liniile roşii cu care fuseseră trasate graniţele ţării lor.

— Este şocant!, a exclamat brusc Mastný. Este o cruzime şi o prostie! Nu numai că aţi dat pământul nostru, dar aţi sacrificat şi apărarea noastră! Uitaţi-vă! Aceasta este linia noastră de apărare... şi aici... şi aici... Arăta cu degetul zonele marcate ca teritorii care urmau să revină Germaniei. Aţi dat toate acestea naziştilor!

Wilson a încetat să mai zâmbească. Părea uluit de izbucnirea cehului.

— Îmi pare rău, a spus el în cele din urmă. Nu are sens să ne certăm. Nu am timp. Trebuie să mă întorc la premier.

Harta Cehoslovaciei după anexările germane şi maghiare – culoarea cea mai închisă marchează teritoriile atribuite Germaniei la conferinţa de la München

S-a răsucit pe călcâie şi a ieşit repede din încăpere, lăsându-i pe cehi şocaţi şi zdrobiţi.

În ziua următoare, când ştirea despre acordul semnat la München era cunoscută deja în toată lumea, după un cocktail de la ambasada franceză din Moscova, de ambasadorul Robert Coulondre s-a apropiat Vladimir Potiomkin, adjunctul comisarului pentru afaceri externe.

— Sărmane prieten, a spus el încet, ce aţi făcut? Acum nu văd altă soluţie decât a patra împărţire a Poloniei.

Coulondre nu trebuia să cunoască istoria Poloniei ca să înţeleagă semnificaţia acestor cuvinte. În Europa nu era decât un singur stat cu care Uniunea Sovietică putea să împartă Polonia: Germania.

Câteva zile mai târziu, consilierul ambasadei germane, Werner von Tippelskirch, i-a trimis o telegramă ministrului Ribbentrop, în care afirma că „politica antigermană şi prooccidentală a comisarului Litvinov a fost un fiasco total şi fără îndoială că acesta va trebui să părăsească funcţia." Nu se înşela. Acordul de la München a pus în mişcare o maşinărie înfricoşătoare, care în mai puţin de un an va începe să înghită Europa.

Noua împărţire

Era spre sfârşitul zilei de duminică, 2 noiembrie 1938. Soarele, încă destul de puternic la această oră a zilei, răzbătea printre frunzele îngălbenite ale mestecenilor care înconjurau *dacea* de la Kunţevo. Stalin a ieşit din casă cu o manta veche aruncată pe umeri ca să-l ferească de răcoarea serii de toamnă şi s-a aşezat la măsuţa de răchită dintr-un colţ al terasei. Cineva pusese deja mai devreme acolo o lampă, ca şi când ar fi prevăzut că marele Conducător va lucra, conform obiceiului său, până se întunecă.

Îi plăcea să vină la vila de la marginea Moscovei, unde se simţea mult mai bine decât în încăperile Kremlinului. Casa de lemn cu un singur etaj, situată în pădure, era aparte, prietenoasă. Nu era aici niciun pic de lux. Stalin avea două camere: cabinetul şi dormitorul, deşi lucra adesea chiar în dormitor şi se întâlnea tot acolo şi cu subalternii săi. De aceea, acolo fuseseră instalate o masă şi câteva scaune. Lângă perete era o canapea acoperită cu o pătură militară. Se întâmpla ca Stalin să doarmă pe ea îmbrăcat, mai ales după câte un chef, care se întindea până în zori. Mai era şi o noptieră şi o lampă cu abajur de sticlă, pe perete atârna un covor cu modele gruzine. Asta era tot.

Când era vreme bună, se muta pe terasă, unde servitorii de la vilă puneau mobilier de răchită, sau se întindea sub copertina verandei.

Abia se aşezase în fotoliu, când în uşă a apărut Aleksandr Poskrebîşov[1], secretarul lui. Privea nesigur în jur, aşteptând ca Stalin să-i facă un semn să înainteze, dar văzând că acesta este ocupat cu examinarea documentelor, s-a mişcat din loc, străduindu-se să facă suficient zgomot ca să nu apară pe neauzite alături de Conducător, căruia nu-i plăcea deloc să fie luat prin surprindere.

— A venit poşta de la Moscova, tovarăşe Stalin, a spus el încet. A pus mapa pe marginea mesei, apoi s-a dat un pas înapoi, gândindu-se că ar putea să se aşeze pe unul din fotoliile de răchită pentru a face comentariile necesare în legătură cu documentele pe care le adusese. Întotdeauna se pregătea foarte temeinic atunci când se întâlnea cu Stalin, străduindu-se să afle tot ce se poate despre oamenii şi evenimentele menţionaţi în documente. Avea o memorie excelentă care îl ajuta să evoce chiar şi evenimente care avuseseră loc de mult timp. Dar de astă dată se vede că Stalin nu avea nevoie de compania lui, aşadar, după câteva minute de aşteptare, Poskrebîşov, nemulţumit, s-a îndepărtat de masă.

Stalin a întins mâna după mapă.

— O telegramă de la ambasadorul Marii Britanii către comisarului poporului pentru afaceri externe, a citit el titlul primului document.

— În dimineaţa zilei de 30 septembrie, când condiţiile Acordului de la München au devenit cunoscute la Londra, m-am dus să mă întâlnesc cu Masaryk, pentru a-mi exprima simpatia profundă faţă de poporul cehoslovac şi indignarea provocată de trădarea Marii Britanii

[1] **Aleksandr Poskrebîşov** (1891–1965) a intrat în 1917 în partidul bolşevic, unde a ocupat înalte funcţii de partid, printre altele la Sverdlovsk şi Ufa. Se pare că a participat la asasinarea familiei ţarului. În martie 1922, a devenit asistent al secretarului Comitetului Central, apoi adjunct al şefului Biroului de Control al Partidului; misiunea lui era supravegherea şi strângerea de materiale incriminatoare referitoare la cele mai înalte autorităţi ale partidului. În 1929 a ajuns în fruntea Secţiei Administrative a CC al PCUS. La începutul anilor '30 a intrat în componenţa secretariatului personal al lui Stalin. Curând a devenit colaboratorul cel mai apropiat şi de neînlocuit al dictatorului, care preţuia cunoştinţele lui şi relaţiile personale în rândul membrilor cu cele mai înalte funcţii în partid şi în stat şi memoria fenomenală de care dispunea. Dar aceasta nu a salvat-o pe soţia lui Poskrebîşov, fiica vitregă a lui Troţki, care a fost arestată după cel de-al Doilea Război Mondial din ordinul lui Stalin. În aprilie 1953, ca urmare a intrigilor lui Beria, a fost înlăturat din funcţia de şef al secretariatului. După moartea dictatorului a fost membru al Prezidiului Sovietului Suprem. În 1960 a ieşit la pensie.

şi a Franţei faţă de Cehoslovacia – scria Ivan Maiski[1]. – Masaryk, un bărbat înalt şi solid, de regulă destul de cinic în condiţii normale, s-a rezemat de pieptul meu, m-a sărutat şi a început să plângă ca un copil. „M-au vândut ca rob nemţilor”, a spus el printre lacrimi. „Aşa cum erau cândva vânduţi negrii ca sclavi în America”.

Stalin nu acorda prea multă crezare raportului lui Maiski, care se străduia să facă impresie şefului său, comisarul pentru afaceri externe, ba poate chiar şi asupra lui Stalin. A parcurs cu privirea celelalte rânduri ale telegramei care se întindea pe două pagini şi a pus-o deoparte, negăsind acolo nimic interesant, în afară de afirmaţia următoare: „Uniunea Sovietică rămâne singurul punct luminos pe fundalul sumbru şi, de aici înainte, cercurile progresiste şi democratice se vor întoarce spre ea mai des decât până acum.”

Al doilea raport fusese pregătit de serviciul de informaţii militare GRU şi se referea la situaţia actuală din Europa. Începea cu o descriere a intrării trupelor poloneze în Transolza[2], care se produsese în acea zi la orele dimineţii. Această evoluţie a evenimentelor nu era o surpriză pentru nimeni, căci la 30 septembrie guvernul polonez trimisese un ultimatum la Praga, cerând cedarea Sileziei Transolzane, dar pentru Stalin prezenta o importanţă deosebită faptul că operaţiunea armatelor polone coincisese cu pătrunderea armatelor germane în regiunea sudetă. Să fie aceasta o prefigurare a unei alianţe militare între Polonia şi Germania?

Raportul GRU includea şi un fragment dintr-o telegramă primită de la agentul din Tokio:

---

[1] **Ivan Maiski** (1884–1975), ambasadorul sovietic la Londra în perioada 1932–1943. După izbucnirea războiului cu Germania, a acţionat pentru obţinerea unui cât mai mare sprijin de război pentru ţara sa şi pentru deschiderea cât mai grabnică a celui de-al doilea front. Rechemat la Moscova, a ocupat funcţia de adjunct al comisarului pentru afaceri externe şi în această calitate a participat la conferinţele de la Ialta din februarie 1945 şi de la Potsdam din 1945.

[2] **Zaolza** – teritoriul de peste râul Olza – este o parte a Sileziei de sud (zona Těšín), aflată în Cehoslovacia, la vest de râul Olza, cu populaţie preponderent poloneză (în 1910 erau 164.000 polonezi, 37.000 de cehi şi 25.000 de germani). În 1919, guvernul cehoslovac nu a permis organizarea de alegeri pentru parlament pe teritoriul Těšín (pol. Cieszyn) şi a recurs la armată, care a respins unităţile polone din această regiune. În cele din urmă, decizia referitoare la atribuirea Sileziei Transolza Cehoslovaciei a fost luată de Consiliul Ambasadorilor din iulie 1920. Din cauza persecutării populaţiei polone de către autorităţile locale, guvernul polonez a adresat în ziua de 30 septembrie un ultimatum guvernului Cehoslovaciei, cerând retrocedarea regiunii Transolza şi la 2 octombrie soldaţii Grupului Autonom Operaţional „Silezia” au pătruns în aceste teritorii, primiţi cu ovaţii de populaţia polonă.

„Am aflat de la ataşatul militar că, după chestiunea sudetă, următoarea problemă va fi Polonia, dar aceasta se va rezolva în mod amiabil între Germania şi Polonia, în perspectiva războiului comun împotriva URSS. Ramzai".

Acesta era pseudonimul spionului sovietic Richard Sorge[1], care acţiona la Tokio. Ce e drept, misiunea lui principală era să obţină informaţii cu privire la intenţiile guvernului japonez, dar întrucât avea relaţii foarte bune cu Eugen Otto, ataşatul militar german, până la el ajungeau şi informaţii foarte importante despre planurile guvernului german, pe care Berlinul le trimitea la ambasade.

Stalin înţelgea perfect că, în situaţia care se crease în Europa după conferinţa de la München, Poloniei îi revenea un rol special. Până în acel moment, Józef Beck, ministrul de externe, se străduise să ducă o politică de echilibru, dorind să aibă bune relaţii cu vecinii Poloniei de la est şi de la vest. Dar după ultimele evoluţii, era clar că Polonia trebuia să se decidă dacă să se alieze cu Germania sau cu Uniunea Sovietică. Refuzul guvernului polonez de a permite trecerea Armatei Roşii pe teritoriul său pentru a da ajutor Cehoslovaciei, manevrele din Volînia şi intrarea armatei polone în Transolza arătau în mod clar în ce parte se înclină simpatiile polonezilor. Alianţa Poloniei cu Germania însemna război pentru Uniunea Sovietică.

— Poskrebîşov!, a strigat Stalin spre interiorul casei, unde, aşa cum bănuise în mod corect, secretarul lui aştepta să fie chemat.

— Mâine dimineaţă tovarăşul Litvinov să se prezinte la mine la Kremlin, a spus el imediat ce secretarul a apărut pe verandă.

---

[1] **Richard Sorge** (1895–1944?), german, fiul unuia dintre întemeietorii partidului comunist german, recrutat la 29 ianuarie 1933 de serviciul de spionaj militar sovietic, şi-a început activitatea la 6 septembrie, după sosirea la Yokohama, în Japonia, în calitate de corespondent al presei germane. Datorită încrederii de care se bucura din partea lui Eugen Otto, ataşatul militar german, ulterior ambasador al Germaniei la Tokio, a avut acces la documente secrete şi a transmis conţinutul acestora la Moscova. A reuşit să obţină multe informaţii ca urmare a acţiunii agenţilor din reţeaua sa, printre care era şi Ozaki Hitsumi, consilier apropiat al premierului japonez Fumimara Konoe. La 12 mai 1941 i-a prevenit pe şefii săi cu privire la concentrarea diviziilor germane, iar la 15 iunie a precizat ziua când vor începe acţiunile împotriva URSS. La începutul lui iunie 1941 a informat autorităţile sovietice că guvernul japonez va respecta prevederile acordului de neagresiune din 13 aprilie 1941, ceea ce le-a permis ruşilor să retragă din Extremul Orient 15 divizii şi să le îndrepte spre apărarea Moscovei; a fost arestat la 18 octombrie 1941 într-un moment critic al războiului germano-sovietic. Uniunea Sovietică nu a intervenit pe lângă autorităţile japoneze ca să facă schimb de prizonieri. Probabil că a fost executat în 1944.

Stalin avea o nouă misiune pentru Litvinov. Trebuia să se blocheze cu orice preţ posibilitatea unei apropieri între Polonia şi Germania, aşadar trebuia să li se propună nemţilor ceva mai profitabil. Ce putea să ofere Polonia Germaniei? Patruzeci de divizii care ar fi sprijinit Wehrmacht-ul în expediţia împotriva URSS şi libera trecere prin teritoriul său. Uniunea Sovietică avea o ofertă mai bună.

Stalin ştia perfect ce uriaşă povară reprezintă înarmarea pentru economia germană. Hitler săvârşise un miracol economic, pusese în funcţiune uzine uriaşe de armament şi asta imediat după încheierea crizei mondiale. Acest lucru fusese posibil datorită lui Hjalmar Schacht[1], care la 16 martie 1933 a obţinut funcţia de preşedinte al Băncii Reich-ului, instituţie care urma să finanţeze programul de înarmare. A introdus un regim foarte sever care interzicea importurile. A înfiinţat asociaţia „Mefo", cu participarea câtorva dintre cele mai mari firme germane: Siemens, Krupp, Rheinmetal, care a lansat pe piaţă aşa-numitele *Mefo-Wechsel*, cambii garantate de Banca Reich-ului, în valoare totală de 12 miliarde de mărci. Aceste cambii au permis acoperirea unei jumătăţi din cheltuielile militare ale Reich-ului. Alte bonuri de valoare ale băncii lui Schacht au permis construirea de autostrăzi, limitarea şomajului şi creşterea producţiei industriei de armament. Datorită acestor măsuri, puterea militară germană a crescut. Dar Schacht era un economist chibzuit şi precaut. Ştia că depăşirea unei anumite limite a cheltuielilor pentru armament poate duce la o criză economică, iar Hitler asculta indispus sfaturile care îi sugerau un ritm ceva mai lent al pregătirilor pentru război. Planul elaborat de el în 1936 prevedea ca, în patru ani, economia germană să devină independentă în aşa măsură, încât să poată trimite puternicul Wehrmacht într-un mare război pentru cucerirea spaţiului vital necesar germanilor. Hitler nu voia să i se spună că este un plan foarte riscant. În această situaţie, Hjalmar Schacht, văzând că avertismentele şi sfaturile lui sunt dispreţuite, şi-a dat demisia din funcţia de ministru al economiei.

Ştia cât se poate de bine că urmează criza.

---

[1] **Hjalmar Schacht** (1877–1970), preşedinte al Reichsbank în perioada 1924-1930, a preluat din nou această funcţie în 1933, iar în august 1934 a fost numit şi ministru al economiei. Din 1935 a răspuns de militarizarea economiei germane. În octombrie 1937 şi-a dat demisia, cerând micşorarea cheltuielilor pentru înarmare şi atrăgând atenţia că economia germană nu va putea suporta povara unui război de lungă durată. În anii '40 a avut legături cu opoziţia împotriva lui Hitler şi în 1944, după atentatul împotriva lui Hitler a fost trimis într-un lagăr de concentrare. În 1946 a fost judecat de Tribunalul Internaţional Militar de la Nürnberg şi declarat nevinovat de crimele examinate de tribunal.

*

Hitler şi Schacht – puterea şi banii

Germania avea mare nevoie în primul rând de materii prime. Industria de armament înghiţea cantităţi uriaşe de materii prime, iar armata mecanizată avea nevoie de cantităţi imense de benzină. În iunie 1938, rezervele de combustibil acopereau numai 25% din necesităţi. Încă şi mai prost se prezenta situaţia în aviaţie, unde rezervele de uleiuri şi unsori acopereau numai 6% din nevoile acesteia în cazul unei mobilizări. Lipsa materiilor prime l-a obligat pe Göring să introducă măsuri draconice de economisire. Pentru nevoile Wehrmacht-ului, livrările de oţel au scăzut cu 30%, cupru cu 20%, aluminiu cu 47% şi cauciuc cu 14%.

Deşi armata şi industria armamentului au fost nevoite să strângă cureaua, partidul nazist nu avea intenţia să-şi limiteze măreţele sale planuri. Construirea de tribune şi catarge pentru drapele şi lozinci pregătite pentru vizita lui Benito Mussolini a înghiţit peste 300 de tone de oţel şi era încă puţin faţă de apetitul pentru construcţii al Cancelariei Reich-ului sau centrele de tineret care apăruseră în toate oraşele germane mai mari. Risipa şi lipsa de chibzuinţă caracteristice pentru orice stat totalitar a atins şi în Germania dimensiuni uriaşe, deşi se poate crede că Hitler acorda prioritate necontestată programului de înarmare.

Anexarea Austriei a ameliorat simţitor situaţia economică a celui de-al Treilea Reich, căci a adus cantităţi considerabile de aur şi devize rechiziţionate de la băncile vieneze, rezerve mari de materii prime strategice, precum magnetit, plumb şi zinc, la care se adăuga şi producţia uzinelor siderurgice: 650.000 de tone de oţel şi 389.000 de tone minereu de fier. Cu toate acestea, lipsurile începeau să se facă simţite.

Hitler, pregătindu-se să înceapă războiul, trebuia să ia în considerare faptul că flota britanică va bloca porturile germane şi importul de fier din Suedia va înceta sau va scădea considerabil, la fel şi cel de ţiţei din Mexic şi al multor altor materii prime indispensabile pentru funcţionarea industriei de armament, care veneau din Extremul Orient pe mare. În această situaţie, Uniunea Sovietică putea fi un partener foarte important! În anii '20, Germania profitase de acest lucru pe scară mare. În 1928 primea 29% din exportul sovietic şi cota ei în importurile sovietice era aceeaşi. În 1933, când venise la putere Hitler, livrările germane reprezentau 46,5% din achiziţiile sovietice din străinătate. Dar imediat după ce Hitler preluase funcţia de cancelar, colaborarea dintre cele două ţări scăzuse drastic. Mai întâi, la cererea părţii sovietice, a încetat colaborarea militară.

La 29 septembrie 1933, generalul Werner von Blomberg, ministrul german al apărării, i-a scris lui Kliment Voroşilov, comisarul sovietic pentru apărare, următoarele: „Lichidarea celor trei staţiuni experimentale (poligoanele germane secrete de la Lipieţk, Kazan şi Tomka – B. W.) s-a încheiat la 15 septembrie. Lunga perioadă de colaborare strânsă şi prietenească s-a încheiat; a fost profitabilă pentru armatele ambelor state".

Stalin l-a ajutat pe Hitler să preia puterea, împiedicându-i pe comuniştii germani să colaboreze cu social-democraţii. Aceste două partide, dacă şi-ar fi unit forţele, ar fi putut să-i învingă pe nazişti în alegerile parlamentare. Însă Stalin era de părere că este prea devreme ca puterea să fie preluată de comunişti şi mai ales în coaliţie cu social-democraţii pe care îi detestase întotdeauna. De aceea, prin intermediul Cominternului, le interzisese comuniştilor germani să încheie o alianţă cu social-democraţii. În plus, era de părere că naziştii, preluând puterea într-o ţară lovită de o profundă criză economică, unde după cifrele oficiale existau peste 6 milioane de şomeri şi 17 milioane trăiau în sărăcie, se vor prăbuşi curând. Şi atunci, dezamăgiţi de nazism, germanii se vor debarasa de Hitler, iar comuniştii vor prelua cu uşurinţă puterea aflată la discreţia lor.

Stalin avea nevoie şi de un duşman extern, iar Hitler cu naziştii lui era foarte potrivit pentru acest rol, pentru a speria societatea sovietică. La mitingurile de masă, cu mult înainte de preluarea puterii, naziştii îşi declarau pe faţă ura faţă de bolşevism şi de Uniunea Sovietică. Susţineau pe faţă necesitatea distrugerii acestui stat. Deja din 1933, când abia veniseră la putere, începuseră o răfuială sângeroasă cu comuniştii. Aşadar, societatea sovietică se putea mobiliza sub lozinca apărării împotriva ameninţării naziste. Acuzaţiile de „vândut naziştilor", trădare de ţară sau colaborare cu spionajul fascist sunau foarte credibil şi puteau fi folosite pentru eliminarea celor mai puternici adversari ai lui Stalin din partid, din organele de stat şi din conducerea armatei.

Stalin avea nevoie de Hitler, dar nu avea intenţia să-i ajute pe nazişti să-şi consolideze puterea. Schimburile comerciale dintre Uniunea Sovietică şi Germania au scăzut curând de cinci ori, rămânând la nişte dimensiuni simbolice. Fireşte, căile de înţelegere rămăseseră deschise. În anii 1935–1936, între Moscova şi Berlin au circulat numeroşi trimişi speciali, dar erau trimişi şi primiţi fără prea mare entuziasm. Lipsea în continuare atmosfera corespunzătoare în care să ia naştere alianţa sovieto-germană.

Prietenii mei polonezi

Mercedesul mare cu şase roţi cobora încet dealul unde se vedea silueta turtită, parcă adăugată dintr-o parte a buncărului. Adolf Hitler s-a ridicat de pe scaunul de lângă şofer şi, ţinându-se cu mâna de cadrul portierei, se uita curios în jur. Ofiţerii Wehrmacht-ului, care călătoreau în urma lui, examinau şi ei cu interes şi priviri de cunoscători, obstacolele antitanc din şine de cale ferată înfipte în blocuri de beton care abia dacă se vedeau pe deasupra buncărului cu turelele lui ameninţătoare.

În ziua aceea, 10 octombrie 1938, întreaga coloană de 12 vehicule, în fruntea căreia mergea Mercedesul lui Hitler, pornise devreme din Linz şi se îndreptase spre orăşelul České Velenice de la frontiera ceho-austriacă; aceasta încetase să mai existe ca urmare ca acordului de la München. Ofiţerii urmau să examineze puternicele fortificaţii cehe, pe care le obţinuseră fără niciun foc de puşcă politicienii lor.

Maşinile au intrat în sat şi s-au oprit în faţa unei cârciumi mici, împodobite cu ghirlande, flori şi lozinci în cinstea lui Hitler. Întregul grup s-a aşezat la mesele aranjate în potcoavă, pe care era pregătită gustarea.

Alături de Führer s-a aşezat generalul Wilhelm von Leeb, mai departe generalul Eugen von Schobert, de partea cealaltă Konrad Henlein şi diverşi ofiţeri din Wehrmacht şi din SS. Maiorul Hans Grosscurth, care stătea la capătul mesei, şi-a pus pe genunchi carnetul de însemnări, în care a descris desfăşurarea vizitei lui Hitler.

În faţa tacâmului Führer-ului se aflau o cană cu suc, legume fierte, iar când toţi s-au aşezat, adjutantul, colonelul Rudolf Schmundt, a adus o farfurie cu pateuri vieneze. Ceilalţi participanţi la masă nu se fereau de carne şi în faţa tacâmurilor lor s-au adus farfurii cu şuncă, salam franţuzesc tăiat subţire, cartofi copţi şi halbe mari cu bere.

Abia începuse masa, când Hitler s-a ridicat în picioare, ceea ce a făcut ca discuţiile din jur să înceteze imediat. A început să vorbească. La început calm. Dar curând cuvintele pe care le rostea l-au făcut să se înfierbânte din ce în ce mai tare.

— Englezii, englezii mă critică mereu. Sunt nişte slăbănogi decadenţi, conduşi de o aristocraţie degenerată şi de nişte ramoliţi idioţi ca Chamberlain. Şi mai îndrăznesc să se aşeze în calea mea de-a curmezişul! N-am să permit acest lucru!

Acum ţipa. În uşa deschisă a apărut o mică mulţime de oameni care doreau să-l asculte pe Führer. Stăteau cu gurile căscate, fascinaţi de cuvintele pe care le auzeau. Prezenţa lor l-a înflăcărat şi mai tare. Nu mai vorbea pentru ofiţerii săi, ci pentru mulţime.

— Am să-i atac şi am să-i nimicesc! Şi pe francezi la fel! Nişte corcituri latine şi nişte lingăi! Poţi să-l cumperi pe orice politician din Franţa, indiferent de opiniile lui politice! Jidovi îmbuibaţi şi vicleni! O să-i zdrobesc şi pe bătrâni, dacă îndrăznesc să mi se pună în cale!

A început apoi să vorbească despre Ungaria cu toată scârba pe care i-o putea provoca acest popor unui austriac.

— Polonezii sunt slavi, a spus dintr-odată, dar sunt un popor diferit. Îi admir pe polonezi. Sunt la fel ca iugoslavii, sunt oameni dintr-o bucată! Nu se lasă speriaţi cu una cu două. Pot să fiu prieten cu polonezii şi am să-i spun bunului meu prieten Lipski (vorbea despre ambasadorul polonez de la Berlin) că poate conta pe mine!

Maiorul Grosscurth s-a aplecat spre maiorul Günther Blumentritt care şedea lângă el şi i-a şoptit:

— Înseamnă că anul acesta nu va fi război cu Polonia.

Două săptămâni mai târziu, la 24 noiembrie 1938, din trenul de München care se oprise în gara Berchtesgaden, a coborât ambasadorul polonez Józef Lipski[1]. Era aşteptat pe peron de şeful protocolului de la Ministerul german al Afacerilor Externe.

Acesta s-a apropiat repede de ambasadorul polonez, imediat cum a coborât pe peronul pardosit cu dale de marmură.

— Doriţi să vă refaceţi şi să vă odihniţi după drum?, a întrebat el arătând direcţia în care trebuiau să meargă. Apartamentul din hotel este pregătit.

---

[1] **Józef Lipski** (1894–1958), diplomat polonez, din 1934 ambasador la Berlin, colaborator apropiat al ministrului afacerilor externe Józef Beck. După izbucnirea războiului a rămas în Occident.

Vila lui Hitler, „Berghof"

S-au îndreptat spre ieşirea laterală de pe peron, unde aştepta un Mercedes negru.

— Excelenţă, domnul ministru Ribbentrop va fi încântat dacă veţi fi de acord să luaţi dejunul cu el la hotel „Grand", a spus neamţul, care se străduia să facă conversaţie şi îl informa pe diplomatul polonez despre ceea ce acesta ştia deja. Venise de la Berlin ca să se întâlnească cu ministrul german de externe şi îşi dădea foarte bine seama de ce alesese Ribbentrop drept loc de întâlnire tocmai Berchtesgaden. În apropierea acestei staţiuni balneare din Alpii bavarezi se afla reşedinţa oficială a lui Adolf Hitler. În felul acesta, Ribbentrop îi dădea de înţeles că discuţia se va referi la cele mai importante probleme pentru ambele state, deşi întâlnirea era neoficială.

Lipski a remarcat steagurile alb-roşii de la intrare, ceea ce era un gest de curtoazie din partea gazdei. Se străduiau să-i facă o impresie cât mai bună. În ce scop? Asta încă nu ştia.

Maşina s-a pus în mişcare, părăsind gara mare. A străbătut repede strada principală din Berchtesgaden şi a cotit apoi la dreapta, spre hotelul „Grand", situat pe un mic deal la marginea drumului principal. Era o clădire cu un singur etaj, în stil tipic bavarez, cu acoperiş destul de plat, cu ziduri albe şi balcoane de lemn, care făceau o impresie foarte plăcută, iar aceasta s-a accentuat şi mai mult atunci când Lipski a intrat înăuntru. Scările de lemn închis la culoare, tavanul casetat, covoarele moi aşternute pe jos şi mobilele alese cu gust şi ochi de cunoscător creau o atmosferă plăcută şi caldă, numai bună pentru odihna celor care veneau să se recreeze aici.

Şeful protocolului, care îi descrisese tot drumul farmecul acestei mici localităţi montane, dar nu pomenise niciun cuvânt despre vila lui Hitler care se afla la numai câţiva kilometri de aici, i-a amintit din nou lui Lipski de dejun, l-a condus până la apartament apoi a dispărut discret.

După-amiază, când a coborât în hol, ambasadorul l-a găsit pe Ribbentrop care îl aştepta pe oaspetele polonez în spatele uşilor de cristal. Ribbentrop a zâmbit larg şi l-a salutat pe ambasador cu o cordialitate care l-a surprins de-a dreptul.

S-au aşezat la o masă mare, rotundă, din mijlocul restaurantului. La celelalte mese, aşezate în spatele unor paravane de lemn, nu era nimeni, aşadar restaurantul fusese închis pentru ceilalţi oaspeţi pe perioada discuţiei dintre cei doi diplomaţi. Atmosfera elegantă din interior, bufetul frumos din colţul sălii, sculpturile în lemn cu elemente aurite şi candelabrele de alamă cu abajururi crem aruncau o lumină caldă – toate acestea creau un decor admirabil pentru un schimb liber de opinii, deşi amândoi politicieni păreau oarecum încordaţi şi precipitaţi. Ribbentrop vorbea mult despre farmecul acestui colţ din Alpi şi a amintit de câteva ori că este un loc special pentru nemţi, deoarece Führer-ul îşi stabilise nu de mult reşedinţa aici. În realitate, Hitler închiriase în 1929 câteva vile pe versantul muntelui, la patru kilometri de Berchtesgaden, iar în 1933, când preluase funcţia de cancelar, pusese să se construiască aici o casă, pentru ca s-o folosească ulterior în scopuri oficiale.

Mâncarea era excelentă şi pregătită cu un rafinament de care numai cu greu ar fi putut fi bănuiţi bavarezii (de fapt, pentru pregătirea acestui dejun fusese adus un bucătar francez). Atmosfera de la masă s-a relaxat în momentul în care, atunci când chelnerii serveau cafeaua, Ribbentrop a trecut în sfârşit la chestiunea pentru care fusese invitat Lipski.

A menţionat imediat că ceea ce va spune nu trebuie să fie consemnat pe hârtie şi contează pe faptul că domnul ambasadorul îl va informa pe ministrul său de externe numai pe cale orală.

— Vă rog să-i transmiteţi domnului ministru Beck invitaţia mea de a face o vizită în Germania, a sus el. Prietenii noştri polonezi au o invitaţie permanent deschisă de a vizita Germania. A venit momentul să ajungem la o înţelegere în toate chestiunile care provoacă încă divergenţe între Germania şi Polonia.

Şi a început să le enumere, iar pe lista chestiunilor lui litigioase locul principal era ocupat de Gdańsk.

— Gdańskul este german, a fost întotdeauna german şi va rămâne german, a spus Ribbentrop. Dar a început să dea imediat înapoi în faţa acestei afirmaţii prea categorice.

— Hitler a hotărât să-şi retragă pretenţiile asupra Tirolului de sud (pe care le avea Germania faţă de Italia – B.W.), deoarece doreşte să ajungă la o înţelegere deplină cu Italia, deşi este originar din Austria şi Tirolul de sud are pentru el o importanţă sentimentală mai mare decât Gdańskul şi „coridorul". Situaţia se prezintă la fel în ceea ce priveşte Alsacia şi Lorena. Hitler intenţionează să ajungă la o înţelegere deplină cu Franţa.

Lipski înţelegea perfect încotro se îndreaptă interlocutorul său. Dar aştepta să audă oferta completă. Ribbentrop a ajuns repede la miezul chestiunii, prezentând condiţiile înţelegerii propuse: Polonia va ceda Gdańskul şi îşi va da acordul pentru construirea unei autostrăzi extrateritoriale care să lege Reich-ul de Prusia Orientală. În schimb, Germania va ceda Poloniei un drum asemănător şi o linie ferată prin Gdańsk, portul liber din acel oraş şi piaţa de desfacere pentru produsele poloneze; se vor înţelege, de asemenea, cu privire la prelungirea cu 25 de ani a pactului de neagresiune încheiat în 1934.

Dacă s-ar fi oprit la această parte, propunerea lui Ribbentrop ar fi putut lăsa impresia că este o ofertă sinceră şi generoasă. Dar ministrul de externe a continuat, adăugând că Polonia trebuie să adere la pactul anti-Comintern[1], semnat în 1936 la Berlin de Germania şi Japonia, la care aderase şi Italia. Ribbentrop a amintit că, în schimbul acestui lucru, Polonia primea Rutenia – zona de vest a Cehoslovaciei. Propunerea era cu atât mai şocantă cu cât, la vremea respectivă, aceste teritorii nu aparţineau Germaniei. Aşadar, Ribbentrop trădase intenţiile viitoare ale lui Hitler: ocuparea întregii Cehoslovacii? Lipski nu a considerat de cuviinţă că trebuie să elucideze această chestiune. Mesajul lui Ribbentrop era clar: propunea Poloniei o alianţă cu Germania, Italia şi Japonia împotriva Uniunii Sovietice. Această convorbire avea, fireşte

[1] **Pactul anti-Comintern** – înţelegere semnată la 25 noiembrie 1936 la Berlin de reprezentanţii guvernelor Germaniei şi Japoniei cu scopul coordonării acţiunilor împotriva Cominternului (Internaţional a III-a Comunistă – organizaţie creată la Moscova în 1919 cu misiunea de a conduce activitatea partidelor comuniste şi de a le subordona partidului bolşevic sovietic). După aderarea Italiei la pact, la 6 noiembrie 1937, a dobândit un caracter antibritanic. Până în 1941, la pact au mai aderat: Ungaria, Mandhukuo, Spania, Bulgaria, Danemarca, Finlanda, România, guvernele Croaţiei, Slovacei şi al lui Wang Ching-wei din Nankin (China). Acordul stabilea bazele înţelegerilor militare încheiate între Germania şi Italia (22 mai 1939) şi Japonia (11 decembrie 1940).

un caracter de sondaj, iar ambasadorul Lipski, pe lângă afirmaţia că va transmite „oral" ministrului polonez propunerile colegului său german, nu trebuia să spună nimic cu privire la acest subiect, iar Ribbentrop nici nu se aştepta la aşa ceva. Mişcarea următoare îi aparţinea ministrului polonez de externe Józef Beck.

Dejunul de la hotel „Grand" s-a încheiat, iar Ribbentrop l-a invitat pe Lipski la un pahar de coniac şi un trabuc într-un salonaş, dincolo de uşile larg deschise ale restaurantului. S-au aşezat în fotolii adânci în faţa căminului mare, deasupra căruia atârna un tablou în care erau înfăţişaţi doi îndrăgostiţi despărţindu-se în mijlocul câmpiei acoperite de zăpadă. Ribbentrop nu a mai revenit la subiectul care îl interesase atât de mult în timpul prânzului.

Acceptarea propunerii germane nici nu intra în discuţie, căci încălca bazele politicii externe a Poloniei, şi anume menţinerea echilibrului între cei doi vecini puternici. Acest lucru se realizase cu succes din 1934, când la 27 ianuarie fusese semnat pactul de neagresiune cu Germania, prin care se câştigase simpatia lui Hitler, deoarece acest pact constituia o confirmare a poziţiei internaţionale a noului guvern nazist.

Imediat după aceea, Beck s-a dus la Moscova şi a prelungit cu zece ani tratatul de neagresiune cu Uniunea Sovietică. Era deci o politică de echilibru perfect. Fusese fără îndoială un succes în prima jumătate a anilor '30, dar Beck nu observase că situaţia internaţională se schimbase rapid şi continuarea acestei politici la sfârşitul deceniului putea fi foarte periculoasă pentru Polonia.

Acum nu putea respinge oferta prezentată de Ribbentrop lui Lipski, care situa Polonia în rândul marilor puteri ale lumii – semnatarii pactului anti-Comintern. Un refuz ar fi putut să-l jignească pe Hitler. De aceea, Beck s-a decis să joace cât mai abil, străduindu-se să menţină bunele relaţii cu Germania şi, în acelaşi timp, să facă totul pentru a îmbunătăţi relaţiile cu Uniunea Sovietică, care avuseseră mult de suferit după intrarea armatei polone în Silezia-Těšín. Chiar mai înainte, Stalin ameninţase că, în acest caz, va rupe tratatul de neagresiune cu Polonia, dar încă nu se decisese s-o facă. Îşi dădea seama că orice acţiune duşmănoasă împotriva Poloniei va duce la o apropiere polono-germană şi recunoştea că ocuparea zonei Transolza se realizase aproape fără luptă, aşadar nu existau temeiuri pentru punerea în practică a ameninţării.

La două zile după întâlnirea lui Lipski cu Ribbentrop, Theodore Kordt, primul secretar al ambasadei germane de la Londra, a venit la clubul de călărie, de unde pleca de regulă ca să-şi facă plimbarea de după-amiază prin Hyde Park. Grăjdarul scosese deja roibul lui frumos. Ziua era rece şi ceţoasă, nu prea îmbia la plimbare prin parc, de dimineaţă se cernea şi o ploaie măruntă. Vremea îl neliniştea pe Kordt, căci putea să-i zădărnicească planurile pe care şi le făcuse pentru după-amiaza aceea şi era foarte important să le realizeze fără nicio oprelişte. Aşadar, ignoră timpul nefavorabil şi imediat ce ploaia încetă puţin, sări în şa şi porni în galop pe drumul lat, presărat cu nisip, care mergea de-a lungul aleii principale a parcului. Era pustiu, căci vremea nu invita pe nimeni să se plimbe prin parc, cu atât mai puţin să călărească. Era neliniştit, căci bărbatul cu care îşi propusese să se întâlnească ar fi putut să considere că este cazul să amâne întrevederea, dar câteva minute mai târziu îl zări venind pe traseul stabilit. A răsuflat uşurat, căci informaţia pe care i-o trimisese de la Berlin fratele lui, Erich, înalt funcţionar în Ministerul de Externe şi membru al complotului antinazist, colaborator apropiat al şefului serviciului de spionaj, amiralul Wilhelm Canaris, era foarte importantă. De regulă, afla ştirile interesante de la fratele său prin telefon. Conversaţia avea caracterul unei flecăreli uşoare de familie, în care existau anumite cuvinte-cheie. De exemplu, „verişoara Anthea", aşa cum se numea cu adevărat una din mătuşile lor, în acest cod însemna Marea Britanie. Când Erich considera că discuţia telefonică ar putea fi prea primejdioasă, trimitea la Londra un văr, pe Simon Simonis, care îi transmitea între patru ochi lui Theodor instrucţiunile secrete.

Ajunse în dreptul călăreţului, în care îl recunoscu pe Robert Vansittart[1], un diplomat cu experienţă, cu opinii clar antigermane şi adversar înverşunat al politicii de concesii promovate de premierul Chamberlain. Din acest motiv, fusese nevoit să renunţe la funcţie, dar relaţiile de familie îl protejaseră şi nu-şi pierduse locul de muncă. Fusese numit consilier diplomatic principal al guvernului, ceea ce suna foarte frumos, dar în afară de titlu nu avea nicio altă importanţă.

Kordt avea deplină încredere în profesionalismul şi discreţia lui Vansittart şi mergea des în locuinţa acestuia din Kensington, când îi

[1] **Robert Vansittart** (1881–1957), diplomat britanic în serviciu diplomatic începând din 1902. În anii 1930–1937 a fost subsecretar de stat la Foreign Office. În 1938, întrucât se opunea politicii premierului Chamberlain, a fost avansat la funcţia de consilier diplomatic principal, ceea ce, în realitate, însemna că era lipsit de posibilitatea de a influenţa politica externă.

transmitea informaţiile trimise de fratele lui de la Berlin. Într-o zi, englezul l-a informat că este urmărit. Premierul Chamberlain descoperise că Vansittart se întâlneşte cu Winston Churchill şi îl informează cu privire la deciziile guvernului. Şi a dispus urmărirea angajatului său neloial. Din acel moment, Vansittart începuse să se întâlnească mai rar cu Kordt şi în locuri mai sigure, unde convorbirile lor nu puteau fi ascultate. Aceasta îi convenea şi lui Kordt, care trăia cu o continuă spaimă de contrainformaţii, foarte active la ambasada germană din Londra.

— Vă transmit salutări din partea fratelui dumneavoastră, a început Kordt.

— Mulţumesc, sper că este bine, ceea ce nu este puţin lucru în Germania de astăzi, a răspuns zâmbind Vansittart.

Kordt a încuviinţat din cap şi s-a uitat de jur împrejur. Erau singuri pe pista lată şi pustie de echitaţie.

— Acum două zile, domnul ministru Ribbentrop s-a întâlnit cu ambasadorul polonez. În mod curios, întrevederea a avut loc la Berchtesgaden, a spus el încet, dar apăsat.

— A fost de faţă şi Hitler la această întrevedere? Vansittart părea foarte mirat.

— Numai în spirit, numai în spirit, a zâmbit Kordt. Fără îndoială că locul acela a fost ales pentru ca ambasadorul să aibă impresia că vorbeşte chiar cu Hitler, dar prin gura lui Ribbentrop.

— A propus o alianţă?

— Da, dar a pus şi condiţii pe care polonezii în mod singur nu le vor accepta: doreşte să-i dea Gdańskul.

— N-or să accepte până când nu vor fi siliţi să accepte. Dacă Germania ocupă toată Cehoslovacia, polonezii nu vor mai avea încotro.

— Ar putea să încheie o alianţă cu Stalin... Kordt a lăsat fraza neterminată.

Drumul pe care mergeau devenise sinuos, astfel că amândoi au considerat că este cazul să pună capăt conversaţiei. Kordt a făcut un gest de despărţire cu mâna şi a întors calul într-o parte. Vansittart a răspuns cu acelaşi gest. Se gândea ce să facă cu informaţia pe care i-o dăduse neamţul. Îşi dădea seama cât este de importantă şi ar fi putut dobândi o importanţă încă şi mai mare dacă ministrul polonez de externe ar întreprinde acţiuni care să ducă la strângerea legăturilor cu Germania. Singurul om care ar fi putut înţelege caracterul esenţial al acestei informaţii şi să ia măsurile de rigoare, Anthony Eden, demisionase la 19 februarie 1938 din funcţia de ministru de externe în cadrul guvernului lui Chamberlain, protestând faţă de politica acestuia faţă de Germania şi de Italia. Lordul Halifax, care îi luase locul, nu câştigase admiraţia lui Vansittart, dar acum lăsă la o parte prejudecăţile şi decise că era cazul să-l avertizeze pe şeful diplomaţiei britanice. Pe lângă aceasta, simţea o oarecare satisfacţie că ministrul va afla de la el despre întrevederea de la Berchtesgaden şi nu de la şeful serviciului de informaţii.

În acelaşi timp, ştirea despre convorbirea dintre ambasadorul polonez şi Joachim von Ribbentrop a ajuns şi la Kremlin. Rapiditatea cu care au aflat despre această întrevedere guvernele britanic şi sovietic ar putea fi un indiciu că nemţii lăsaseră intenţionat să se afle secretul.

Se punea întrebarea ce vor face polonezii. Trebuiau să ocupe poziţie de partea uneia din ţări: a Germaniei sau a Uniunii Sovietice. Fiecare din cele două mari puteri vecine făcuse primul pas. Hitler prin gura lui Ribbentrop propunea o alianţă, chiar cu preţul cedării Gdańskului. Stalin s-a decis şi el să-şi îmbunătăţească relaţiile cu Polonia, amintindu-şi că în urmă cu câteva săptămâni Polonia îşi manifestase ostilitatea, respingând posibilitatea de a da liberă trecere diviziilor ruseşti, iar după aceea ameninţase că va rupe tratatul de neagresiune.

Ambasadorul polonez de la Moscova, Wacław Grzybowski[1] aştepta de câteva minute în micul salon adiacent al cabinetului ministrului Litvinov. Era ziua de 12 decembrie 1938 şi sosise punctual, răspunzând invitaţiei cordiale pe care o primise cu două săptămâni mai devreme. Era mulţumit că, după o perioadă de încordare, atmosfera devenea mai acceptabilă. Cu mai puţin de trei săptămâni în urmă, la 26 octombrie, Stalin confirmase pactul de neagresiune, ceea ce demonstra că dăduse uitării ameninţările şi întindea mâna pentru împăcare. Grzybowski aprecia gestul într-un singur sens: Stalin se simţea ameninţat de acţiunile Germaniei şi era gata să discute despre o alianţă. Nu se putea exclude totuşi nici faptul că nu căuta decât o justificare propagandistică pentru o politică nouă pe care intenţiona s-o promoveze, observând evoluţia situaţiei din Europa. Explicaţia cea mai probabilă a gestului Moscovei era fără îndoială dorinţa de contracarare a încercărilor de apropiere dintre Polonia şi Germania.

Litvinov apăruse în uşă, mare, corpolent, cu chipul lui simpatic, pe care întotdeauna se vedea un zâmbet oarecum stânjenit. Grzybowski îi aprecia inteligenţa şi umorul sec. La Moscova se spunea că este

[1] **Wacław Grzybowski** (1887–1959), diplomat polonez, în anii 1927–1935 a fost trimis la Praga, apoi, până în 1939, la Moscova. După izbucnirea războiului, a plecat în Occident.

adversarul nemţilor, ceea ce părea evident, din moment ce era evreu şi deci nu putea să-l sprijine pe Hitler, dar depindea în totalitate de Stalin şi orice decizie pe care o lua trebuia aprobată de dictator. Ambasadorul era cu atât mai curios ce are să-i spună comisarul.

— Polonia şi Uniunea Sovietică ar trebui să-şi dezvolte relaţiile comerciale, a spus Litvinov, după ce au terminat schimbul de amabilităţi. A adăugat apoi imediat: − Trebuie să dezminţim intrigile germane.

Grzybowski vedea aici o consecinţă firească a evenimentelor de mai înainte.

Mai întâi, Stalin îi asigurase de bunăvoinţa lui, acum Litvinov propunea dezvoltarea schimburilor comerciale. Era ceva tipic pentru diplomaţia din URSS, care, pornind de la premisele marxist-leniniste după care existenţa materială modelează conştiinţa, începea întotdeauna schimbarea cursului politic de la încercarea de îmbunătăţire a relaţiilor economice.

Grzybowski a răspuns la această afirmaţie cu câteva fraze vagi, dar Litvinov nici nu se aştepta la altceva, decât la asigurări de prietenie din partea vecinului.

În acest joc, următoarea mişcare revenea guvernului polonez. Istoria avea să se desfăşoare aşa cum o va împinge din spate Józef Beck. Dar el nu-şi dădea seama de aceasta.

Rădăcinile războiului

Cele două Mercedesuri în urma cărora mergea un Horch verde au frânat şi şoferii lor au început să facă manevra complicată necesară pentru a lua curba în unghi de 180° de pe şoseaua asfaltată pe drumul îngust care ducea la vila lui Hitler.

Ministrul Józef Beck privea curios pe fereastră. Admirase un timp priveliştea Alpilor, dar când de dincolo de copacii încărcaţi de zăpadă apăruse clădirea mare, albă, decorată cu steagurile naziste, îşi concentrase toată atenţia supra ei. Vedea pentru prima dată reşedinţa lui Hitler, deşi citise de nenumărate ori despre ea în rapoartele serviciilor de informaţii. Propunerea de întâlnire îi fusese transmisă de administratorul clădirii şi îl uimise foarte tare, căci se aşteptase la o întâlnire cu Ribbentrop şi, în acest scop, îl înştiinţase pe ministrul german încă de la mijlocul lunii decembrie că intenţionează să petreacă Crăciunul şi Anul Nou la Monte Carlo şi, la întoarcere, ar putea să se oprească pentru o scurtă discuţie la Berlin. Fusese foarte încântat de această idee, care se potrivea foarte bine cu politica pe care avea de gând s-o promoveze faţă de Germania: să întreţină o atmosferă plăcută şi mai ales să evite orice fel de decizii definitive. Dar răspunsul de la Berlin îl surprinsese: Hitler îl invita la Obsersalzberg.

Nu era o invitaţie pentru a-i face o vizită oficială. În timpul convorbirii, ministrul Beck avea să fie însoţit de soţia sa. Şi diplomaţii ceilalţi erau invitaţi să vină la vila lui Hitler împreună cu soţiile. Aceasta arăta că întâlnirea va avea un caracter neoficial.

La 5 ianuarie 1939, ministrul Józef Beck a venit împreună cu soţia, cu şeful său de cabinet, contele Michał Łubieński[1] şi cu ambasadorul Józef Lipski cu soţiile la Berchtesgaden, de unde au plecat apoi la Obersalzberg.

Automobilele au luat curba dificilă şi Beck l-a zărit pe Hitler, care cobora pe treptele de piatră ale vilei. Alături de el erau ministrul Ribbentrop şi ambasadorul Hans Adolf von Moltke, care sosise special de la Varşovia. Aşa era obiceiul aici, ca Hitler să-şi întâmpine oaspeţii pe trepte, ceea ce trebuia să sublinieze cordialitatea şi caracterul privat al întrevederii.

Hitler a întins mâna şi a sărutat mâinile doamnelor poloneze, a strâns mâinile diplomaţilor polonezi, apoi i-a condus pe uşa grea de stejar în salonul spaţios, în care se afla un covor mare, roşu. Polonezii s-au aşezat în jurul unei mese rotunde, ca să poată admira priveliştea deosebită care se vedea pe fereastră. Alături de Hitler s-a aşezat interpretul, Paul Schmidt, ambasadorul Lipski lângă Beck. S-a servit imediat ceaiul, cam slab, dar nimeni nu a dat atenţie acestui amănunt.

Beck, vizibil emoţionat, a început să vorbească, susţinând necesitatea menţinerii bunelor relaţii. A amintit de Cehoslovacia, dar Hitler nu avea intenţia să piardă timpul cu conversaţii inutile. A deschis imediat discuţia pe tema pe care discutase Ribbentrop cu Lipski în noiembrie 1938, explicând că scopul adevărat era câştigarea acordului Poloniei pentru o alianţă cu Germania împotriva Uniunii Sovietice.

— Indiferent dacă Rusia este bolşevică sau ţaristă, a spus el, atitudinea germanilor faţă de ea trebuie să fie foarte precaută. Din punct de vedere strict militar, existenţa puternicei armate poloneze reprezintă o uşurare pentru poziţia Germaniei. Diviziile pe care le întreţine Polonia la frontiera sa de răsărit scutesc Germania de multe cheltuieli de război.

[1] **Michał Łubieński** (1896–1967), diplomat, în anii 1935–1939 a fost şeful de cabinet al ministrului Beck. În 1939 a emigrat în Occident, unde a rămas până la moarte.

Dintr-odată Hitler a schimbat subiectul, simţind parcă ce anume îl poate nelinişti pe Beck sau amintindu-şi de încă un argument care ar putea să-i încline pe polonezi de partea lui şi să-i facă să accepte propunerile.

— Germania nu este interesată de Ucraina, a spus el hotărât, cu toată agitaţia pe care o întreţine presa susţinând că Germania intenţionează să meargă în acea direcţie. În această regiune nu există temeiuri de temeri, îmi este indiferent ce ţări sunt interesate de această regiune (Ucraina - B.W.).

Fireşte că minţea. Pornea probabil de la presupunerea că această declaraţie poate să pară foarte interesantă Poloniei şi îl va ajuta să-l câştige pe ministrul Beck pentru planurile sale.

Lăsând la o parte faptul că era o minciună sfruntată, nu ar fi avut nici aparenţe de credibilitate dacă nu ar fi amintit de condiţii. În politică nu se dă nimic degeaba. Hitler a trebuit deci să-şi expună condiţiile: Gdańskul. Dar în această privinţă părea înclinat spre o înţelegere. A spus că, deşi Gdańskul ar fi atribuit societăţii germane, ar rămâne în sfera economică a influenţei poloneze, ceea ce ar putea însemna, practic, stabilirea unui condominium.

— Problema coridorului este o chestiune psihologică dificilă pentru germani, a spus mai departe Führer-ul. Dar ar fi absurd ca Polonia să fie lipsită de acces la mare. Căci dacă Polonia ar fi strânsă cu uşa în felul acesta, tensiunea ar creşte şi ţara ar deveni un butoi cu pulbere, care ar fi putut exploda în orice clipă.

Lăsa impresia că doreşte să obţină concesii din partea Poloniei în chestiunea Gdańskului şi a coridorului, deoarece aceasta aştepta de la el poporul german, dar şi în acest domeniu era gata să găsească o soluţie de compromis. A trecut încet la tema principală, dar foarte pe departe. A vorbit despre problema evreiască, după părerea lui, aceasta devenise periculoasă şi în Polonia, la fel ca şi în Germania. Se referea la faptul că din Polonia emigraseră, ca urmare a exceselor antisemite, 400.000 de evrei, aşadar mai mulţi decât din Germania, deşi în continuare populaţia evreiască reprezenta 10% din locuitorii Poloniei, iar la Varşovia chiar 28%. Hitler propunea ca evreii germani şi polonezi să fie trimişi undeva, într-o colonie africană.

— Dar aliaţii nu înţeleg că Germania are nevoie de colonii, pentru a-şi hrăni populaţia care creşte rapid, şi-a încheiat el discursul lung.

Era cât se poate de clar: *Lebensraum*! - spaţiul vital! Pământuri fertile, minereuri şi bogăţii naturale. Acestea se găseau în răsărit!

Beck părea să înţeleagă perfect încotro bate Hitler, dar nu intenţiona să abordeze subiectul dobândirii spaţiului vital pentru poporul german. Nu dorea să vorbească despre Ucraina, deşi din cuvintele lui Hitler şi din modul în care prezentase aceste planuri, rezulta clar că problema îl interesează în cel mai înalt grad. A început să discute despre problema Ruteniei, o parte a Cehoslovaciei, pe care ministrul Ribbentrop propusese s-o dea Poloniei. Beck era de părere că acea regiune, săracă şi înapoiată, ar trebui să revină Ungariei, pentru a avea graniţă comună cu Polonia. Astfel, Beck intenţiona să creeze condiţii pentru unirea într-o singură alianţă a Lituaniei, Ungariei, României, Bulgariei şi Iugoslaviei. Fireşte, în această alianţă, rolul preponderent ar fi revenit Poloniei, care ar fi avut astfel suficiente forţe pentru a respinge orice intenţii agresive atât din partea Germaniei, cât şi a Uniunii Sovietice. A promis că va reflecta la propunerea cu privire la Gdańsk. Discuţia de la ceai se încheiase.

Hitler şi-a condus oaspeţii pe scări, le-a făcut semn cu mâna când s-au urcat în automobile. A mai stat încă o clipă privind cum dispar automobilele după cotitură. În sfârşit, s-a răsucit pe călcâie şi, fără să-i adreseze niciun cuvânt lui Ribbentrop, care înţelesese perfect că Hitler nu reuşise să-şi realizeze planurile legate de ministrul polonez, s-a întors în salon.

Dar nu avea de gând să renunţe aşa de uşor. În ziua următoare, la hotelul „Vier Jahreszeiten" de pe Maximilianstrasse din centrul oraşului München, unde stăteau oaspeţii polonezi, a sosit ministrul Ribbentrop. Existau toate indiciile că Hitler îi ordonase să discute deschis cu Beck şi să-l determine să accepte propunerile pe care i le prezentase la ceai, la Berghof.

Timp de o oră şi jumătate, în interiorul rococo al apartamentului de hotel, Ribbentrop a repetat propunerile formulate cu o zi înainte de Hitler, explicându-le şi mai clar. Beck nu mai avea nicio îndoială. Nu mai era vorba de un joc pentru întreţinerea unei atmosfere prieteneşti. Hitler punea condiţii: alianţă împotriva Uniunii Sovietice, mari avantaje politice şi economice pentru Polonia, în schimbul Gdańskului şi al coridorului.

— Astăzi sunt pesimist pentru prima oară, a spus Beck. Simţea în mod clar că posibilităţile lui de manevră se epuizaseră. Ribbentrop vorbea fără ocolişuri şi aştepta răspunsuri clare. Mai ales în problema Gdańskului nu văd nicio posibilitate de înţelegere.

Ribbentrop a înghiţit acest răspuns şi a abordat problema aderării Poloniei la pactul anti-Comintern.

Însemna oare aceasta că Hitler era gata să renunţe la pretenţiile asupra Gdańskului? Această eventualitate nu putea fi exclusă. Pe el îl interesa în primul rând să atragă Polonia de partea lui. Ce câştiga dacă realiza această alianţă? Prezenţa Poloniei alături de Germania dădea acestei ţări un sentiment de siguranţă. Dacă s-ar fi decis să atace spre vest, aşa cum intenţiona, era sigur că 40 de divizii poloneze, poate mai slab înarmate, dar viteze, vor ataca din est. Dacă ar fi pornit împotriva Uniunii Sovietice, diviziile Wehrmacht-ului ar fi trecut liniştite prin Polonia, profitând de sprijin material şi de bazele înşirate de-a lungul frontierei.

Beck era într-o situaţie dificilă. Nu dorea să respingă propunerea binevoitoare de a participa la alianţa marilor puteri, dar nici nu avea intenţia s-o accepte.

— Politica Poloniei ar putea să evolueze în viitor în direcţia dorinţelor germane, a răspuns el vag. Voind parcă să şteargă impresia proastă pe care o făcuseră cuvintele lui asupra neamţului, l-a invitat să-i facă o vizită la Varşovia. Crea astfel şansele unei înţelegeri. S-a stabilit că vizita va avea loc curând, chiar în aceeaşi lună.

Din această convorbire decurgea un singur lucru: Beck nu avea intenţia să accepte invitaţia germanilor de a participa la expediţia lor spre răsărit. Şi acesta a fost răspunsul pe care l-a dus Ribbentrop în aceeaşi zi lui Hitler.

Cu totul alt an

— De ce nu mai vine Schnurre? Stalin era vizibil supărat şi părea să-şi îndrepte supărarea spre oamenii care şedeau în faţa biroului lui.

Comisarul Litvinov a desfăcut braţele într-un gest de neputinţă.

— Polonezii au fost mai rapizi decât nemţii, a spus el calm.

Karl Schnurre, lucrător la Ministerul Afacerilor Externe, era considerat o stea în ascensiune a diplomaţiei germane. Studiile juridice alese, la fel ca şi relaţiile de familie cu ministrul von Ribbentrop şi cu ambasadorul von der Schulenburg îi preziceau o carieră strălucită. Dobândise încă din 1936 titlul de consilier şi era cel mai tânăr în acest rang dintre funcţionarii Ministerului de Externe. La 1 decembrie 1938, la Ministerul Afacerilor Externe din Germania începuseră convorbirile referitoare la creşterea schimburilor comerciale dintre Germania şi Uniunea Sovietică, iar Schnurre fusese desemnat conducătorul părţii germane. Îi propusese adjunctului şefului delegaţiei comerciale

Joachim von Ribbentrop la preşedintele Ignacy Mościcki. De la stânga la dreapta: Józef Beck, Ignacy Mościcki, Joachim von Ribbentrop

sovietice, Skosîrev (şeful delegaţiei, Davidov, se întorsese la Moscova din motiv de boală) încheierea unui acord comercial pe baza căruia exporturile germane în URSS să crească în doi ani la 100 de milioane de mărci, iar importurile să atingă aceeaşi valoare în decurs de un an şi erau plăţi pentru materiale foarte importante pentru Germania, iar Uniunea Sovietică nu era interesată să le exporte în alte ţări, după cum subliniase Schnurre. Totul arăta că aceste propuneri conveneau foarte mult Moscovei. De aceea se stabilise ca la 25 ianuarie 1939, Schnurre să vină la Moscova. Nemţii au aranjat lucrurile în aşa fel, încât sosirea acestui diplomat să nu atragă atenţia niciuneia din ţările occidentale şi să nu le dea ruşilor posibilitatea de a folosi vizita în scopuri propagandistice. S-au gândit la aceasta în timp ce organizau sosirea delegaţiei germane cu ministrul Ribbentrop la Varşovia. Schnurre, care făcea parte din delegaţia ministrului german, urma să se întâlnească la Varşovia cu ambasadorul von der Schulenburg, pentru ca, chipurile, la invitaţia lui personală să meargă pentru câteva zile în vacanţă la Moscova. Dar Schnurre nu putea pleca din Polonia fără viza autorităţilor poloneze.

Aceasta a fost suficient pentru ca partea polonă să joace magistral această partidă.

La 26 ianuarie, aşadar, atunci când Schnurre şi cu unchiul său, von der Schulenburg, se pregăteau să se urce în avion pe aeroportul Okęcie din Varşovia, ministrul von Ribbentrop a fost informat că ziarul londonez „Daily Mail" a publicat o ştire conform căreia o delegaţie germană numeroasă se îndreaptă spre Moscova pentru a începe acolo convorbiri cu privire la acordurile comerciale. Curând, ambasada de la Paris a transmis că informaţii asemănătoare au apărut în toate ziarele franceze. Ribbentrop turba de furie.

— În timp ce eu, în numele Führer-ului, mă străduiesc să pun bazele colaborării între Germania şi Polonia împotriva Uniunii Sovietice, ştiri scandaloase şi enervante ca aceasta reprezintă o lovitură josnică pe la spate. Schnurre trebuie să se întoarcă de îndată la Berlin, a strigat el.

Vizita nu s-a realizat, ceea ce i-a obligat pe germani să încredinţeze negocierile lucrătorilor lor de la ambasada din Moscova. În felul acesta, şi sovieticii trebuiau să vină cu o delegaţie la nivel mai scăzut, fără împuterniciri speciale, ceea ce a încetinit ritmul negocierilor. Stalin avea aşadar toate motivele să fie furios. Aştepta cu nerăbdare rezultatele negocierilor, dar chestiunea se tărăgăna.

— Probabil că polonezii au aflat despre planurile lui Schnurre şi au informat presa imperialistă, a explicat Litvinov. Ne-au băgat beţe în roate.

— Hitler are o imagine foarte transparentă a intenţiilor noastre, Maksim Maksimovici, s-a întors Stalin spre Litvinov.

— Chiar mai înainte, în conformitate cu recomandările dumneavoastră, tovarăşe Stalin, am transmis instrucţiunile de rigoare tovarăşului Maiski − Litvinov se referea la ambasadorul sovietic de la Londra. Cred că exprimarea intenţiilor noastre faţă de Germania pe cale ocolită va avea cel mai bun efect.

În ziua următoare, 27 ianuarie 1939, s-a văzut la ce se referea Litvinov. Gazeta londoneză „News Chronicle" a publicat un articol al lui Vernon Bartlett, ziarist care frecventa des ambasada sovietică.

„Astăzi este clar că Uniunea Sovietică nu are intenţia să acorde niciun fel de ajutor Marii Britanii şi Franţei, dacă aceste state intră în conflict cu Germania şi cu Italia. URSS intenţionează să încheie înţelegeri cu vecinii săi, cu condiţia să fie lăsată în pace".

O zi mai târziu, la 29 ianuarie, „Pravda", cotidianul care exprima poziţia oficială a autorităţilor sovietice, a publicat în întregime articolul lui Bartlett. Era cel mai evident semnal al intenţiilor sovietice la adresa lui Hitler şi, în acelaşi timp, prima încercare de pregătire a societăţii sovietice pentru ceea ce urma să se întâmple: alianţa cu Germania.

Hitler a recepţionat rapid semnalele lui Stalin. La 30 ianuarie 1939, în discursul rostit cu ocazia aniversării a şase ani de la preluarea puterii în Germania, nu a pomenit niciun cuvânt despre „bolşevismul sângeros", nici despre „ameninţarea pe care o reprezenta Uniunea Sovietică pentru omenire şi pentru Germania în mod special", ceea ce reprezenta de regulă calul de bătaie în discursurile lui referitoare la realitatea politică europeană. Pentru prima dată în cariera sa politică, Hitler renunţase la atacurile împotriva comunismului. În acelaşi timp, amintea despre prietenia dintre Polonia şi Germania, care, aşa cum sublinia, „este unul dintre cele mai importante elemente ale vieţii politice din Europa". Dar nu a renunţat la ideea de a atrage Polonia de partea sa într-o alianţă împotriva Uniunii Sovietice, deşi rezultatele vizitei lui Ribbentrop la Varşovia nu erau promiţătoare. Se străduia totuşi să fie prietenos, dar cerea un răspuns definitiv în legătură cu propunerile pe care le făcuse în ultimele luni.

Beck nu mai putea tergiversa. Trebuia să spună: nu!

Stalin nu avea de unde să ştie care fusese rezultatul convorbirilor dintre Beck şi Ribbentrop din palatul Brühl de la Varşovia. Dar a reuşit să tragă anumite concluzii din evoluţia evenimentelor şi era ferm convins că acestea erau corecte. Se baza pe calcule şi pe logică în aceeaşi măsură în care Hitler era convins că se află în mâinile Providenţei.

Aşadar, dacă în ultimele patru luni, contactele dintre diplomaţii polonezi şi germani deveniseră deosebit de active, în octombrie 1938 ambasadorul Lipski făcuse o vizită la Berchtesgaden, în ianuarie 1939, ministrul Beck fusese la vila lui Hitler, iar după aceea Ribbentrop se dusese la Varşovia, iar aceasta însemna un singur lucru: agresiune împotriva Uniunii Sovietice.

Multe generaţii de polonezi fuseseră crescute în ură faţă de ruşi, iar ultima generaţie – faţă de bolşevici. Fără îndoială, societatea poloneză ar fi sprijinit ideea unei expediţii împotriva acestui stat, pentru a alunga o dată pentru totdeauna primejdia care ameninţa dintr-acolo. Chiar dacă guvernul polonez nu ar fi dorit să încheie o înţelegere cu Germania, stat la fel de detestat de polonezi ca şi Uniunea Sovietică, ar fi trebuit să se plieze sub presiunea militară germană. Guvernul polonez era conştient de superioritatea armată germană. La 26 ianuarie 1938, generalul Tadeusz Kurtzeby, comandantul Şcolii Militare Superioare, i-a transmis mareşalului Edward Rydz-Śmigły, comandant-şef, studiul planului de război cu Germania.

„Potenţialul militar al Poloniei în comparaţie cu Germania este atât de neînsemnat, încât trebuie să recunoaştem că Polonia nu este capabilă să susţină în mod independent un război cu Germania, în sensul că Polonia de una singură nu poate conta pe o victorie, ceea ce nu înseamnă că am fi incapabili să luptăm în apărarea independenţei noastre, dacă ni s-ar impune războiul".

Din momentul în care fusese elaborat acest studiu, superioritatea Germaniei faţă de Polonia crescuse, fie şi numai prin faptul că anexase Austria şi o parte din Cehoslovacia.

Pe ce putea conta guvernul Poloniei? Pe ajutorul Marii Britanii şi al Franţei? Nu avea sens. Niciun politician cu scaun la cap nu-şi putea lega speranţele de ideea că slaba armată britanică va fi dispusă să se urce pe vapoare şi să vină pe continent, ca să înfrunte puternicul Wehrmacht. Cu atât mai mult cu cât guvernul britanic se îngrijea mai mult de asigurarea ţărmurilor insulelor sale, decât de alcătuirea unui corp expediţionar care să fie trimis împotriva armatei germane. În 1938, britanicii cheltuiseră pentru trupele terestre 122,4 milioane de lire sterline, pentru marină – 127,3 milioane, pentru aviaţie (în special de vânătoare, deci de apărare) – 133,8 milioane. Un an mai târziu, cheltuielile au scăzut: armata terestră a primit 88,3 milioane de lire, marina – 98 de milioane, aviaţia – 105,7 milioane. Ce-i drept, ministrul apărării, Leslie Hoare-Belish, a argumentat că trupele terestre nu-şi îndeplinesc misiunea şi bugetul lor trebuie mărit cu 81 de milioane lire, dar guvernul a respins cererea lui.

Şi Franţa? Teoretic, avea suficiente forţe ca să întreprindă o ofensivă eficientă împotriva Germaniei, dar ce premier s-ar fi ridicat în faţa parlamentului să spună: Hai să declarăm război Germaniei! Să nu uităm că, acum douăzeci de ani am pierdut 4 milioane de tineri şi ani de zile am construit linia Maginot, care ne-a costat câteva miliarde de franci! Să trimitem trupele noastre să-şi dea sângele şi viaţa pe Rin, pentru că polonezii nu vor să le dea nemţilor Gdańskul!

Fireşte situaţia din Europa s-ar fi schimbat radical dacă s-ar fi realizat o alianţă defensivă Marea Britanie – Franţa – Polonia – Uniunea Sovietică!

Dar acest lucru era absolut imposibil. O astfel de alianţă, ca să aibă sens, ar fi trebuit să dea armatelor sovietice posibilitatea să acţioneze împotriva Germaniei, aşadar dreptul de trecere pe teritoriul altor state care, aşa cum era cazul Cehoslovaciei, nu ar fi fost de acord cu aceasta.

În plus, Stalin nu avea deloc intenţia să încheie o astfel de alianţă, căci ar fi fost numai în folosul Marii Britanii şi al Franţei. Ar fi permis acestor state să ţină Germania în şah. Aceasta ar fi dobândit dreptul de a-şi continua înarmarea până la limitele stabilite în tratatele cu marile puteri occidentale, aşa cum se întâmplase în 1935[1], când Marea Britanie şi Germania semnaseră un acord care definea limitele flotei germane. Datorită acestor acorduri, Germania ar fi devenit un obstacol de netrecut pentru Uniunea Sovietică atunci când aceasta ar fi dorit să se mişte spre vest.

Un pact de securitate colectivă ar fi stabilizat situaţia în Europa şi ar fi confirmat ordinea existentă, de care Stalin se temea. În politica lui, numai războiul şi înfrângerea statelor vecine, cărora să le poată impune apoi orânduirea socialistă, dădeau Uniunii Sovietice şansa de a supravieţui. Europa trebuia să se afunde în război! Cel mai profitabil pentru Uniunea Sovietică ar fi fost un război între Germania şi marile puteri democratice. Dar întrucât acest lucru nu reuşise în 1938, când Uniunea Sovietică întinsese mâna în direcţia Marii Britanii şi a Cehoslovaciei, poate că va reuşi acum, în 1939, printr-o alianţă cu Germania.

Castanele din foc

Aplauzele au izbucnit din nou, când Stalin s-a apropiat de tribună. Fusese salutat deja o dată cu ovaţii, în dimineaţa zilei de 10 martie 1939, când începuseră lucrările Congresului XVIII al Partidului Comunist. Obiceiul care se încetăţenise în timpul discursurilor oficiale ale secretarului general al PCUS (b) cerea ca el să fie ovaţionat timp de 10 minute, ceea ce toţi membrii autorităţilor supreme considerau că este o perioadă rezonabilă de exprimare a veneraţiei faţă de Conducător. Totuşi, din motive inexplicabile, ovaţionarea lui Stalin s-a prelungit. Aştepta răbdător, ca şi când n-ar fi vrut să le strice delegaţilor plăcerea de a-l aplauda şi de a-şi exprima admiraţia, până când, uşor impacientat, a făcut semn că se simte suficient de satisfăcut de intensitatea şi durata ovaţiilor.

[1] Acordul maritim încheiat între Germania şi Marea Britanie la 18 iunie 1935 stabilea limita tonajului vaselor germane la 35% din tonajul vaselor flotei britanice, adică aproximativ 420.000 de tone şi garanta superioritatea netă a Royal Navy, dar, în realitate, permitea o dezvoltare rapidă a flotei germane, care atingea în momentul semnării acordului un tonaj total de 75.000 t.

A început să vorbească cu o voce înfundată, surdă, cu un pronunţat accent gruzin. De regulă, cu ocazia unor acţiuni atât de mari ale partidului cum erau congresele se anunţau noile orientări din politica internă. De astă dată, cea mai mare parte a discursului lui Stalin s-a referit la situaţia internaţională.

— Departe de mine dorinţa de a face morală pe tema politicii de neintervenţie, de a vorbi despre trădare şi perfidie etc. Ar fi o naivitate să fac morală unor oameni care nu ştiu ce înseamnă moralitatea. Politica este politică, după cum spun bătrânii, buni cunoscători ai luptelor diplomaţilor burghezi. Deşi trebuie să remarcăm că adepţii politicii de neintervenţie au început un joc mare şi periculos, care se poate încheia cu o lovitură puternică împotriva lor.

Era un avertisment clar la adresa democraţiilor occidentale.

— Politica externă a Uniunii Sovietice este clară – a spus mai departe Stalin. Ne pronunţăm pentru pace şi pentru întărirea relaţiilor economice cu toate statele. Aceasta este poziţia noastră şi îi vom rămâne fideli atât timp cât statele celelalte vor avea aceeaşi poziţie faţă de Uniunea Sovietică şi nu vor încălca interesele ţării noastre.

Toate observaţiile pe care le făcuse în discursul său convergeau spre marele final:

— Marea Britanie şi Franţa au respins politica securităţii comune, a opoziţiei comune şi au adoptat o politică de neintervenţie. Politica de neintervenţie înseamnă închiderea ochilor în faţa agresiunii şi a devastărilor. Uniunea Sovietică va rămâne credincioasă politicii de pace. Principul său fundamental este să fie vigilentă şi să nu permită să fie atrasă într-un conflict de către aţâţătorii la război, care s-au obişnuit ca alţii să scoată castanele din foc pentru ei.

Un nou val de ovaţii a întrerupt cuvântarea. Stalin a zâmbit şi a întins mâna după carafa cu apă, şi-a turnat în pahar şi a început să bea cu înghiţituri mici, ca să-şi umezească gura.

Sala scanda: „Trăiască tovarăşul Stalin!", „Trăiască marele nostru conducător!". Nu se auzea niciun strigăt care să condamne fascismul, ceea ce unui observator serios ar fi putut să i se pară curios, căci aceste lozinci făceau parte din repertoriul permanent al animatorilor de sală. Înainte de toate marile acţiuni de masă, se întrunea o celulă specială a Comitetului Central şi, în timpul unei consfătuiri de câteva ore, inventa lozincile care trebuiau scandate şi scrise pe bannere. Dacă în cursul acestei cuvântări a lui Stalin nimeni nu protestase faţă de fasciştii detestaţi, înseamnă că politica sovietică îşi modificase cursul. Discursul era clar şi reprezenta un semnal oficial pentru Hitler,

Castanele din foc…

în sensul că drumul către o alianţă germano-sovietică strânsă este deschis.

De ce se decisese Stalin atât de brusc să-i ofere alianţa lui Hitler, profitând de cea mai apropiată ocazie, şi anume lucrările Congresului?

Nici în politica europeană, nici în relaţiile germano-sovietice nu se întâmplase nimic care să justifice această grabă. Oare Stalin cunoştea planurile lui Adolf Hitler şi dorea să o ia înaintea lui cu câteva zile?

Intenţiile Germaniei faţă de Cehoslovacia nu erau un secret. La 12 octombrie 1938, în timpul celei de-a doua deplasări la fortificaţiile cehe, Hitler, care împreună cu cei cincizeci de ofiţeri care îl însoţeau se oprise să ia prânzul la cârciumă, începuse pe neaşteptate să rostească un discurs.

Colonelul Walther Warlimont[1], care conducea vizitarea fortificaţiilor a notat:

[1] **Walther Warlimont** (1895–1976), ofiţer al Wehrmacht-ului, a atras atenţia lui Hitler în 1937, când a elaborat un raport cu privire la necesitatea de reorganizare a conducerii Wehrmacht-ului. A fost avansat la funcţia de adjunct al şefului departamentului operaţional şi ulterior al cartierului general din Oberkommando al Wehrmacht-ului, iar în 1940 devenise deja general. În această calitate, a luat parte la elaborarea planului de agresiune împotriva URSS. La 22 iulie 1944 se afla alături de Hitler în momentul

„Hitler era foarte incitat. Vorbea răstit şi, dacă nu aş fi cunoscut toate amănunte, aş fi putut crede că este beat sau sub influenţa drogurilor. În general, nu acorda nicio atenţie oamenilor din afară, care îl ascultau cu gurile căscate."

Führer-ul spunea că se lăsase păcălit la München, când fusese convins, făcându-se apel la sentimentalismul lui, că este mai bine să o ia treptat. Cedase, convins în mod greşit că poporul german încă nu este pregătit pentru a da tributul de sânge pentru patria sa.

— Acum văd totul clar. A fost o prostie din partea mea că m-am lăsat convins. A fost un moment de slăbiciune. M-am lăsat îmbrobodit de aiurelile lui Chamberlain, de teama pentru poporul german şi de lipsa de încredere în generalii mei. M-am abătut de la calea cea dreaptă. Dar nicio clipă mai mult! Mă întorc la planul iniţial. Sunt decis să am toată Cehoslovacia în graniţele Reich-ului. Şi curând!

Hitler a luat decizia să-şi transpună în faptă planul probabil în ziua de 27 ianuarie 1939, după ce Ribbentrop s-a întors din misiunea nereuşită de la Varşovia. Nu presupunea însă necesitatea unei intervenţii armate în Cehia, de altfel, chiar îl prevenise în acest sens generalul Gerd von Rundstedt[1].

— A fost o victorie fără vărsare de sânge, a spus von Runsdstedt despre ocuparea zonei sudete, dar fără îndoială că ocuparea Pragăi va fi cu totul altceva.

---

atentatului şi a fost rănit grav. La procesul de la Nürnberg a apărut în calitate de martor, după care a luat el însuşi loc pe banca acuzaţilor, în aşa-numitul proces al generalilor şi a fost condamnat la închisoare pe viaţă, dar în 1957 a fost eliberat.

[1] **Gerd von Rundstedt** (1875−1953), feldmareşal, veteran din Primul Război Mondial; după venirea lui Hitler la putere în ianuarie 1933 l-a sprijinit public, deşi în particular critica nazismul. În septembrie 1938, Rundstedt, care se afla la comanda Grupului I de armată din Berlin, a ieşit la pensie. A fost rechemat în serviciul activ în august 1939, în timpul luptelor din Polonia a comandat Grupul de armate Sud. În lupta cu Franţa din 1939 a comandat Grupul de Armată A, care a jucat un rol important în distrugerea apărării aliaţilor. În august acelaşi an a fost ridicat la gradul de feldmareşal. La izbucnirea războiului cu URSS comanda Grupul de armată Sud din Ucraina. La 1 decembrie 1941 a fost demis din funcţie pentru retragerea armatelor de la Rostov. A revenit în serviciul activ în 1942, preluând comanda zonei operaţionale Vest. La 2 iulie 1944 a ieşit din nou la pensie. După atentatul împotriva lui Hitler din 20 iulie 1944, a condus Tribunalul onorific care cerceta problemele ofiţerilor angajaţi în complot. La 9 septembrie 1944 a revenit la funcţia de comandant al zonei „Vest". După ocuparea de către americani a podului Remagen a fost obligat să-şi dea demisia. Prins de soldaţii americani la 1 mai 1945, a fost predat englezilor şi acuzat de crime de război. Din cauza stării precare a sănătăţii, nu a compărut în faţa tribunalului şi a fost eliberat în 1949.

— După părerea mea, pentru următoarea etapă de rezolvare a problemei cehoslovace nu va fi nevoie de mobilizare, de bani sau de timp, a răspuns Hitler. Nu avem nevoie de armată ca să ocupăm Boemia şi Moravia. Vom realiza acest lucru prin mijloace politice. Aveţi nevoie numai de încredere în conducătorul vostru şi de pregătirea de luptă pentru a fi gata să recurgeţi la armată. Contaţi pe mine. Aici nu va fi război. Acum îi cunosc bine pe adversarii mei. Nu vor lupta. Vă rog numai ca armata să fie gata de marş. Nicio mobilizare. Niciun fel de cheltuieli inutile. Cehii n-au decât să chiţăie, dar vom pune mâna pe grumazul lor înainte să apuce să strige. Şi apoi, cine o să le vină în ajutor?

Aceste cuvinte erau rostite cu numai două săptămâni după ocuparea de către armatele germane a zonei sudete. Hitler dăduse cărţile pe faţă. De ce făcuse acest lucru? Poate se lăsase purtat de emoţia stârnită de vizita la fortificaţiile puternice, care fuseseră ocupate fără un singur foc de armă.

Din acel moment, Stalin nu mai putea avea nicio îndoială cu privire la felul cum vor evolua evenimentele în continuare. Nu trebuia decât să le urmărească cu atenţie şi să tragă concluziile de rigoare. Iar acestea se impuneau de la sine. În primul rând, Germania a început să-i sprijine pe separatiştii slovaci şi, în februarie 1939, această colaborare a devenit oficială. Vojtěch (Bela) Tuka şi Ferdinand Ďurčanský, doi conducători ai separatiştilor, au sosit la Berlin ca să poarte convorbiri pe tema acţiunilor comune, fireşte, fără a trece pe la Praga. Presa germană a început o campanie foarte virulentă împotriva cehilor, acuzându-i că atacă minoritatea germană (pe teritoriul Cehiei rămăseseră 480.000 de germani), iar serviciile de spionaj se străduiau să provoace acţiuni antigermane la Praga, pentru a crea noi puncte fierbinţi şi a justifica intervenţia armată germană.

Pentru Stalin, era o perspectivă cumplită. Ocuparea Cehiei de către Germania însemna o creştere însemnată a forţelor acesteia. Ar fi preluat tot armamentul modern al armatei cehe şi uzinele de armament admirabil echipate, de pildă Československá Zbrojovka, care fabrica mitraliere perfecte, fabricile Škoda şi CKD din Praga, care produceau tancuri şi tanchete, precum şi uzinele de avioane Avia. Ceea ce era încă şi mai important, Germania dobândea astfel o admirabilă poziţie strategică pentru a-şi continua expansiunea spre Polonia şi spre Uniunea Sovietică. Armata Roşie, pe de altă parte – Stalin era pe deplin conştient de acest lucru – nu reuşise încă să-şi refacă puterile după marea epurare, care se încheiase abia cu un an în urmă. Avea nevoie de timp pentru formarea cadrelor de ofiţeri şi pentru elucidarea situaţiei din Extremul Orient. Acolo lucrurile începuseră rapid să ia o întorsătură nefavorabilă. Ce-i drept, japonezii erau angajaţi în războiul cu China, astfel că la graniţa cu Mandzhukuo, un stătuleţ artificial creat de Japonia după ocuparea Manciuriei în 1932, erau mereu fricţiuni, ba chiar şi lupte mai serioase între unităţile sovietice şi cele japoneze.

La 29 iulie 1938, în zona lacului Hasan de la graniţa sovieto-coreeană, trei divizii japoneze de infanterie, o brigadă mecanizată şi un regiment de cavalerie, 14 distrugătoare şi 15 lansatoare de rachete intraseră în teritoriul sovietic şi ocupaseră două înălţimi strategice importante. În ajutorul diviziei de infanterie care se retrăgea, ruşii trimiseseră trei divizii şi o brigadă mecanizată: 32.000 de soldaţi care dispuneau de 609 tunuri, 345 de tancuri şi 250 de avioane. Luptele care începuseră în august 1938 au durat cinci zile, după care japonezii au fost respinşi. Dar această luptă a demonstrat că japonezii sunt gata să arunce în luptă forţe considerabile.

Temerile s-au dovedit absolut întemeiate, când, în mai 1939, japonezii au început acţiuni pe râul Halhn-Gol. Au început cu atacuri cu unităţi mici de 300 de soldaţi, dar şi-au crescut continuu forţele şi în momentul luptei decisive, care a avut loc în iulie, au aruncat în luptă o armată de 75.000 de oameni.

Pace cu Hitler cu orice preţ! Numai în felul acesta Stalin putea să stăpânească situaţia, căci se temea de un război pe două fronturi.

De aceea, la 10 martie 1939, ştiind deja că în orice clipă armata germană va intra în Praga, a decis să rostească un discurs, care să conţină o ofertă clară. A făcut acest lucru în ultimul moment, cu câteva zile înainte de întâmplările care au marcat o cotitură în evoluţia ulterioară a evenimentelor.

Expediţia preşedintelui Hácha[1]

Trenul special al preşedintelui Cehoslovaciei Emil Hácha s-a oprit în gara Pilsen, plină de zăpadă. Ministrul afacerilor externe František

[1] **Emil Hácha** (1872–1945), preşedinte al Cehoslovaciei de la 30 noiembrie 1938. În timpul vizitei la Berlin din martie 1939, deşi nu avea împuternicire din partea parlamentului, a semnat un document prin care transfera în mâinile nemţilor toată puterea pe întregul teritoriu al Cehiei. La 16 martie 1939 a devenit preşedinte al nou-proclamatului Protectorat Cehia şi Moravia; puterea lui era însă limitată concret de existenţa unui protector al Reich-ului (*Reichsprotektor*). După eliberarea Cehoslovaciei de către armatele sovietice, în iunie 1945, a fost arestat şi la 27 iunie a murit în închisoare.

Chvalkovský a coborât pe treptele vagonului de dormit. L-a zărit de departe pe ofiţerul care venea în fugă spre el.

— Ce noutăţi ai de la Praga?, a întrebat el când tânărul s-a oprit gâfâind lângă el şi l-a salutat.

— Nu e nimic nou, a spus ofiţerul. E ceva cu telefoanele.

Chvalkovský s-a întors fără un cuvânt. Înţelesese că liniile telefonice fuseseră tăiate. Nu l-a informat pe preşedinte, care dormea, pentru prima dată după mai multe nopţi, acoperit cu o pătură de fiica lui, Milada.

Încercau de câteva zile fără succes să contacteze ambasada germană din Praga – clădirea părea părăsită. La telefoane nu răspundea nimeni, iar emisarii trimişi la ambasador se întorceau cu informaţia că acesta plecase. În realitate, lucrătorii ambasadei germane îndeplineau cu conştiinciozitate recomandarea pe care o primiseră la 12 martie din partea lui Ribbentrop: „Ca urmare a informaţiei telefonice transmise astăzi de Kordt, în caz că veţi primi o informaţie scrisă din partea preşedintelui Hácha, vă rog să vă abţineţi de la orice comentariu – oral sau în scris – şi de la orice acţiune în afară de transmiterea informaţiei la Berlin, într-o telegramă cifrată. În plus, vă rog pe dumneavoastră şi pe ceilalţi membri ai misiunii să nu fiţi accesibili, dacă guvernul ceh doreşte să vă contacteze în zilele următoare".

Între timp, la castelul Hradčany, unde se afla preşedintele, soseau cele mai dramatice ştiri de la Bratislava, unde, după mai multe lupte şi o încercare de restabilire a ordinii de către armata cehă, la 14 martie, parlamentul proclamase independenţa Slovaciei.

Hácha spera că vizita la Berlin şi discuţia directă cu Hitler, a cărui mână era cât se poate de vizibilă în dirijarea evenimentelor din Slovacia, vor reuşi să elucideze situaţia şi să redea pacea. Bătrânul obosit nu-şi dădea seama că mergea direct în capcană.

Trecuse de ora 11 noaptea când trenul lui Hácha a intrat în gara Anhalter, decorată cu drapelele germane şi cehe. Pe peron se aflau reprezentantul Ministerului Afacerilor Externe, dr. Otto Merissner, şi ambasadorul ceh cu soţia. Grupul care îl întâmpina pe şeful statului era mic, dar Hácha ştia că vizita lui are mai mult un caracter de lucru şi nu se aştepta la fanfară.

Automobilul l-a dus la hotelul „Adlon", unde preşedintele urma să se odihnească puţin înainte de întrevederea cu Führer-ul.

Acesta nu s-a grăbit să-l salute pe oaspetele din Cehoslovacia. După masa de seară, pe care a servit-o în compania lui Hermann Göring, a ministrului von Ribbentrop, a lui Himmler şi a doamnei Goebbels, s-a dus împreună cu oaspeţii într-o mică sală de proiecţie pentru a viziona filmul *Ein Hoffnungsloser Fall (Un caz fără speranţă)*.

— Apreciez foarte mult faptul că pot să-l cunosc personal pe cel mai puternic om de stat al vremurilor noastre, a spus Hácha, când, în cele din urmă, Hitler a venit să se întâlnească cu oaspetele.

Hitler nu a răspuns, a arătat spre canapeaua din colţul cabinetului său mare.

Drumul lung, frigul şi tensiunea nervoasă îşi puseseră în mod clar amprenta asupra bătrânului politician, al cărui glas tremura. Primele lui cuvinte arătau că nu ştie nimic despre faptul că exact în momentul în care sosea la Berlin unităţile germane treceau graniţa ţării sale.

Hitler a ascultat politicos, dar cu o nerăbdare vizibilă ce spunea Hácha:

— Mă interesează soarta oamenilor mei, a cehilor. Excelenţă, sunt convins că sunteţi unul dintre acei oameni care mă înţelege atunci când spun că Cehoslovacia are dreptul la o viaţă naţională. Aşezarea geografică a Cehoslovaciei impune să avem relaţii cât mai bune cu Germania. Aceasta este şi va fi baza existenţei independente a poporului şi este aprobată de uriaşa majoritate a cehilor...

Nerăbdarea lui Hitler creştea. În timp ce vorbea Hácha, generalul Wilhelm Keitel intrase de două ori şi îi dăduse un bilet lui Hitler cu informaţii despre evoluţia situaţiei din Cehoslovacia: unităţile „Leibstandarte Adolf Hitler" ocupaseră uzinele siderurgice moderne de la Vitkovice şi uzina de la Ostrava, ceea ce îl bucura în mod deosebit pe Führer, căci acestea făceau parte dintre cele mai moderne uzine de acest fel din Europa şi era important să treacă nevătămate în mâinile nemţilor.

Hitler a început să vorbească. Aşa cum avea obiceiul, a început calm, pe un ton stăpânit, dar accentele ameninţătoare s-au făcut simţite foarte curând.

— Dacă Cehia s-ar fi apropiat de Germania după München, m-aş fi simţit obligat s-o apăr în timp de tulburări. Dar nu mă simt obligat. Am spus întotdeauna foarte clar că voi distruge Cehia fără milă, dacă nu va renunţa la vechile tendinţe pro-Beneš. De ce nu şi-a redus Cehia armata la dimensiuni rezonabile? A fost o povară uriaşă pentru un stat atât de mic, iar o armată mare îşi are rostul atunci când este instrumentul unei politici externe. Dar Cehia nu a avut o politică externă! Nicio politică externă! Niciun fel de planuri!

Hácha şi Chvalkovský ascultau cuvintele lui Hitler şi încă nu înţelegeau ce vrea să spună. Dr. Paul Schmidt, interpretul lui Hitler, a scris mai târziu că stăteau ca nişte stane, numai ochii li se mişcau în cap. Hitler a spus:

— Astăzi la ora şase dimineaţa, armata germană va efectua o invazie din toate părţile, iar aviaţia germană va ocupa aeroporturile cehe. Există două posibilităţi, domnule preşedinte. Prima este să se opună rezistenţă în faţa unităţilor germane şi atunci va începe lupta. În acest caz, vom face toate eforturile necesare pentru învingerea rezistenţei. Altă posibilitate este ca invazia să se desfăşoare într-o formă suportabilă. În acest caz, voi fi generos şi le voi asigura cehilor suficientă viaţă proprie, autonomie şi o oarecare libertate naţională. Dar dacă astăzi sau mâine vor izbucni lupte, vom trece la atac. Aceasta înseamnă nimicirea Cehiei şi nu va exista nicio posibilitate de a-i salva pe oamenii din Cehia. În două zile armata cehă va fi strivită. O omenire întreagă va privi şi nimeni nu va mişca un deget!

Când Hitler şi-a terminat discursul, era ora trei dimineaţa. S-a lăsat o tăcere grea, pe care a rupt-o brusc Hácha:

— Excelenţă, aţi explicat situaţia. Înţeleg că rezistenţa este inutilă. Dar cum pot eu să garantez pasivitatea? Cum pot să spun armatei cehe să nu opună rezistenţă, din moment ce au mai rămas numai patru ore până la declanşarea invaziei?

Generalul Keitel, care tocmai intrase în încăpere, a spus:

— Puteţi telefona la Praga şi puteţi transmite ordin armatei.

— Este imposibil, a intervenit Chvalkovský, toate liniile cu Praga sunt întrerupte.

— Toate liniile civile, a răspuns Keitel. Dar una funcţionează. Puteţi discuta imediat cu Praga.

— Dacă mergeţi cu aceşti domni, Hitler a arătat spre Göring şi Ribbentrop, vă vor ajuta.

Göring i-a întins mâna preşedintelui, care s-a ridicat anevoie din fotoliu.

Hácha şi-a revenit repede. Înţelesese brusc că tot discursul lui Hitler era un bluf. Armata cehă era puternică şi admirabil echipată. Avea superioritate netă asupra armatei germane. În condiţiile de iarnă grea care se menţineau de câteva zile, aviaţia germană nu putea ameninţa obiectivele cehe.

— Nu mă înţelegeţi, domnule, s-a întors el către Ribbentrop, care îi băga sub nas documentul prin care Cehia devenea protectorat german. Am spus că aş putea semna o astfel de declaraţie în nume personal şi în numele guvernului meu. Dar n-aş face niciodată aşa ceva. Nu pot.

Der Führer und Reichskanzler hat heute in Gegenwart des Reichsministers des Auswärtigen von Ribbentrop den tschechoslowakischen Staatspräsidenten Dr. Hacha und den tschechoslowakischen Außenminister Dr. Chwalkowsky auf deren Wunsch in Berlin empfangen. Bei der Zusammenkunft ist die durch die Vorgänge der letzten Wochen auf dem bisherigen tschechoslowakischen Staatsgebiet entstandene ernste Lage in voller Offenheit einer Prüfung unterzogen worden. Auf beiden Seiten ist übereinstimmend die Überzeugung zum Ausdruck gebracht worden, daß das Ziel aller Bemühungen die Sicherung von Ruhe, Ordnung und Frieden in diesem Teile Mitteleuropas sein müsse. Der tschechoslowakische Staatspräsident hat erklärt, daß er, um diesem Ziele zu dienen und um eine endgültige Befriedung zu erreichen, das Schicksal des tschechischen Volkes und Landes vertrauensvoll in die Hände des Führers des Deutschen Reiches legt. Der Führer hat diese Erklärung angenommen und seinem Entschlusse Ausdruck gegeben, daß er das tschechische Volk unter den Schutz des Deutschen Reiches nehmen und ihm eine seiner Eigenart gemäße autonome Entwicklung seines völkischen Lebens gewährleisten wird.

Zu Urkund dessen ist dieses Schriftstück in doppelter Ausfertigung unterzeichnet worden.

Berlin, den 15. März 1939.

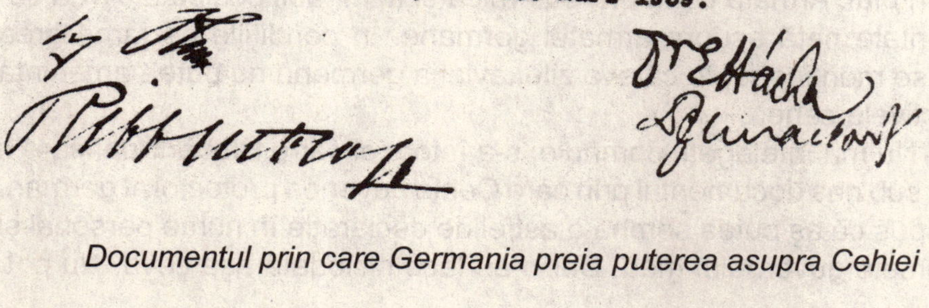

Documentul prin care Germania preia puterea asupra Cehiei

Preşedintele Emil Hácha şi Adolf Hitler la castelul Hradčany

În conformitate cu Constituţia Cehoslovaciei, nu sunt împuternicit să fac declaraţii în numele guvernului.

— Atunci semnaţi în nume personal, a spus Ribbentrop.

Göring a intervenit.

— Nu, trebuie să fie legal, trebuie să semneze şi în nume personal, şi în numele guvernului.

— Dar este deja ora trei, s-a opus Ribbentrop. Nu mai avem timp.

— Lasă asta în seama mea. Göring era sigur de el. S-a întors brusc spre Hácha şi i-a spus îngrijorat.:

— Excelenţă, de ce nu semnaţi? Este numai o formalitate. Ne scuteşte de multe necazuri.

Era clar că vedeau în opoziţia bruscă a preşedintelui un capriciu de om bătrân şi îşi puseseră în gând să-l ducă cu zăhărelul.

— Excelenţă, vă rog să semnaţi, a spus Göring. Trebuie să spun cu tristeţe că munca mea nu este dintre cele mai uşoare. Mi-ar părea nespus de rău dacă aş fi nevoit să distrug Praga – un oraş atât de frumos! Dar va trebui s-o fac, pentru ca englezii şi francezii să înţeleagă că forţele mele aeriene pot face orice. Dar pentru că tot nu vor să creadă, aş putea profita de această ocazie ca să le dovedesc!

— Semnează!, a răcnit Ribbentrop.

Hácha a căzut în fotoliu şi a leşinat. Sau s-a prefăcut că leşină. Nemţii erau pregătiţi. În spatele uşii aştepta doctorul Theodor Morell, medicul personal al lui Hitler. A apărut imediat şi i-a făcut preşedintelui o injecţie, după care acesta a deschis ochii.

— Vă rog să-mi aduceţi telefonul, a spuse el.

„I-am telefonat generalului Syrový (ministrul apărării - B. W.), i-am prezentat situaţia şi i-am dat ordin clar să transmită tuturor unităţilor să nu opună rezistenţă în faţa armatei germane. Ulterior l-am informat telefonic pe premier şi, o clipă mai târziu, am primit răspuns de la el că guvernul, care se întrunise deja, a fost de acord cu acţiunile mele! - scria mai târziu Hácha.

Chiar în aceeaşi noapte, preşedintele s-a întors la cabinetul lui Hitler şi a semnat o declaraţie care „depunea soarta Cehiei în mâinile Fúhrer-lui Reich-ului german". Führer-ul a acceptat această declaraţie şi şi-a exprimat intenţia de a lua Cehia sub protecţia Reich-ului, garantându-i o dezvoltare autonomă şi o viaţă etnică în funcţie de caracterul ei.

Preşedintele Hácha a plecat de la gara Anhalter în dimineaţa zilei de 15 martie. Trenul a stat mult timp în gară şi apoi s-a oprit în nenumărate staţii mici. Când în sfârşit, la ora 11 seara, a ajuns la Praga, Hácha a văzut peste tot pe străzile oraşului coloane de automobile germane şi grupuri de soldaţi. Sosiseră în oraş cu şase ore înaintea lui.

Poarta principală care ducea la castelul Hradčany era închisă, aşadar automobilul preşedintelui a cotit spre intrarea de serviciu.

— Nu-ţi face probleme, i-a spus fiica, văzând indignarea din ochii tatălui ei. Ne-am întors acasă.

Câteva minute mai târziu, preşedintele a aflat că majoritatea încăperilor castelului fuseseră ocupate de nemţi şi de aceea el şi colaboratorii lui trebuie să folosească intrarea pentru personal.

PARTEA A II-A – Apărarea

Ştiu ce îl interesează pe Hitler. Crede că m-a păcălit, dar eu sunt cel care l-a păcălit pe Hitler.
IOSIF STALIN către NIKITA HRUŞCIOV în 1939.

Valul

— Trebuie să coborâţi în cabină, *mein Führer,* a spus amiralul Erich Raeder[1], ascunzându-şi cu greu mila pe care i-o inspira starea lui Hitler. Chipul palid cu nuanţe verzui arăta că suportă foarte greu călătoria pe mare.

Hitler se simţea aşa de rău, că prefera să nu răspundă. Cu 36 de ore mai înainte, la 21 martie, vasul blindat de buzunar *Deutschland*[2] porni-

[1] **Erich Raeder** (1876–1960), comandant şi strateg german, veteran din Primul Război Mondial (a luat parte la lupta din Iutlanda, înainte de sfârşitul războiului a comandat vasul *Köln*), din 1928 a fost şeful comandamentului marinei de război al *Reichswehr*-ului. În 1934 a fost numit mare amiral, în 1935 a obţinut funcţia de comandant şef al marinei de război a celui de-al Treilea Reich. A elaborat concepţiile strategice ale flotei, fiind de părere că forţele maritime de suprafaţă pot fi la fel de eficiente în distrugerea flotei aliate ca şi submarinele. La 30 ianuarie 1934, în legătură cu decizia lui Hitler (luată pe Insula Ursului la 31 decembrie 1942, când vasul blindat *Lützow* şi cuirasatul greu *Admiral Hipper* nu au făcut faţă escortei slabe a unui convoi al aliaţilor „*JW 51B*") să retragă din serviciu cele mai mari vase ale *Kriegsmarine*, a demisionat şi a primit funcţia de amiral inspector al marinei. În 1946 a fost condamnat de Tribunalul Internaţional Militar de la Nürnberg la închisoare pe viaţă pentru războiul criminal dus pe mare; a fost graţiat şi a fost eliberat în 1955.

[2] **Deutschland** (mai târziu numit *Lützow*), vas blindat german de dimensiuni mici, lansat la apă la 19 mai 1931, a început serviciul la 1 aprilie 1933. În februarie 1940, Hitler şi-a dat seama că denumirea *Deutschland* („Germania") ar putea fi stânjenitoare dacă vasul ar fi scufundat şi a ordonat să fie schimbată în *Lützow*. În aprilie 1940, în timpul invadării Norvegiei, a fost avariat de împuşcăturile bateriei de ţărm. În drum spre Kiel, ca urmare a unui atac cu torpile executat de submarinul englez *Spearfish*, şi-a pierdut două elice şi cârma i-a fost avariată grav. A fost dus la şantier, unde a stat în reparaţii peste un an, apoi a ajuns în fiordul norvegian Trondheim. Acolo, în iunie 1941, a fost lovit de o torpilă lansată de un avion britanic. Avarierea gravă a punţii a imobilizat vasul un an întreg. La 31 decembrie 1942, *Lützow*, împreună cu cuirasatul greu *Admiral Hipper* şi 6 distrugătoare au atacat în apropierea Insulei Ursului convoiul „*JW 51B*". Cu tot focul intens, vasele germane nu au reuşit să scufunde niciun transportor şi, în plus, au pierdut şi unul din distrugătoare.
Lützow a fost trimis în Marea Baltică şi a servit ca vas-şcoală până la sfârşitul anului 1944, apoi a patrulat ţărmul de la Gdańsk şi a luat parte la evacuarea germanilor din

se în fruntea unei puternice escadre din Swinemünde (Świnoujście) şi plutea pe Marea Baltică spre est. Vremea vântoasă de martie făcuse călătoria deosebit de neplăcută, iar pentru Hitler, care avea o frică obsesivă de apă, era un adevărat coşmar.

— Unde suntem?, a întrebat el dintr-odată.

— La Sopot, *mein Führer*, a spuse Raeder. Vă rog să vă uitaţi. Şi i-a dat o lunetă puternică. La est este Danzigul[1] şi mai departe Prusia Orientală.

— Şi asta? Şi Hitler a arătat cu mâna în spaţiu.

— Gdynia, iar la est de el este coridorul polonez.

— Coridorul care îi desparte pe germani de germani! Hitler s-a întors spre colonelul Schmundt, care stătea în spatele lui. Dacă acest coridor ar fi german, nu ar fi nevoie să mergem la Memel pe mare.

— Aşa este, nu ar fi nevoie, a răspuns încurcat Schmundt.

— Este insuportabil!, a strigat Führer-ul. Sângele i se urcase în obraji şi se înroşise brusc, dar paloarea verzuie îi reveni rapid. S-a răsucit brusc pe călcâie şi a alergat pe scări sub punte, unde era cabina lui. Simţea probabil că îi vine să vomite şi prefera să nu fie văzut într-o asemenea situaţie. Până la sfârşitul zilei nu mai ieşise pe punte.

Trei vase blindate - *Deutschland, Admiral Scheer* şi *Admiral Graf Spee*, trei cuirasate - *Nürnberg, Leipzig* şi *Köln*, 17 distrugătoare, 9 submarine, 5 vase de escortă, 12 cutere auxiliare, 13 trailere şi câteva unităţi mai mici mergeau la câteva mile dincolo de apele teritoriale poloneze, îndreptându-se spre Memel[2]. Acesta era un oraş lituanian, cucerit în secolul al XIII-lea de cavalerii cruciaţi, care trecuse apoi pe rând în stăpânirea Suediei, Lituaniei, Rusiei, până în 1762, când fusese integrat în Prusia. După Primul Război Mondial, a devenit centrul unui teritoriu autonom şi în 1923 fusese ocupat de Lituania. Dar majoritatea locuitorilor erau germani. Hitler profita de aceasta din 1938, când avuseseră loc tulburările provocate de Asociaţia Culturală Klaipeda. În martie 1939, decisese că era timpul ca oraşul să fie inclus în Reich.

Pomerania. La 16 aprilie 1945, grav avariat în timpul unui raid aerian, a eşuat într-un loc puţin adânc, iar la 4 mai 1945 a fost distrus de nemţi. După război, epava vasului *Lützow* a fost recuperată de ruşi.

Date tactico-tehnice (1939): deplasament 11.700 t, lungime 188 m, lăţime 20,7 m, linia de plutire 7,7 m, viteza 28 de noduri, armament 6 tunuri calibru 280 mm, 12 tunuri calibru 150 mm, 6 tunuri antiaeriene calibru 105, tunuri antiaeriene cal. 37 mm, 10 tunuri antiaeriene cal. 20 mm, 8 lansatoare de torpile calibru 533 mm, două hidroavioane.

[1] Denumirea germană a oraşului Gdańsk.

[2] Denumirea germană a oraşului lituanian Klaipeda.

Klaipeda se afla într-un punct foarte strategic al Europei. Ocuparea lui ar fi asigurat Germaniei un cap de pod pentru continuarea expansiunii în toată Lituania şi în celelalte ţări baltice, iar garnizoana de acolo ar fi putut proteja armata germană, care, din Prusia Orientală, putea să pornească împotriva Poloniei sau a Uniunii Sovietice.

Încă din 1938 Hitler începuse să se teamă că această zonă strategică atât de importantă ar fi putut cădea în mâinile polonezilor. În martie acelaşi an, Polonia, având relaţii nu foarte prieteneşti cu Lituania, ceruse aproape sub formă de ultimatum îmbunătăţirea relaţiilor. Pentru ca aceste cuvinte să nu rămână în vânt, vasele poloneze se apropiaseră de apele teritoriale lituaniene şi unităţile Corpului III de frontieră au început să efectueze manevre ameninţătoare. Cererile Poloniei de stabilire a unei colaborări de bună vecinătate nu erau exagerate, iar demonstraţia vaselor şi a Corpului III avea o scuză, căci la 19 martie 1938, guvernul lituanian informase Varşovia cu privire la acceptarea condiţiilor şi la dorinţa de stabilire de relaţii diplomatice. Criza fusese îndepărtată, dar Hitler, care observa manevrele poloneze, a ordonat să se pregătească un plan de ocupare a Lituaniei. În 1939, o pierdere a acestui stat în favoarea Poloniei ar fi fost în dezavantajul politicii lui.

Dar era oare poziţia strategică singurul motiv pentru care Hitler a dat ordin să fie ocupat Klaipeda şi, ignorându-şi frica de călătoria pe mare, se îmbarcase pe un vas care se îndrepta spre portul lituanian? Fără îndoială că nu.

Führer-ul, care se conducea după instinct în luarea celor mai importante decizii, înţelegea că în tulburarea provocată de intrarea armatei germane în Praga, o acţiune următoare de acelaşi tip ar fi fost în folosul Germaniei. Ar fi arătat marilor puteri europene că nu-i pasă de indignarea şi de protestele lor, iar propriului popor i-ar transmite următorul mesaj: Aveţi încredere în mine! V-am dovedit că vă puteţi bizui pe mine! Am luat Cehia fără o împuşcătură! Înapoiez Reich-ului Memel – vechi oraş hanseatic! Curând vă voi chema la marş spre noi victorii! Aveţi încredere în mine şi urmaţi-mă!

Ocuparea Klaipedei a fost o operaţie simplă. Nu era de aşteptat ca vreuna din puterile europene să se grăbească să sară în ajutorul Lituaniei, iar forţele armate ale acestei ţări numărau aproximativ 28.000-30.000 de soldaţi, care dispuneau de 48 de tancuri şi 40 de tunuri antitanc prea slabe pentru a se opune corpului expediţionar german.

La 19 martie 1939, Juozas Urbšys, ministrul lituanian de externe, s-a oprit la Berlin în timp ce se întorcea de la Roma, unde luase parte la ceremoniile de încoronare a papei Pius XII. Hitler nu era în capitală, căci plecase deja la Świnoujście, unde la 22 martie trebuia să ajungă corpul expediţionar, dar îi lăsase instrucţiuni amănunţite lui Ribbentrop.

— Memel a fost un oraş german şi trebuie să redevină german, a spus Ribbentrop de-a dreptul şi, aşa cum făcuse cu câteva zile mai înainte cu Hácha, i-a arătat telefonul.

— Linia cu Kaunas[1] este deschisă. Vă rog să discutaţi cu ei. Se referea la guvernul lituanian şi la preşedinte.

Urbšys a negat din cap.

— Nu, trebuie să mă întorc în Lituania, a spus el ferm.

Ribbentrop, simţind că nu-l va putea convinge pe lituanian, a renunţat la această idee.

— Trebuie să vă întoarceţi la Berlin în termen de trei zile, a spus el aproape ţipând. Nicio zi mai târziu! Şi ar fi bine să ţineţi minte că, dacă veţi cere ajutor, Germania va fi silită să treacă la acţiune. Aceasta este o chestiune a noastră internă!

Urbšys a plecat imediat la ambasada lituaniană, de unde a trimis telegrame la ambasadele britanică, franceză şi poloneză. Le-a adresat nu ambasadorilor, ci ataşaţilor militari, căci considera că aceştia vor transmite cererea de ajutor guvernelor lor, în timp ce ambasadorii, simpatizanţi ai Germaniei – după părerea lui Urbšys – vor ascunde aceste documente în sertar. Este semnificativ faptul că a ocolit ambasada sovietică. Lituania se temea de sovietici la fel de tare ca de germani!

În aceeaşi zi, seara, s-a urcat în tren şi a plecat la Kaunas, ca să aştepte acolo reacţia marilor puteri. Spera că Marea Britanie şi Franţa, ba chiar şi Polonia, vor sprijini un stat mic în lupta cu cei puternici! Predarea oraşului Klaipeda ar fi fost o pierdere uriaşă pentru Lituania. Prin acest port trecea 80% din comerţul exterior, în oraşul din apropiere era concentrată o treime din industria lituaniană.

Dar strigătul de ajutor a rămas fără răspuns.

La 22 martie 1939, pe aeroportul din capitala Lituaniei, a aterizat un avion german care l-a luat pe ministru înapoi, la Berlin.

La Ministerul de Externe a fost primit de secretarul de stat, baronul Ernst von Weizsäcker[2], care i-a explicat stânjenit că Ribbentrop este

[1] **Kovno** – în perioada 1918–1940 a fost capitala Lituaniei, iar până în 1991 capitala Republicii Sovietice Socialiste Lituaniene.

[2] **Ernst von Weizsäcker** (1882–1951), ambasador în Norvegia şi în Elveţia, din 1936 a ocupat funcţii înalte în Ministerul Afacerilor Externe, din 1943 a fost ambasador la Vatican, în 1947 a fost condamnat la 7 ani închisoare de Tribunalul de la Nürnberg; eliberat în 1950. Este tatăl viitorului preşedinte al Germaniei.

prea ocupat. În realitate, stătea în cabinetul lui şi asculta un telefon de pe cuirasatul *Deutschland*.

Convorbirea trena. Urbšys trăgea de timp, sperând că în ultima clipă vreuna din marile puteri democratice va reacţiona şi va veni în ajutorul Lituaniei. Miezul nopţii trecuse de cincisprezece minute, când în încăpere a intrat un funcţionar şi i-a şoptit ceva la Weizsäcker.

— Vă rog să veniţi cu mine, domnule Urbšys, a spus Weizsäcker, ridicându-se şi arătând cu mâna spre uşă.

Au trecut în camera de alături, unde în spatele unui birou mare, puternic luminat de lampa de deasupra lui, şedea Ribbentrop. Nici măcar nu s-a ridicat de pe scaun când l-a văzut pe ministrul lituanian. A ridicat numai mâna în care ţinea un bilet.

— Nu mai avem timp, a spus el, accentuând cuvintele. Nu mai acceptăm tergiversări! Sau semnaţi imediat, sau... Flota germană este pe mare. Ajunge curând la Memel!

Patruzeci de minute mai târziu, ministrul lituanian semna documentul prin care preda oraşul Klaipeda Germaniei.

În acea dimineaţă, 23 martie 1939, vasele germane au intrat în portul lituanian. Klaipeda împreună cu zona învecinată cu o suprafaţă de 2.417 km^2 a devenit cap de pod german.

Această operaţie a fost un şoc pentru Stalin. A aflat despre ieşirea în mare a puternicei escadre germane abia în noaptea de 22 martie. Cele mai rele temeri ale lui referitoare la evoluţia situaţiei în continuare sunt confirmate de telegrama însărcinatului cu afaceri de la Berlin:

„Există zvonuri după care Berlinul a somat guvernul Lituaniei să încheie o uniune economică şi intenţionează să preia controlul asupra tuturor porturilor acesteia". Stalin nu era mirat de această evoluţie a evenimentelor. Prevăzuse că Hitler, creându-şi un cap de pod în Klaipeda, va avea suficiente atuuri ca să oblige guvernul lituanian la concesii economice şi militare importante. În continuare, va exercita suficientă presiune asupra Letoniei şi Estoniei, pentru ca acestea să fie de acord cu executarea unei autostrăzi extrateritoriale şi a unei linii ferate prin aşa-numitul coridor, iar Reich-ul ar fi avut astfel o legătură foarte lesnicioasă cu Prusia Orientală şi cu Ţările Baltice. În felul acesta, ar fi luat naştere un bastion german puternic, care ar fi ameninţat Leningradul, unul dintre cele mai importante centre industriale şi de armament ale URSS. Situaţia s-ar fi înrăutăţit şi mai mult dacă Hitler ar fi mers mai departe şi ar fi obligat guvernul Finlandei la concesii, ceea ce părea foarte probabil, ţinând seama de duşmănia pe care o nutreau finlandezii faţă de vecinii lor ruşi. Dacă ar permite armatei germane să treacă pe teritoriul ei, aceasta ar ajunge la mai puţin de 30 km de Leningrad şi la aceeaşi distanţă de portul strategic Murmansk.

Şi asta încă nu era totul. Semnale la fel de neliniştitoare veneau dinspre sud, în chestiunea lui Virgil Tile, ambasadorul român de la Londra. Acesta declarase guvernului britanic că Hitler adresase un ultimatum ţării sale, cerând exclusivitate la export. Ce-i drept, câteva zile mai târziu, Grigore Gafencu, ministrul afacerilor externe, dăduse toate asigurările că ambasadorul nu avea niciun drept să transmită astfel de informaţii, că acestea sunt complet neîntemeiate, căci nu era vorba decât de negocieri curente „desfăşurate pe linia normală dintre două părţi". A mai spus că „îl va săpuni cum se cuvine" pe ambasador.

Stalin nu crederea că ambasadorul acţionase din proprie iniţiativă. Ştia foarte bine ce valoare reprezenta România pentru Hitler datorită ţiţeiului. Dacă Germania ar fi reuşit să oblige acest stat să cedeze, ar fi obţinut acces liber la câmpurile petroliere de acolo şi nu ar mai fi trebuit să se teamă de blocada britanică din porturile lor, care întrerupsese importurile de ţiţei din Mexic şi din Orientul Apropiat. Pe lângă aceasta, Wehrmacht-ul ar fi câştigat o excelentă poziţie de pornire pentru atacul împotriva Uniunii Sovietice, tocmai spre partea cea mai nevralgică, unde se afla Donbasul, cel mai bogat zăcământ carbonifer din Europa şi un mare centru industrial, precum şi câmpurile petroliere şi centrele industriale din Transcaucazia, lucru de care Stalin se temea cel mai tare. Imaginea situaţiei se desena foarte clar: Hitler avea intenţia săşi desfăşoare forţele într-un mare semicerc, care să prindă Uniunea Sovietică de la Cercul Polar până la Marea Neagră. Situaţia rămânea neclară numai în partea centrală: Polonia!

Până la sfârşitul lui martie 1939, Polonia şi Germania au purtat convorbiri în cel mai mare secret faţă de Moscova şi de Londra. Stalin şi Chamberlain nu ştiau mult mai mult despre ceea ce se întâmpla la Varşovia şi la Londra decât ceea ce spuneau ziarele despre contactele dintre reprezentanţii diplomatici ai celor două părţi. Iar lucrul acesta era de natură să-i îngrijoreze.

Iar rapoartele serviciilor de informaţii britanice şi sovietice nu făceau decât să sporească această îngrijorare.

La câteva zile după ce armata germană pătrunsese în Praga, a fost expulzat din Germania Ian Colvin, corespondentul ziarului „*News Chronicle*", care lucra de mulţi ani la Berlin şi îndeplinea funcţia neoficială de ofiţer de legătură între cele două ţări. Contactele lui bune în cercurile generalilor germani îi permiteau să obţină informaţii despre atmosfera din armată.

După întoarcerea la Londra, Colvin a luat legătura cu Sir Alexander Cadogan, subsecretar de stat în Ministerul Afacerilor Externe, şi i-a relatat convorbirile pe care le avusese cu ofiţerii germani şi ceea ce văzuse în zonele răsăritene ale Germaniei. Informaţiile lui erau alarmante:

— Nemţii sunt gata să treacă prin Polonia, a spus Colvin şi la fel şi prin Ţările Baltice. Iar după aceea Hitler, având Uniunea Sovietică în buzunar, se va întoarce împotriva Marii Britanii.

Cadogan l-a crezut. Informaţiile acestui ziarist fuseseră întotdeauna fiabile în trecut.

— În Pomerania am văzut numeroase unităţi militare, a continuat Colvin. Nemţii se pregătesc de manevre ample.

Oare se pregăteau de război împotriva Poloniei? Poate că da, dar încă în martie Ribbentrop îl invitase pe ministrul Beck la Berlin, prin intermediul lui Lipski. Nu ar fi făcut acest lucru, dacă armata germană ar fi avut intenţia să atace graniţele Poloniei. Tonul presei germane – despre care informa zilnic ambasada britanică de la Berlin – nu era agresiv. Iar acesta era cel mai evident indicator al intenţiilor germane. Dacă armatele germane ar fi urmat să intre în Polonia, propaganda germană – aşa cum făcuse şi înainte de invadarea Austriei, a regiunii Sudete şi a Cehiei – ar fi informat despre acte de violenţă şi persecuţie din partea poliţiei şi a armatei împotriva populaţiei de etnie germană, despre încălcarea graniţelor, despre cazuri de sabotaj din partea polonezilor etc. Dar nu se întâmpla nimic de felul acesta. Hitler nu avea intenţia să pornească un război împotriva Poloniei, cel puţin nu acum.

Atunci ce însemnau informaţiile lui Colvin? Exista o singură explicaţie: Germania se străduia să-i oblige pe polonezi să încheie o alianţă, ceea ce ar fi fost catastrofal pentru Marea Britanie. Guvernul lui Chamberlain ar fi pierdut posibilitatea de a-l ţine în şah pe Hitler cu perspectiva unei alianţe cu Polonia, după care diviziile poloneze ar fi lovit Germania, dacă aceasta ar fi început un război în vest. Pierderea acestei piese poloneze ar fi fost catastrofală pentru politica britanică. Atunci Hitler nu ar mai fi putut fi ameninţat nici cu perspectiva încheierii unei alianţe cu Uniunea Sovietică, căci diviziile poloneze ar fi protejat spatele frontului german în timp ce armata ar fi înaintat spre vest, dacă Uniunea Sovietică s-ar fi grăbit să vină în ajutorul aliatului său.

Chamberlain putea presupune că Beck nu luase încă o decizie în chestiunea propunerii germane. Aşadar, trebuia să prezinte o soluţie care să-i convină cel mai mult premierului polonez şi să-i permită să-şi continue politica preferată de echilibru: să-i dea garanţii că Marea Britanie va sări în ajutorul Poloniei, dacă Germania va voi să ocupe Gdańskul. Fireşte, Marea Britanie nu avea nicio şansă de a-şi îndeplini angajamentul, dar asta nu avea nicio importanţă. Nu era vorba despre securitatea Poloniei, ci de Europa Occidentală! Polonia putea fi jertfită, aşa cum se întâmplase mai înainte cu Austria şi cu Cehoslovacia.

În ziua de 30 martie 1939, la ora 14.52, premierul Neville Chamberlain a spus în Camera Comunelor din Parlamentul britanic:

— Dacă în perioada în care se vor desfăşura consultările (între Polonia şi Marea Britanie - B.W.) va avea loc vreo acţiune care să pună în primejdie independenţa Poloniei, iar polonezii vor considera că este un motiv ca să se apere, vor beneficia de sprijinul guvernului britanic - a spus el alegându-şi cu grijă cuvintele. După părerea lui, garanţiile formulate în acest fel nu legau mâinile guvernul britanic, deşi aveau o mare însemnătate în politică.

Chamberlain nu se înşela. Józef Beck, văzând cât de dificilă devine situaţia Poloniei şi nedorind să se decidă în favoarea unei alianţe cu Germania sau cu Rusia, s-a agăţat de declaraţia lui Chamberlain ca înecatul de un fir de pai.

Alianţa

Şeful serviciului de informaţii din străinătate, Vladimir Dekanozov, era un cekist de nădejde. Avea experienţă în mai multe funcţii. Lucrase mai întâi la GPU din Azerbaidjan, apoi în Gruzia unde fusese comisar pentru industria alimentară. Legenda spunea că îi plăcea viaţa îmbelşugată, ceea ce venea în contradicţie cu imaginea oficială de asceză pe care o propovăduiau bolşevicii, dar toată lumea ştia că cekistul era protejatul lui Lavrenti Beria şi se temea să spună ceva împotriva lui. Nu este de mirare că la 12 decembrie 1938, când Beria a avansat la funcţia de comisar pentru afacerile interne, l-a luat cu sine şi pe colaboratorul lui credincios, ca omul care îi va urmări pe „trădătorii şi aventurierii care au înşelat Comitetul Central al partidului comunist".

Dekanozov i-a găsit repede pe duşmani şi printre primii a fost Mihail Spiegelglas, care îndeplinea funcţia de şef al serviciului de informaţii externe. Fireşte că formularea de reproşuri împotriva acestui om care lucra fără odihnă pentru patrie şi pentru partid era un nonsens, dar pe Beria şi pe Dekanozov nu-i interesau cu adevărat crimele comise, ci îndepărtarea oamenilor din echipa precedentă.

Curând însă Dekanozov avea să constate ce greşeală comisese pentru că nu încercase să-i apere pe „bătrâni". A preluat conducerea unei instituţii în care cei mai mulţi fuseseră daţi afară, iar ceilalţi erau paralizaţi de spaimă şi nu mai erau în stare să gândească şi să acţioneze independent. Între timp, situaţia din lume se înfierbânta atât de repede, încât nu lăsa timp pentru formarea cadrelor de informatori. În plus, şi-a dat brusc seama că Stalin şi toţi cei de sus se uită la el şi se aşteaptă să-i poată păcăli pe imperialişti, smulgând de la ei cele mai importante informaţii. Vedea că rapoartele care veneau de la rezidenţi nu au prea mare valoare. Ceea ce era încă şi mai rău, corpul decimat al analiştilor din centrală nu prea mai reuşea să deosebească adevărul de falsuri şi de fantezia agenţilor. Îl neliniştea încă şi mai mult lipsa de ajutor din partea comisarului pentru afaceri externe. Acolo pieriseră cei mai buni oameni, care ştiau cel mai mult despre Occident şi înţelegeau politica statelor din Europa Occidentală. Golurile erau atât de mari, încât adjunctul comisarului pentru afaceri externe, Boris Somoneakov, lucra de dimineaţa până noaptea târziu, adesea cu capul înfăşurat într-un prosop ud, ca să-şi atenueze durerile şi stresul. Dar munca pe brânci nu dădea cine ştie ce rezultate. A fost împuşcat, la fel ca şi predecesorul lui, Nikolai Krestinski.

Aşadar, Dekanozov nu-şi dădea seama dacă informaţiile de la Roma, care sosiseră după vizita făcută acolo de Neville Chamberlain în ianuarie 1939, sunt adevărate, sau numai fantezia rezidentului, care dorea să se laude cu accesul lui la surse foarte bune. După cum susţinea el, Chamberlain îi spusese lui Mussolini că planurile germane cu privire la Ucraina nu trezesc nelinişte la Londra. Asta însemna că premierul britanic, aşteptându-se ca Mussolini să-i transmită rapid aceste cuvinte lui Hitler, îl îndemna aproape făţiş să meargă spre răsărit. Dar era oare adevărat?

Dekanozov nu se străduia să investigheze prea mult. Se temea să încerce să lege o colaborare prea strânsă cu comisariatul pentru afaceri externe. Trebuia să fii orb să nu vezi că poziţia lui Maksim Litvinov slăbea pe zi ce trece. Premierul Veaceslav Molotov îşi permisese să spună deschis la o şedinţă:

— Există oameni miopi, chiar şi în ţara noastră, care pleacă urechea la agitaţia primitivă antifascistă şi uită că aceasta este o activitate de provocare din partea duşmanilor noştri.

Nu a spus cine este acest miop, dar toţi au înţeles că era vorba despre Litvinov, considerat adversar al Germaniei naziste. Căci cine altul decât el ar fi putut avea o atitudine antifascistă?

Instinctul vechiului cekist, care amuşina primejdia oriunde, i-a poruncit aşadar lui Dekanozov să se ţină departe de comisarul nesigur. Cel puţin până se va lămuri situaţia.

Singurul lucru pe care îl putea face, era să se sprijine pe acei puţini agenţi care supravieţuiseră ca prin minune marii epurări şi lucrau în continuare eficient. Rapoartele lor păreau demne de încredere. Se simţea că provin din surse bune, la care ajunseseră după ani şi ani de zile de trudă. Unul dintre aceştia era Semion Rostovski, care acţiona de mult timp în Marea Britanie sub pseudonimul Ernst Henri. Scrisese o carte intitulată *Hitler deasupra Europei?*, care făcuse multă vâlvă la Londra în 1934 şi câştigase admiraţia intelectualilor de acolo. În felul acesta, putuse să se apropie de studenţii de la Cambridge şi să-i recruteze pe mulţi dintre ei pentru a colabora cu serviciile sovietice de informaţii. Rostovski a informat că Hitler intenţionează să supună Lituania, Letonia şi Estonia şi, în acelaşi timp, să dobândească influenţă asupra guvernului Finlandei, pentru a construi în această ţară o bază militară pentru armata germană care ar fi atacat Leningradul prin istmul Careliei. Dar Dekanozov nu a reuşit să obţină din Finlanda confirmarea acestei informaţii. Rezidenţa din Finlanda a spionajului sovietic fusese atinsă cel mai dureros de marea epurare. Toţi agenţii fuseseră chemaţi la Moscova şi executaţi, cu excepţia lui Boris Rîbkin şi a soţiei lui, Zoia. Aceştia au rămas în viaţă, probabil datorită unui noroc excepţional, iar la sfârşitul anului 1938, după indicaţia primită de la Moscova, au început să construiască reţeaua de spioni. Dar nu puteau face mare lucru într-un interval de timp atât de scurt şi la 12 aprilie au trimis un raport informativ, în care spuneau că, aniversarea eliberării Finlandei de sub stăpânirea rusă, a prilejuit organizarea unei mari ceremonii, la care autorităţile finlandeze au primit foarte călduros o delegaţie germană în frunte cu contele Rüdiger von Goltz. E drept că, în timpul şederii sale la Moscova, ministrul finlandez de externe Rudolf Hosti spusese că ţara lui va opune rezistenţă Germaniei, dacă ar încerca să pătrundă pe teritoriul ei, dar ruşii nu credeau. Se temeau din ce în ce mai mult de încălzirea relaţiilor fino-germane.

Din fericire pentru Dekanozov, la Varşovia acţiona un agent care furniza informaţii foarte importante despre planurile şi acţiunile lui Hitler. Acesta era Rudolf von Scheliha, consilier al ambasadei germane, în vârstă de 40 de ani. Era un fost cavalerist, urmaş al unei familii aristocrate din Silezia, contractase datorii la cărţi atât de mari, încât în 1937 se hotărâse să accepte ajutorul financiar al ziaristului Rudolf Herrnstadt, care lucra pentru spionajul sovietic. În februarie 1938, i-a virat în contul din Elveţia suma de 6.500 de dolari, cel mai mare onorariu pentru un spion sovietic în perioada interbelică. Aceasta era o dovadă a importanţei informaţiilor pe care le furniza. Din rapoartele lui reieşea că Hitler făcuse o criză de furie când aflase că guvernul britanic dăduse garanţii cu privire la intangibilitatea graniţelor poloneze.

— Am să le arăt eu lor!, strigase el la 31 martie, când aflase despre discursul lui Chamberlain în parlament.

De aici nu se puteau trage concluzii prea importante, căci Hitler era gata întotdeauna să facă gesturi teatrale şi crize de furie prefăcute, care, spre încântarea lui, făceau mare impresie asupra celor din jur. Dar la 4 aprilie Scheliha a transmis informaţia că Hitler a semnat directiva care ordona pregătirea de război împotriva Poloniei, ceea ce avusese loc, de fapt, cu o zi mai înainte. Acum nu mai era vorba de manevre diplomatice sau de strigăte teatrale ale Führer-ului. Războiul cu Polonia devenise o realitate. Şi exista pericolul ca, după victoria rapidă împotriva Poloniei, de care nu se îndoia nici măcar guvernul polonez, Wehrmacht-ul să se îndrepte împotriva Uniunii Sovietice. O anumită şansă de schimbare a acestui curs al evenimentelor se vedea în intenţiile ministrului von Ribbentrop, care încă din 7 aprilie îi recomandase lui Peter Kleist, expert în problemele est-europene la Ministerul de Externe, să examineze posibilităţile de îmbunătăţire a relaţiilor cu diplomaţii sovietici. Câteva zile mai târziu, Kleist a reuşit să obţină o invitaţie la ambasada de pe Unten den Linden.

L-a primit Gheorghi Astahov, însărcinatul cu afaceri al ambasadei sovietice, un cazac înalt şi zvelt de pe Don, cu o barbă neagră ca pana corbului. Se spunea că este sprijinit de Stalin, ceea ce îi dădea multă libertate de acţiune, căci colegii nu îndrăzneau să transmită la Moscova ceea ce spunea. Îl primise singur, lucru de mirare, căci era împotriva obiceiurilor de la această ambasadă, unde întotdeauna se întâlneau mai mulţi diplomaţi cu un oaspete din străinătate.

La un moment dat, Astahov, care vorbea fluent germana, a spus:

— Cât de absurd este că Germania şi Uniunea Sovietică se luptă în chestiuni de „subtilitate ideologică", în loc să facă o politică mare, umăr la umăr, aşa cum au făcut în trecut.

Şi a adăugat:

— Un politician trebuie să ştie să sară peste propria umbră. De ce nu ne decidem să acţionăm în interesul unei politici comune, în loc să ne tot certăm, ceea ce nu poate servi decât unei terţe părţi?

— Păi, a răspuns Kleist îngândurat, aceste „subtilităţi ideologice" au devenit o chestiune importantă, care s-a aşezat în drumul apropierii...

Astahov a făcut un gest cu mâna, ca şi cum ar fi vrut să le alunge.

— Stalin şi Hitler sunt oameni care creează realitatea şi nu vor permite ca aceasta să-i domine.

Probabil că erau cuvinte pe care Astahov le auzise de la Stalin. Niciun diplomat sovietic nu ar fi îndrăznit să exprime o astfel de opinie despre Hitler.

Cum s-a întors la minister, Kleist a alcătuit imediat un raport despre desfăşurarea „convorbirii senzaţionale", cum a descris el întâlnirea de la ambasadă. A fost foarte uimit când, câteva zeci de minute mai târziu, a fost chemat de Ribbentrop.

— Te rog să eviţi contactele cu Astahov, a spuse acesta. Nu cred că Hitler doreşte ca astfel de convorbiri să fie continuate...

Dekanozov a pus deoparte raportul de la Berlin şi s-a ridicat din fotoliu, ceea ce avea întotdeauna un efect umoristic, căci măsura numai 153 cm şi capul lui se afla întotdeauna la aceeaşi înălţime, indiferent dacă stătea jos sau în picioare. A scos din dulapul mare, blindat, din colţul camerei, un plic cu hârtii, pe care îl ceruse în acea dimineaţă, 13 aprilie 1939, când uşa cabinetului s-a deschis şi a intrat adjunctul lui, Pavel Fitin. Dekanozov aprecia inteligenţa şi fantezia acestuia şi îi încredinţa adesea cele mai dificile misiuni.

— Ce ai inventat? Întrebarea lui se referea la sarcina pe care o primise câteva zile mai înainte de la Beria şi pe care i-o transmisese adjunctului său. Trebuiau să pregătească o provocare care să-i facă pe nemţi să grăbească negocierile cu ruşii.

— Există o singură modalitate, a răspuns Fitin, aşezându-se la birou. Trebuie să le dăm nemţilor informaţia despre negocierile noastre cu britanicii.

— Nu putem face aşa ceva!, a sărit ca ars Dekanozov.

— Nu noi, britanicii... a spus Fitin lăsând propoziţia în aer.

— Cum?

Fitin a scos din servieta pe care o pusese în faţa lui pe birou o mapă cu hârtii.

— Uite ce am primit de la omul nostru din ministerul britanic.

Fitin se referea probabil la căpitanul John Herbert King, care în 1934 începuse să lucreze la secţia de cifru din Ministerul de Externe al Angliei şi fusese curând recrutat de spionajul sovietic. Primise pentru aceasta suficient de mulţi bani ca să-şi poată întreţine soţia pretenţioasă şi amanta încă şi mai pretenţioasă şi se străduia să extragă din dulapurile blindate cât mai multe documente secrete pentru rezidentul spionajului sovietic, Henri Christian Pieck, care le fotografia şi le trimitea la Moscova.

Nu se putea însă exclude nici posibilitatea ca fotocopiile rapoartelor pe tema convorbirilor sovieto-britanice să fie furate de altul din numeroşii agenţi sovietici care lucrau la Foreign Office, de pildă Donald Maclean.

Lui Dekanozov i s-a părut foarte bună această idee de a se strecura nemţilor informaţiile, dar nu putea s-o arate, atât timp cât planul nu era aprobat de superiorii săi, ceea ce s-a întâmplat în aceeaşi seară. În ziua următoare, 14 aprilie, la ambasada germană din Londra a sosit un lucrător de la una din numeroasele firme de curierat din Londra care a înmânat cu pachet nu prea mare, a luat recipisa de primire şi a dispărut.

Ideea lui Fitin de a li se strecura nemţilor dovezi că se desfăşoară discuţii între britanici şi sovietici s-a dovedit foarte eficientă. La fel ca şi următoarea mişcare a lui Stalin.

La 17 aprilie 1939, acesta a propus Marii Britanii şi Franţei să încheie o alianţă militară completă prin care să se oblige să se ajute reciproc în cazul unei agresiuni din partea nemţilor. Fireşte, era numai un gest propagandistic. O astfel de propunere nu se face publică fără consultări secrete îndelungate în prealabil, fără alte acorduri premergătoare, fără înţelegeri politice. Stalin îşi dădea seama că guvernele Marii Britanii şi Franţei nu puteau trata această propunere decât drept ceea ce era, adică o manevră propagandistică şi pe el asta îl interesa. Pe asta miza: să câştige argumente propagandistice pentru ţara lui iubitoare de pace şi să facă presiuni asupra lui Hitler, pentru ca acesta să grăbească negocierile germano-sovietice.

Defilarea moscoviţilor care treceau prin Piaţa Roşie cu ocazia sărbătorii de 1 Mai se apropia de sfârşit. Maksim Litvinov, care stătea în tribună nu departe de Stalin, nu se uita la mulţimea care mărşăluia sub steagurile roşii. De când păşise în tribună simţise că se întâmplă ceva neplăcut. Stalin nu-i răspunsese la salut şi în următoarele câteva ore nici măcar nu se uitase spre el. Era primul semnal alarmant, deşi Litvinov remarcase că Beria îi zâmbise destul de prietenos. Nu s-ar fi purtat aşa, decât dacă situaţia comisarului pentru afaceri externe ar fi urmat să se schimbe brusc. Se străduia să observe ceea ce se întâmpla în jurul lui la tribună şi îşi concentra atenţia asupra mulţimii care se scurgea prin Piaţa Roşie. Dar îl nelinişte şi ceea ce vedea jos. Printre sutele de lozinci purtate de oameni, nu existau fraze care să înfiereze fascismul şi hitlerismul, ceea ce ar fi fost obligatoriu la o manifestaţie ca aceasta. Nu putea aştepta o dovadă mai clară a schimbării politicii externe a Uniunii Sovietice; adică a politicii pe care, oficial, el era acela care o conducea! Se aşteptase şi se temuse de aceasta, căci ştia că în noua politică a lui Stalin faţă de Germania nu este loc pentru el.

— Am un presentiment rău, s-a întors el către soţia lui, în timp ce coborau deja de la tribună şi se îndreptau spre maşina parcată în curtea Kremlinului.

— Am mai auzit câte ceva de la alte soţii, a răspuns Ivy.

— Se schimbă politica. Ştiam că aşa o să se întâmple, a continuat Litvinov.

Reflecţiile de la parada de 1 Mai îl puneau pe gânduri. A început să se teamă. Ştia foarte bine ce îi aşteaptă pe oamenii de care Stalin nu mai avea nevoie. Aflase că de la un timp la Kremlin începuse să se vorbească despre „litvinovişti", adică despre adepţii şi susţinătorii liniei lui din politica externă. Suna la fel de ameninţător ca şi „troţkişti" şi ducea la pedeapsa cu moartea. În realitate, nu exista nicio „linie a lui Litvinov" şi nici susţinători ai acesteia. Îl slujise întotdeauna pe Stalin credincios ca un câine. Îndeplinea toate poruncile Conducătorului şi se consulta cu el în fiecare idee. Niciodată nu ar fi îndrăznit să-şi impună propriile păreri, deşi se spunea despre el că este adeptul unei alianţe cu Occidentul. Aceasta ar fi fost o trădare a raţiunii de stat sovietice. Litvinov îşi dădea seama că trebuie să plece din funcţie, că demisia lui era necesară şi va fi un semnal clar pentru Hitler, o jertfă pe care Stalin era dispus s-o aducă, îndepărtându-l pe comisarul evreu. Dar cât de departe va merge cu această jertfă? Voia numai să-l scoată din funcţie, sau va merge mai departe şi va ordona să fie trimis la închisoare, să-l oblige să mărturisească apartenenţa la un complet „litvinovist-troţkist" şi să-l împuşte? Nu credea, deşi se aştepta la tot ce este mai rău şi asta în viitorul foarte apropiat.

— *Damn that fool Chamberlain*[1], a spus deodată Ivy în limba sa maternă. În automobil n-au mai discutat, căci şoferul putea avea sarcina de a face un raport special pe tema comportamentului lor.

În ziua următoare, Litvinov a venit la birou ca de obicei, la ora opt dimineaţa. Câteva minute după aceea a început întâlnirea cu Sir William Seeds, ambasadorul britanic, tot ca de obicei fără niciun rezultat, iar apoi s-a dus la cabinetul lui Stalin, deşi trebuia să se prezinte acolo

[1] Să-l ia naiba pe prostul ăsta de Chamberlain. Ivy Litvinov era fiica istoricului britanic Sidney Low.

Veaceslav Molotov în 1939

abia după-amiază. Dar din moment ce Conducătorul îl convocase mai devreme, însemna că se întâmplase ceva deosebit. Şi nu se înşela.

În cabinet se afla deja Veaceslav Molotov, iar Stalin l-a informat pe Litvinov că Sovietul Comisarilor Poporului va prelua funcţia lui de comisar pentru afacerile externe.

— Comunicatul oficial va fi dat mâine, a spus el privindu-l pe Litvinov cu ochii lui reci de sub sprâncenele încruntate. Nu eşti învinuit de nimic de către Biroul Politic, a mai adăugat el, înţelegând fără îndoială că informaţia referitore la scoaterea lui din funcţie îl făcea pe credinciosul comisar să se teamă pentru viaţa lui. Dar tovarăşii au sentimentul că este timpul pentru o schimbare. Iar dumneata, tovarăşe Litvinov, vei primi un post demn de talentele dumitale.

Litvinov a bâlbâit câteva cuvinte despre munca în slujba partidului, a patriei socialiste şi a tovarăşului Stalin, aşa cum se cuvenea într-o asemenea situaţie. Văzând că nu mai este de folos în acest cabinet, a ieşit repede pe uşă.

Soldatul de pază de la lift l-a salutat, ceea ce i-a adus o oarecare uşurare, dar încă nu ştia dacă nu este deja aşteptat în biroul lui. O să-i răsucească mâinile, o să-l lovească cu patul revolverului în cap şi o să-l târască în maşină. Sau poate o să vină acasă după el?

Îşi amintea să Stalin îi spusese cu câţiva ani în urmă:

— Orice s-ar întâmpla, tataie, nu te las să pieri.

Dar aceste declaraţii nu însemnau nimic. Stalin se ţinea rareori de cuvânt. Litvinov avea dreptate să se teamă pentru viaţa lui, deşi atunci nu ştia cât de aproape trecuse moartea de el.

La 11 mai a fost arestat Evgheni Gnedin, şeful comisariatului de presă extern. Fusese dus la închisoarea Lubeanka, unde erau ţinuţi oamenii consideraţi deosebit de periculoşi pentru sistemul sovietic. În ziua următoare, fusese condus în cabinetul lui Beria, unde se afla şi Bogdan Kobulov, şeful spionajul special de urmărire din NKVD şi un alt ofiţer.

— Ai fost arestat ca spion principal, a început Kobulov. Trebuie să ne predai legăturile cu duşmanii poporului.

— Nu ştiu despre ce vorbiţi şi de ce anume mă acuzaţi, a spus Gnedin, dându-şi seama că trebuie să se ţină tare, căci în felul acesta va face impresie asupra anchetatorilor.

— Nu mai eşti în cabinetul şefului dumitale, al acelui super-spion. Kobulov era vizibil nemulţumit de comportamentul acuzatului. Recunoaşte de bunăvoie!

— Nu ştiu ce vreţi să...

Kobulov a aruncat o privire spre ofiţer. Acela s-a apropiat de Gnedin şi dintr-o singură lovitură cu piciorul l-a făcut să cadă în genunchi. I-a smuls sacoul de pe el, dar i-a lăsat cămaşa şi o clipă mai târziu Gnedin a aflat de ce. I-a prins capul între genunchii lui şi a început să-l ardă pe spinare cu un baston de cauciuc, până când şi-a pierdut cunoştinţa. Iar cămaşa i-o lăsase pe el pentru ca să absoarbă sângele şi să nu murdărească biroul şefului NKVD. Când şi-a revenit, Gnedin zăcea pe canapea în faţa biroului lui Beria, care se aplecase peste el cu o expresie de curiozitate pe chip.

— Luaţi-l de aici! Când o să recunoască, să-l aduceţi înapoi, i-a spus el ofiţerului care l-a înşfăcat pe Gnedin de păr, obligându-l să se ridice în picioare şi l-a împins spre uşă.

În acea zi îl mai bătuseră de două ori, dar nu chiar atât de rău ca la Beria. Nu a recunoscut. La 15 mai i s-a arătat procesul verbal de la interogatoriul altui funcţionar arestat, Hirschfeld, care probabil că nu rezistase torturii sau se temuse de alte măsuri şi mai crude şi se hotărâse să facă mărturisiri care să-l incrimineze pe Litvinov. Declarase că Litvinov desfăşura o activitate antisovietică cu scopul de a provoca război. Era suficient pentru ca Litvinov să fie arestat. Litvinov ar fi fost apoi torturat şi ar fi recunoscut orice fel de crime. Nu se ştie de ce Stalin îşi schimbase părerea, ceea ce îi salvase pe cei arestaţi şi pe Litvinov însuşi. Considerase probabil că este suficientă demisia lui şi nu merită să-l tortureze pe vechiul lui prieten şi să-l împuşte. De altfel, acesta fusese întotdeauna un executant fidel al ordinelor lui şi îşi îndeplinise cu conştiinciozitate misiunea de purtător de cuvânt al Uniunii cu Occidentul. Dar vremea lui se încheiase. În noul act al piesei nu mai era niciun rol pentru el. Acesta urma să fie jucat de Molotov.

Molotov era şi mai mult legat de Stalin decât Litvinov. Se cunoscuseră înainte de revoluţie, când Molotov, legat de mişcarea bolşevică încă din 1906, era secretarul colectivului de redacţie de la *Pravda*. Rămăsese de atunci credincios alături de Stalin şi îl ajutase întotdeauna în acţiunile lui.

Omul acesta, care avansase foarte repede, nu avea niciun fel de experienţă în politica externă. Nici nu fusese măcar vreodată în străinătate şi nu ştia nicio limbă străină! Diplomaţilor acreditaţi la Moscova li se părea o figură ştearsă; ţeapăn, se deplasa cu paşi mărunţi şi cu mâinile lăsate să atârne de-a lungul corpului, lipite de coapse, întotdeauna în acelaşi costum de culoare închisă, închis la toţi nasturii. Va reuşi el să conducă negocierile? Să lupte cu argumente? Să nu se lase speriat de diplomaţii britanici vicleni?

Se pare că Stalin nu avea nicio îndoială în privinţa aceasta. Lăsa impresia că pentru el lucrul esenţial este poziţia înaltă a lui Molotov în cadrul autorităţilor bolşevice şi zelul personal. Dorea ca fiecare cuvânt, fiecare declaraţie a noul comisar pentru afacerile externe să fie considerată expresia voinţei lui. Această mişcare în contactele cu nemţii neîncrezători, dar care observau cu atenţie şi analizau jocul diplomatic, a limpezit situaţia şi a grăbit rezolvarea ei. Stalin făcuse o mişcare abilă, aşa cum dovedeşte reacţia lui Hitler:

— M-a uimit această mişcare, le-a spus el generalilor. Demisia lui Litvinov este decisivă!

A pus imediat să fie chemat ambasadorul Friedrich von der Schulenburg şi ataşatul militar, generalul Ernst Köstring, pentru a discuta posibilitatea încheierii unui pact cu Stalin.

Însă ambasadorul von der Schulenburg se afla în Iran, unde reprezenta Germania la ceremonia căsătoriei urmaşului la tron, iar al doilea funcţionar de la ambasada din Moscova, generalul Köstring, care ar fi putut da explicaţii ample, plecase în Siberia. În această situaţie, alegerea a căzut asupra lui Gustaw Hilger, consilierul comercial al ambasadei. Acest funcţionar în vârstă de treizeci şi ceva de ani se născuse în Rusia şi lucrase în reprezentanţele germane încă înainte de război. Vorbea germana cu un pronunţat accent rus. Nu cunoştea nimeni mai bine ca el această ţară şi nimeni nu ştia atât de multe pe tema politicii economice şi militare a lui Stalin.

Hilger şi-a făcut urgent bagajele şi a plecat la aeroport, pentru a zbura de îndată la Salzburg, de unde era cel mai aproape până la vila lui Hitler. În automobilul pe care îl trimisese la aeroport după el ministerul, şi-a schimbat cămaşa şi, vizibil obosit după drumul nu foarte comod în avionul *Ju 52/3m*, a ajuns în casa de pe vârful muntelui. Nu-l întâlnise niciodată pe Hitler până atunci şi vederea bărbatului scund care îi ieşise în întâmpinare îl luase prin surprindere.

„Nici atunci, nici în timpul întrevederilor ulterioare nu am simţit acea acţiune hipnotizatoare pe care o exercita asupra altor oameni.

Uitându-mă la silueta lui mică cu moţul caraghios de păr pe frunte şi mustaţa mică nu simţeam decât o indiferenţă, care în următoarele ore s-a transformat în dezgust, căci îşi sugea mereu vârful degetelor"[1], scria Hilger în memoriile sale.

În marea sală de şedinţe de la Berghof se aflau deja generalul Wilhelm Keitel, Joachim von Ribbentrop şi Karl Schnurre, chemat de la Berlin, precum şi Walther Hewel, funcţionar superior în Ministerul de Externe.

— Din ce motive i-a cerut Stalin demisia lui Litvinov?, a întrebat Hitler.

— Litvinov ar fi putut încerca să insiste pentru o alianţă cu Marea Britanie şi cu Franţa, a răspuns Hilger, iar Stalin este de părere că marile puteri occidentale doresc ca el să „ia castanele din foc" pentru ele, aşa cum a spus în discursul lui din 10 martie.

Hitler s-a uitat la Ribbentrop, care a dat din cap, ca şi cum ar fi vrut să spună că este de acord cu opinia diplomatului de la Moscova.

— După părerea dumneavoastră, Stalin ar fi dispus să ajungă la o înţelegere cu Germania în anumite condiţii?, a întrebat în continuare Hitler.

Hilger a tăcut un moment, gândindu-se dacă nu este cazul să-i amintească Führer-ului că Stalin îşi exprimase de mai multe ori disponibilitatea de a reveni la relaţii mai bune, dar s-a limitat să-i atragă din nou atenţia asupra discursului secretarului general din 10 martie.

— Nu-mi amintesc despre ce a vorbit Stalin, a spus Hitler, ceea ce l-a uimit pe Hilger.

— A lăsat să se înţeleagă foarte clar că vede o posibilitate de înţelegere între ţările noastre.

— Vă rog să ne prezentaţi situaţia din Rusia.

Hitler, care până atunci se plimbase prin cameră oprindu-se din când în când în faţa ferestrei prin care se vedea priveliştea Alpilor, s-a aşezat în fotoliu, arătând în felul acesta că aşteaptă o analiză completă a situaţiei din Uniunea Sovietică.

Timp de câteva minute, Hilger a vorbit despre succesele industrializării şi despre dezvoltarea rapidă a potenţialului militar al Uniunii Sovietice. A menţionat cifrele pe care le ştia din ziarele sovietice şi le-a legat de observaţiile proprii.

[1] Suptul degetelor era considerat de medici drept o manifestare a abuzului de amfetamine, care îi erau probabil administrate lui Hitler de doctorul Theodor Morell.

— Mulţumesc, este foarte interesant, l-a întrerupt Hitler la un moment dat. După ce diplomatul a ieşit din încăpere, s-a întors către Ribbentrop.

— A devenit foarte rus, a spus el ca un fel de reproş. Fără îndoială că accentul rusesc al lui Hilger contribuise considerabil la această opinie. Explicaţia este că a căzut în plasa propagandei sovietice. În această situaţie, evaluarea Uniunii Sovietice prezentată de el este fără valoare. Dar dacă are dreptate, nu avem timp de pierdut. Trebuie să împiedicăm consolidarea în continuare a puterii sovietice.

Joachim von Ribbentrop s-a ridicat fără un cuvânt şi s-a îndreptat spre telefonul care se afla pe scrinul de lângă perete. Era o linie directă cu Berlinul.

— Schnurre, a spus el în microfon, când telefonista i-a făcut legătura cu expertul în probleme orientale, sun de la Führer – nu neglija niciodată să transmită subordonaţilor săi astfel de informaţii, care formau piedestalul prestigiului lui. Aş dori să vii cât mai curând la mine, la Fuschl. Este vorba de o problemă de maximă importanţă.

Îi plăcea să facă această subliniere, căci adăuga greutate funcţiei şi persoanei sale.

Drumul până la Fuschl dura numai o jumătate de oră, iar vederea castelului frumos aşezat pe malul lacului în mijlocul munţilor acţiona întotdeauna ca un balsam asupra nervilor întinşi ai ministrului.

Îi plăcuse întotdeauna reşedinţa acestui aristocrat austriac, Gustaw von Remnitz, dar nu putuse să se mute aici decât în 1938, când Heinrich Himmler, la insistenţele lui, îl arestase pe proprietar şi îl trimisese în lagărul de concentrare de la Dachau pentru că se împotrivise anexării Austriei la cel de-al Treilea Reich. Fuseseră ridicaţi în toiul nopţii din dormitor şi aruncaţi în automobil, pentru ca Joachim von Ribbentrop să se poată muta în locuinţa gata şi complet mobilată. Nu a avut mustrări de conştiinţă. Proprietarii îl jigniseră cumplit, căci nu-l invitau niciodată la petrecerile luxoase pe care le organizau în fiecare an cu ocazia festivalului de la Salzburg.

Schnurre a ajuns seara târziu, oarecum surprins de convocarea neaşteptată. Mirarea lui a crescut şi mai mult când în sala cu cămin a castelului şeful lui l-a servit cu un coniac excelent şi i-a cerut să se întâlnească cât mai curând cu Astahov, ca să înceapă o discuţie pe tema schimburilor comerciale între Germania şi Uniunea Sovietică. Instrucţiunile pe care i le-a transmis lui Schnurre arătau că îl înţelesese perfect pe Hitler.

Până ca diviziile Wehrmacht-lui să zdrobească Uniunea Sovietică trebuiau să obţină de acolo cât mai multe materiale necesare acestuia pentru pregătirea de luptă; ţiţei, minereu de fier şi minereuri neferoase, grâu. Ribbentrop ştia că fără un acord comercial nu este posibilă încheierea unei înţelegeri politice care să garanteze Germaniei că Armata Roşie nu va porni împotriva ei, cât timp va fi ocupată cu războiul împotriva Poloniei sau în vestul Europei. Ruşii erau materialişti şi suspicioşi. Nu credeau în cuvintele de pe hârtie, dacă nu erau întărite de acţiuni concrete. Iar trenurile cu grâne şi cisternele cu ţiţei care se îndreptau spre Germania şi se întâlneau cu cele venind cu maşini din fabricile germane erau un lucru concret.

În ziua următoare, Schnurre s-a întors la Berlin cu o durere cumplită de cap, din cauza cantităţii prea mari de coniac pe care o băuse împreună cu ministrul şi s-a pus imediat pe treabă.

Astahov nu a părut mirat de invitaţia la cină. Ba chiar a dat impresia că aşteaptă această invitaţie.

Schnurre a rezervat un separeu în micul restaurant Ewest de lângă Wilhelmsplatz pentru miercuri 26 iulie, ora 9 seara.

Funcţionarii ministerului se întâlneau acolo cu diplomaţii străini încă de pe vremea lui Bismarck, iar mâncarea cea mai populară era biftecul Holstein, denumit astfel în cinstea lui Friedrich Holstein, consilier al multor miniştri de externe.

Atmosfera calmă, în tonuri de verde închis cu ornamente aurii, lumina blândă din acel local erau foarte prielnice pentru negocierile neoficiale. Schnurre era convins că şi de astă dată vizita la restaurantul Ewest se va încheia cu un succes foarte important pentru cariera lui diplomatică.

Cina în micul restaurant

Astahov a sosit însoţit de un bărbat scund cu o înfăţişare neatrăgătoare, Evgheni Babarin, funcţionar al ambasadei şi fără îndoială lucrător al serviciilor de spionaj. Nici Schnurre nu era singur. Era însoţit de Walter Schmidt, asistentul lui, un tânăr angajat al Ministerului de Externe. Schnurre dorea să aibă un martor al discuţiei, pentru eventualitatea că s-ar fi încheiat cu un fiasco. Şi el era conştient de importanţa acestei întâlniri.

Cina planificată cu multă grijă de Schnurre, care alesese ca fel principal somon şi câteva sticle de vin excelent de Rin, s-a desfăşurat cu discuţii despre vreme, despre bucătăria germană şi alte teme inofensive. Abia când au dat scaunele în spate şi s-au mutat la o măsuţă rotundă din colţul separeului, unde chelnerul le-a adus ţigări de foi şi coniac, schimbul de cuvinte a devenit mai important.

— Ştiu că Uniunea Sovietică este interesată în mod deosebit de chestiunea planurilor germane referitoare la Polonia, a început Schnurre. Aş dori să vă asigur că acestea sunt foarte clare. Dacă va fi nevoie ca problema poloneză să se rezolve prin forţă, Germania ar dori să încheie cu Moscova o înţelegere amplă referitoare la respectarea intereselor reciproce. Fireşte, dacă domnul ministru Molotov va binevoi să ne informeze care sunt interesele fundamentale ale Uniunii Sovietice (în Polonia – W. B.), atunci vom putea discuta pe baza unor probleme concrete.

— Din păcate, nu sunt împuternicit să vorbesc pe tema Poloniei şi nici a negocierilor dintre Uniunea Sovietică, Franţa şi Marea Britanie, a precizat Astahov. Vă rog să vă amintiţi că aceste negocieri au început atunci când nu existau niciun fel de semnale că Germania ar dori să încheie o înţelegere cu Uniunea Sovietică. Le-am început fără prea mare entuziasm, dar simţeam că trebuie să ne apărăm de Germania şi de aceea am fost nevoiţi să acceptăm orice fel de ajutor.

Schnurre a părut surprins de o prezentare atât de brutală a intenţiilor sovietice.

— Dacă despre asta este vorba, Germania este dispusă să acorde Uniunii Sovietice toate garanţiile pe care le cere, a spus el repede.

Auzind acest cuvinte, Astahov nu a mai avut nicio îndoială că interlocutorul lui citează cuvintele conducătorului suprem.

— În afară de aceasta, diferenţa între acordul cu Germania şi Marea Britanie constă în faptul că Germania are mai multe oferte avantajoase... a lăsat fraza neterminată, pentru ca să facă impresie mai puternică – acordul comercial plus teritorii în Polonia, după ce aceasta va fi ocupată! Din nou, ajutorul britanic nu putea avea niciodată astfel de efecte în Europa de est.

— Rezultatul negocierilor cu englezii şi cu francezii este nesigur, Astahov a luat aceeaşi direcţie în care mergea şi Schnurre. Este foarte posibil ca guvernul meu să considere chestiunea (adică cu cine să încheie acordul – B. W.) absolut deschisă. Discuţia noastră de astăzi şi altele care au mai fost deja purtate vor avea fără îndoială influenţă asupra modului de gândire al guvernului meu în această chestiune.

Era un semnal clar că Uniunea Sovietică va efectua o schimbare de 180° şi era gata să încheie o alianţă.

— Cu ce preţ?, a întrebat Schnurre.

Astahov a ridicat din umeri.

— Este o chestiune foarte complicată - a evitat el un răspuns direct. În etapa actuală a convorbirilor este ca şi cum am pune carul înaintea boilor. Şi care sunt scopurile şi ambiţiile dumneavoastră în Polonia? Decizia va fi luată curând?

De astă dată, Schnurre nu a răspuns. Pe această temă puteau discuta numai funcţionarii de la nivel mult mai înalt.

Cina s-a încheiat la o jumătate de oră după miezul nopţii şi Schnurre a plecat cu impresia că Astahov ar dori să mai pună o întrebare, dar n-o face de teamă să nu strice atmosfera acelei convorbiri atât de sincere. Abia când coborau pe treptele largi de marmură care dădeau în stradă, Astahov s-a oprit şi l-a privit în ochi pe Schnurre, apoi a întrebat:

— Dacă o persoană de rang înalt din Uniunea Sovietică ar discuta această chestiune cu o persoană germană de rang înalt, Germania ar exprima o părere asemănătoare cu cele pe care le-am schimbat noi astăzi?

Aşadar, voia să fie sigur că Schnurre acţiona cel puţin din împuternicirea ministrului de externe. Fireşte, nu ştia că, în urmă cu o seară, Schnurre primise de la Ribbentrop instrucţiuni foarte amănunţite şi multe din cuvintele rostite în timpul cinei fuseseră citate după ministru.

— O, da!, a răspuns Schnurre zâmbind. Şi a adăugat accentuând cuvintele: Cu siguranţă!

Astahov nu s-a dus acasă, ci s-a întors la ambasadă, de unde a trimis imediat un raport la Moscova. Era limpede că terenul este pregătit şi acum pe el trebuiau să păşească miniştrii de externe.

La Londra, în Downing Street, premierul Chamberlain citea raportul de la ambasadorul Seeds din Moscova, care nu-l mulţumea deloc.

„Începerea convorbirilor cu Rusia va zdruncina serios statele axei" - scria ambasadorul.

Premierul era de acord cu această apreciere şi simţea că venise timpul să trimită la Moscova o delegaţie, dar acest gând îi repugna profund. Nu se aştepta la niciun fel de rezultate pozitive de la discuţiile cu bolşevicii, mai mult chiar, se temea că vor lua cunoştinţă de secretele armatei britanice. Îşi dădea însă seama că, dacă îi respinge pe ruşi, creează un coridor prin care se pot strecura nemţii. Aşadar, trebuia să ia atitudine, fie şi numai pentru a împiedica apropierea ruso-germană. Metoda cea mai bună ar fi fost atragerea ruşilor la negocieri. Nu puteau să respingă propunerea de a discuta despre crearea unui sistem de apărare a Europei împotriva războiului, din moment ce ei înşişi făcuseră publică o astfel de propunere. Şi astfel de discuţii puteau dura mult timp. Foarte mult! Diplomaţia cunoştea multe metode de tergiversare şi de amânare a luării deciziilor: alegerea membrilor delegaţiilor putea dura săptămâni întregi, se putea întârzia trimiterea lor, se puteau trimite oameni care nu aveau împuternicirile necesare pentru a lua decizii în chestiunile cheie, ceea ce însemna că trebuiau să se întoarcă în ţară ca să discute fiecare decizie mai importantă. În felul acesta, negocierile se puteau întinde pe câteva luni.

— Pe cine să trimitem?, s-a întors el către lordul Halifax, care stătea tăcut lângă fereastră.

— Generalul Ironside[1] pare cel mai potrivit pentru aceasta, a răspuns ministrul. Cunoaşte bine Europa.

Ministrului nici nu-i trecea prin minte că este probabil cea mai proastă candidatură pe care o putea propune. În 1918, Ironside, în calitate de şef al Statului Major al trupelor de intervenţie, ajunsese în Rusia cuprinsă de revoluţie. Luptase acolo vitejeşte împotriva bolşevicilor şi, drept răsplată, fusese avansat la gradul de comandat şef al armatei de intervenţie. În toamna anului 1919 şi-a retras unităţile la Arhanghelsk, de unde s-au salvat cu fuga în faţa soldaţilor roşii. Stalin, informat în detaliu de serviciile sale secrete cu privire la biografiile diplomaţilor străini, vedea în numirea acestui ofiţer în fruntea delegaţiei care urma să vină la Moscova drept o batjocură la adresa lui. Chamberlain nu se gândise la aşa ceva. A decis să adune mai mulţi miniştri ca să ia decizia finală. Aceasta a fost luată în ziua următoare şi lordul Halifax a sunat imediat la Maiski de la ambasada rusă, ca să-l informeze.

În receptor s-a lăsat tăcerea pentru o clipă.

[1] **Edmund William Ironside** (1880–1959), general britanic, din cauza înălţimii lui (194 cm) supranumit ironic „Tiny", „Micuţul", şi-a începutul serviciul în armată în 1899 în Africa. În timpul Primului Război Mondial a luptat în Franţa, unde a comandat, printre altele, o brigadă de infanterie. În 1918 a devenit şef de stat major, apoi comandant al armatelor de intervenţie trimise în Rusia în scopul înăbuşirii revoluţiei. În perioada interbelică a servit în Orientul Apropiat. Din 1936 a fost promovat la gradul de general şi a primit comanda corpului Eastern Command, sperând să devină şeful Statului Major General, dar evaluarea negativă la marile manevre l-a făcut să rateze şansa. Din 1938 a comandat trupele britanice din Gibraltar. La 3 septembrie 1939 a primit funcţia de şef al Statului Major General, dar nu a fost apreciat şi a demisionat din această funcţie la 26 mai 1940. A fost avansat la gradul de feldmareşal în acelaşi an şi a ieşit apoi la pensie.

— Vă rog să-mi spuneţi, Sir, s-a auzit în cele din urmă vocea lui Maiski, când credeţi că vor putea începe convorbirile, după părerea domniei voastre?

De astă dată Halifax a tăcut un timp, reflectând la răspunsul pentru care nu era pregătit.

— Avem nevoie de cel puţin o săptămână sau zece zile ca să facem toate pregătirile, a răspuns el nesigur.

— Aţi ales deja membrii delegaţiei dumneavoastră care vor participa la convorbiri?, a mai întrebat Maiski. Dorea să ştie cât se poate de clar cât de înalt va fi nivelul delegaţiei, ceea ce ar fi permis imediat să-şi dea seama câtă importanţă acordă britanicii acestei chestiuni.

— Nu, încă nu. Dar vom face acest lucru în zilele imediat următoare. Credem că cel mai potrivit loc pentru aceste convorbiri ar fi Parisul, dar, dacă guvernul sovietic îşi exprimă dorinţa să fie Moscova, suntem gata să ne întâlnim acolo.

— Dacă Excelenţa Voastră nu veţi veni în iunie la Moscova, şeful delegaţiei britanice ar trebui să fie o personalitate militară activă şi proeminentă, a spus Maiski. Şi a adăugat: Ar fi o dovadă de abordare serioasă a pactului tripartit (pactul Marea Britanie – Franţa – URSS – B.W.) din partea Marii Britanii care ar arăta că acum, în pragul războiului, se vor produce schimbări în bine referitoare la elita sovietică.

Seara târziu, amiralul Reginald Aylmer Ranfurly Plunkett-Ernle-Erle Drax a coborât din trăsura care se oprise în faţa clădiri masive a amiralităţii, destul de mohorâtă în demnitatea zidurilor ei de granit. A plătit vizitiului şi, fără să se grăbească, a traversat scuarul mic din faţa intrării. Bărbatul acesta era un amiral în toată puterea cuvântului. Descendent al unei familii aristocratice irlandeze, înalt şi zvelt, cu părul cărunt tuns scurt, păşea cu o eleganţă căutată. Dobândise gradul de amiral în anul 1936, iar la 1 aprilie 1939 fusese numit consilier pe probleme maritime al regelui George VI.

Invitaţia de a se prezenta de urgenţă la amiralitate îl găsise acasă, la Charboroug, în castelul pe care îl moştenise de la mama sa. Aşa cum îi stătea bine unui soldat, se urcase de îndată în tren şi se grăbise să ajungă la Londra, pentru a afla că premierul decisese să-l numească în fruntea misiunii militare care urma să plece la Moscova. Amiralul a fost uimit de această decizie, căci el nu se ocupase niciodată de politică şi se dedicase întru totul marinei, aşa că nu ştia prea mare lucru despre celelalte forţe armate ale britanicilor. Temerile lui au încetat însă când a aflat că va fi însoţit de doi profesionişti: generalul maior

T.G.G. Heywood de la forţele terestre şi generalul de aviaţie Charles Stuart. Din partea franceză, urmau să vină generalul Joseph Edouard Doumenc, comandantul corpului de armată Nord Pas-de-Calais, cel mai tânăr general francez, deşi trecuse de şaizeci de ani şi alţi doi ofiţeri. În ambele delegaţii va exista câte un grup numeros de experţi şi consilieri.

Vineri 4 august seara târziu, la ambasada sovietică de la Londra a început o modestă recepţie pentru membrii delegaţiei britanico-franceze. Pech voia ca francezii să nu audă, şi în sera ambasadei sovietice s-au întâlnit numai Drax şi doi colegi ai lui.

— Vă rog să-mi spuneţi, a întrebat pe neaşteptate ambasadorul Maiski, aţi stabilit deja când plecaţi la Moscova?

— Nu, încă n-am fixat data, dar decizia se va lua în zilele imediat următoare, a răspuns Drax.

— Bineînţeles că veţi zbura cu avionul?, a mai întrebat Maiski. Nu avem prea mult timp. Situaţia din Europa este foarte încordată.

— O nu!, a spus Drax. Cele două delegaţii au în total 40 de persoane, dacă punem la socoteală şi personalul tehnic. Şi avem multe bagaje. Ar fi incomod să călătorim cu avionul.

— În acest caz, puteţi veni în Uniunea Sovietică cu unul din cuirasatele dumneavoastră rapide. Ar fi în stilul dumneavoastră şi ar face o foarte bună impresie: delegaţia militară soseşte la bordul unui vas de război. Şi în plus, drumul de la Londra la Leningrad nu durează foarte mult.

— Nu!, a negat din nou Drax. Cuirasatul nu este potrivit. Dacă vom călători la bordul unui cuirasat, va trebui să luăm cabinele ofiţerilor. De ce să-i condamnăm pe oameni la asemenea situaţie incomodă? Nu, nu vom veni cu un vas.

— În acest caz, nu s-a lăsat Maiski, probabil că veţi lua unul din vasele dumneavoastră rapide. Repet, chestiunea impune urgenţă. Trebuie să ajungeţi la Moscova cât mai curând.

Drax începuse să se impacienteze. Era clar că nu are intenţia să continue această conversaţie.

— Din păcate, nu pot să vă dau un răspuns definitiv. Transportul este organizat de Ministerul Comerţului. Totul este în mâinile lor. Nu ştim ce se poate întâmpla.

Maiski, simţind iritarea din vocea interlocutorului, n-a mai insistat cu întrebările. Câteva zile mai târziu a aflat cu uimire că delegaţia franco-britanică (francezii urmau să vină cu trenul la Londra şi de acolo să meargă tot cu trenul la Tilbury, în comitatul Essex) va merge la

Leningrad cu vechiul vapor de croazieră *City of Exeter*, iar călătoria va dura câteva zile.

Miercuri 9 august 1939, la ora opt şi jumătate seara, vaporul britanic a ancorat la Leningrad, după o călătorie pe apă de cinci zile. Pe chei era un grup de ofiţeri sovietici, în frunte cu generalul Hibisov, şeful de stat major al Regiunii Militare Leningrad, precum şi câţiva ataşaţi militari francezi şi britanici. Nu era orchestră şi nici companie reprezentativă. Leningradul îi întâmpina cu modestie pe membrii delegaţiei militare a Marii Britanii şi Franţei, lucru raportat de îndată la Berlin de ambasadorul von Schulenburg.

Seara târziu, când a fost invitat la Stalin, Veaceslav Molotov nu avea nicio îndoială că secretarul general dorea să afle absolut totul despre sosirea delegaţiei. De aceea, înainte de a intra în cabinet, a mai aruncat o privire pe ultimele telegrame primite de la Leningrad şi i-a dat şi un telefon lui Hibisov, ca să-i relateze cum decursese primirea din portul Leningrad. Nu se înşelase deloc, căci Stalin îl întrebase imediat:

— Cum se simt delegaţiile prietenilor noştri din Franţa şi din Marea Britanie?

— Astăzi la ora 20.30 au sosit la Leningrad, la bordul vaporului, a răspuns precaut Molotov.

— Cu vaporul? Stalin era foarte uimit. Nu se grăbesc deloc. Călătoria asta din Anglia trebuie să fi durat câteva zile.

— Cinci zile, a explicat zâmbind Molotov.

Stalin, care stătea în picioare lângă sobă, sprijinindu-se cu mâinile de teracota rece în această perioadă a anului, s-a întors şi s-a apropiat de birou, de unde a luat un dosar cu sigiliile rupte.

— Lavrenti Pavlovici – se referea la Beria – mi-a pregătit un dosar al membrilor delegaţiei anglo-franceze.

A parcurs cu privirile câteva rânduri şi a ridicat capul.

— Amiralul Drax – adjutantul pentru probleme maritime al regelui. Generalul Doumenc – specialist în probleme de mecanizare a armatei, lipsit de experienţă în politică.

A pus deoparte dosarul şi s-a îndreptat spre masa la care şedea Molotov.

— Ceilalţi sunt ofiţeri tineri şi nu contează. Oamenii aceştia nu au împuternicirile necesare. Londra şi Parisul se joacă din nou cu noi de-a şoarecele şi pisica.

Molotov îşi ştergea ochelarii.

— Sunt de părere că trebuie să continue convorbirile, a spus el cam nesigur, gata să-şi retragă afirmaţia, dacă Stalin ar fi fost de altă părere.

— Dacă trebuie, să continue, a spus Stalin, consimţind neaşteptat de uşor. Amândoi ştiau foarte bine ce este în joc aici.

O zi mai târziu, delegaţia a sosit cu trenul la Moscova. Pe peron nu era nici orchestră, nici companie de onoare. Au fost întâmpinaţi de adjunctul şefului Statului Major General sovietic, generalul Smorodinov şi câţiva ofiţeri mai tineri.

De la gară, şeful delegaţiei britanice, amiralul Drax, a plecat la ambasadă, unde i se pregătise un apartament, ceilalţi membri ai delegaţiei britanice au fost găzduiţi în locuinţele diplomaţilor şi într-un hotel din apropiere. Şeful delegaţiei franceze, generalul Joseph Doumenc, a mers la ambasada franceză.

În aceeaşi seară s-au dus la Kremlin, unde i-a întâmpinat comisarul Veaceslav Molotov, la fel de rece şi de rigid ca şi ofiţerii de pe peron. O primire ceva mai călduroasă le-a fost rezervată din partea lui Kliment Voroşilov. La marea recepţie de la Spiridonovka, fostul palat al ţarului, a apărut îmbrăcat în uniformă albă, iar prietenul lui din timpul războiului civil, mareşalul Semion Budionnîi, şi-a pus chiar şi cizmele înalte albe. La masa aşezată în potcoavă în marea sală gotică au luat loc şefii tuturor tipurilor de arme. Petrecerea s-a încheiat trei ore mai târziu. Se servise un ocean de votcă şi câteva butoaie de caviar, iar delegaţiile au trecut în sala alăturată, unde au început divertismentele cu acrobaţi şi muzicieni.

Ofiţerii britanici şi francezi s-au întors la locuinţele lor noaptea târziu, ceva mai bine dispuşi şi mai optimişti în legătură cu convorbirile care urmau să aibă loc la Moscova.

Dar optimismul a murit în ziua de 12 septembrie, când au intrat din nou în palat ca să înceapă convorbirile. Soldaţii de gardă de la intrare nu le-au dat onorul, ceea ce l-a enervat foarte tare pe amiralul Drax. Pe coridor au fost invitaţi să semneze în condica de prezenţă, sala de conferinţă era mică şi înăbuşitoare. Ce-i drept, ambele delegaţii aveau la dispoziţie şi alte încăperi, unde puteau să stea de vorbă, dar englezii şi francezii, atenţionaţi cu privire la faptul că vor fi ascultaţi, s-au abţinut să facă schimb de observaţii. S-au străduit să facă acest lucru în timpul plimbărilor prin grădină, dar acolo se simţeau intimidaţi de vederea soldaţilor aflaţi lângă fiecare copac şi de agenţii NKVD în civil care se străduiau să se comporte şi să pară grădinari. Toate acestea dovedeau că gazdele nu doreau să se ajungă la o înţelegere. Stalin nu se lăsase atras în capcana pregătită de Chamberlain. Pasul următor îi aparţinea.

Şedinţa Biroului Politic din 11 septembrie nu a adus nimic nou. S-a citit ce-i drept raportul lui Voroşilov, care evalua în cuvinte foarte critice lipsa de pregătire din partea diplomaţilor occidentali, dar nu s-a luat nicio decizie. Aceasta îi revenea lui Stalin.

El trebuia să reflecteze dacă este cazul să continue convorbirile în aşa fel încât să se ajungă la încheierea unei înţelegeri cu marile puteri democratice, sau dacă să se tergiverseze şi să continue în ritmul lent pe care îl sugerau Londra şi Parisul şi să caute o apropiere mai rapidă de Germania. Această variantă i-ar fi dat dictatorului german posibilitatea să ia decizia de a declanşa războiul împotriva Poloniei. Ca urmare a faptului – de care Stalin nu se îndoia – că Polonia va pierde războiul, Germania va ocupa nu numai Gdańskul şi coridorul, o fâşie subţire din teritoriul polonez care despărţea Pomerania germană de Prusia Orientală, ci tot statul polonez, iar armata ei va ajunge la graniţa cu URSS. Probabil că Hitler nu va trimite armata în Uniunea Sovietică după ce va termina cu Polonia, din cauza anotimpului, dar ar putea să facă acest lucru câteva luni mai târziu, în primăvara anului 1940. Pe de altă parte, un pact cu Hitler dădea Uniunii Sovietice posibilitatea de a-şi păstra neutralitatea, dar aceasta nu micşora primejdia pe care o reprezenta ajungerea armatei germane la graniţa URSS.

— Nu neapărat, a spuse Molotov, căruia Stalin îi împărtăşise îndoielile după terminarea şedinţei Biroului Politic. Am discutat cu ambasadorul Schulenburg. A spus că Germania este gata să încheie o înţelegere referitoare la crearea unui stat-tampon între ei şi noi.

— Am putea începe convorbiri politice pe această temă?

— Eu aşa cred, a spus Molotov, care prefera să fie precaut când era vorba de comportarea lui Hitler. Germania se grăbeşte şi fără îndoială că va renunţa la celelalte ţinte.

— Da, ar trebui să evităm legătura cu democraţiile occidentale, a spus Stalin ca pentru sine. Sunt nesigure şi slabe. Nu se poate avea încredere în ele. Şi apoi, nu cred că sunt dispuşi să pornească la război împotriva lui Hitler.

— Avem anumite indicii că Londra şi Parisul poartă negocieri cu Germania cu privire la posibilitatea unui nou acord precum cel de la München. Despre aceasta a discutat Wohlthat la Londra, şi acum au loc convorbiri în Danemarca.

Molotov avea informaţii bune cu privire la tema întâlnirilor diplomatice dintre britanici şi germani, deşi nu ştia prea mult despre conţinutul discuţiilor. Într-adevăr, la 17 iulie 1939, sosise la Londra Helmuth Wohlthat, trimisul lui Hermann Göring, şi se întâlnise cu Horace Wilson acasă la el, în cartierul londonez Kensington, ca să discute despre o posibilă alianţă germano-britanică. Wilson, prezentând opiniile şefului lui, Neville Chamberlain, le propusese germanilor o înţelegere în legătură cu portul Gdańsk. Propusese, de asemenea, colaborarea economică şi politică, constând, printre altele în controlul comun asupra unui mare condominiu din Africa, format din Nigeria, Camerun, Congo, Kenya, Tanganica şi alte câteva colonii.

Molotov nu avea de unde să ştie conţinutul acestor convorbiri, iar Wilson a spus chiar de la început:

— Viitorul politic al domnului Chamberlain este în mâinile lui. Dacă apare vreo scurgere de informaţii, iese scandal şi domnul Chamberlain va fi nevoit să-şi dea demisia.

Wohlthat era conştient de asta şi a păstrat secretul.

Molotov nu se înşela nici în privinţa convorbirilor din Danemarca, care se desfăşurau într-un mic orăşel de frontieră între industriaşul suedez Birger Dahlerus, reprezentantul neoficial al britanicilor, şi trimişii germani.

— Nu au intenţia să respecte garanţiile pe care le-au promis Poloniei, a spus mai departe Molotov despre britanici.

— Şi atunci?, a întrebat Stalin.

Şovăia, dar imaginea situaţiei era destul de clară. Britanicii şi francezii nu aveau de gând să încheie niciun fel de alianţă cu Uniunea Sovietică, iar dovada cea mai clară era atitudinea delegaţiilor lor militare, care ezitaseră atât de mult până sosiseră, iar când, în sfârşit, ajunseseră la Moscova, s-a văzut că sunt la un nivel foarte scăzut. Stalin era convins că din partea marilor puteri occidentale nu era decât o manevră împotriva lui Hitler, pentru a-l obliga să încheie o alianţă. Negocierile secrete pe care le aveau la Londra şi în Danemarca, amintite de Molotov, confirmau această posibilitate. Britanicii puteau să obţină astfel o înţelegere cu Hitler, fireşte, pe seama Poloniei, aşa cum făcuseră cu un an mai înainte pe seama Cehoslovaciei. Iar Polonia, lipsită de sprijinul britanic, ar fi trebuit să se plece şi să încheie o alianţă cu Germania. Dacă situaţia s-ar fi dezvoltat în acest fel, ar fi însemnat că peste câteva luni armata germană va lovi URSS, care nu era pregătită să facă faţă unei agresiuni. Cu atât mai mult cu cât veneau semnale de alarmă şi din Extremul Orient. La 3 iulie 1939, armata japoneză traversase râul Halhn Gol şi ocupase înălţimile Bain Cagan, obligând divizia mongolă să se retragă. E drept că ruşii, profitând de superioritatea armamentelor blindate, lansaseră un contraatac şi până la 5 iulie respinseseră armata japoneză, dar situaţia rămânea în continuare foarte nesigură. Pe malul estic al râului aveau loc dese ciocniri şi armata sovietică se pregătea să dea lovitura decisivă. Dacă operaţiunea pregătită pentru ultima decadă din august nu ar fi reuşit, japonezii ar fi intrat în Mongolia şi, de acolo, în Siberia rusă. Ar fi existat primejdia să ducă război pe două fronturi, situaţie de care Stalin se temea în mod deosebit.

Aşadar, trebuia să câştige timp. Cu siguranţă, în seara aceea, după ce discutase cu Molotov, care l-a sfătuit să fie precaut şi să lase decizia la latitudinea Biroului Politic, Stalin se hotărâse deja: va încheia un pact cu Hitler!

La 15 august, convorbirile cu delegaţia anglo-franceză de la Spiridonovka au început în atmosfera obişnuită de lene, deşi britanicii păreau ceva mai vioi. Imediat cum s-au aşezat cu toţii la masă, Drax i-a informat că primiseră de la Londra împuternicirile a căror absenţă îi enerva pe ruşi.

— Puteţi să ni le citiţi şi nouă?, a întrebat Voroşilov.

— Partea cea mai importantă este cuprinsă în câteva rânduri, a explicat Drax. Vă propun să dau citire acestui fragment, dacă nu doriţi să ascultaţi textul complet.

— Ba da, ba da, tot textul.

Drax a tuşit, şi-a dres vocea şi a început să citească cu glas tare documentul semnat de ministrul Halifax.

— Eu, Edward Friedrich Lindley, Viconte de Halifax, Cavaler al Ordinului Jartierei... S-a oprit o clipă aşteptând ca interpretul să termine de tradus cuvintele lui.

Auzindu-le, ruşii au început să se uite unul la altul nedumeriţi. Observând mirarea lor, Drax a început să explice:

— Ordinul Jartierei este cea mai mare distincţie civilă şi militară. A fost instituit de regele Edward III în anul 1348 şi, după cum susţine legenda, denumirea provine de la un incident amuzant. În timpul unui bal, în timp ce regele dansa cu Joanna de Kent, acesteia i-a căzut jartiera de pe picior. Regele a ridicat-o şi şi-a pus-o pe piciorul lui, spunând în franceză *Honi soit qui mal y pense* (Ruşine celui care s-a gândit la ceva rău). În amintirea acestei întâmplări, regele a înfiinţat cea mai înaltă distincţie din stat, a cărei deviză au rămas cuvintele rostite de el în timpul balului.

După această digresiune, Drax a continuat lectura împuternicirii, în care era prezentată persoana lui şi se enumerau toate ordinele şi meritele amiralului pentru Marina Regală de Război. Din nou i-a nedumerit pe ruşi atunci când a citat Ordinul Băii.

— Băii? Voroşilov era foarte uimit, crezând că este vorba de o greşeală a interpretului. Ce mai este şi Ordinul Băii?

Denumirea aceasta este legată probabil de ritualul abluţiunii din secolul al XI-lea, aplicat în momentul ridicării la rangul de cavaler, le-a explicat Drax ruşilor din ce în ce mai bine dispuşi şi a continuat să citească repede mai departe.

Ziua a trecut la fel ca toate celelalte. Ruşii repetau mereu aceeaşi condiţie:

— Armata sovietică nu poate coopera cu armatele Marii Britanii şi Franţei, dacă nu obţine dreptul de trecere pe teritoriile Poloniei şi României.

Voroşilov nu s-a putut abţine să adauge o observaţie tăioasă:

— Delegaţia militară sovietică nu poate să-şi imagineze cum este posibil ca guvernele şi statele majore generale britanice şi franceze, trimiţându-şi misiunile în URSS, să nu le dea directive într-o chestiune atât de elementară. Aceasta demonstrează că există motive de îndoială cu privire la dorinţa unei conlucrări reale şi eficiente cu Uniunea Sovietică.

Drax şi Doumenc ştiau că guvernul polonez refuză în mod ferm să-şi dea acordul cu privire la traversarea teritoriului ţării de către trupele sovietice şi înţelegeau perfect atitudinea acestuia. Ce garanţie ar avea polonezii că Armata Roşie nu se va opri la ei în ţară şi va refuza să continue marşul spre Germania?

— Mi-am exprimat deja speranţa şi convingerea că Polonia şi România ne vor da ajutor, atunci când vom avea nevoie, a spus Drax.

— Iar dacă Germania va porni spre est, Polonia va cere ajutor de la Armata Roşie?, a ripostat Voroşilov.

Discuţia nu avea niciun sens. Din 12 august, când Stalin se hotărâse, convorbirile cu Franţa şi Marea Britanie nu serveau decât pentru a face presiuni asupra lui Hitler.

Ruptura

— Excelenţă, vă rog să vă treziţi! Ordonanţa care stătea în pragul uşii ambasadorului von der Schulenburg bătea în cadrul acesteia. Au sosit ştiri importante de la Berlin.

Ambasadorul şi-a aruncat pe el în grabă halatul şi a coborât în cabinet, unde îl aştepta ofiţerul de la cifru.

— Telegrama a sosit astăzi la ora 5.45. Este semnată de ministrul von Ribbentrop, a explicat el, înmânându-i documentul.

Schulenburg şi-a pus ochelarii şi s-a aşezat la birou. A parcurs repede textul.

— Aştept răspuns? Ofiţerul de la cifru continua să stea în picioare lângă birou, aşteptând instrucţiuni.

— Nu. Te rog să-i spui ordonanţei să-mi aducă o cafea.

Schulenburg se cufundă din nou în citirea documentului. La un moment dat, a luat creionul care se afla pe birou şi a subliniat ultimele cuvinte.

„Führer-ul este de părere că, în lumina situaţiei actuale şi a posibilităţii producerii în orice clipă a unor evenimente importante (în această privinţă vă rog să subliniaţi în discuţia cu Molotov că Germania este decisă să nu tolereze la nesfârşit provocarea poloneză) este necesară o clarificare rapidă a relaţiilor germano-sovietice şi a poziţiei fiecărei ţări în această chestiune. Din acest motiv, sunt gata să vin la Moscova în orice moment, după 18 august, pentru a elucida întregul complex al relaţiilor germano-ruse, având depline împuterniciri din partea Führerului să semnez tratatele corespunzătoare, dacă se va ivi ocazia".

A pus deoparte documentul şi a ridicat receptorul.

— Te rog să suni la premierul Molotov şi să-l rogi să mă primească cât mai urgent într-o chestiune importantă, i-a spus el secretarului.

Era sâmbătă 19 august şi nu se aşteptase la o telegramă atât de urgentă de la Ribbentrop. Oare ce se întâmplase la Berlin, că Ribbentrop dorea să grăbească tratativele cu Moscova? Schulenburg nu reuşea să-şi dea seama despre ce este vorba. După ultimele rapoarte de la Berlin, negocierile pe tema acordului comercial mai durau şi ruşii se străduiau să le lungească cât mai mult, neavând intenţia să ajungă la o înţelegere finală. Iar acesta era cel mai bun indiciu al intenţiilor lor. Din moment ce nu se decideau să semneze un acord comercial, de o alianţă politică nici nu putea fi vorba. Aşadar, se aştepta ca Molotov fie să nu răspundă la rugămintea de a se întâlni sâmbătă, fie să fixeze un termen mai îndepărtat. Ambasadorul a fost destul de mirat când telefonul a sunat câteva minute mai târziu şi i s-a comunicat că Molotov îl aşteaptă la ora 14.00. Nu însemna nimic altceva decât că atunci era liber. Schulenbrug era un diplomat cu mult prea multă experienţă, ca să se repeadă să tragă concluzii. Şi nu s-a înşelat.

Convorbirea cu Molotov s-a desfăşurat într-o atmosferă destul de rece.

— Uniunea Sovietică apreciază motivul pentru care domnul ministru Ribbentrop ar dori să vină la Moscova, dar în momentul de faţă nu există posibilitatea să stabilim o dată pentru această vizită nici măcar cu aproximaţie – a spus Molotov, vizibil plictisit deja de flecăreala lui Schulenburg. Acordul comercial nu a fost încheiat şi mai întâi trebuie semnat şi publicat acesta. Abia după aceea, când va face impresia cuvenită în străinătate, am putea începe convorbirile pe tema unui pact de neagresiune şi a unor protocoale suplimentare. Aceasta este părerea guvernului sovietic şi nu pot adăuga nimic altceva, a încheiat el hotărât.

După o oră de discuţii, Schulenburg a ieşit din cabinetul lui Molotov fără să fi obţinut nimic. Gustul eşecului profesional se amesteca totuşi cu satisfacţia că nu se va ajunge la încheierea unui acord care, după părerea lui, i-ar deschide lui Hitler calea războiului. Schulenburg, antinazist, era mulţumit.

S-a întors la el în birou, reflectând la conţinutul telegramei pe care intenţiona s-o trimită imediat lui Ribbentrop, când a sunat telefonul. Spre uimirea lui, secretarul i-a comunicat că Molotov îl aşteaptă la Kremlin la ora 16.30. Şi-a pus pălăria pe care abia o lăsase pe spătarul scaunului şi a pornit spre ieşire.

— Vă rog să mă iertaţi că v-am făcut să reveniţi atât de curând. Molotov zâmbea stânjenit. Am relatat întâlnirea noastră guvernului sovietic şi am primit instrucţiuni să vă transmit un proiect de acord.

A zâmbit din nou ceva mai uşurat de astă dată.

— Fireşte, domnul Ribbentrop poate veni la Moscova la o săptămână după semnarea acordului comercial. Aşadar, dacă acordul ar fi semnat mâine, domnul Ribbentrop ar putea sosi pe 26 sau 27 august.

Schulenburg a încercat să-l convingă pe Molotov să fixeze o dată mai devreme pentru întâlnire, dar nu a reuşit. Diplomatul german şi-a luat rămas bun şi s-a grăbit să ajungă la ambasadă, pentru a-l informa cât mai repede pe Ribbentrop despre rezultatul neaşteptat al celei de-a doua convorbiri.

Adolf Hitler, care sosise sâmbătă dimineaţă devreme la vila sa Berghof din Obersalzberg, nu se simţea prea bine. Avea dureri puternice de stomac, fără îndoială din cauza stresului în care trăia de câteva zile. Medicamentele pe care i le administra doctorul Morell mai atenuau întrucâtva arsurile, dar nu suficient pentru a se putea purta normal. Cu faţa schimonosită de durere, stătea nemişcat la fereastră. Joachim von Ribbentrop şedea fără să rostească un cuvânt în fotoliul mare de brocart. Trebuiau să recunoască amândoi că Stalin se dovedise un jucător foarte abil. Ţinuse pe loc semnarea acordului comercial, care trebuia să fie primul pas spre încheierea alianţei germano-sovietice şi avusese tot timpul convorbiri cu delegaţiile Marii Britanii şi Franţei. Armata germană urma să înceapă războiul cu Polonia peste mai puţin de o săptămână, iar posibilitatea de încheiere a unui pact de neagresiune care să garanteze Germaniei măcar că Uniunea Sovietică va păstra neutralitatea, era la fel de îndepărtată ca şi acum o lună.

— *Mein Führer*... gândurile lui Hitler au fost întrerupte de colonelul Rudolf Schmundt[1], care stătea în uşa sălii de şedinţe. Nu spunea nimic, aşteptând nerăbdător ca şeful să-i dea voie să vorbească despre o ştire care tocmai sosise. Führer-ul s-a întors spre el, ca şi când s-ar fi aşteptat la o veste importantă.

— Schnurre a transmis că ruşii au fost de acord cu semnarea acordului comercial! Vorbea tare, dându-şi seama de importanţa informaţiei.

— Aşa, a spus Hitler şi s-a îndreptat spre el, aşteptând continuarea. Ribbentrop s-a ridicat şi el din fotoliu. Schmundt a continuat:

— Babarin l-a sunat pe Schnurre acasă şi i-a spus că a fost împuternicit să semneze imediat acordul...

— Ah! Hitler a făcut un gest de bucurie, ceva între o bătaie cu piciorul în podea şi un ţopăit de încântare. Înţelesese că aceasta nu este singura veste bună cu care venise Schmundt. Continuă, te rog...

— Iată conţinutul telegramei de la ambasadorul von der Schulenburg din Moscova: „Guvernul sovietic a fost de acord ca ministrul afacerilor externe al Reich-ului să vină la Moscova la o săptămână după publicarea semnării acordului comercial. Molotov a afirmat că, dacă acordul comercial va fi semnat mâine, ministrul de externe al Reichului ar putea să vină pe 27 sau 28 august. Molotov mi-a înmânat un proiect

[1] **Rudolf Schmundt** (1896–1944), din 1.04.1938 adjutantul lui Hitler, din 1942 a fost şeful serviciul de cadre (*Heerespersonelamt*) în rang de general. A murit la 1 octombrie 1944, ca urmare a rănilor primite în timpul atentatului împotriva lui Hitler din 20 iulie.

de pact de neagresiune. Raportul detaliat al celor două convorbiri pe care le-am avut astăzi cu Molotov şi textul proiectului sovietic le trimit imediat în altă telegramă. Schulenburg."

Hitler a aruncat braţele în sus şi a început să râdă. Situaţia se schimbase atât de rapid, încât putea să creadă din nou în norocul lui. Înţelegea de ce pun ruşii condiţia intervalului de o săptămână între încheierea acordului şi vizita ministrului. Cu siguranţă că spionajul sovietic aflase data începerii războiului cu Polonia. Stalin hotărâse aşadar să aştepte ca acesta să se declanşeze şi abia după aceea să încheie un pact de neagresiune cu Germania. Aceasta îi dădea mai multă siguranţă că Hitler nu va încheia o înţelegere cu Occidentul şi o excludea în acelaşi timp de la pregătirile pentru războiul agresiv pe care îl ducea Germania. În această situaţie nimeni nu ar fi putut să spună că înţelegerea cu Uniunea Sovietică fusese cea care îi facilitase lui Hitler declanşarea războiului, căci aceasta va avea loc abia după începerea acţiunilor militare. Hitler mai simţea însă în acţiunea lui Stalin ceva şi era convins că alta era motivaţia principală a întârzierii semnării tratatului de neagresiune: gruzinul avea o fire de şantajist şi voia să-l oblige pe Hitler la concesii mai mari. Ştia că, cu cât va întârzia mai mult semnarea tratatului, cu atât va avea mai mult de câştigat.

Exista oare vreo posibilitate de a-l obliga pe Stalin să-l primească pe Ribbentrop mai devreme?

Hitler s-a dus sus, în cămăruţa lui, şi s-a întins pe patul simplu de brad, acoperit cu o cuvertură bavareză în dungi, primită cadou de la sora sa, Paula. Dar nu putea să adoarmă. Orele treceau, iar el analiza ce ar putea face ca să-l oblige pe Stalin să ia o decizie.

Şi i-a venit ideea: îi va scrie o scrisoare lui Stalin!

Salut cu bucurie semnarea noii înţelegeri comerciale germano-sovietice, ca un prim pas spre remodelarea relaţiilor germano-sovietice.

Pentru mine, încheierea pactului de neagresiune cu Uniunea Sovietică reprezintă o previzionare pe termen lung a politicii germane. Germania va iniţia un curs politic care în trecut a adus beneficii ambelor state. Guvernul Reich-ului este gata să aprobe aceste schimbări profunde.

Accept proiectul pactului de neagresiune prezentat de ministrul afacerilor externe, domnul Molotov, şi consider că este necesar ca problemele legate de el să fie rezolvate cât mai curând cu putinţă.

Sunt convins că protocolul adiţional pe care îl doreşte Uniunea Sovietică poate fi discutat cât mai repede, dacă un politician german important va putea să vină la Moscova în scopul realizării negocierilor. Guvernul Reich-ului nu vede altă modalitate de elaborare şi de semnare rapidă a protocolului adiţional.

Tensiunea dintre Germania şi Polonia a devenit de nesuportat. Atitudinea Poloniei faţă de noi, o mare putere, este de aşa natură, încât criza poate izbucni în orice moment. Ţinând seama de această posibilitate, Germania este decisă să aibă în vedere interesele Reich-ului, recurgând la toate mijloacele posibile.

După părerea mea, luând în considerare stabilirea noilor relaţii dintre statele noastre, este indicat să folosim timpul cât mai bine. De aceea, propun din nou să-l primiţi pe domnul ministru de externe marţi 22 august, cel mai târziu miercuri 23 august. Ministrul de externe al Reich-ului va avea toate împuternicirile necesare pentru a negocia pactul de neagresiune şi protocolul adiţional. Din cauza situaţiei internaţionale, ministrul nu poate rămâne la Moscova mai mult de o zi sau două. Vă vom fi recunoscători pentru răspuns.

Hitler renunţa la toate convenţiile diplomatice! Fără niciun fel de ceremonii, îi întindea mâna lui Stalin. Dar va răspunde şi Stalin cu acelaşi gest? Oare tergiversarea semnării acordului de neagresiune fusese numai o încercare de a face presiuni asupra lui, sau era o consecinţă a înţelegerii cu marile puteri democratice? Dacă ar fi fost aşa, Hitler ar fi pierdut totul. Nu i-ar mai fi rămas decât să accepte propunerea britanică de a primi Gdańskul în schimbul obligaţiei de a menţine pacea. Avea în vedere şi acest lucru şi îi spusese lui Hermann Göring să se pregătească pentru o călătorie la Londra. Dar nu pierduse încă speranţa că Stalin va răspunde la apelul lui. Nu mai rămăsese mult timp. Data începerii războiului cu Polonia fusese fixată pentru 26 august. Fireşte că putea să amâne momentul trimiterii diviziilor cu o zi sau două, poate o săptămână, dar nu mai mult. Îşi dădea seama că ploile de toamnă vor înmuia drumurile din Polonia şi le vor transforma în bălţi şi noroi şi acesta va fi duşmanul lui cel mai puternic. Şi mai dorea ca, după victoria împotriva Poloniei, Wehrmacht-ul să pornească imediat împotriva Franţei. Acesta ar fi fost cu adevărat un război fulger. Nu putea să-l rateze!

În ziua aceea s-a trezit mai devreme ca de obicei, cu siguranţă din cauza agitaţiei deosebite. Toată dimineaţa de 21 august s-a plimbat febril prin încăperile din Berghof, nefiind în stare să stea locului mai mult de câteva minute. Încordarea îi provocase dureri de stomac atât de atroce, încât nu mai mâncase nimic. Numai Ewa Braun a reuşit să-i pună în faţă o farfurie cu supă de lapte şi să-l oblige să înghită câteva linguri.

Se întreba ce tot face Schulenburg? De ce nu reuşeşte să obţină niciun răspuns de la Stalin? Repeta mereu întrebarea, adresând-o oamenilor din jurul lui, fără a aştepta însă explicaţii.

Ziua era pe sfârşite şi răspunsul cel mai important încă nu sosise. La ora 20.30, Julius Schaub, adjutant SS, a ridicat receptorul telefonului din cabinetul lui Hitler.

— *Mein Führer*, la telefon domnul ministru Ribbentrop, a spus el şi a întins receptorul spre Hitler, care, auzind soneria, sărise în picioare. Făcu cei câţiva paşi şi apucă receptorul.

— Da... da... repeta el, ascultând relatarea ministrului. Şi dintr-odată a exclamat: Minunat! Te felicit!

S-a întors către adjutanţii adunaţi în cabinet.

— Stalin a fost de acord! Mergem la Moscova să încheiem pactul cu el!

Fotograful Heinrich Hoffmann a pus mâna pe aparat ca să imortalizeze momentul pe peliculă, dar până să-l scoată, Hitler s-a bătut cu palma peste coapsă şi a spus:

— Am toată lumea în buzunar!

Cineva a spus să se aducă şampanie şi, o clipă mai târziu, în cameră a intrat Willy Kannenberg, majordomul, cu o tavă pe care se aflau o sticlă şi mai multe pahare. Chiar şi Hitler a luat unul din ele şi şi-a înmuiat buzele în lichidul auriu. Încordarea care îi provocase durerile de stomac dispăruse ca prin farmec. A declarat că îi este foame şi vrea să mănânce.

În timpul mesei i s-a înmânat scrisoarea din partea lui Stalin, pe care o aşteptase cu atâta nerăbdare.

Vă mulţumesc pentru scrisoare. Sper că pactul germano-sovietic de neagresiune va marca o întorsătură decisivă în relaţiile politice dintre statele noastre. Popoarele noastre au nevoie de relaţii de pace. Consimţământul guvernului german privind semnarea pactului de neagresiune creează baza eliminării politicii de încordare şi de asigurare a păcii şi a colaborării între statele noastre. Guvernul sovietic mi-a transmis să vă informez că este de acord ca domnul von Ribbentrop să vină la Moscova la 23 august.

Hitler a pus deoparte foaia de hârtie şi a lovit cu palma în masă atât de puternic, încât paharele au zăngănit.

— Ai mei sunt! Ai mei sunt!, a exclamat el neobişnuit de emoţionat, dar în câteva secunde s-a liniştit.

Cina s-a desfăşurat într-o atmosferă plăcută, iar Hitler, deosebit de bine dispus, a spus să se desfăşoare ecranul din sala de conferinţă şi să se proiecteze ultimele jurnale de ştiri ale sovieticilor.

Privind la defilarea de 1 Mai de la Moscova, s-a aplecat spre Albert Speer, care şedea lângă el şi a spus încet:

— Această putere militară trebuie să fie neutralizată!

Invitaţia la război

Generalul Doumenc încercase în zadar toată ziua de 21 august să ia legătura cu Voroşilov. Secretarul comisarului răspundea mereu că şeful lui nu este la Moscova şi spunea adevărul. Cu o zi mai înainte, Voroşilov, împreună cu Nikita Hruşciov, Gheorghi Malenkov şi Nikolai Bulganin plecaseră la vila din Zavidovo de pe Volga, la aproximativ 120 km nord-vest de Moscova. Aşa îl sfătuise Stalin, prevăzând că prima reacţie a guvernelor occidentale când vor afla de vizita lui Ribbentrop va fi o activizare a delegaţiilor militare. Dar ruşii nu aveau intenţia să dea explicaţii şi nici să analizeze propunerile noi pe care ar fi putut să le formuleze francezii şi englezii. Voroşilov s-a întors la Moscova în ziua de 22 august şi a fost de acord să-l primească pe Doumenc la ora 19.00. Dar numai pe el singur, fără amiralul Drax.

— Guvernul francez m-a împuternicit în mod oficial să semnez pactul militar care să permită armatei sovietice traversarea teritoriului Poloniei şi, de asemenea, dacă situaţia o va cere, a teritoriului României, a spus Doumenc.

Pe chipul lătăreţ de ţăran al lui Voroşilov a apărut un zâmbet slab. Nu putea să-i sufere pe ofiţerii ăştia eleganţi plini de medalii.

— Aş dori să vă rog, domnule general Doumenc, să-mi prezentaţi documentul pe care l-aţi primit din partea guvernului dumneavoastră, a spus el. Aş mai dori să ştiu dacă misiunea britanică a primit răspuns de la guvernul său în această chestiune.

Era o întrebare foarte bună, dar nu izvora din înţelepciunea lui Voroşilov. Ştia că delegaţiile franceză şi britanică nu primiseră niciun fel de telegrame sau de pachete. Pusese întrebarea numai ca să-l şicaneze pe francez.

— Nu am primit un document, ci instrucţiuni telefonice precise, a răspuns Doumenc.

— Dar guvernul britanic?, nu s-a lăsat Voroşilov. Se juca cu Doumenc ca şoarecele cu pisica.

— Nu ştiu dacă amiralul Drax a primit instrucţiuni similare de la guvernul său, a fost nevoit să admită Doumenc. Dar ştiu că i s-a recomandat să continue negocierile.

— Delegaţia britanică are cunoştinţă despre instrucţiunile primite de la Paris?, a mai întrebat Voroşilov.

— I-am spus amiralului Drax că am primit răspunsul guvernului francez. Sunt aproape convins că şi guvernul britanic va trimite acelaşi răspuns.

Doumenc pierdea teren. Îl subevaluase pe lăcătuşul din faţa lui, care absolvise cu greu două clase primare. El, absolvent al unor şcoli militare franceze de elită, era luat în răspăr deşi nu putea face nimic altceva decât să aştepte loviturile lui Voroşilov.

— Vă rog să mă iertaţi, domnule general, a spus în continuare Voroşilov, dar trebuie să vă mai întreb ceva. În răspunsul guvernului dumneavoastră nu există informaţii cu privire la poziţia guvernelor Poloniei şi României. Ele ştiu ce se întâmplă? Poate că aţi primit răspuns din partea guvernului francez fără ca Polonia şi România să ştie?

— Nu ştiu ce convorbiri au avut loc între guverne. Doumenc se străduia să salveze situaţia. Nu pot decât să repet ceea ce am aflat de la guvernul meu.

Doumenc nu putea să câştige acest duel verbal. Voroşilov avea toate atuurile. Schimbul de cuvinte care nu ducea nicăieri se prelungea şi Voroşilov a decis să-i pună capăt. Vânatul prins în pădurile de la Zavidovo se pregătea în bucătăria de la vila lui Stalin, unde urmau să ia cina, iar aceasta îl interesa mai mult decât discuţia inutilă cu francezul.

— Reprezentanţii Franţei şi Marii Britanii au prelungit discuţiile la nesfârşit, a spus el ridicându-se din fotoliu. Din acest motiv, nu se poate exclude posibilitatea ca, între timp, să se fi ajuns la alte soluţii politice. Să aşteptăm ca situaţia să se mai limpezească

Joachim von Ribbentrop

până vom primi răspuns şi de la guvernul britanic şi se va cunoaşte şi poziţia României şi a Poloniei.

În timp ce Voroşilov rostea aceste cuvinte, Joachim von Ribbentrop sosea la aeroportul din Berlin. Luminile reflectoarelor instalate de echipele de filmare ale cronicii filmate germane surprindeau în întuneric silueta elegantă a avionului *Immelmann III*, pe care Hitler i-l dăduse ministrului său pentru această ocazie specială. Acesta a păşit pe scara avionului şi în uşa cabinei s-a întors să facă semn cu mâna grupului de persoane oficiale ale partidului şi ale statului, venite să-l conducă pe ministrul care pleca într-o călătorie istorică.

Zborul până la Moscova era lung şi obositor, de aceea ministrul a cerut să se facă o oprire la Kaliningrad, unde a sosit la ora 23.00. Nu era vorba numai de comoditate şi de odihnă, dar trebuia să aibă şi timp să se pregătească pentru întrevederea cu ruşii. Totul se produsese atât de brusc, încât nu avusese posibilitatea s-o facă la Berlin.

Imediat ce a ajuns în apartamentul său de la hotel Park, a convocat câţiva consilieri şi au discutat până noaptea târziu planul de acţiune.

În ziua următoare, 23 august, la ora 13.00, avionul *Immelmann* a aterizat la Moscova, unde nemţii erau aşteptaţi de adjunctul comisarului, Vladimir Potiomkin, şi de ambasadorul von Schulenburg. Ribbentrop, într-un pardesiu alb şi cu pălăria pe cap, a păşit pe scara adusă la uşa avionului şi a privit curios în jur. Pe zidurile micului aeroport din Hodinka se vedeau multe drapele cu zvastică, amestecate cu drapelele roşii cu secera şi ciocanul. Acordurile *Internaţionalei* au sunat ciudat după imnul german.

Întâmpinarea a fost scurtă, de lucru, şi Ribbentrop a pornit grăbit spre automobilul Zil mare, negru, a cărui portieră era ţinută politicos de Nikolai Vlasik, şeful gărzii personale a lui Stalin. De la aeroport au mers direct în strada Miortvîi Pereulok, unde, la numărul şase, în fosta ambasadă a Austriei, se pregătise apartamentul pentru ministru şi delegaţia lui.

Prânzul de întâmpinare nu a durat mult şi la ora 16.00, Ribbentrop împreună cu Schulenburg s-au urcat din nou în automobilul negru pe care li-l pusese la dispoziţie Stalin şi au plecat la Kremlin. S-au oprit în faţa clădirii cu trei etaje, văruită în galben, a Sovietului Comisarilor Poporului. În apropierea scărilor largi care duceau la intrare se afla un bărbat scund şi firav.

— Acesta este Poskrebîşov, secretarul lui Stalin, i-a şoptit von der Schulenburg.

Era surprins de prezenţa acestui om – ar fi însemnat că sunt aşteptaţi de Stalin. Şi într-adevăr, când au ajuns la etajul întâi şi s-au deschis uşile spre salon, ambasadorul nu şi-a putut reţine o exclamaţie.

— Ce vă uimeşte aşa de tare, Excelenţă?, a întrebat Ribbentrop întorcând capul spre el.

— Sunt de ani de zile la Moscova şi nu am avut niciodată ocazia să stau de vorbă cu Stalin, a răspuns acesta în şoaptă.

Stalin, într-un veston gri, cu pantaloni negri şi cizme înalte, stătea alături de Molotov, care era îmbrăcat într-un costum gri închis.

Toţi patru, asistaţi de interpreţi, s-au aşezat comod în fotolii adânci, la o masă rotundă şi abia după aceea a avut loc salutul propriu-zis.

Ribbentrop a rostit un mic discurs abil, în care îşi exprima speranţa că vor statornici relaţii bune.

— Doriţi să răspundeţi, Veaceslav Mihailovici? Stalin s-a întors spre Molotov. Era obligat să facă acest lucru, deoarece în prezenţa oaspeţilor străini, Molotov era mai important, în calitate de premier şi comisar pentru afacerile externe, în timp ce Stalin nu era decât conducătorul partidului.

— Nu, nu, Iosif Vissarionovici, a spus comisarul. Vorbiţi dumneavoastră. Sunt singur că o veţi face mai bine decât mine.

Stalin a început să vorbească încet, lăudând atitudinea germanilor faţă de colaborarea cu Uniunea Sovietică.

— În cazul unui război între Germania şi Polonia sau între Germania şi Occident, interesele Uniunii Sovietice şi ale Germaniei vor fi pentru noi, fireşte, la fel de importante.

— N-am spus eu că veţi vorbi mai bine ca mine, a zâmbit Molotov.

Ribbentrop a scos din servietă textul pactului la care lucrase în timpul escalei de la Kaliningrad. De fapt, nu schimbase decât foarte puţin din propunerile primite de la Molotov. A mai adăugat numai o introducere bombastică, dar aceasta nu era deloc pe gustul lui Stalin.

— Nu credeţi că acordăm prea puţină atenţie opiniei publice din ţările noastre?, a întrebat el. Ani de zile am aruncat cu noroi fiecare în capul celuilalt şi specialiştii noştri de la propagandă s-au întrecut unii pe alţii în acest sens. Şi acum, dintr-odată, vrem să-i facem pe oamenii noştri să creadă că totul a fost şters cu buretele? Lucrurile astea nu merg aşa de repede. Opinia publică din ţara noastră, la fel ca şi cea din Germania, trebuie să fie pregătită pentru schimbări treptate în relaţiile reciproce, aşa cum prevede tratatul.

Iosif Stalin rosteşte un toast pentru Hitler

Ribbentrop a fost de acord şi şi-a retras observaţiile din introducere. Dar textul de bază al pactului de neagresiune nu a produs obiecţii din partea nimănui.

Discuţia referitoare la protocolul secret, care a început după pauza anunţată după convenirea textului pactului, s-a desfăşurat fără mari divergenţe. La ora 20.00, după o convorbire de trei ore, Ribbentrop putea pleca mulţumit să se odihnească la ambasadă.

— Treaba cu ruşii merge admirabil, a declarat el, aşezându-se la masă. O să ajungem la o înţelegere chiar în noaptea aceasta.

Ribbentrop a mâncat repede şi s-a întors imediat în cabinetul din clădirea Sovietului Comisarilor Poporului, unde Stalin şi Molotov îl aşteptau deja.

De cum au trecut pragul cabinetului, Stalin a făcut semn şi chelnerii au adus pahare, iar el a luat o carafă mică de pe o măsuţă şi şi-a turnat un păhărel de votcă. Din acea carafă bea numai el. Era oare votcă în ea sau numai apă? Ribbentrop nu a îndrăznit să întrebe, cu atât mai mult cu cât Stalin a rostit un toast:

— Ştiu că poporul german îl iubeşte foarte mult pe Führer. Este – *molodeţ* – a folosit un cuvânt specific rusesc pentru care interpretul nu

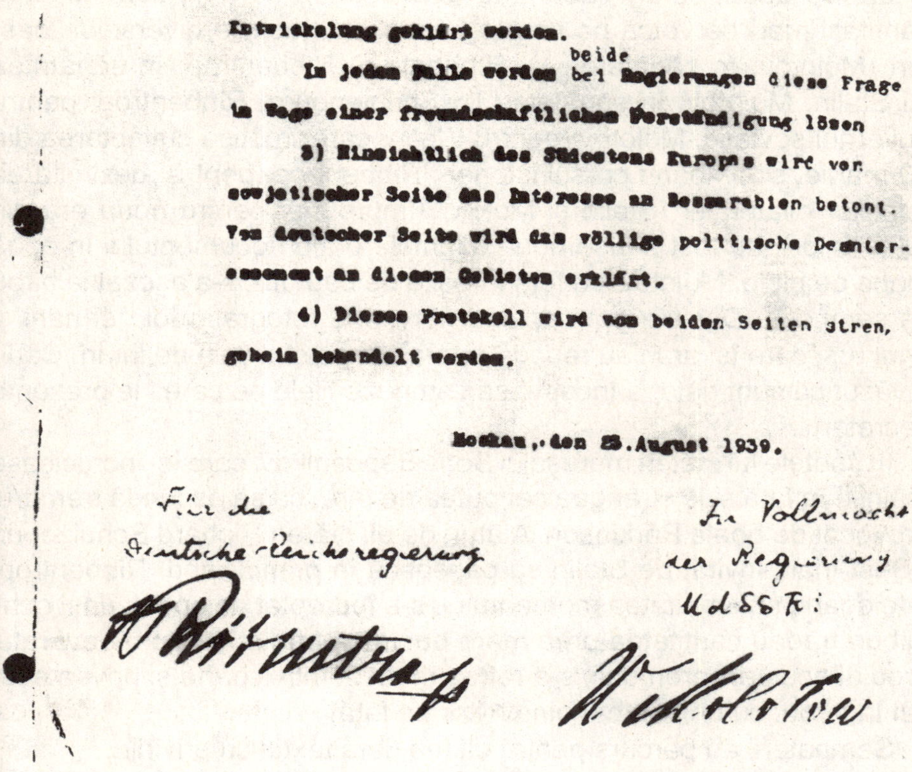
Entwickelung geklärt werden.

In jedem Falle werden beide Regierungen diese Frage im Wege einer freundschaftlichen Verständigung lösen.

3) Hinsichtlich des Südostens Europas wird von sowjetischer Seite das Interesse an Bessarabien betont. Von deutscher Seite wird das völlige politische Desinteressement an diesen Gebieten erklärt.

4) Dieses Protokoll wird von beiden Seiten streng geheim behandelt werden.

Moskau, den 23. August 1939.

Für die Deutsche Reichsregierung

In Vollmacht der Regierung UdSSR:

Pactul Ribbentrop–Molotov

a reuşit să găsească un echivalent german şi a folosit o expresie: „este un bărbat destoinic". Aş dori să beau în sănătatea lui.

Stalin era într-o dispoziţie excelentă. Numai el ştia, în toată sala aceea plină de diplomaţi, cine este adevăratul câştigător al lungului joc diplomatic, pe care îl începuse Hitler în martie 1939. Se apropia momentul când Molotov urma să-şi pună semnătura pe pactul de neagresiune, confirmând că Uniunea Sovietică nu va porni la război împotriva Germaniei. Oricum, nu avea intenţia să-i atace pe nemţi nici în 1939, nici un an mai târziu. Câştiga, în acelaşi timp, garanţia că Hitler nu va începe războiul în lunile imediat următoare. Aşadar, avea timpul care îi era imperios necesar pentru a-şi reface Armata Roşie şi pentru a construi zona defensivă de-a lungul graniţelor Uniunii Sovietice. Fireşte, mai era nevoie de încă multe manevre diplomatice, poate chiar şi de vărsarea sângelui soldaţilor, dar ştia că lucrul acesta se va întâmpla oricum în lunile următoare. Hitler a fost de acord.

La ora două, când Ribbentrop şi Molotov erau deja sub influenţa cantităţii mari de votcă pe care o băuseră cu ocazia diverselor toasturi (Molotov: în sănătatea lui Ribbentrop; Ribbentrop: în sănătatea lui Stalin; Molotov: în sănătatea lui Schulenburg; Ribbentrop: pentru guvernul sovietic; Molotov: pentru Stalin, care „rostise cuvântarea din 10 martie, schimbând cursul istoriei"; Ribbentrop: pentru „dezvoltarea relaţiilor bilaterale"; Stalin şi Molotov împreună: pentru noua eră din relaţiile lor), au fost aduse două exemplare ale documentului în două mape de piele. Molotov, cu faţa înroşită de băutură, s-a aşezat la birou să semneze. Dar s-a oprit privind nervos la fotografi, doi germani şi unul rus, care îşi aranjau repede aparatele pe stativele de lemn. Când a văzut că sunt gata, a început să semneze filele pe care i le prezenta secretarul.

În spatele lui stătea mareşalul Boris Sapoşnikov, care îşi încrucişase mâinile în faţă şi le strângea cât putea de tare, ca să ascundă tremurul provocat de boala Parkinson. Alături de el, stătea Richard Schulze, un SS-ist înalt, invitat de Stalin să păşească în primul rând. Ribbentrop, înţelegând solemnitatea momentului, s-a îndreptat de spate, deşi ochii tulburi trădau cantitatea prea mare de votcă băută. Stalin, adevăratul erou al acestei ceremonii, s-a retras modest într-o parte şi privea aşezat la birou, cu un zâmbet binevoitor pe faţă.

Semnatarii au parcurs pentru ultima dată textul cu privirile.

„1. În cazul unor modificări teritoriale şi politice pe suprafeţe care aparţin ţărilor baltice (Finlanda, Estonia, Letonia şi Lituania), graniţa de nord a Lituaniei va reprezenta limita sferei de influenţă a Germaniei şi a Uniunii Sovietice (...)

2. În cazul unor modificări teritoriale şi politice pe suprafeţe care aparţin statului polon, sferele de interesele ale Germaniei şi Uniunii Sovietice vor fi delimitate aproximativ de linia râurilor Narva, Vistula şi San. Problema dacă este în interesul ambelor state menţinerea unui stat polonez distinct şi care vor fi graniţele acestui stat va fi rezolvată definitiv în funcţie de evoluţia ulterioară a evenimentelor politice. În orice caz, ambele guverne vor rezolva această chestiune pe cale unei înţelegeri amiabile.

3. În ceea ce priveşte Europa de Sud-Est, partea sovietică subliniază interesele sale pentru Basarabia. Din partea Germaniei se exprimă totalul *désintéressement* cu privire la acest teritoriu (...)."

În înţelegerea formulată în aceşti termeni, Hitler îi dădea lui Stalin o fâşie de pământ care îl interesa în mod deosebit pe dictatorul sovietic. Paradoxul consta în faptul că Germania a fost de acord cu această lărgire a sferei de influenţă a Uniunii Sovietice, adăugând la aceasta şi înţelegerea comercială, în urma căreia industria sovietică urma să primească tehnologie modernă, iar Armata Roşie, armament de ultima oră.

Molotov s-a ridicat şi i-a cedat locul lui Ribbentrop. Între timp, în sală a intrat un chelner îmbrăcat în alb, care aducea o tavă cu o sticlă de şampanie.

Stalin şi-a aprins o ţigară, a luat de pe tavă două pahare şi i-a dat unul lui Ribbentrop. Fotograful german, Helmut Laux, a îndreptat imediat aparatul de fotografiat spre ei şi a apăsat pe declanşator. Pe chipul lui Stalin a trecut o expresie de nemulţumire.

— Nu este o idee bună să publicăm o fotografie care va da oamenilor o impresie falsă despre un moment atât de important, i-a spus el lui Ribbentrop. Nu dorea ca poporul să-l vadă cu ţigara în gură şi cu paharul în mână.

Laux, auzind cuvintele traduse de interpret, a scos filmul din aparat şi i l-a întins lui Stalin, dar acesta l-a oprit cu un gest.

— Nu este nevoie. Am încredere în cuvântul de onoare al unui german.

Era aproape ora trei dimineaţa. Oamenii adunaţi în cabinet era vizibil obosiţi de nopţile epuizante de negocieri şi de cantitatea exagerată de alcool. Stalin l-a luat de braţ pe Ribbentrop şi l-a condus spre uşă. Acolo i-a strâns mâna.

— Guvernul sovietic tratează cu toată seriozitatea noul pact, a spus el. Pot să garantez cu cuvântul meu de onoare că Uniunea Sovietică nu-şi va trăda partenerul.

Secretarul Johannes von Herwath aştepta neliniştit întâlnirea cu ambasadorul care îl însoţea pe Ribbentrop. Soţia lui Herwath, Elizabeth, se afla în Germania şi îşi petrecea vacanţa în Bad Karlberg. Urma să se întoarcă la Moscova cu avionul, ceea ce îl neliniştea foarte tare pe „Johnny". Se temea că Hitler va începe războiul imediat după semnarea documentelor de la Moscova, iar avionul de la Berlin ar putea nimeri în zona de război. Din fericire, dimineaţa a reuşit să ia legătura telefonic cu soţia şi să-i spună să zboare prin Stockholm.

A aşteptat să vină dimineaţa, când ambasadorul l-a primit în cabinetul său. După ce începuseră să discute, Schulenburg a ieşit pentru câteva minute. Von Herwarth, în continuare foarte neliniştit, s-a ridicat din fotoliu şi a început să se plimbe prin încăpere, când privirile i-au căzut pe documentul aflat pe biroul ambasadorului. S-a apropiat şi a început să citească. Era textul protocolului secret semnat noaptea trecută de Ribbentrop şi Molotov! Cum putea ambasadorul să fie atât de neglijent, încât să lase documentul pe masă? Dar poate că o făcuse special, petru ca Herwath să-l citească? Textul era scurt, lectura nu i-a luat mult timp.

Când ambasadorul s-a întors în cabinet, Herwath şedea deja pe fotoliu.

— Domnule ambasador, a început el, când Schulenburg s-a aşezat în fotoliul din faţa lui, am spus de mult timp că aş dori să renunţ la serviciul diplomatic şi să intru în armată. Cred că aceasta este datoria oricărui german cinstit.

Nu a adăugat german antinazist. Nu a explicat că aceasta este o expresie de împotrivire faţă de politica lui Hitler. Se cunoşteau de atât de mult timp, încât nu era nevoie să mai spună aceasta.

— Dragul meu Johnnie - pe chipul lui Schulenburg se vedeau urmele oboselii lăsate de noaptea precedentă. Se duseseră la culcare abia în zori, căci după întoarcerea lui Ribbentrop la ambasadă mai avusese loc şi acolo o petrecere în cinstea succesului diplomaţiei germane. Dar de ce atâta grabă? Războiul acesta va dura mult, la fel ca războiul mondial trecut. Poţi să mai aştepţi câteva luni, şi vei avea ocazia să intri în armată.

— Domnule ambasador, timpul meu a expirat. Vă rog să fiţi de acord că plec din serviciul diplomatic, s-a încăpăţânat Herwath.

Schulenburg a tăcut o clipă. Reflecta la decizie. Îi părea rău să se despartă de tânărul de care îl legau originea aristocratică şi ura faţă de nazism.

— Poate că ai dreptate, a răspuns în cele din urmă. Am trudit din greu la realizarea relaţiilor bune dintre Uniunea Sovietică şi Germania şi, într-un anume sens, mi-am atins scopul. Ştii foarte bine că, în realitate, nu am realizat nimic. Până astăzi au acţionat frânele care împiedicau deraierea trenului european. Acum nu mai există nimic care să oprească Europa din faţa războiului şi Germania din faţa cufundării în neant.

Schulenburg a aplecat capul. Se vedea că bătrânul diplomat trăise intens ultimele evenimente. Era unul din principalii creatori ai înţelegerii care urma să-i ducă patria la catastrofă. Acţionase cu deplină convingere cum putuse mai bine. Şi cu totul împotriva propriei voinţe. În 1944 avea să plătească pentru acesta preţul suprem...

Herwath s-a ridicat şi a ieşit repede din cameră. Înţelesese că trebuie să-l lase pe Schulenburg singur. Ajuns în biroul lui, a ridicat receptorul şi l-a sunat pe Charles Bohlen, de la ambasada Statelor Unite. Se cunoşteau foarte bine, se întâlniseră deseori în vila de lângă Moscova a lui Herwath şi avea încredere totală în diplomatul american. L-a rugat să vină să se vadă cu el în oraş, într-un loc unde se întâlneau adesea. Herwath îi transmisese de multe ori americanului informaţii secrete de la ambasadă. Dar niciodată nu fuseseră aşa de importante precum cele din acea zi, 24 august, când i-a transmis o foaie de hârtie cu rezumatul protocolului secret.

După ce s-a întors la ambasadă, Charles Bohlen a alergat imediat la cabinetul ambasadorului Laurence Steinhardt, care şi-a dat seama rapid cât de importante erau informaţiile aduse de angajatul său. În aceeaşi zi, la ora locală 11.50, specialistul de la Departamentul de Stat din Washington descifra următoarea telegramă venită de la Moscova: „Ieri seară s-a ajuns la o înţelegere în chestiunile teritoriale din Europa Răsăriteană, pe baza căreia Estonia, Letonia, Polonia de est şi Basarabia au fost recunoscute drept teritorii de interes vital sovietic".

Preşedintele Franklin D. Roosevelt în 1939

Preşedintele şi secretarul de stat nu erau la Washington, căci plecaseră în vacanţă. Dar, auzind vestea atât de importantă, s-au întors imediat la birou. Aflaseră cel mai mare secret din acel moment şi l-au păstrat pentru ei. Preşedintele Franklin D. Roosevelt a considerat că nu este cazul să informeze guvernele britanic, francez şi nici polonez, deşi o astfel de ştire ar fi putut avea o mare influenţă asupra cursului evenimentelor viitoare. De ce a procedat în felul acesta? Nu există un răspuns clar la această întrebare nici până în ziua de astăzi. Poate că explicaţia ar trebui căutată în evenimentul care avusese loc câteva luni mai înainte, când, la 12 ianuarie 1938, Franklin D. Roosevelt îi trimisese o scrisoare premierului britanic, propunând convocarea unei conferinţe cu participarea Statelor Unite. Era ceva foarte important, căci ar fi însemnat că ţara lui intenţionează să iasă din izolare şi ar putea deveni un aliat nepreţuit al Marii Britanii. Din păcate, un concurs de împrejurări a făcut ca această iniţiativă timidă a preşedintelui de renunţare la politica de neutralitate să moară în faşă.

În momentul în care scrisoarea a ajuns la Londra, ministrul de externe, Anthony Eden, care fără îndoială că ar fi apreciat cum se cuvine importanţa iniţiativei lui Roosevelt, era în Franţa şi scrisoarea a ajuns în mâinile lui Horace Wilson. Acesta l-a sfătuit pe premier să respingă oferta preşedintelui.

— Idiot nefericit! Ştii ce ai făcut? Eden era turbat de furie când a intrat în cabinetul lui Wilson după întoarcerea la Londra.

— Vă rog să mă scuzaţi, s-a întâmplat ceva?, a întrebat Wilson naiv.

— Scrisoarea de la Roosevelt! L-ai convins pe premier să refuze propunerea lui Roosevelt! Cum ai îndrăznit? Nu înţelegi cât de important ar fi fost pentru noi s-o acceptăm?

— O, asta! Wilson nu şi-a pierdut calmul. Nu trebuie s-o iei aşa de tragic, dragă ministre! Este o stupizenie, da, o stupizenie!

Eden era atât de revoltat, că s-a dus imediat la premier şi şi-a dat demisia. Fireşte, nu numai din cauza ultimei gafe a lui Wilson. De mult nu mai era de acord cu politica de concesii faţă de Germania.

— Nu poţi demisiona, dragul meu Anthony, a spus Chamberlain. Preşedintele Roosevelt a rugat să se păstreze secretul în legătură cu scrisoarea lui. Cum poţi să demisionezi pentru ceva ce oficial nu există?

Dar curând Chamberlain a fost de acord cu Wilson că Eden trebuie să plece, căci se băga prea mult în planurile lor.

Aşadar, atunci Roosevelt fusese respins. Poate că la 24 august 1939 se temuse de o reacţie asemănătoare din partea premierului

Chamberlain şi îşi pusese în gând să nu mai facă niciun pas greşit. Păstrase pentru el ştirea despre pactul Ribbentrop−Molotov.

Guvernul britanic nu a ştiut nimic despre ceea ce se întâmplase cu adevărat la Moscova, căci Walter Seeds, ambasadorul britanic, trimisese guvernului său informaţii despre evenimentele de la Moscova bazate numai pe articolele publicate de *Pravda* şi *Izvestia*.

*

Stalin era deja la vila lui din Kunţevo. Veniseră împreună cu el şi Molotov, Voroşilov, Hruşciov şi Bulganin, să mănânce raţele vânate cu două zile mai înainte, iar în tot acest timp comisarul pentru problemele apărării evitase contactul cu francezii şi britanicii.

Toţi erau cât se poate de bine dispuşi, ca urmare a acordului semnat noaptea trecută, iar raţele fripte şi votca le îmbunătăţeau încă şi mai mult dispoziţia.

— Britanicii şi francezii trebuie să plece acasă, a spus Stalin, aplecându-se spre Voroşilov şi luându-l pe după umeri. Discuţiile cu ei nu au niciun rost. Nu sunt serioşi în chestiunea alianţei cu noi şi adevăratul lor scop este să-l aţâţe pe Hitler împotriva Rusiei. Fireşte, toate acestea sunt un joc, cine pe cine înşală mai bine. Ştiu ce vrea Hitler. Îşi închipuie că m-a păcălit, dar eu sunt cel care l-a păcălit pe Hitler.

A luat paharul de votcă în mână, dar s-a oprit, căci îşi amintise ceva.

— În legătură cu tratatul acela − vorbea despre pactul de neagresiune şi despre protocolul secret − războiul va ajunge la noi mai târziu. O să putem rămâne un timp neutri şi să ne păstrăm forţele. După aceea o să vedem ce o să mai fie...

PARTEA A III-A – Fortăreaţa

Alianţa sângelui

Ambasadorul Wacław Grzybowski[1] a urcat pe scările mari de marmură la etajul întâi al clădirii Sovietului Comisarilor Poporului. Secretara a deschis larg uşa cabinetului unde, în spatele biroului mare de mahon, şedea Veaceslav Molotov. Văzându-l pe ambasadorul polonez s-a ridicat cu o grimasă, care ar fi putut fi considerată drept zâmbet, a făcut câţiva paşi în întâmpinarea lui şi i-a întins mâna în semn de salut, făcând în acelaşi timp un gest prin care îl invita să ia loc în fotoliul de la masa rotundă. Grzybowski venise să-i înmâneze şefului guvernului sovietic o notă informativă cu privire la agresiunea germană „neprovocată, săvârşită fără o declaraţie de război şi prin surprindere". Molotov a ascultat cu atenţie cuvintele diplomatului polonez, fără să reacţioneze la sublinieri.

— Guvernul Poloniei contează pe intervenţia Angliei şi a Franţei?, a întrebat el.

— Nu am informaţii oficiale, a răspuns Grzybowski, dar prevăd o declaraţie de război pentru mâine, adică 4 septembrie.

Molotov a zâmbit:

— O să mai vedem, domnule ambasador, a spus el pe un ton care l-a îngheţat pe Grzybowski.

Acţiunile armatei germane din Polonia depăşiseră toate socotelile şi planurile. Fireşte, nimeni nu se aşteptase ca armata poloneză să poată învinge Wehrmacht-ul, dar se calcula că va putea să opună rezistenţă suficient de mult timp, ca să permită Franţei să facă mobilizarea

---

[1] **Wacław Grzybowski** (1887–1959), diplomat polonez, în perioada 1927 – 1935 a fost ambasador la Praga, în anii 1936 – 1939 la Moscova. După agresiunea sovietică, a plecat din Polonia şi a rămas în emigraţie. În anii 1952–1953 a fost preşedintele Consiliului Naţional al Republicii Polone.

şi să înceapă ofensiva spre est. Dar chiar din primele zile de război, aviaţia polonă suferise pierderi atât de mari, că nu putea să apere în mod efectiv armata şi oraşele împotriva raidurilor germane. Marina de război poloneză, ale cărei forţe erau oricum modeste, fusese slăbită şi mai mult în urma faptului că trei distrugătoare fuseseră trimise la 31 august în Marea Britanie. În a treia zi de război, două dintre cele mai mari vase rămase în ţară, lansatorul de mine *Gryf* şi distrugătorul *Wicher* se scufundaseră, nimerite de bombe lansate de avioanele germane. De-a lungul întregii frontiere poloneze diviziile se retrăgeau sub atacurile masive ale armatei germane, care demonstrau o forţă, o precizie de manevră şi o brutalitate nemaiîntâlnite în războaiele de până atunci.

Din punctul de vedere al lui Stalin, nu era o situaţie avantajoasă. Fireşte că plănuia ca Armata Roşie să ocupe partea estică a statului polonez, dar nu dorea să fie considerat agresor, ceea ce s-ar fi întâmplat în cazul în care ar fi acţionat în acelaşi timp cu Wehrmacht-ul. Aşadar, trebuia să aştepte până când va cădea Varşovia ca urmare a acţiunilor germanilor, iar guvernul polonez va semna capitularea sau va părăsi Polonia. Atunci ar fi putut spune că statul polonez a încetat să mai existe, şi că Armata Roşie a pătruns pe teritoriile din est numai pentru a lua sub protecţie populaţia ucraineană şi bielorusă, ale căror vieţi şi avuturi erau primejduite de acţiunile războinice. Sigur, ar fi fost o explicaţie cam stânjenitoare pentru Hitler, pentru că ar fi însemnat că Armata Roşie protejează populaţia împotriva violenţei şi a jafurilor săvârşite de armata germană, dar Stalin nu-şi bătea capul cu asta, ştiind că Hitler va înţelege despre ce este vorba.

Stalin contase şi pe faptul că apărarea poloneză va fi mai eficientă şi germanii vor suferi mai multe pierderi în oameni şi echipamente. Din aceste motive, chiar înainte de izbucnirea războiului, ambasadorul sovietic din Varşovia propusese guvernului polonez ajutor sub formă de arme şi echipament militar. Aceasta venea în contradicţie cu obligaţiile sovieticilor faţă de germani, căci însemna să acorde ajutor unui stat duşman, dar lui Stalin nu-i păsa. Pentru el era mai important să-i susţină pe polonezi, ca să le provoace nemţilor mai multe pierderi, să opună o rezistenţă mai îndelungată şi să dea Armatei Roşii mai mult timp pentru a se pregăti de acţiune.

Dar aceste calcule dăduseră greş în ciocnirea cu forţa armatei germane. A apărut pe neaşteptate posibilitatea ca Germania să ocupe Varşovia în prima săptămână de război şi să termine astfel războiul cu Polonia. Armata ei ar fi putut să nu se oprească pe linia Vistula

– Narva, aşa cum cerea protocolul secret, ci, justificându-se prin faptul că a fost nevoită să urmărească detaşamentele poloneze împrăştiate, să ajungă până la graniţa Uniunii Sovietice. Temerile lui Stalin s-au dovedit întemeiate, căci nemţii au făcut o astfel de încercare. La 18 septembrie ataşatul militar sovietic de la Berlin, colonelul Mihail Belakov, a fost invitat de amiralul Wilhelm Canaris la Comandamentul Wehrmacht-ului din Bendleerstrasse, unde generalul Warlimont i-a arătat harta viitoarei frontiere. Aceasta mergea de-a lungul Vistulei, prin Varşovia, dar la sud înainta mult spre est, lăsând în partea germană oraşele Lvov şi Drohobîci. Nemţii doreau, fireşte, să ocupe zonele petroliere de acolo. Abia intervenţia directă a lui Stalin şi Ribbentrop a determinat Wehrmacht-ul să renunţe la aceste planuri. Toate acestea se întâmplau pe 18 septembrie, aşadar atunci când armata sovietică era deja pe teritoriul Poloniei. La începutul lui septembrie, ameninţarea ocupării întregii Polonii de către Germania era încă şi mai reală.

Dar cursul evenimentelor analizate de Stalin s-a schimbat brusc în seara zilei de 3 septembrie, când Marea Britanie şi Franţa au intrat în război cu Germania. Francezii, care mobilizaseră patru armate, aveau suficiente forţe ca să lanseze o ofensivă reală în vest, ori tocmai de asta se temea Hitler cel mai tare. În aceeaşi zi, la ora 18.50, ambasadorul Schulenburg a primit o telegramă secretă de la Berlin în care i se cerea să le transmită ruşilor rugămintea de a întreprinde cât mai grabnic acţiuni militare împotriva Poloniei.

Hitler, care în acel moment s-a decis să plece pe front, în Pomerania, a ajuns la 4 septembrie în localitatea Bad Polzin, unde trenul lui, *America*, a rămas sub presiune, în timp ce el s-a urcat în Mercedes şi s-a dus la sediul Armatei a IV-a. Se gândea că evoluţia situaţiei de pe frontul de vest îl va putea obliga în orice clipă să se întoarcă la Berlin, sau să meargă mai departe, spre vest, în urma unităţilor Wehrmacht-ului, transferate acolo din Polonia în scopul declanşării războiului cu unităţile franceze. De aceea, îl rugase pe Stalin să intervină cât mai repede împotriva Poloniei, pentru ca Armata Roşie să ajute la compensarea golurilor în rândurile germane, provocate de transferarea unor unităţi pe frontul de vest. Din fericire pentru Hitler, această ameninţare s-a dovedit neîntemeiată. Diviziile franceze, care au pătruns pe Saar, au acţionat fără fermitate şi nu exista pericolul ca această acţiune să se transforme într-o mare ofensivă, care să ameninţe Germania şi s-o oblige să-şi retragă armata din Polonia.

Stalin tărăgăna lucrurile, considerând că va fi cel mai bine să înceapă acţiunile Armatei Roşii după căderea Varşoviei. De aceea, la

5 septembrie i-a spus lui Molotov să-i răspundă lui Schulenburg în felul următor: „Dacă ne grăbim prea mult, am putea să dăunăm cauzei noastre şi să-i determinăm pe adversarii noştri să-şi unească forţele". A declarat mobilizarea în ziua de 7 septembrie, când armatele germane se aflau în apropierea capitalei poloneze. Spera ca polonezii să nu poată apăra prea mult timp oraşul şi că, neavând avioane de vânătoare, care ar fi putut proteja populaţia de raidurile aeriene, vor fi siliţi să capituleze în câteva zile.

Trecuse de ora două din noaptea de 16 spre 17 septembrie. Ambasadorul Wacław Grzybowski încă nu se dusese la culcare. De câteva zile trăia într-o tensiune deosebită, aşteptându-se la evenimente surprinzătoare, deşi, în vârtejul de informaţii contradictorii, nu mai putea să-şi dea seama de cel fel vor fi acestea. Atmosfera era foarte pesimistă, ceea ce reieşea din presa străină - lăsând la o parte situaţia din Polonia - şi din informaţiile de la ambasadorul britanic, Seeds, care avertiza că Armata Roşie, în alianţă cu Germania, este gata să atace Polonia. Acelaşi lucru se vedea şi din atitudinea ruşilor, care organizau manifestaţii antipoloneze.

La ora 2.15 a sunat telefonul. Secretarul comisarului adjunctul pentru afaceri externe, Vladimir Potiomkin, îl ivita pe ambasador să binevoiască să vină cât mai repede, căci comisarul are să-i comunice o declaraţie importantă a guvernului sovietic. Grzybowski a promis că va fi acolo la ora trei şi şi-a dat seama că îl aşteaptă momente grele.

În automobil încerca să-şi dea seama ce fel de declaraţie va auzi peste câteva minute. Spera să fie vorba de pactul de neagresiune. Dar se înşela.

— Războiul polono-german a demonstrat falimentul intern al statului polonez, citea Potiomkin, stând în picioare în spatele biroului din cabinetul său. În zece zile de operaţiuni militare, Polonia şi-a pierdut toate regiunile industriale şi centrele culturale. Varşovia a încetat să mai existe în calitate de capitală a Poloniei. Guvernul polonez s-a destrămat şi nu dă niciun semn de viaţă. Aceasta înseamnă că statul polonez şi guvernul lui au încetat, de fapt, să existe. Drept urmare, tratatele încheiate între URSS şi Polonia şi-au pierdut valabilitatea. Polonia a devenit un câmp de acţiune propice pentru orice fel de acţiuni şi încercări de ameninţare la adresa URSS. De aceea, guvernul sovietic, care şi-a păstrat până în acest moment neutralitatea, nu mai poate rămâne neutru în continuare...

Grzybowski asculta declaraţia din ce în ce mai disperat. Îl indigna perfidia pe care o arăta guvernul sovietic.

— Guvernul sovietic nu mai poate rămâne indiferent nici faţă de faptul că fraţi de acelaşi sânge, ucraineni şi bieloruşi, care locuiesc pe teritoriul Poloniei, sunt lăsaţi de izbelişte şi fără niciun fel de apărare. Luând în considerare această situaţie, guvernul sovietic a dat ordin Comandamentului Suprem al Armatei Roşii ca unităţile ei să treacă graniţa şi să ia sub protecţie viaţa şi avutul populaţiei din Ucraina de vest şi din Bielorusia de vest.

— Refuz să iau cunoştinţă de această notă şi îmi exprim în modul cel mai categoric protestul faţă de conţinutul şi forma ei!, a strigat Grzybowski, imediat ce Potiomkin a terminat de citit documentul semnat de Molotov.

— Protestez faţă de ruperea unilaterală a înţelegerilor care obligă cele două părţi!, a spus Grzybowski ridicând vocea.

Potiomkin, vizibil surprins de reacţia diplomatului polonez, şi-a dat seama că se află într-o situaţie neplăcută. Trebuia să-i înmâneze ambasadorului nota, dar polonezul refuza s-o primească. Toate încercările de a-l convinge, chiar şi ameninţarea că va suferi consecinţele istoriei nu au avut niciun rezultat. Polonezul părea şi mai ferm hotărât.

— Înţeleg că am obligaţia să-mi înştiinţez guvernul cu privire la agresiunea care probabil că a şi început, dar nu voi face nimic altceva!

Ruşii nu se aşteptau la una ca asta. Dacă polonezii ar fi acceptat nota, ar fi putut afirma că acţionaseră în conformitate cu normele dreptului internaţional. Dar la ora 4.30, Grzybowski a plecat de la Potiomkin, refuzând cu încăpăţânare să accepte declaraţia guvernului sovietic. Însă când s-a întors la ambasadă a constatat că trimisul sovietic fusese mai rapid şi ajunsese acolo înaintea ambasadorului cu documentul într-un plic. Încercarea de a trimite plicul înapoi nedeschis nu a reuşit, căci portarul de la comisariatul sovietic pentru afaceri externe primise instrucţiuni să nu primească niciun fel de trimiteri de la polonezi. Fără să se lase intimidat, Grzybowski a lipit timbre pe plic şi l-a trimis prin poştă.

Între timp, unităţi ale Corpului de Pază a Frontierei au informat comandamentul că la ora 3.00 unităţile sovietice începuseră trecerea graniţei. În multe puncte de frontieră au izbucnit lupte. Câteva ore mai târziu, situaţia devenise foarte clară: Uniunea Sovietică începuse agresiunea armată pe scară largă: o armată de 466.000 de soldaţi, sprijinită de tancuri şi aviaţie, trecuse graniţa Poloniei.

Stalin studia harta de câteva zeci de minute. Molotov, care şedea de partea cealaltă a mesei, urmărea foarte atent comportamentul dictatorului. La fel şi Voroşilov, care stătea într-o parte, şi se muta de pe un picior pe altul, aşteptând evaluarea finală a situaţiei.

— Aşa nu e bine, a spus în cele din urmă Stalin. Dacă ne fixăm frontiera pe Vistula, o să avem numai necazuri.

A desenat cu degetul viitoarea frontieră cu Germania, care urma să ia naştere după încheierea acţiunilor militare. În mijloc, graniţa făcea o burtă, iar deasupra ei atârna Prusia Orientală, care amintea de o stâncă gata să se prăbuşească în orice moment. Iar dacă nemţii ocupau Lituania, bolovanul acesta suspendat creştea şi mai mult. Un atac pornit de acolo ar fi ameninţat cu retezarea „burţii" pe care o făceau teritoriile poloneze încorporate în URSS şi ameninţa direct Leningradul.

Pentru Uniunea Sovietică nu era avantajos să ajungă până la Vistula. Pe teritoriile poloneze de est locuiau 13 milioane de oameni, dintre care polonezii reprezentau 5 milioane şi se aflau mai ales în oraşe. Bieloruşii, ucrainenii şi evreii reprezentau aşadar majoritatea şi era sigur că vor constitui o temelie solidă pentru noua putere sovietică. Fireşte, erau de aşteptat necazuri din partea naţionaliştilor ucraineni, dar era o problemă mult mai mică decât rezistenţa pe care ar fi opus-o populaţia poloneză din teritoriile de la vest de Bug, dacă ruşii, în conformitate cu protocolul secret, ar fi ocupat această zonă. E adevărat, protocolul prevedea că puterile învingătoare vor lua o decizie referitoare la menţinerea statului polonez într-o anumită formă, dar ce formă?

Niciuna din aceste concepţii nu-i convenea lui Stalin, care intenţiona să creeze o fâşie de apărare. Îl interesau însă Lituania, Letonia şi Estonia.

— Va fi nevoie de noi negocieri..., a spus Molotov. Se uita la Stalin aşteptând reacţia lui.

— ... ar trebui să înceapă cât mai curând la Moscova sau la Berlin..., a spus el, lăsând din nou fraza neterminată. Stalin nu răspundea, ocupat să scoată o ţigară din tabachera de argint şi să se uite în jur după chibrituri, pe care i le dădu imediat Voroşilov.

— Fireşte că Ribbentrop trebuie să vină la Moscova, a spus în cele din urmă Stalin, şi asta pentru că negocierile trebuie să fie purtate de o persoană cu cea mai înaltă autoritate, care nu poate părăsi Uniunea Sovietică.

Molotov şi-a notat imediat această frază, care i s-a părut deosebit de potrivită şi convingătoare.

Acţiunea „Vulturul"

Întunericul cuprinsese pe neaşteptate portul Talin, dar soldaţii estoni nu erau miraţi. În noaptea aceea, luminile se mai stinseseră o dată din cauza unei avarii la staţia de transformare. Iar deconectarea unora dintre luminile de pe chei nu neliniştea pe nimeni. Trebuiau să aştepte până ce echipa de serviciu va remedia avaria. Dar zgomotul care a răsunat brusc în portul adormit i s-a părut totuşi neliniştitor comandantului gărzii. Aşadar, a luat felinarul din cui şi a ieşit din clădirea de cărămidă roşie aflată cam la 150 de bazinul portuar. A ocolit clădirea ca să iasă pe faleză şi dintr-odată a văzut că submarinul polonez ORP *Orzeł*[1] se depărtează de chei. O clipă s-a gândit că echipajul primise permisiunea autorităţilor estone să părăsească portul, din momentul ce vasul se îndepărtează, dar ar fi trebuit să fie şi el înştiinţat.

Pe câteva din vasele ancorate la ţărm s-au aprins reflectoare şi jeturile de lumină au început să alunece pe suprafaţa apei, până când unul din ele a găsit silueta vasului. Acesta descria un semicerc larg, ca să ocolească zona puţin adâncă din centrul portului, bine semnalizată şi marcată cu balize.

Orzeł intrase în portul Talin cu aprobarea autorităţilor estone în seara zilei de 14 septembrie 1939, pentru a-l lăsa la spital pe comandantul bolnav, Henryk Kłoczkowski, şi pentru a-şi repara un compresor. Dar a doua zi, autorităţile îşi schimbaseră atitudinea şi spuseseră că vasul nu avusese dreptul să intre în apele teritoriale ale Estoniei, căci acest lucru nu era permis prin tratatul din noiembrie 1938 semnat cu Lituania şi Letonia; pe lângă aceasta, vasul polonez depăşise timpul de şedere permis într-un port neutru. Aceste reproşuri au servit drept temei pentru reţinerea echipajului de pe *Orzeł.* Era o acţiune ilegală şi arăta că guvernul Estoniei se află deja sub presiunea Germaniei, care profitase de ocazie pentru a bloca această unitate ameninţătoare.

În zilele următoare, vasul a fost parţial dezarmat – au fost descărcate 14 din cele 20 de torpile pe care le avea la bord, au fost demontate tunurile, au fost confiscate muniţia, armele de mână, hărţile. În această situaţie, o încercare de a fugi din port în largul mării părea puţin probabilă. Poate că tocmai aceasta adormise vigilenţa pazei estone, care în noaptea de 18 septembrie fusese neutralizată de echipaj. Vasul plecase de la chei.

[1] **Orzeł** – „vultur" în limba polonă (n. trad.).

Comandantul gărzii a alergat spre zidul unde se afla comutatorul sirenei, a ridicat mânerul întrerupătorului, dar nu era curent electric, aşa că nu a putut suna alarma.

— Alarmă! Alarmă!, a început el să strige şi văzând soldaţii care se apropiau în fugă ieşind din cazarmă, le-a ordonat că ia poziţie la mitraliere şi să deschidă foc în direcţia vasului. Dar nu era uşor, căci acesta folosise motorul electric numai la început, când se depărtase de mal, însă acum pusese în funcţiune motoarele diesel şi fumul gros îi acoperea silueta. După aceasta, norocul a încetat să mai fie de partea marinarilor polonezi, căci chiar la ieşire s-a lovit de o stâncă pe care se afla un sparge-val şi marele submarin a rămas cu prora înălţată în aer, lovind neputincios apa cu elicele. Dar asta nu a durat mult. Căpitanul Jan Grudziński, care preluase comanda vasului de la comandorul Kłoczkowski, nu şi-a pierdut cumpătul. A dat comanda să se arunce balastul din compartimentul din spate, care astfel s-a uşurat şi s-a ridicat şi el, iar motoarele care lucrau în plină forţă au reuşit să scoată vasul din capcană. Ascuns în continuare în spatele norului de fum, a reuşit să iasă din rada portului. Dar încă nu era în siguranţă. Momentul de surpriză trecuse şi acum era de aşteptat ca din port să pornească în urmărirea lui un vas, eventual chiar canoniera *Laine*, care condusese vasul în port şi avusese misiunea să-l păzească.

Fundul mării se adâncea treptat de la şase la douăzeci de metri şi pe această porţiune vasul trebuia să se scufunde, căci se apropia tot mai mult de instalaţiile artileriei de pe ţărm cu un calibru de 100 mm, montată pe insula Nargön, pe partea stângă a şenalului navigabil. Erau suficient de puternice ca să-i distrugă puntea şi să-l scufunde. Nu puteau să spere decât că soldaţii vor fi zăpăciţi şi din cauza întunericului şi a valului de fum nu vor reuşi să vadă şi să nimerească silueta vasului. Cu fiecare secundă, vasul se apropia tot mai mult de adâncurile salvatoare, unde se putea ascunde de loviturile mitralierelor şi ale tunurilor.

Nu se ştie cât de hotărâţi erau estonii să scufunde vasul polonez. După o relatare de după război, comandantul uneia din baterii, auzind că fusese reperată silueta vasului *Orzeł* ar fi spus: „Uită că ai văzut ceva". Este foarte posibil, căci Polonia se bucura de simpatie, atât printre comandanţi, cât şi printre marinarii estoni, care aveau multe legături de rudenie cu Polonia.

Când s-au auzit primele împuşcături, *Orzeł* ajunsese într-un loc suficient de adânc pentru a se putea ascunde. Dar nu a fugit mai departe, căci bateriile nu erau destul de încărcate. În afară de aceasta, era vorba de o manevră riscantă. Comandanţii vaselor care porniseră în urmărirea lor, nu-şi imaginau că ţinta lor rămăsese aşa de aproape de sparge-val. Totuşi trebuia să se ţină seama şi de faptul că marina estonă, pentru care evadarea vasului polonez era compromiţătoare, se va strădui să-l ajungă din urmă. Însă marina militară din Estonia, care dispunea de vase vechi, preluate de la ruşi, nu era un adversar de temut, deşi toate unităţile porniseră în căutarea lor. Torpilorul *Sulev*, canoniera *Laine* şi două lansatoare de mine patrulau marea, căutând urmele vasului polonez. Căpitanul Jan Grudziński îşi spunea că în curând va apărea un duşman mult mai redutabil, *Kriegsmarine*. Dar nu-şi dădea seama că este căutat şi de vasele sovietice.

Stalin nu putea lăsa să-i scape o ocazie care îi căzuse pe neaşteptate în mână.

La ce serveşte marina militară, dacă nu este în stare să păzească într-un port un submarin dezarmat? De aici se poate trage concluzia că forţele armate ale statului eston sunt slabe, prost organizate şi cuprinse de defetism, deşi în apropierea graniţei lor se desfăşoară un război cumplit. Nu vor reuşi să-şi apere ţara, iar duşmanul va trece foarte repede peste teritoriul acestui stat şi va lovi în Uniunea Sovietică. Aceasta este logica justificării intervenţiei pe care a prezentat-o diplomaţia sovietică.

La 19 septembrie, câteva vase sovietice de război s-au oprit în apropierea apelor teritoriale estone. Moscova îşi arăta nemulţumirea. În aceeaşi zi, comisarul pentru afaceri externe Veaceslav Molotov l-a convocat pe trimisul eston August Rei şi l-a informat că, din moment ce Estonia nu este capabilă să-şi apere neutralitatea, va face Uniunea Sovietică acest lucru în locul ei. Ameninţarea suna foarte serios şi agresiunea sovietică din Polonia demonstra că ruşii nu vor ezita s-o pună în aplicare.

Evenimentele se desfăşurau tot mai repede.

Lansatorul de mine eston a fost atacat de un submarin, care a lansat o torpilă în direcţia lui. Apartenenţa de stat a atacatorului nu a fost stabilită, dar era limpede că era vorba de o provocare. *Orzeł* nu se aflase niciodată în zona acelui atac şi niciuna din unităţile germane nu avea motiv să atace un vas care naviga sub pavilion eston. Era prima dintr-o serie de provocări pe care le-a organizat Uniunea Sovietică după evadarea vasului *Orzeł*. După aceea, agenţia de presă TASS a publicat ştirea că vasul comercial sovietic *Pioner* a fost atacat cu torpile de un submarin, dar fără a fi nimerit. Nu acelaşi noroc îl avusese – după relatările presei sovietice – un alt vas comercial, *Metallist*. La bordul lui muriseră, chipurile, câţiva membri ai echipajului, iar alţi câţiva în mare, după ce torpilele de pe *Orzeł* distruseseră prora vasului. Tragedia se desfăşurase în zona puţin adâncă din golful Narva, de aceea epava nu s-a scufundat, ci a eşuat pe nisip. Timp de câteva zile, vasele marinei sovietice au adus la faţa locului corespondenţi străini, ca să vadă cu ochii lor atrocităţile comise de echipajul submarinului polonez.

Secretul s-a elucidat abia la sfârşitul anului 1941, când câţiva ofiţeri sovietici de marină au ajuns prizonieri la finlandezi. Aceştia au povestit cum s-a dus *Metallist* la fund. Vasul fără echipaj a fost dus în zona puţin adâncă din golful Narva şi acolo un submarin sovietic tip *Şci-303* a lansat o torpilă care însă a greşit ţinta. Următoarele încercări de a distruge o ţintă fixă s-au soldat cu alte eşecuri, până când o salvă întreagă trasă de distrugătorul *Turci* a lovit nefericitul vas comercial.

Toate aceste provocări trebuiau să justifice măsurile de apărare pe care le luase guvernul sovietic „pentru protecţia echipajului împotriva vasului pirat". În apele teritoriale ale Estoniei au pătruns câteva vase, printre care şi unele de mare tonaj, ca distrugătoarele *Engels, Artiom, Volodarski, Minsk*[1].

La două zile după scufundarea vasului *Metallist*, guvernul sovietic a obligat guvernul Estoniei să semneze o înţelegere, prin care acesta era de acord cu înfiinţarea de baze militare sovietice pe teritoriul său. La 2 octombrie primul tren militar a intrat în Talin.

Cum să împărţim Europa?

Invitaţia de a face o vizită la Moscova l-a luat prin surprindere pe Ribbentrop. El era de părere că ar trebui să vină Molotov la Berlin. Îl interesa foarte mult acest lucru, căci vizita unui oaspete atât de important ar fi ridicat considerabil prestigiul ministrului german ca politician care a stabilit relaţii de prietenie cu Uniunea Sovietică. Însă Ribbentrop a fost nevoit să renunţe la ambiţiile sale.

Imediat după miezul nopţii de 26 septembrie, ambasadorul Schulenburg a trimis o telegramă în care îi relata întâlnirea cu Stalin, care afirmase: „Dacă dorim să evităm orice ar putea să creeze o disensiune între Germania şi Uniunea Sovietică, nu avem voie să facem greşeala de a lăsa Polonia independentă". Aceasta însemna că era

[1] Aceste vase s-au scufundat sau au suferit avarii însemnate în august 1941, ca urmare a exploziei minelor din Golful Finic.

necesar să se facă schimbări în deciziile de până atunci referitoare la împărţirea Europei de răsărit.

Schulenburg mai informa că Stalin prezentase următoarea propunere: teritoriile poloneze de la est de linia de demarcaţie stabilită în protocolul secret până la râul Bug, aşadar inclusiv regiunile Varşovia şi Lublin, să fie preluate de Germania, în schimb, Germania să renunţe la intenţiile sale cu privire la Lituania.

Ribbentrop ştia că, înainte cu o zi, Hitler dăduse ordin ca trupele din Prusia Orientală să fie gata de luptă, pentru „a ocupa Lituania, chiar în cazul unei opoziţii armate”. Aşadar, Stalin o luase înaintea intenţiilor lui Hitler. În plus, lăsase guvernului german numai o zi la dispoziţie pentru a analiza noile propuneri.

Aşadar, Hitler avea dreptate atunci când spunea că Stalin are o fire de şantajist. Dictatorul sovietic îşi dădea perfect de bine seama cât de importantă era pentru Germania colaborarea cu Uniunea Sovietică. Intrarea Marii Britanii şi a Franţei în război făcea ca vasele acestor ţări să blocheze porturile germane, făcând imposibilă aducerea de materii prime strategice, în primul rând, ţiţei. Britanicii au mers chiar mai departe. Au început să controleze tancurile petroliere care se îndreptau spre porturile italiene şi suedeze, de undea se aducea ţiţei prin contrabandă în Germania. În această situaţie, cisternele cu ţiţei care veneau din Uniunea Sovietică dobândeau o importanţă deosebită pentru Germania: erau principala sursă de aprovizionare a economiei statului cu această materie primă atât de importantă. Iar aceasta făcea parte din ajutorul sovietic.

Începând din 6 septembrie 1939, vasele germane au putut să intre în portul Murmansk, unde îşi descărcau mărfurile, care după aceea ajungeau cu trenul la Leningrad şi apoi în Germania. Aceasta era aşadar a doua cale de ocolire a blocadei porturilor germane de către aliaţi. La Vladivostok veneau vase japoneze cu mărfuri care, oficial, erau destinate Uniunii Sovietice, dar care apoi ajungeau cu transsiberianul în Germania.

Hitler îşi dădea foarte bine seama de importanţa acestor servicii pentru economia germană apăsată de război şi nu risca să se certe cu Stalin. Dar nu era vorba numai de aceasta.

După ce termina cu Polonia, Hitler intenţiona să atace imediat Belgia, Olanda şi Franţa. La 27 septembrie, când Varşovia a capitulat şi era clar că în câteva zile războiul din Polonia avea să se încheie, a început convorbirile cu generalul Franz Halder şi cu generalul Walther von Brauchitsch. Halder şi-a notat în jurnalul său cuvintele Führer-ului:

„Scopul războiului: să îngenunchez Anglia, să distrug Franţa. Cele mai multe şanse sunt în nord, acolo trebuie să facem cele mai mari eforturi".

La 10 octombrie 1939, Führer-ul i-a adunat în cabinetul lui din Cancelaria Reich-ului pe cei mai importanţi comandanţi ai Wehrmacht-ului şi ai trupelor SS.

— Scopul nostru este distrugerea forţelor şi a posibilităţii marilor puteri occidentale de a acţiona în viitor împotriva consolidării şi dezvoltării naţiunii germane în Europa, a spus el. Timpul lucrează în favoarea duşmanilor Germaniei. Marea Britanie şi Franţa îşi modernizează într-un ritm foarte rapid industria de armament şi, fiind puteri coloniale, pot să-şi aducă materiile prime necesare din teritoriile lor răspândite în întreaga lume. În schimb, resursele germane sunt limitate şi principalul centru al producţiei de armament, Valea Ruhrului, este foarte expus atacurilor aeriene sau bombardamentelor cu artilerie grea. Trebuie să evităm un război de poziţie de felul celui din anii 1914–1918. Atacul trebuie să se sprijine pe noua tactică de acţiuni militare aeriene şi cu blindate, pe care am testat-o în Polonia.

Ştia că succesul din Polonia s-a datorat doctrinei războiului fulger, care a luat prin surprindere comandamentul polonez. Forţa lui a fost utilizarea inovatoare a armelor blindate şi a aviaţiei, bazate pe principiul simplu al unităţii – *Einheit*.

Tancurile, cele mai puternice arme care zdrobesc orice rezistenţă a inamicului, au fost numai o parte a maşinăriei de luptă, în care au acţionat toate tipurile de arme: infanteria, artileria, unităţile blindate şi aviaţia, coordonate până la cea din urmă mişcare. Comandantul batalionului de blindate s-a putut baza în atacul cu cele trei companii ale sale pe un număr corespunzător de companii de infanterie, pe detaşamentele de asalt ale geniştilor care curăţau terenul şi îşi croiau drum prin câmpurile minate, pe bateria de tunuri antiaeriene şi putea să cheme în ajutor şi artileria, şi bombardierele protejate de avioane de vânătoare.

Înainte de începerea atacului, trebuiau îndeplinite câteva condiţii, de care depindea victoria în război. Condiţia fundamentală era transferul rapid al trupelor din zonele de pornire în cele de concentrare din imediata apropiere a frontului. De ritmul şi de abilitatea executării acestei faze depindea elementul surpriză, care putea decide victoria. Atacul trebuia să fie efectuat cu armate superioare numeric faţă de cele ale inamicului şi care să acţioneze brutal, având un singur scop: să producă o spărtură în linia de apărare a duşmanului. Când primele detaşamente pătrundeau adânc în apărarea inamicului, erau adăugate alte detaşamente, ca să se menţină ritmul şi forţa loviturii şi ca să se consolideze poziţiile dobândite.

Hitler îşi dădea seama că ofiţerii occidentali urmăreau desfăşurarea războiului din Polonia şi modul de acţiune al armatei germane. Şi nu se înşela. De exemplu, colonelul Charles de Gaulle[1] a elaborat un raport special pe tema caracterului campaniei poloneze, intitulat *Ziua de naştere a forţei mecanizate*, în care a prezentat rezultatele analizei desfăşurării acţiunilor de luptă din Polonia. Scria că „... acest război, mai devreme sau mai târziu, va sta sub semnul vitezei, al surprizei, al întorsăturilor bruşte, cu dimensiuni şi ritmuri care le vor depăşi de câteva ori pe cele mai rapide cunoscute până acum".

[1] **Charles de Gaulle** (1890–1970), absolvent al şcolii de ofiţeri de la Saint-Cyr, luptător în Primul Război Mondial, în perioada interbelică a scris cartea *Discordia în rândurile duşmanului* (*La Discorde chez l'ennemi)*, în care a reanalizat cauzele înfrângerii Germaniei în Primul Război Mondial, şi *Pentru o armată de profesionişti (Vers l'Armée de métier)*, în care şi-a expus părerile cu privire la tema funcţionării şi structurii armatei franceze, afirmând că aceasta trebuie să fie o mică armată de profesionişti, care să dispună de arme blindate puternice. S-a opus părerii generale care sprijinea linia defensivă Maginot. Părerile lui nu au găsit înţelegere la autorităţile superioare ale armatei şi ale politicii franceze. În momentul izbucnirii celui de-al Doilea Război Mondial, era comandantul unităţilor de blindate ale Armatei V. La 11 mai 1940 a preluat comanda diviziei de blindate nr. 4 în curs de formare şi câteva zile mai târziu a fost numit (temporar) general de brigadă. Divizia lui s-a evidenţiat prin atacul împotriva avangărzii Corpului XIX al generalului Heinz Guderian, dar a pierdut legătura radio şi protecţia aviaţiei şi a fost silită să se retragă. La 5 iunie, invitat de premierul Paul Reynaud să facă parte din guvern în calitate de subsecretar de stat pentru apărare nu a putut face prea mult în atmosfera de defetism care domnea şi chiar a planurilor de capitulare, spre care înclina cea mai mare parte a conducerii armatei. La 17 iunie 1940, după ce mareşalul Pétain a preluat funcţia de prim ministru, a plecat la bordul unui avion RAF în Marea Britanie şi, în seara zilei următoare, a transmis la BBC un apel la continuarea luptei. Poziţia lui s-a întărit considerabil atunci când a început să alcătuiască forţele militare ale Franţei Libere şi a stabilit legătura cu Rezistenţa care se organiza în ţară. În iunie 1943, a luat fiinţă în Alger Comitetul Francez de Eliberare Naţională (CFLN), al cărui preşedinte a fost De Gaulle (împreună cu Giraud). Adepţii lui au ocupat cele mai multe funcţii, obligându-l să cedeze pe generalul Giraud, care se bucura de sprijinul Statelor Unite. Un an mai târziu, după transformarea Comitetului în Guvern Provizoriu al Republicii Franceze, de Gaulle a preluat conducerea acestuia şi a coordonat acţiunile mişcării de rezistenţă şi ale unităţilor armate regulate aliate, care au eliberat Franţa. În 1945 a fost ales de Adunarea Constituţională şef al guvernului provizoriu, dar a renunţat la această funcţie în ianuarie 1946. În 1958 a revenit la viaţa politică activă, iniţial ca premier, apoi, de la 8 ianuarie 1958, ca preşedinte al Franţei. A demisionat din această funcţie la 28 aprilie 1969, ca urmare a unui referendum nefavorabil pentru el pe tema reorganizării administraţiei şi a senatului.

La fel stăteau lucrurile şi în Marea Britanie, unde specialiştii militari urmăreau cu atenţie şi analizau acţiunile militare ale armatei germane din Polonia.

Era clar că guvernele acestor ţări vor trage concluzii din desfăşurarea luptelor din septembrie şi vor profita de modelele de atac, care fuseseră confirmate în condiţii reale. În acelaşi timp, puteau să înceapă pregătirile propriilor armate pentru apărare împotriva atacurilor germane, al căror secret încetase să mai fie o surpriză. Statele cu un mare potenţial industrial şi militar, precum Franţa şi Marea Britanie, puteau să facă acest lucru pe parcursul câtorva luni. Puteau să grăbească producţia noilor avioane de vânătoare (aşa cum erau cele franţuzeşti, tip *Dewoitine 520*[1]), pentru a respinge bombardierele germane sau să le doteze cu arme de calibru superior (tunuri calibru 20 mm) şi bombe care să distrugă tancurile de pe câmpurile de luptă.

Puteau să dezvolte o producţie de avioane moderne rapide de bombardament (*LeO 451*[2]), care ar fi paralizat mişcarea coloanelor germa-

---

[1] **Dewoitine D-520** – avion francez de vânătoare, a fost lansat în zbor pe riscul fabricii la 2 octombrie 1938, dar rezultatele au fost slabe. După mai multe ameliorări, al doilea prototip, *D-520-02*, a fost mult mai bun şi a fost introdus în producţia de serie. Primele avioane de vânătoare din producţia de serie au luat startul în octombrie 1939. Până în mai 1940, forţele aeriene franceze au fost înzestrate cu 220 de astfel de avioane, din care 36 au atins capacitatea de luptă. Erau foarte suple în luptă şi piloţii care zburau pe ele au lovit în mod sigur 108 avioane inamice şi 39 probabil, pierzând 85 de avioane şi 44 de piloţi. După o scurtă întrerupere, producţia a fost reluată sub supravegherea nemţilor pentru nevoile aeroportului din Vichy şi a forţelor aeriene din Bulgaria şi din Italia. Până în august 1944, uzinele franceze au produs 891 de avioane, care au luptat în Africa de Nord, iar din noiembrie 1944 până în mai 1945 au fost folosite şi de *Armée de l'Air*.
Date tactico-tehnice: motor cu puterea de 850 sau 930 CP, anvergura 10,2 m, lungimea 8,75 m, greutatea maximă la decolare 2.780 kg, viteza maximă 530 km/h, independenţa de zbor 1.250 km; armament: un tun mic calibru 20 mm, 4 mitraliere Mac calibru 7,5 montate pe aripi.

[2] **LeO 451 Liore et Olivier** – bombardier francez lansat în aer la 16 ianuarie 1937. Deşi rezultatele la încercări au fost bune, producţia s-a dezvoltat încet: până în iunie 1940, forţele aeriene franceze au primit numai 452 din cele 1.700 de avioane comandate. După izbucnirea celui de-al Doilea Război Mondial au fost folosite pentru misiuni de recunoaştere şi în 1940 au efectuat raiduri pe timp de zi deasupra Germaniei, în Franţa şi deasupra unor ţinte din Italia. După depunerea armelor, uzinele au primit comenzi pentru 225 de avioane pentru forţele aeriene ale guvernului de la Vichy din colonii, unde îndeplineau misiuni de transport şi comunicaţii. Pentru acelaşi tip de misiuni au fost folosite şi de Luftwaffe, şi de forţele aeriene italiene, care în 1941 au cumpărat 27 de avioane *LeO 451*.
Date tactico-tehnice: două motoare cu puterea de 1.140 CP, anvergura 22,52 m, lungimea 17,17 m, greutatea maximă la decolare 11.398 kg, viteza max. 480 km/h,

ne de blindate, împiedicându-le să ajungă în zonele de concentrare şi blocând transportul de carburanţi, iar fără acesta armata rapidă îşi pierdea forţa.

Forţele terestre puteau să primească mai multe tunuri antitanc, cel puţin de tipul Bofors calibru 37 mm, care îşi demonstraseră eficienţa în lupta cu tancurile germane. Fiecare pluton putea să primească mitraliere ieftine antiblindate *Kb.Ur.wz.35 Ur*[1] care se dovediseră foarte eficace în luptele cu autovehiculele blindate şi tancurile *PzKpfw I* şi *II*.

Franţa dispunea de o armată puternică de blindate. Putea să-i schimbe organizarea şi să introducă noi tipuri de tancuri, care ar fi fost eficiente în lupta cu carele blindate germane.

Hitler avea aşadar toate motivele să se teamă că, dacă le acordă occidentalilor prea mult timp, aceştia se vor pregăti foarte bine să respingă loviturile Wehrmacht-ului. De aceea dorea să lovească el primul şi asta cât mai repede. Nu putea să prevadă că raportul colonelului De Gaulle nu va trezi interesul autorităţilor franceze şi că ofiţerii superiori englezi şi francezi, care acumulaseră experienţă pe câmpurile de luptă ale Primului Război Mondial nu vor înţelege importanţa forţelor de atac în masă pe care o reprezentau blindatele, a vitezei cu care puteau să manevreze diviziile de mecanizate şi a eficienţei devastatoare a aviaţiei.

Din moment ce se grăbea aşa de tare, Hitler a trebuit să accepte condiţiile lui Stalin. Oare îşi dădea seama ce intenţii are aliatul lui de la Moscova? Era suficient să te uiţi pe hartă, ca să înţelegi sensul acţiunilor dictatorului sovietic. Teritoriile pe care intenţiona să le includă

---

independenţă de zbor 1.675 km; armament: două mitraliere MAC 1934, calibru 7,5 mm, un tun uşor HS-404 calibru 20 mm, 2400 kg bombe.

[1] **Kb.Ur.wz.1935** – cea mai bună mitralieră antiblindate din cel de-al Doilea Război Mondial, a fost construită de colectivul alcătuit din col. dr. T. Felsztyn, ing. J. Maroszek, ing. Piotr Wilniewczyć. Producţia a început în 1935, la Fabrica de Mitraliere din Varşovia, sub denumirea oficială de mitralieră antiblindate *wz.35*, dar pentru a se păstra secretul militar au fost livrate în depozitele armatei cu inscripţia *Kb.Ur*, ceea ce ar fi trebuit să sugereze că sunt arme destinate exportului în Uruguay. Erau uşor de mânuit, uşoare şi precise; frâna specială elimina neajunsul principal al altor mitraliere de acest tip (de ex. – mitraliera britanică *Boys*), sensibilă pentru trăgător, recul puternic după lovitură. Lovitura făcea în blindajul vehiculului o gaură cu diametrul de 25 mm şi lovea echipajul; nu-i rezista niciun blindaj al autovehiculelor utilizate în prima perioadă a războiului.

Date tactico-tehnice: calibru 7,92 mm, lungimea 1.760 mm, lungimea ţevii 1.200 mm, greutatea 9,1 kg, capacitatea magaziei 5 încărcătoare, viteza iniţială a loviturii 1.275 m/sec; lovitura făcea în blindaj o gaură cu diametrul de 25 mm de la o distanţă de 300 m, nimerind ţinta sub un unghi de 30°.

în statul său formau o fâşie lată, unde ar fi avut loc primul impact al atacului german, frânând înaintarea coloanelor germane de blindate şi dând astfel timp Uniunii Sovietice să-şi mobilizeze forţele.

Atunci de ce a fost Hitler de acord cu aceasta? De ce, din moment ce se pregătea de război împotriva Uniunii Sovietice, a uşurat apărarea duşmanului şi a îngreunat repurtarea victoriei de către armatele proprii? În 1939 nu avea altă soluţie. Trebuia să accepte pretenţiile lui Stalin, căci numai în felul acesta putea să-şi realizeze celelalte scopuri ale politicii lui, pe care le considera prioritare în anii 1939 şi 1940, adică neutralizarea democraţiilor occidentale, pentru ca acestea să nu poată veni în ajutorul Uniunii Sovietice. Nu avea intenţia să le dea ruşilor timp să fortifice aceste teritorii şi considera că tehnica modernă face ca spaţiul să nu mai aibă importanţa pe care o avea în secolele trecute. Pentru armatele lui Napoleon, parcurgerea unei sute de kilometri era o faptă eroică în sine şi dura cel puţin câteva zile. O divizie motorizată străbătea această distanţă acum în câteva ore. Pe vremea lui Napoleon, asigurarea aprovizionării unei armate de o sută de mii de oameni la o distanţă de peste o mie de kilometri era imposibilă şi armata trebuia să-şi procure cele necesare pe loc, profitând de ceea ce reuşea să obţină. În 1940, trenurile şi avioanele puteau să aducă suficientă mâncare, carburant şi muniţie pentru ca armata să fie complet independentă şi să ducă războiul fără să fie nevoită să se aprovizioneze pe plan local.

Hitler a comis o eroare atunci când a subapreciat importanţa spaţiului şi înverşunarea Armatei Roşii, aşa cum avea să se convingă câteva luni mai târziu.

Următoarea călătorie a ministrului Ribbentrop

Avionul tip *Immelman III* care îl ducea pe ministrul Ribbentrop a decolat de pe aeroportul Tempelhof la 27 septembrie 1939, câteva minute după ora 9 dimineaţa. De astă dată, Ribbentrop luase cu el la Moscova un grup mult mai numeros decât prima oară. Atât de numeros, încât nu încăpuseră în *Condor*[1]-ul lui şi a fost nevoie de încă

[1] **Condor Focke Wulf Fw 200** – bombardier german, proiectat ca avion de pasageri pentru 26 de persoane, a efectuat primul zbor în iulie 1937. Producţia versiunii de război Fw 200C a fost iniţiată pe baza deciziei Ministerului Aviaţiei, care a considerat

un avion. Junkers *Ju 52/3m* era mai lent şi din acest motiv decolase cu trei ore mai înainte, pentru a reuşi să ajungă la Moscova la timp, adică după avionul ministrului. Dar Ribbentrop a decis să aterizeze la Kaliningrad, la fel ca şi în prima călătorie la Moscova şi a fost invitat de noul gauleiter al Prusiei Orientale, Erich Koch, la masă, care, conform tradiţiei, a avut loc la hotelul „Park". Primirea a durat ceva mai mult decât se prevăzuse, iar comandantului de pe *Junkers*, SS Richard Schulze, nu-şi putea permite să schimbe orarul de zbor, aşa că, după ce a încărcat combustibil la Kaliningrad, a decolat imediat spre Moscova. Drept urmare, avionul lui a ajuns deasupra Moscovei înaintea *Condor*-ului lui Ribbentrop.

Nu exista deci altă soluţie decât să se rotească în aer, aşteptând să apară avionul ministrului. Minutele treceau şi *Condor* nu apărea. După o oră întreagă, pilotul a început să se alarmeze, căci benzina era pe terminate. Trebuia să aterizeze.

Comisarul adjunct pentru afaceri externe, Vladimir Potiomkin, văzând avionul care ateriza, a fost convins că la bordul lui se afla şi Ribbentrop, aşa că a dat ordin să se înceapă ceremonia de întâmpinare. Echipele de filmare şi-au aprins reflectoarele, compania de onoare a prezentat armele, orchestra a început să cânte imnul german, s-au adus scările lângă avion şi s-a desfăşurat covorul roşu în faţa lor. Dar uşa s-a deschis şi a apărut tânărul Schulze, în vârstă de 24 de ani, într-un costum de culoare închisă, vizibil stânjenit de situaţia în care se afla. A coborât repede treptele şi, găsindu-l din priviri pe ambasadorul Schulenburg, a pornit spre el, ca să-i explice situaţia. Câteva minute mai târziu, totul intrase în normal, grupul de întâmpinare s-a retras într-o mică clădire din curtea aeroportului, să aştepte sosirea avionului principal. Mult aşteptatul *Condor* a aterizat la ora 17.50.

Ribbentrop a coborât din avion într-o manta de piele maro închis şi cu o pălărie pe cap. Se pregătise bine pentru discuţia cu ruşii şi înţelegea că nu trebuie să le permită să includă Lituania în zona lor de

---

că forţele aeriene trebuie dotate cu avioane de bombardament pentru atacul împotriva echipajelor aliaţilor din Atlantic. Încă din 1940, aparatele *Condor* şi-au demonstrat eficacitatea: numai în septembrie 1940 avioanele *KG 40* care operau de la Bordeaux-Merignac au scufundat vase cu un tonaj total de 90.000 BRT. Au fost folosite şi ca avioane de recunoaştere, depistând convoaiele aliaţilor. Până în 1940 au fost fabricate 262 de avioane de acest tip.

Date tactico-tehnice (Fw 200C-3): 4 motoare cu puterea de 1.200 CP, anvergura 33 m, lungimea 23,8 m, greutatea max. la decolare 22.700 kg, viteza max. 384 km/h, independenţă de zbor 1.440 km; armament: două tunuri uşoare MG 151/20 calibru 20 mm, 4 mitraliere MG 15 calibru 7,9 mm, 1.800 kg bombe.

interese, însă intenţiona să câştige pentru cel de-al Treilea Reich ceva mai mult decât teritoriile poloneze dintre Vistula şi Bug. Şi iarăşi l-a subapreciat pe Stalin, care se pregătise şi mai bine decât Ribbentrop pentru negocieri.

Primul pas fost cel la care se aştepta Ribbentrop: Stalin le-a oferit nemţilor teritoriile poloneze, deşi acestea nu aparţinuseră niciodată Uniunii Sovietice. Decisese să le dea nemţilor ceea ce îşi luaseră deja. În schimb, îşi rezervase mult timp ca să-l convingă pe Ribbentrop că îi face o ofertă foarte avantajoasă:

— Istoria a demonstrat că împărţirea Poloniei a însemnat întotdeauna să provoci tulburări şi necazuri, a explicat el. Polonezii au luptat întotdeauna pentru unire şi fără îndoială că vor continua să lupte şi de astă dată. De aceea, împărţirea ei acum mi se pare o procedură îndoielnică. Dacă Germania ar prelua întreaga populaţie, atunci intrigile poloneze îndreptate spre stricarea relaţiilor sovieto-germane ar putea fi eliminate. Germanii ar avea mână liberă să rezolve problema naţională poloneză. În plus, teritoriile de la est de Vistula sunt mult mai valoroase din punct de vedere agricol decât cele din vest.

Ribbentrop nu a acordat prea mare importanţă acestei argumentări. Se gândea la altă chestiune. Dacă Germania va renunţa la Lituania, nu o va face în schimbul teritoriilor pe care le avea deja, ci a celor unde se instalaseră ruşii: pe el îl interesa zona Lvov şi Drohobîci, datorită câmpurilor petroliere de acolo. Stalin înţelegea foarte bine ce valoare au acele teritorii.

— Acestea fac parte din Ucraina, a răspuns el. Dacă pe nemţi îi interesează numai ţiţeiul, nu trebuie să-şi facă probleme. Vă predăm toată producţia. În momentul de faţă reprezintă 30.000 de tone anual, iar noi vom creşte această cantitate la 500.000 de tone. În schimb, Germania ne va furniza cărbune şi rulmenţi. Este o înţelegere bună, a adăugat el.

Ribbentrop începea să-şi dea seama că Stalin dobândise superioritatea în această discuţie şi îi anihilase toate argumentele. Nu mai putea decât să ceară timp de gândire. S-a stabilit că va da răspunsul la ora 14.00. În realitate, Ribbentrop trebuia să obţină acordul lui Hitler. În felul acesta, discuţia s-a încheiat la ora unu noaptea şi Ribbentrop s-a întors cu automobilul lui Stalin – în care s-a aşezat alături de şofer şi şeful gărzii personale a lui Stalin, colonelul Vlasik – la apartamentul său din clădirea fostei ambasade a Austriei, pentru a-i trimite lui Hitler o telegramă lungă de o mie de cuvinte. La Berlin a durat câteva ore până când telegrama a fost descifrată şi prezentată apoi la cancelaria

Reich-ului. Între timp, Hitler plecase la Wilhelmshaven, unde urma să viziteze baza de submarine U-Boot. Ribbentrop aştepta nerăbdător, iar răspunsul de la Berlin nu venea. Nu ştia că, între timp, la Moscova sosise delegaţia guvernului eston. Ceea ce urma să le spună Stalin depindea de răspunsul nemţilor.

Ribbentrop a aşteptat nervos până la ora 14.00, după care, fără să primească răspunsul de la Berlin a plecat la Kremlin, ştiind deja că va trebui să ia decizia de unul singur.

La ora 15.00 a început în cabinetul lui Molotov cea de-a doua parte a discuţiilor pe tema graniţelor. În încăperile învecinate lucrau colectivele de cartografi, care trasau noile frontiere pe hărţi, iar Stalin, Molotov şi Ribbentrop se aplecau deasupra schiţelor întinse pe masa acoperită cu postav verde. Munca tărăgăna. În sfârşit, la ora 18.30, Stalin a fost de acord să se ia pauză, căci în program era prevăzut un banchet solemn în onoarea delegaţiei germane, şi nu la Spiridonovka, acolo unde aveau loc aceste ceremonii, ci la Kremlin. Fireşte că nimeni nu dorea să renunţe la această plăcere şi ambele delegaţii s-au dus la apartamentele lor, ca să reîntâlnească apoi câteva ore mai târziu în marea sală a Kremlinului.

Acolo, Stalin şi Molotov, înconjuraţi de alţi membri ai autorităţilor sovietice, îi aşteptau pe oaspeţii introduşi de şeful protocolului. S-a renunţat la saluturi şi s-au dus cu toţii în sala de banchete, unde s-au aşezat de o parte şi de alta a mesei. Stalin i-a indicat lui Ribbentrop un loc lângă el, iar Molotov s-a aşezat vizavi. Festinul a început. Nemţii nu au fost surprinşi de bogăţia felurilor de mâncare (au fost pregătite 21), ci de un lichid auriu, pe care chelnerii l-au adus în păhărele mici de cristal, înainte să apuce să guste din primul antreu. Acesta le-a trezit într-adevăr interesul: era votcă cu piper şi avea un efect instantaneu, aşa cum spunea Ribbentrop „îţi tăia răsuflarea".

Molotov, ca să le dea satisfacţie oaspeţilor, a început să rostească toasturi pentru fiecare din ei. A înconjurat masa împreună cu Stalin şi a ciocnit cu diplomaţii germani. Niciunul nu putea aşadar să refuze să bea votca arzătoare rusească. Schulze, la care au ajuns ultimul şi era deja bine dispus, i-a propus lui Molotov să rostească un toast şi pentru „diplomaţii care nu au putut să ia parte la această cină încântătoare". Apoi a propus un toast pentru Stalin.

Acesta a râs cu gura până la urechi:

— Dacă Molotov vrea să bea, n-are decât, dar nu este cazul să profite de mine pentru asta.

28 septembrie 1939; experţii sovietici şi germani discută trasarea noii frontiere

Pe chipul lui Stalin nu se vedea nici urmă de influenţă a alcoolului şi Ribbentrop, la fel ca şi în timpul primei vizite, a început să se întrebe dacă dictatorul chiar bea votcă sau numai apă colorată. Alcoolul îi vuia destul de tare în cap, aşadar, şi-a făcut curaj şi a întrebat:

— Domnule secretar, dumneavoastră aveţi în pahar apă sau altceva? Fireşte, un răspuns sincer nu va schimba admiraţia mea pentru posibilităţile ruşilor.

Stalin s-a aplecat spre el şi a lăsat ochii în jos.

— Beau un vin slab gruzin care are aceeaşi culoare cu votca aceea diavolească.

Ribbentrop a dat din cap plin de înţelegere, dar nu se ştie dacă a crezut această explicaţie.

Ruşii s-au ridicat destul de brusc de la masă şi s-au scuzat că în curând la teatrul „Balşoi" va începe baletul *Lacul lebedelor*, pe care îl recomandă şi oaspeţilor şi cu aceasta cina s-a încheiat.

Ribbentrop s-a aşezat în lojă alături de Schulenburg, a cărui prezenţă s-a dovedit necesară chiar şi în timpul spectacolului. Când s-a terminat actul întâi, ministrul, încântat de una dintre balerine, s-a decis să-i trimită un buchet de flori şi ambasadorul abia a reuşit să-i scoată din cap ideea aceasta, căci ar fi fost ceva foarte straniu în Moscova comunistă. În program era prevăzut că oaspeţii nu vor asista la actul al doilea, ci se vor întoarce în sala de şedinţe. Stalin şi Molotov aveau aşadar foarte puţin timp ca să rezolve următoarea problemă.

Molotov, roşu la faţă din cauza cantităţii prea mari de votcă, a intrat singur în camera unde aştepta de câteva ore Karl Selter, ministrul de externe al Estoniei, cu consilierii săi.

Comisarul a spus ceva ce se putea înţelege ca un salut sau ca o scuză, s-a aşezat greoi în fotoliul din faţa estonianului, trecând imediat la miezul problemei: a cerut ca Estonia să permită trecerea unei armate de 35.000 de soldaţi sovietici pe teritoriul ei.

Selter s-a cutremurat de indignare.

— Acest lucru este imposibil, este mai mult decât toată armata Estoniei!, a strigat el.

În realitate, era de peste trei ori mai mult. Estonia, un stat mic, cu o suprafaţă de 4.800 km^2, locuită de 1.130.000 de oameni, avea o armată care număra 11.000 de soldaţi înarmaţi cu 130 de tunuri şi 16 avioane de luptă învechite.

Comisarul sovietic, prefăcându-se că nu a auzit răspunsul, a început să repete cererea, oferind argumentele pătrunderii unei armate atât de numeroase pe teritoriul Estoniei – dar acestea nu aveau nimic în comun cu obiecţia ridicată de ministrul eston.

Atunci în sală a intrat Stalin. A ascultat câteva clipe schimbul de cuvinte şi dintr-odată, prefăcându-se uimit de temperatura discuţiei şi de vocile ridicate, s-a adresat lui Molotov:

— Care e problema?

Aflând că este vorba de numărul de soldaţi, a zâmbit împăciuitor.

— Potoleşte-te, Molotov, a spus el pe un ton blând. Eşti prea dur cu prietenii noştri. Putem micşora numărul până la 25.000.

S-ar fi putut crede că intervenţia lui Stalin era menită să uşureze semnarea înţelegerii, în realitate Selter ştia prea bine că ruşii le dictează condiţiile. A considerat aşadar un succes că reuşise să reducă numărul. Nu ştia că unităţile sovietice masate la graniţa cu Estonia aveau ordin să pătrundă pe teritoriul acestei ţări în ziua următoare şi numai după semnarea înţelegerii, Voroşilov personal i-a telefonat comandantului lor şi a anulat operaţiunea. Înţelegerea cu Estonia a fost semnată, în timp ce la teatrul Balşoi se încheia actul întâi din *Lacul lebedelor*, iar Ribbentrop, fluturând mănuşa în direcţia frumoasei balerine, l-a convins pe Schulenburg să-i trimită imediat un buchet de flori cu un bileţel...

Hitler îşi cunoaşte interesele.

— Domnul Hitler este la telefon.

Molotov, care stătea în picioare lângă biroul lui, i-a întins receptorul lui Ribbentrop.

Toată ziua ministrul încercase fără folos să ia legătura cu Führer-ul şi de abia la miezul nopţii nemţii, profitând de legătura telefonică directă a Cancelariei Reich-ului cu cabinetul lui Molotov, au telefonat acolo.

Ribbentrop a vorbit câteva minute şi a pus receptorul în furcă. Se străduise tot timpul să păstreze un chip de piatră şi să vorbească puţin, căci îşi dădea seama că serviciile sovietice înregistrează această convorbire.

— Hitler este de acord, deoarece doreşte să stabilească relaţii durabile şi apropiate, a spus el.

— Hitler îşi cunoaşte interesele, a spus Stalin.

Abia la ora cinci dimineaţa în ziua de 29 septembrie au fost gata toate documentele pentru semnat. În înţelegerea care stabilea că „guvernele Reich-ului german şi al URSS, după dezmembrarea fostului stat polonez, recunosc drept unica lor misiune instaurarea păcii şi a ordinii în aceste teritorii", se introducea declaraţia comună care chema Marea Britanie şi Franţa să pună capăt războiului, două scrisori de intenţie în problema dezvoltării relaţiilor comerciale şi trei protocoale secrete. Primul dintre ele se referea la schimbarea frontierelor convenită în protocolul secret din 23 august, al doilea vorbea despre strămutarea germanilor, ucrainenilor şi

„Hitler îşi închipuie că m-a păcălit..."

bieloruşilor care se aflau pe ambele laturi ale noii frontiere, al treilea se referea la combaterea luptei pentru eliberare a polonezilor în teritoriile incluse în Reich şi în Uniunea Sovietică.

Apoi Stalin şi după el Ribbentrop şi-au pus semnăturile pe harta pe care fuseseră trasate noile frontiere. Mai rămâneau de semnat numai documentele şi Molotov şi Ribbentrop au făcut şi aceasta imediat.

Stalin urmărea ceremonia cu o satisfacţie vădită. Îşi dădea totuşi seama că toate concesiile pe care i le făcuse Hitler dându-i Lituania sunt de scurtă durată. S-a aplecat la un moment dat spre Molotov şi i-a spus:

— Când ne-a dat Lituania fără să se împotrivească, Hitler ne-a declarat război...

O asemenea generozitate din partea lui Hitler nu putea avea decât o singură explicaţie: ceda un stat cu o importanţă strategică esenţială convins fiind că îl va recupera cât de curând.

Stalin era totuşi mulţumit, căci îşi dădea seama că este mai viclean decât Hitler. Acesta fusese de acord cu includerea Lituaniei şi a celorlalte ţări baltice în zona de influenţă sovietică, adică cu încheierea de către Moscova a unor acorduri cu guvernele acestor state, cu înfiinţarea unor baze militare acolo, dar nu ca acestora să li se ia independenţa. Era convins că diplomaţia lui va reuşi să neutralizeze influenţele sovietice şi presiunea împotriva Estoniei, Lituaniei şi Letoniei, propunând guvernelor respective acorduri similare.

Din informaţiile spionajului, Stalin ştia că Hitler le cere generalilor săi să pornească împotriva Occidentului cât mai repede, încă în noiembrie. Data pentru atacul împotriva Belgiei şi Franţei fusese stabilită pentru 12 noiembrie. Această operaţiune militară era însă cu mult mai dificilă decât cucerirea Poloniei, unde totul era în favoarea Wehrmacht-ului. Într-o ţară de câmpie, ale cărei frontiere nu erau apărate de fortificaţii puternice, unităţile germane de blindate se puteau desfăşura în voie. Râurile cu vaduri largi nu-i opreau pe atacatori, iar armata poloneză, vitează, dar slab înarmată, nu avea cu ce să distrugă tancurile şi avioanele. Vremea frumoasă şi însorită crea condiţii ideale pentru aviaţia germană, care pe ploaie şi ceaţă nu-şi putea demonstra forţa şi nu putea sprijini în mod eficient celelalte unităţi.

În Occident, Wehrmacht-ul va trebui să lupte cu două mari puteri, care nu erau aşa de uşor de învins – Franţa avea o armată la fel de puternică ca şi cea germană, iar forţele unite ale aliaţilor, Franţa, Belgia, Olanda şi Marea Britanie, depăşeau numeric forţele Wehrmacht-ului. Străpungerea graniţelor acestor state nu era lucru uşor, căci, după

Pactul a fost încheiat. Hitler a ordonat să se scoată ţigara din mâna lui Stalin la retuş: „Nu se cuvine să fumeze într-un asemenea moment."

cumplitele experienţe din Primul Război Mondial, acestea erau apărate de linii de buncăre şi tranşee. Belgia construise fortăreţe puternice, precum Namur, Liège, Eben Emael, care păzeau trecerea peste râuri şi canale, Franţa îşi protejase graniţa cu puternica linie Maginot, care nu putea fi trecută, căci erau adăposturi protejate de ziduri uriaşe de beton armat, tuneluri şi depozite ascunse sub pământ, imune la bombardamentele din avion şi de artilerie. Dar nu aceasta era dificultatea cea mai mare. Misiunea prevăzută de strategii francezi pentru linia Maginot nu consta în respingerea armatei germane, ci în oprirea acesteia timp de 2–3 săptămâni. În acest timp, Franţa şi-a fi efectuat în linişte mobilizarea, ar fi adus diviziile din colonii şi ar fi lovit cu această uriaşă forţă în armata germană. Războiul fulger s-ar fi transformat într-un război de uzură, care ar fi secătuit ambele părţi, iar de aceasta ar fi putut profita după patru sau cinci luni Armata Roşie. Modernizată şi întărită, dar mai ales pregătită din punct de vedere ideologic să ocupe noi teritorii – Germania, Franţa Belgia şi Olanda, ar fi pornit spre vest, în momentul în care Stalin ar fi văzut că inamicii sunt atât de sleiţi de puteri, încât nu vor mai putea stăvili marşul Armatei Roşii prin noua Europă.

În acest plan exista însă o anumită neclaritate referitoare la politica marilor puteri occidentale atacate de germani. Spionajul sovietic raportase de la Londra că, deşi Marea Britanie şi Germania se află în stare de război, guvernele acestor ţări nu întrerupseseră negocierile secrete. Oare premierul Chamberlain se pregătea să încheie pace cu Germania dacă desfăşurarea războiului va deveni foarte dezavantajoasă pentru marile puteri democratice?

Negocierile secrete continuau, într-adevăr, dar spionajul sovietic nu făcea diferenţă între germanii antinazişti care, prin intermediul Vaticanului, începuseră convorbiri cu reprezentanţii guvernului britanic pe tema răsturnării lui Hitler de la putere, şi contactele neoficiale dintre guvernele celor două state. La fel, agenţiile sovietice de spionaj au fost induse în eroare de întâlnirile dintre *Sicherheitsdienst* (Serviciul de Securitate SS) şi trimişii spionajului britanic, ceea ce nu avea nimic comun cu negocierile guvernelor. Serviciul secret german elabora cu foarte multă pricepere provocări pentru trimişii de la Londra ca să-i atragă în capcană şi să obţină cât mai multe informaţii referitoare la operaţiunile secrete din Europa, ceea ce au şi reuşit să facă.

Aceste rapoarte ale serviciului de informaţii îi întăreau lui Stalin convingerea că premierul Chamberlain, care era slab şi se temea mereu de Hitler, ar fi dispus să negocieze pacea cu Germania, dacă situaţia pe frontul de vest ar ameninţa cu înfrângerea aliaţilor. Uniunea Sovietică trebuia să fie aşadar gata de apărare, care, în concepţia lui Stalin, consta în crearea unei fâşii tampon, pentru a prelua forţa primului atac german. Dacă însă situaţia din Occident ar fi evoluat în conformitate cu prevederile lui Stalin, iar după victorie armata lui ar fi pornit împotriva duşmanilor slăbiţi din Occident, nu pierdea nimic, ocupând între timp teritoriile polone, lituaniene, letone, estone, române şi finlandeze. Lua pentru Uniunea Sovietică ceea ce considera că este proprietate rusească, deoarece aceste ţări făcuseră cândva parte din imperiul ţarilor ruşi. Şi, în plus, Armata Roşie dobândise poziţii de atac mai avantajoase pentru a porni în marele marş împotriva Europei Occidentale.

Politica lui Stalin se cristalizase deja: să-i terorizeze pe polonezii din teritoriile incluse în URSS şi să nu le permită să opună niciun fel de rezistenţă sau să organizeze războiul de rezistenţă împotriva Armatei Roşii, să intre cu armata în teritoriile statelor vecine şi să păstreze cele mai bune relaţii cu Hitler, ca să-l convingă că nu trebuie să se grăbească să lovească Uniunea Sovietică.

Ministrul afacerilor externe al Letoniei, Vilhelms Munters, a sosit la Moscova la invitaţia lui Molotov la 30 septembrie 1939. Ruşii nu aveau de gând să piardă timpul cu fandoseli diplomatice.

— Am să vă spun sincer, i-a spus Stalin lui Munters, imediat ce delegaţia letonă s-a aşezat în sala de şedinţe de lângă cabinetul lui Molotov. A venit momentul împărţirii sferelor de interese. Din partea nemţilor, putem să vă ocupăm oricând dorim.

Stalin nu dezvăluia un secret. Voia să-i ia ministrului leton orice speranţă de ajutor sau de sprijin din partea Germaniei.

— Nu putem permite ca ţările mici să fie folosite împotriva Uniunii Sovietice, a adăugat Molotov. Ţările baltice neutre sunt prea nesigure.

Aşa a început discuţia cu privire la bazele care urmau să fie înfiinţate de Uniunea Sovietică pe teritoriul Letoniei şi la numărul de soldaţi care vor fi staţionaţi în aceste baze.

În acelaşi timp în care ministrul Munters se străduia să negocieze condiţii ceva mai puţin apăsătoare pentru independenţa ţării sale, la Moscova a sosit Juozas Urbšys, ministrul de externe al Lituaniei, care a auzit acelaşi lucru ca şi colegul lui din ţara vecină: Lituania nu are altă soluţie, decât să fie de acord cu pătrunderea pe teritoriul ei a unui număr de 75.000 soldaţi sovietici.

Dacă trimişii statelor baltice s-au străduit să se împotrivească, oricum împotrivirea lor nu a durat mult.

La 3 octombrie 1939, ministrul afacerilor externe al Letoniei, Vilhelm Munters, a semnat tratatul prin care i se permitea Uniunii Sovietice să introducă pe teritoriul acestui stat mic 25.000 de soldaţi şi să accepte înfiinţarea câtorva baze terestre şi navale. Un tratat similar a semnat cinci zile mai târziu şi ministrul lituanian.

Era deja seara târziu când Molotov a convocat şedinţa. Toţi au înţeles, fireşte, că ora târzie este dictată de nenumăratele sarcini pe care le are preşedintele Sovietului Comisarilor Poporului în aceste momente dificile.

Numărul înalţilor funcţionari care s-au aşezat la masa lungă de conferinţe din cabinetul lui Molotov arăta că este vorba de ceva deosebit de grav. E drept că Lavrenti Beria, şeful NKVD, nu era de faţă, dar venise adjunctul lui, Vsevolod Merkulov. Armata îşi trimisese, de asemenea, reprezentanţii de rang înalt: amiralul Ivan Isakov, adjunctul comandantului marinei militare, generalul Ivan Maslenikov, comandantul pazei de frontieră şi generalul Ivan Panfilov, şeful serviciilor de informaţii militare GRU.

— Pe baza tratatelor, armatele noastre intră deja în Lituania, Letonia şi Estonia, a început Molotov. Avem cu Germania o înţelegere în sensul că zona baltică este de cel mai mare interes strategic pentru Uniunea Sovietică. Iar noi, în calitate de conducători ai Uniunii

Sovietice, considerăm că singura cale de apărare a intereselor geopolitice ale Uniunii Sovietice în zona baltică este acordarea de ajutor mişcării proletare internaţionale din această regiune. Aceasta ar putea duce la transformarea ei într-o graniţă sigură a statului sovietic.

Aceste idei exprimate atât de complicat de premier erau cât se poate de clare pentru cei de faţă. Componenţa delegaţiei de la această conferinţă arăta că este vorba de elaborarea unor operaţiuni secrete, în urma cărora în statele baltice s-ar fi ajuns la tulburări şi ciocniri de stradă, la răsturnarea guvernelor, la formarea unor autorităţi comuniste, ceea ce ar fi avut drept urmare firească „primirea acestor state în marea familie a republicilor sovietice".

Acesta este scenariul pe care îl aplicase Stalin cu succes în teritoriile poloneze cotropite. Acolo, încă din 22 octombrie, aşadar la mai puţin de o lună după ocuparea lor de către Armata Roşie, se organizaseră alegeri pentru adunările populare. Acestea fuseseră însoţite de o teroare generală, efectul fiind că noile organe alese erau total supuse faţă de URSS. Presa sovietică scria despre aşa-numita Bielorusia de vest:

„Bieloruşii doresc numai o democraţie sovietică stalinistă. Toţi deputaţii au ovaţionat într-un singur glas puterea sovietică, mulţi dintre ei plângeau de bucurie." Curând, noile parlamente au formulat cererea ca ţările lor să fie anexate la Uniunea Sovietică, fapt ce s-a şi întâmplat la 1 şi 2 noiembrie 1939.

Totuşi situaţia celor trei ţări baltice era diferită faţă de cea a Poloniei. Hitler şi Stalin făcuseră împărţirea Poloniei, stabiliseră traseul concret al noii frontiere. În schimb, în legătură cu Lituania, Letonia şi Estonia fusese vorba numai de sfere de interese, nu de includerea acestor state în interiorul frontierelor URSS. La sfârşitul anului 1939, Stalin nu putea decât să oblige statele baltice să semneze o înţelegere de ajutor reciproc şi să obţină acordul pentru înfiinţarea de baze sovietice pe teritoriul lor. Nu putea să le anexeze, căci aceasta ar fi dus la înrăutăţirea relaţiilor cu Germania, ceea ce nu dorea. Aşadar, trebuia să aştepte o ocazie şi să se mulţumească cu introducerea în Lituania, Letonia şi Estonia a unui număr de 125.000 de soldaţi, ceea ce părea o apărare destul de solidă a Leningradului împotriva unui atac prin surprindere din vest. Dar la o distanţă de numai 30 km spre nord de acest oraş se afla frontiera cu Finlanda. Dacă Germania ar obţine acordul, ceea ce nu părea prea greu, şi şi-ar masa trupe acolo, tunurile lor grele ar putea bombarda Leningradul zi şi noapte.

Pace sau război?

Automobilul kaki închis s-a oprit în faţa clădirii acoperite de zăpadă. Şoferul a aşteptat o clipă, dar văzând că generalul Kirill Mereţkov[1] adormise pe bancheta din spate, s-a întors şi l-a atins delicat pe umăr.

— Tovarăşe comandant, am ajuns.

Mereţkov, un bărbat înalt şi solid, care abia încăpea pe bancheta din spate, a deschis ochii. De câteva zile dormea puţin şi drumul de la Leningrad până la sediul lui din apropierea graniţei cu Finlanda era o ocazie foarte bună să mai tragă un pui de somn, deşi în automobil era frig (motorul răcit cu aer dădea puţină căldură în interior) şi era zgâlţâit mereu de grămezile de zăpadă întărită de pe şosea. Oboseala învinsese repede inconvenientele drumului şi omul adormise profund. S-a scuturat o dată de frig şi şi-a îndesat mai bine căciula de lână pe cap. A deschis repede portiera şi a parcurs din câţiva paşi drumul până la casa unde soba duduia din plin, răspândind căldură. O înghiţitură zdravănă de votcă l-a ajutat să scape de sentimentul neplăcut pe care i-l lăsase drumul în automobilul neîncălzit. Nu avea de unde să ştie că iarna care urma va fi cea mai cumplită din 1828 încoace. Şi chiar dacă ar fi ştiut, tot nu vedea de ce s-ar fi neliniştit.

Cu câteva zile mai înainte participase la consfătuirea de la Kremlin, convocată de generalul Grigori Kulik[2], şeful Comandamentului Superior

---

[1] **Kirill Mereţkov** (1897–1968), membru al partidului bolşevic din 1917, un an mai târziu a devenit comisar politic al Armatei Roşii. În 1931 a fost trimis la studii în Germania, unde a rămas un an, deşi nu ştia limba. În 1936, a luptat în Spania. După întoarcerea la Moscova în 1937, a scăpat de soarta celor mai mulţi combatanţi şi a primit funcţia de adjunct al şefului Statului Major General. Din 1938 a devenit comandantul Regiunii Militare Leningrad şi din acest motiv s-a aflat în fruntea armatei care a efectuat agresiunea împotriva Finlandei. Din cauza eşecului total, la 7 ianuarie a fost scos din funcţie, dar acest lucru nu a influenţat negativ cariera lui în armată şi, la 4 iunie 1940, a fost avansat la gradul de general de armată, devenind şi membru al Consiliului General al Armatei, iar de la 14 august 1940, şef al Statului Major General. După Conferinţa de evaluare a jocurilor militare efectuate în ianuarie 1941 a fost scos din această funcţie şi a dobândit-o pe aceea de şef al Secţiei de Învăţământ. Probabil că în februarie 1941 a fost arestat sub acuzaţia de spionaj în favoarea Marii Britanii; acest lucru s-a petrecut fără ştirea şefului NKVD. La 21 iunie 1941, pe baza deciziei Biroului Politic, trebuia să preia conducerea Frontului de Nord, deşi i-a fost încredinţată pentru scurt timp funcţia de comandant al Armatei XI, apoi a plecat la Leningrad. Acolo a comandat armata şi apoi Frontul. La 26 octombrie 1944 a primit gradul de mareşal al URSS. După război a comandat câteva regiuni militare. A ieşit la pensie în 1964.

[2] **Grigori Kulik** (1890–1950), militar în armata ţaristă din 1912, când în 1912 a intrat

al Artileriei. Era acolo şi generalul Lev Mehlis, şeful Comandamentului Politic, şi generalul Nikolai Voronov, şeful artileriei.

— Puteţi să ne spuneţi de câte lovituri va fi nevoie în cazul unor operaţiuni de luptă în Istmul Careliei şi la nord de lacul Ladoga? Ce fel de sprijin de artilerie este necesar?, a întrebat Kulik.

Voronov s-a uitat la general ca şi cum n-ar fi înţeles întrebarea.

— După părerea mea, totul depinde de situaţie, a răspuns el după o scurtă ezitare. Plănuiţi o apărare sau un atac? Cu ce forţe şi pe ce teritoriu? Şi, mai ales, cât timp trebuie să dureze operaţiunea?

— Între zece şi douăsprezece zile, a răspuns Kulin.

— Voi fi fericit, dacă totul se va lămuri în două-trei luni, a spus liniştit Voronov, provocând hohote de râs celor din jur.

— Generale Voronov, a spus Kulik, care nu-şi putea stăpâni râsul, vă ordon să luaţi ca bază pentru calculele dumneavoastră că acţiunea va dura douăsprezece zile!

Şi cum ar fi putut să fie altfel? Mereţkov, căruia îi fusese încredinţată comanda a patru armate sovietice, stătea aplecat peste hartă. Armata pe care o comanda număra 27 de divizii de infanterie, o divizie de cavalerie, un corp de mecanizate, trei brigăzi de tancuri şi aproape 800 de avioane. Ce putea să opună Finlanda ca apărare? Armata ei număra 14 divizii de infanterie şi o brigadă de cavalerie. Numărul de divizii nu putea fi însă comparat, căci diviziile sovietice erau mai mari – fiecare avea câte 17.700 de soldaţi, iar cele finlandeze, numai 14.000. Superioritatea forţei de foc era tot de partea sovieticilor, căci fiecare din divizii avea 200 de mitraliere grele, iar cele finlandeze, câte 116, apoi 6 mitraliere foarte grele calibru 120 mm, în timp ce în unităţile inamicului această armă nu exista, 12 mortiere calibru 120 mm, pe care nu le avea divizia finlandeză, 40-50 tancuri şi 15 care blindate, iar finlandezii nu aveau această armă. Superioritatea blindatelor sovietice era cu atât mai importantă, cu cât armata finlandeză era slab înzestrată cu arme antiblindate. Discuţiile pe tema achiziţionării de armament

---

în unităţile bolşevice. În 1918 a luptat în apărarea Ţariţînului, unde l-a cunoscut pe Stalin. Din 1937 până în 1941 a fost şeful Comandamentului Suprem al Artileriei şi, în acelaşi timp, din 1939, adjunct al comisarului pentru apărare. În 1940 a obţinut gradul de mareşal al URSS. Dezorientarea şi lipsa de competenţă au dus la înfrângeri şi pierderi importante în armata 54, care se afla în apropierea Leningradului. Îndepărtat din Comitetul Central în februarie 1942, i s-a retras gradul de mareşal în 1942 şi a comandat ca general Armata a IV-a de gardă, decimată lângă Harkov. În septembrie 1943 a fost din nou scos din funcţiile de comandă. În 1945 a fost dat afară din partidul comunist, la 11 ianuarie 1947 a fost arestat şi după un proces a fost împuşcat în închisoarea de la Kuibîşev. În aprilie 1956 a fost reabilitat post mortem.

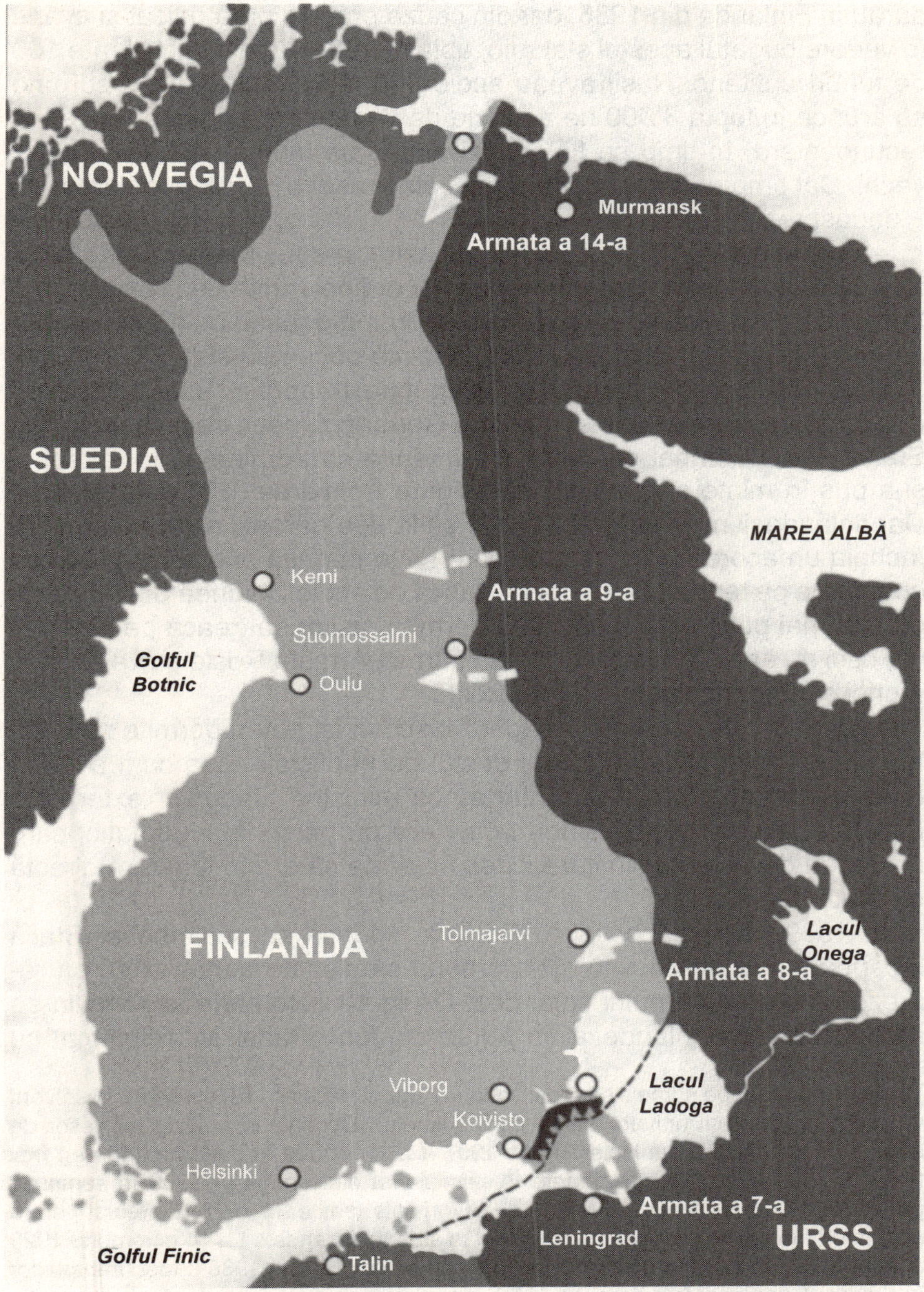

Direcţiile de atac ale Armatei Roşii în prima parte a războiului cu Finlanda din 1939

durau în Finlanda din 1936, dar din cauza preţului prea ridicat şi având în vedere bugetul acestui stat mic, abia în 1939 au fost cumpărate 100 de tunuri antitanc. Ruşii aveau acolo 800 de avioane, dar erau gata să arunce în luptă 3.000 de avioane de vânătoare, bombardiere şi de recunoaştere, în timp ce finlandezii putea să trimită 200 de avioane vechi. Cât timp puteau face faţă unui atac rusesc? Kulik avea dreptate - douăsprezece zile!

— Trebuie să accepte condiţiile noastre, a spus Mereţkov şi s-a întors către adjutantul care intrase cu noi ordine venite de la Leningrad. Vorbesc despre finlandezi. Să-i facem praf în două săptămâni, a explicat el şi s-a aşezat la masă ca să citească documentele.

Negocierile au durat mult. Au început pe 14 aprilie 1938, adică imediat după anexarea Austriei de către Germania, ceea ce fusese pentru Stalin primul semnal că Hitler are intenţia să pornească la război şi şi-a pus în minte să înceapă să asigure frontierele Uniunii Sovietice. Dar finlandezii nu s-au grăbit deloc să le dea garanţii ruşilor că nu vor încheia un acord cu Germania, care să le permită acestora să treacă cu armata pe teritoriul lor şi să lovească de acolo Uniunea Sovietică. Şi cu atât mai puţin erau dispuşi să permită ruşilor să treacă pe teritoriul lor, căci nu erau convinşi că, odată intrată, Armata Roşie se va retrage atunci când pericolul nu va mai exista.

Situaţia nu era urgentă, aşadar Moscova îşi putea permite să ducă tratative îndelungate şi discuţii destul de neoficiale, aşa cum avea la Helsinki diplomatul rus Boris Iarţev cu ministrul afacerilor externe al Finlandei, Rudolf Holsti. Boris Iarţev era un personaj enigmatic, care dispunea de puteri nelimitate, ceea ce arăta că era în legătură directă cu Stalin.

În 1939, după războiul cu Polonia, situaţia se schimbase. Stalin începea să se grăbească. Şi-a propus să discute personal cu un reprezentant al guvernului finlandez. De la 12 octombrie la Kremlin se afla o delegaţie finlandeză, în frunte cu Juho Paasikivi[1], diplomat cu

[1] **Juho Paasikivi** (pe numele său real Johann August Hellsten, 1870–1956), absolvent de drept şi istorie al universităţilor din Stockholm, Uppsala şi Leipzig, profesor de drept la Universitatea din Helsinki, din 1907 a fost deputat în parlament, un an mai târziu a devenit ministru de finanţe. A demisionat din funcţie în 1909 în semn de protest faţă de rusificarea exercitată de autorităţile ţariste. În 1918, a preluat pentru scurt timp funcţia de premier independent al statului finlandez. La 14 octombrie 1920 a semnat la Tart (Estonia) acordul de pace cu bolşevicii. Din 1936 a fost ambasador în Suedia. Rechemat în octombrie 1939, a condus delegaţia finlandeză la negocierile cu Uniunea Sovietică. A ajuns din nou în fruntea delegaţiei finlandeze în martie 1940, după încheierea războiului cu URSS, apoi a devenit ambasador la Moscova.

experienţă în luptele politice cu ruşii. În 1920, la Tart, negociase cu bolşevicii încheierea războiului. Orice i s-ar fi putut reproşa, mai puţin îngăduinţa faţă de ruşi. Deşi era un susţinător ferm convins al suveranităţii patriei sale, era şi un politician pragmatic. După război, când a devenit preşedintele Finlandei, obişnuia să spună:

— Suntem o ţară în care cinci milioane de oameni trăiesc în vecinătatea unui colos de două sute de milioane. Credeţi că dacă situaţia s-ar inversa şi ar fi aici două sute de milioane de finlandezi şi acolo cinci milioane de ruşi, le-am permite să aibă o politică independentă?

Poate că, dacă decizia în problema propunerilor sovietice ar fi depins numai de el, s-ar fi ajuns la un compromis.

Stalin cerea ca Finlanda – urmând exemplul Lituaniei, Letoniei şi Estoniei – să semneze un acord de cooperare şi ajutor reciproc şi să cedeze Uniunii Sovietice în nord o parte din Peninsula Rîbacii, unde s-ar fi putut instala o bază militară care să controleze accesul pe mare spre Murmansk şi să protejeze portul dinspre uscat; cinci insuliţe din Golful Finic şi baza întărită de pe peninsula Hanko de lângă Golful Finic, în care ruşii ar fi adus 4.000 de soldaţi; de asemenea, Finlanda să-şi mute graniţa cu 30-40 km mai la nord-vest de Leningrad. Aceste manevre aveau drept scop protejarea Leningradului dinspre mare, apărarea căilor maritime care traversau Golful Finic spre acest port, precum şi asigurarea oraşului împotriva unui atac din nord, prin Istmul Careliei. În schimb, promitea să dea Finlandei zonele slab populate şi fără valoare economică din Carelia răsăriteană.

La 9 noiembrie, Paasikivi le-a citit lui Stalin şi lui Molotov răspunsul guvernului finlandez, din care reieşea că nu există posibilitatea să se ajungă la niciun fel de compromis. În aceeaşi zi, seara, delegaţia finlandeză a plecat de la Moscova la Leningrad, pentru ca de acolo să se întoarcă în ţară. Negocierile au fost întrerupte.

Kirill Mereţkov considera că îşi pregătise bine armata pentru războiul iminent, deşi Stalin îi dăduse foarte puţin timp. A desfăşurat cele patru armate de-a lungul frontierei sovieto-finlandeze, de la Leningrad la Petsamo spre nord. Finlandezii nu aveau suficiente trupe ca să apere o frontieră atât de lungă. Aşadar, apărarea lor trebuia să cedeze sub presiunea armatei sovietice. Nu-i rămânea decât să aştepte ordinul.

A demisionat din această funcţie în martie 1940, când a devenit clar că Finlanda va lua partea Germaniei în conflictul iminent cu aceasta. După o întrerupere de trei ani a carierei diplomatice, în primăvara anului 1944, a condus delegaţia finlandeză la negocierile de pace cu URSS. Din noiembrie 1944 până în martie 1946 a fost premier, apoi de devenit preşedinte până în 1956.

În ziua aceea de 25 noiembrie, când examina documentele aduse de adjutant, ordinul încă nu venise.

David şi Goliat

Soldatul Matti Jokela şi-a tras gluga mai tare peste caschetă, ca să se apere de vântul rece şi pătrunzător, care aducea şi bucăţele îngheţate de zăpadă. Când ieşise din baracă să preia serviciul la punctul de observaţie de pe ţărmul insulei Jäppilä, în după-amiaza zilei de duminică 26 noiembrie, termometrul nu arăta decât 2 grade sub zero. Odată cu lăsarea întunericului se făcuse şi mai frig, dar erau încă departe de adevăratele geruri din acea zonă, unde temperatura scădea uneori până la −40°. S-a uitat în jur să vadă dacă nu-i vine schimbul, care ar cam fi trebuit să apară, dar nu auzea nimic. A coborât mitraliera de pe umăr şi a început să mai dea un tur, pornind spre podul distrus de pe râul Rajajoki. Apa încă nu îngheţase şi nu era de mirare, căci vremea caldă de toamnă se prelungise destul de mult. S-a uitat spre drumul care şerpuia pe partea cealaltă a râului. Acolo era deja Uniunea Sovietică. Apoi drumul urca, până la satul rusesc Mainila de pe deal. Îşi amintea că în urmă cu câţiva ani se ducea cu băieţii acolo şi se întâlneau cu oamenii prietenoşi, dar vremurile acelea se duseseră. Din 1938, paza de frontieră sovietică devenise mult mai severă şi nici nu mai putea fi vorba să treacă dincolo.

Pe drum era linişte şi se lăsa înserarea. Zăpada măruntă se aşternuse pe ramurile brazilor de la marginea drumului, ceea ce făcea ca zona să pară şi mai liniştită. În ultimele zile se auzise huruitul îndepărtat al motoarelor, dar după aceea totul amuţise şi acum domnea din nou liniştea.

Şi-a aruncat din nou mitraliera în spate şi a dat să pornească spre gheretа de pază, ca să se întâlnească cu schimbul la mijlocul drumului. Şi atunci a auzit un vâjâit. La început a crezut că vine furtuna, dar apoi şi-a dat seama că în acest anotimp nu este posibil. Probabil că explodase ceva. Vâjâitul s-a repetat. Acum nu mai avea nicio îndoială: trăgea artileria. Şi-a dat seama că undeva, la graniţă, fac exerciţii armatele sovietice. S-a uitat la ceas, era ora 15.35, a pornit apoi încet înainte, cu gândul să noteze această informaţie după ce va ajunge la căldură.

În seara aceea, la Moscova, Yrjö Koskinen, ambasadorul Finlandei, fusese chemat la Comisariatul Poporului pentru Afaceri Externe, unde

Veaceslav Molotov îi înmânase o notă în care îl informa că la ora 15.35 artileria finlandeză deschisese foc de artilerie împotriva sătucului sovietic Mainila din Istmul Careliei. Şapte obuze uciseseră trei soldaţi şi un subofiţer, rănise şapte soldaţi şi doi ofiţeri.

— Guvernul sovietic, nevrând să exagereze importanţa acestui atac jignitor, propune guvernului finlandez retragerea neîntârziată a armatelor sale din Istmul Careliei, la o distanţă de 20-25 km de graniţă, pentru ca astfel de provocări să nu mai fie posibile, a citit Molotov.

Cercetările efectuate la faţa locului de o comisie finlandeză special convocată au arătat că, într-adevăr, fuseseră trase focuri în apropiere de satul Mainila şi acestea uciseseră şi răniseră soldaţi sovietici, dar era improbabil ca acestea să fi fost trase de finlandezi. În acea zonă erau numai unităţile pazei de frontieră care nu aveau tunuri, cu atât mai puţin de mare calibru, care să poată ajunge până la Mainila. Aşadar, accidentele din satul sovietic fuseseră fără îndoială rezultatul unor incidente nefericite din timpul exerciţiilor Armatei Roşii.

„Pentru a se evita pe viitor astfel de tragedii, ambele părţi trebuie să-şi retragă armatele la distanţă mai mare de frontieră" - se susţinea în concluzia raportului comisiei finlandeze.

Dar Molotov nu avea de gând să accepte aceste explicaţii şi, la 28 noiembrie, a dat o notă în care afirma că armata finlandeză concentrată la graniţă, la 32 km de un centru important, Leningrad, este o ameninţare pentru oraşul cu 3,5 milioane de oameni, ceea ce este în contradicţie cu pactul de neagresiune, încheiat între cele două ţări în anul 1934.

„Drept urmare, guvernul Uniunii Sovietice consideră că este obligat să declare că, începând din acest moment, se consideră eliberat de obligaţiile din tratatul de neagresiune (...), care a fost sistematic încălcat de guvernul Finlandei".

În dimineaţa zilei de joi, 30 noiembrie 1939, pe întreaga lungime a graniţei sovieto-finlandeze s-au auzit tunuri.

Pe drumul care ducea spre Mainila au apărut din spatele dealului coloane de camioane încărcate cu pontoane mari de lemn, pe care constructorii au început să le instaleze în apă. Nu-i mai despărţeau de malul celălalt decât cinci metri şi la ora 9.15 primele unităţi ale Armatei a VII-a au trecut pe podul îngust de pontoane şi au pătruns pe teritoriul finlandez. Unităţile finlandeze nu au opus rezistenţă în zona de frontieră şi s-au retras rapid câţiva kilometri spre nord, unde au dispărut în buncărele liniei Mannerheim.

Stalin n-a fost tulburat de primul insucces al unităţilor sovietice, când a auzit că au fost silite să-şi oprească marşul, căci se loviseră de fortificaţii puternice în istmul Carelia. Considera că este o chestiune de număr de tunuri de calibru corespunzător şi de avioane, care vor zdrobi barierele finlandeze. Îl preocupa mai mult justificarea acestei agresiuni faţă de restul lumii. Era întotdeauna foarte atent la acest aspect. Ezitase mult timp înainte să intre cu armatele în Polonia, pentru ca să poată găsi o justificare. În cazul de faţă, finlandezii înşişi, considera el, îi oferiseră pretextul pe tavă. La 1 decembrie, guvernul premierului Cajander îşi dăduse demisia, pentru a ceda locul unui cabinet care nu era apăsat de povara refuzului de a încheia un acord cu Stalin şi care ar fi avut astfel şanse să negocieze condiţii mai prielnice de pace. Schimbările se refereau numai la funcţiile de premier şi ministru de externe, dar fusese suficient ca Stalin să se agaţe de acest pretext şi să acţioneze. Moscova a declarat că guvernul finlandez a fugit din ţară. Între timp, l-a pregătit pentru noua misiune pe Otto Wille Kuusinen[1], un comunist finlandez, care în 1918 încercase să preia puterea în Finlanda. După înfrângerea roşiilor a fugit din ţara sa şi s-a instalat la Moscova, unde a devenit unul din consilierii lui Stalin şi activist de frunte al Cominternului, organizaţie înfiinţată în 1919 cu scopul de controla mişcarea comunistă din alte state. La 13 noiembrie, când delegaţia finlandeză a lui Paasikivi a părăsit Moscova după negocierile nereuşite, la recomandarea lui Stalin a început să organizeze un guvern, care, după intrarea trupelor sovietice în Finlanda, urma să se instaleze în oraşul cel mai apropiat de graniţă, Terjoki. I-a scris imediat o scrisoare şefului Partidului Comunist Finlandez, Arvo Tuominen, care conducea din Suedia activitatea comuniştilor finlandezi, să vină de îndată la Moscova pentru a ocupa o funcţie importantă în noul guvern. A avut însă parte de o dezamăgire, căci Tuominen ştia să deosebească

[1] **Otto Wille Kuusinen** (1881−1964), membru al Partidului Socialist Finlandez din 1905, după obţinerea independenţei Finlandei a fost ministru al culturii în guvernul socialist. După prăbuşirea regimului socialist a fugit în Rusia Sovietică, de unde a organizat partidul comunist finlandez. Până în 1939 a activat ca secretar al Cominternului. După agresiunea sovietică din Finlanda, în decembrie 1930, a ajuns în fruntea guvernului marionetă, care nu a activat din cauza lipsei totale de sprijin al populaţiei. În anii 1940-1946, a fost preşedintele Consiliului Suprem al Republicii Sovietice Socialiste Carelo-finlandeze, creată după unirea teritoriilor sovietice din Carelia de est cu cele finlandeze de vest. Din 1946 până în 1953 şi apoi din 1957 până la moarte a fost secretar şi membru al Prezidiului Comitetului Central al PCUS(b), apoi PCUS. A murit la Moscova.

opiniile politice de trădarea de ţară. Nu a răspuns la apelul tovarăşului Kuusinen.

În seara zilei de 1 decembrie, Kuusinen a sosit la Terjoki, un orăşel aflat la câţiva kilometri de frontieră, părăsit de unităţile finlandeze ale pazei de frontieră şi de populaţia locală. Acolo s-a instalat în hotelul local, în calitate de premier al Guvernului Popular al Finlandei. I-a chemat pe conaţionalii săi să intre în Primul Corp Finlandez care va lupta alături de Armata Roşie. Aceasta este versiunea oficială a evenimentelor, dar pare puţin probabilă, căci armata sovietică a dat una din primele lupte la o distanţă de aproximativ 30 km est de Terjoki. Aşadar, nu este exclus ca guvernul lui Kuusinen să fi luat naştere cu adevărat la Moscova, iar sediul lui să fi fost stabilit în acel mic orăşel unde a ajuns în 2 sau 3 decembrie. Dar oricum, nu avea prea mare importanţă.

Această comedie îi era necesară lui Stalin, ca să poată legitimiza în felul acesta agresiunea împotriva unei ţări mici. Primul act al „guvernului" Kuusinen a fost să cheme Armata Roşie în ajutor în lupta cu „aţâţătorii la război" şi apoi să semneze acordul cu Molotov, care recunoştea Uniunii Sovietice toate teritoriile pe care le ceruse de la Paasikivi. Mai rămânea numai să-şi realizeze planurile militare, iar lucru acesta se dovedea din ce în ce mai greu.

Linia Mannerheim era fortificată mult mai puternic decât informase spionajul sovietic. Nu este exclus ca epurările din anii 1937–1938, care decimaseră reţeaua de informatori sovietici din Finlanda, să fi făcut imposibilă strângerea de informaţii despre acest sistem de apărare, realizat după 1930 până la izbucnirea războiului.

Unde sunt?

— Puteţi să-mi arătaţi, domnule comandat al aviaţiei de recunoaştere, unde sunt grupate forţele principale?, a întrebat Mereţkov printre dinţi. Se vedea că era din ce în ce mai iritat.

— Kiril Afanasievici, i-a venit în ajutor comandantului aviaţiei de recunoaştere comandantul Armatei a VII-a care ataca în Istmul Careliei, nu numai aviaţia este neputincioasă. Patrulele noastre localizează punctele de rezistenţă ale inamicului. După ce pregătim artileria, tancurile blindate ajung în zona indicată şi descoperă că acolo nu este nimeni. Iar când tancurile se retrag spre poziţiile iniţiale, finlandezii apar ca din pământ.

— Ce tot spui? Cad din cer? Sunt invizibili?, a răcnit Mereţkov.

La 5 decembrie venise pe linia frontului pentru a evalua la faţa locului motivele insuccesului cu care se confrunta armata sovietică din momentul în care declanşase agresiunea. Cele câteva zile de război le aduseseră ruşilor numai pierderi grele şi, deşi ar fi trebuit să fie deja la Viipuri (Vîborg), unităţile lor se înţepeniseră în faţa acelei linii blestemate, pe care niciunul din comandanţii sovietici nu reuşea s-o traseze. Situaţia devenea din ce în ce mai grea, căci vremea se înrăutăţea cu fiecare zi. În încăpere, soba de fier încălzită la roşu dădea puţină căldură, dar Mereţkov se uita mereu pe fereastră, căci încetase să ningă şi norii se risipiseră, ceea ce îl îngrijora încă şi mai mult. Asta prevestea geruri şi mai mari, iar soldaţii sovietici nu aveau haine călduroase. Mantalele kaki închis nu ţineau suficient de cald împotriva gerului pătrunzător, în plus erau şi foarte vizibile pe zăpada albă. Nimeni nu se gândise să-i doteze pe soldaţi cu haine de camuflaj şi haine groase corespunzătoare, căci se considerase că, în câteva zile, armata se va instala în cazărmi călduroase. Dar oamenii stăteau şi acum tot în pădure, încercând să ia cu asalt poziţiile inamicului.

— Unde este linia de apărare? Unde au principalele puncte de rezistenţă?, striga Mereţkov. Cinci zile de luptă şi nu aţi stabilit nici măcar atâta lucru!

A izbit cu pumnul în harta desfăşurată în faţa lui. Niciunul dintre ofiţeri nu îndrăznea să-i explice comandantului că sunt şanse slabe ca această situaţie să se îmbunătăţească. Sistemul de fortificaţii, pe care finlandezii îl numeau linia Mannerheim[1], fusese un proiect extrem de ingenios.

Se întindea pe o lungime de 140 km, de-a curmezişul Istmului Carelia, unde atacul armatei sovietice era cel mai primejdios pentru

---

[1] **Carl Gustaf Emil von Mannerheim** (1867–1951), ofiţer finlandez, ca militar al armatei ruse (până în 1917 Finlanda a făcut parte din Rusia) a luat parte la războiul ruso-japonez (1904–1905) şi la Primul Război Mondial. În decembrie 1917, după ce Finlanda şi-a dobândit independenţa, a preluat conducerea armatei şi în 1918 a condus luptele împotriva unităţilor comuniste. La 10 iunie 1922 a devenit preşedinte al Consiliului de Apărare al Statului. A reorganizat armata şi a iniţiat construirea unor fortificaţii de-a lungul graniţei cu Uniunea Sovietică, sistem care îi purta numele. În anii 1939–1940, ca principal comandant, a condus apărarea împotriva armatei sovietice. În 1941, când Finlanda a intrat în război împotriva URSS de partea Germaniei, a condus din nou armata în luptele cu Armata Roşie, pentru a recuceri teritoriile pierdute un an mai devreme. La 4 august 1944 a fost ales preşedinte al statului şi în septembrie acelaşi an a semnat armistiţiul cu Uniunea Sovietică în condiţii relativ avantajoase pentru Finlanda. La 9 martie 1946 a demisionat din funcţia de preşedinte.

Finlanda, căci pe aici trecea drumul cel mai scurt către Helsinki. Baza fortificaţiilor o constituiau 66 de adăposturi de beton pentru mitralierele grele. Tocmai în aceasta consta forţa liniei Mannerheim, căci în afară de acestea acolo nu mai erau decât adăposturi uşoare de lemn, ai căror pereţi fuseseră întăriţi cu lut şi pietre, şanţuri şi tranşee. Finlanda nu avea bani ca să construiască, aşa cum se procedase pe linia Maginot, grupuri de pază alcătuite din buncăre de beton cu acoperişuri blindate, legate între ele prin tuneluri cu pereţi din ziduri de beton de câţiva metri grosime, imune la exploziile obuzelor şi la bombele de mare calibru. În schimb, toate punctele de apărare erau dispuse într-un mod perfect, admirabil camuflate, profitând excelent de configuraţia terenului. Erau ascunse printre copaci, părând nişte stânci, imposibil de descoperit de avioanele de recunoaştere sau de patrule. Fuseseră amenajate în locurile de unde se putea deschide focul cu cea mai mare eficacitate, luându-l prin surprindere pe inamic, iar accesul la ele era blocat de stâncile folosite ca obstacole antitanc, trunchiuri de copac, în care erau adesea instalate încărcături de explozivi, garduri de sârmă ghimpată ascunse cu îndemânare printre tufişuri. Traseul liniei de apărare, întreruptă acolo unde erau terenuri accidentate, lacuri sau mlaştini care blocau accesul, îşi schimba brusc direcţia, mutându-se acolo unde era punctul mai bun de tragere împotriva inamicului şi rămânând astfel un mister pentru atacatori. Atunci când li se părea că, după lupte înverşunate, depistaseră undeva un punct întărit, nimereau în gol, căci apărătorii se retrăseseră din locurile primejduite şi trăgeau acum din poziţiile de rezervă, a căror existenţa era o surpriză totală pentru ruşi.

După câteva zile de război de uzură, armata sovietică era din ce în ce mai dezorientată, iar finlandezii le pregăteau noi surprize. Carele blindate sovietice urcau pe podurile verificate în prealabil de genişti şi săreau pe neaşteptate în aer, căci încărcăturile explozibile fuseseră introduse în nişe încă din timpul construcţiei şi niciunul dintre soldaţii care căutaseră fire sau tuburi de dinamită nu le găsise. După ce veniseră gerurile mari, podurile minate au încetat să li se mai pară ruşilor atât de ameninţătoare, căci puteau să traverseze pe gheaţa care încătuşase lacurile, deosebit de numeroase în acea zonă.

Primele automobile blindate ale regimentului 4 care mergea spre Käklsalmi au traversat pe celălalt mal al lacului îngheţat. În urma lor au venit soldaţii şi au ocupat poziţii de unde puteau proteja pregătirile batalionului de tancuri. La un ger de −40° gheaţa era atât de groasă, că putea susţine greutatea celor mai mari vehicule sovietice de luptă. Aşadar, nimănui nu-i era teamă să traverseze cu tancurile *BT*.

Trei dintre ele se aflau deja în mijlocul lacului, când dintr-odată de sub gheaţă au ţâşnit câteva fântâni arteziene. Părea că unitatea sovietică este împuşcată de artileria finlandeză. Dar nimeni nu auzise zgomotul împuşcăturilor sau şuieratul obuzelor. Unul din cele patru tancuri a reuşit să treacă pe gheaţa crăpată până pe malul celălalt şi să se salveze, dar celelalte trei s-au scufundat în apa lacului mic, dar foarte adânc. Abia atunci comandantul a înţeles că unitatea lui nu fusese împuşcată de inamic, ci că explodaseră minele instalate sub gheaţă! Cine să-şi imagineze că finlandezi instalaseră acolo toamna, pe sub apa lacului, ţevi de metal, în care erau închise ermetic încărcăturile explozive. Soldatul care se afla la punctul de observaţie de pe malul celălalt ascuns într-un mic adăpost printre stânci, a aşteptat până când ruşii au dobândit încredere şi siguranţă şi a apăsat pe declanşator abia când tancurile au intrat pe gheaţă. Unitatea sovietică a pierdut trei care de luptă fără nicio împuşcătură.

— Retragerea! Retragerea!, striga comandantul regimentului la soldaţii care ajunseseră pe celălalt mal al lacului. Dar nu aveau cum. Carele blindate căzuseră într-o capcană. Gheaţa spartă de pe lac le tăia calea de întoarcere, prăpastia dintr-o parte şi copacii înalţi din cealaltă nu le dădeau posibilitatea să cotească în lateral.

Evgheni Tubanov, comandantul plutonului de automobile blindate *BA-7*[1], spera ca atacul să se declanşeze dintr-un moment într-altul. Considera însă că nu are motiv să se panicheze. Cele trei care blindate înarmate cu mitraliere grele, însoţite de câteva zeci de soldaţi, care traversaseră lacul pe aripile vehiculului, aveau suficientă forţă de foc. Aşadar, puteau să se apere destul de mult timp. S-a apropiat de fanta de observaţie din blindajul automobilului şi a cercetat cu privirea împrejurimile. În faţa lui se întindea spaţiul liber al potecii de pădure. Pe aici ar putea veni atacul, şi-a spus el. Trebuia să-şi întărească poziţia. Dacă ar fi reuşit să taie câţiva copaci şi să-i aşeze în aşa fel încât să apere flancurile maşinilor, nu ar mai avea de ce să se teamă de tunurile finlandeze. Iar grosul forţelor regimentului, care rămăsese dincolo de lac, cu siguranţă că îi va sprijini cu foc şi vor respinge uşor unităţile inamicului.

În jur domnea tăcerea. Ecourile exploziilor reluate de zidurile de piatră se stinseseră de mult şi nimic nu tulbura liniştea desăvârşită. De dincolo de lac se auzea zumzetul puternic al motoarelor tancurilor,

[1] **BA-7** – automobil blindat produs în masă la începutul anilor '30.
Date tactico-tehnice: echipaj – 2-3 persoane, motor pe benzină Ford V-8 cu puterea de 60 CP, blindaj 10 mm, greutate 3,7 t, raza de acţiune 250 km, armament o mitralieră.

care, din fericire pentru echipajele lor, nu mai apucaseră să intre pe gheaţă.

S-a gândit că finlandezii evaluaseră puterea lor şi se mulţumiseră cu această victorie, adică cu scufundarea celor trei tancuri, iar acum se retrăseseră. A mai aşteptat câteva minute şi, căpătând siguranţă, a deschis portiera. Aerul îngheţat a pătruns în interiorul înăbuşitor. S-a strecurat cu abilitate prin deschizătura îngustă şi s-a aşezat deasupra tancului. A observat că şi comandantul celuilalt tanc făcuse acelaşi lucru.

— Aştept să... a strigat Tubanov spre el, dar n-a mai apucat să termine. S-a auzit o singură împuşcătură, ca şi când ar fi trosnit o creangă uscată. Glonţul i-a smuls cascheta şi i-a zgâriat ţeasta lui Tubanov, care a căzut plin de sânge şi s-a târât înapoi în tanc. O secundă mai târziu s-a auzit o altă împuşcătură şi celălalt soldat care şedea pe tanc s-a aplecat şi a căzut pe pământ. Turelele carelor blindate s-au răsucit şi mitralierele au început să tragă haotic, căci trăgătorii nu-i vedeau pe duşmani. Gloanţele scuturau numai zăpada din copaci. O clipă mai târziu, au intrat în luptă şi tunurile tancurilor care rămăseseră pe malul celălalt, ca să-i ajute pe cei căzuţi în capcană. Obuzele se răspândeau printre copaci, răscoleau jeturi de zăpadă, rupeau crengi şi umpleau pădurea de un fum gros.

Canonada a durat câteva zeci de minute. Dacă în pădurea apropiată ar fi fost vreun detaşament al finlandezilor, nu ar fi avut nicio şansă de supravieţuire. Dar când împuşcăturile au încetat şi s-a făcut linişte, s-au auzit câteva împuşcături izolate, care de astă dată îi nimereau pe soldaţii sovietici. Aceştia ieşiseră din tancuri, îngroziţi de exploziile obuzelor care cădeau la câţiva metri de ei şi se ascundeau pe lângă ele, sperând că vor fi protejaţi de fragmentele de obuze. Primul dintre cei nimeriţi a murit în tăcere, prăbuşit în zăpadă cu o pată mare de sânge între umeri. Al doilea, ghemuit lângă roată, a căzut brusc pe o parte şi a mai reuşit să scurme repede în pământ cu mâinile înainte să rămână nemişcat.

— Ne omoară! Ne omoară!, a strigat cineva şi a luat-o în goană spre lac, cuprins de panică, dar abia a făcut câţiva paşi şi a căzut în zăpadă fără un cuvânt.

Motoarele automobilelor blindate au început să zumzăie. Soldatul care îl înlocuise pe comandantul mort a înţeles că nu mai pot să rămână acolo şi s-a hotărât să plece din locul periculos. Singura lui şansă era să ajungă la avangarda regimentului, care se afla la 2-3 km în faţa lui şi care, fără îndoială, auzind zgomote de luptă, trimisese deja ajutoare. Infanteria, văzând că automobilele se pun în mişcare, s-a grupat pe lângă ele şi, privind cu teamă spre copacii din apropiere, a pornit înainte. Dar conducătorul automobilului blindat nu avea de gând să-şi adapteze viteza vehiculului la ritmul oamenilor care înotau în zăpadă până la genunchi. A considerat că ar fi prea periculos şi a mărit viteza.

Automobilele s-au repezit înainte, pierzând astfel protecţia pe care le-o asigura infanteria în cazul unui atac prin surprindere.

Primul vehicul blindat a luat curba şi acolo toată masa lui s-a aplecat brusc înainte, iar roţile din spate au rămas atârnate în aer rotindu-se în gol la câţiva centimetri deasupra zăpezii. Atunci, din ambele părţi au pornit spre el grenade aruncate de soldaţii îngropaţi în zăpadă, absolut invizibili pentru echipajul maşinii. Explozia primei grenade a distrus masca vehiculului şi benzina a luat foc, prelingându-se în flăcări pe tot botul automobilului. Al doilea blindat a început să tragă haotic spre locul de unde venise grenada, dar imediat a doua a explodat sub roţile lui cu asemenea forţă, încât plăcile blindate au zburat în aer la o distanţă de câţiva metri.

Echipajul din cel de-al treilea automobil, văzând care a fost soarta primelor două, a început să se retragă în grabă, dar roţile au nimerit în zăpadă moale şi au început să se învârtă în loc. Ruşii n-au mai aşteptat şi au sărit afară din automobil. Au reuşit să ajungă în fugă până la copaci şi să se ascundă în locul unde ajunsese deja detaşamentul de infanterie, care, auzind zgomote de luptă, se risipise prin pădure pe cont propriu, depărtându-se de zona unde pieriseră atât de mulţi dintre ei.

Când au ajuns întăririle trimise de avangardă, în pădure era deja linişte. Epavele celor trei vehicule ardeau cu ultimele flăcări, scoţând nori groşi de fum negru şi răspândind miros greu de cauciuc ars, de trupuri omeneşti carbonizate şi de ulei încins. Cadavrele în uniforme verzi, perfect vizibile în zăpada albă, îngheţau în gerul nopţii care se apropia.

— Vîborgul trebuie cucerit în trei zile! striga Mereţkov, tot mai îngrozit de pierderile care creşteau vertiginos şi de lipsa de progres. Din toate punctele lungului front finlandez veneau aceleaşi informaţii: pierderi, pierderi şi lipsă de progres.

— Tovarăşul Stalin se interesează personal de evoluţia campaniei. Ce raport să-i trimitem?

Se pare că acest argument nu făcea impresie asupra comandantului Armatei a VII-a.

— Inamicul recurge la metode ale luptei de partizani, ceea ce înseamnă prelungirea luptei... se străduia el să explice.

— Şi asta ce înseamnă, că nu sunteţi în stare să luptaţi cu ei?, urla Mereţkov. Şi cum explicaţi soarta diviziei 44? Tot partizanii au nimicit-o? Mereţkov vorbea despre înfrângerea unei divizii sovietice care, venind în ajutorul diviziei 163, fusese fragmentată în unităţi mici şi zdrobită. Acesta era efectul mobilităţii şi rapidităţii unităţilor finlandeze. Majoritatea soldaţilor aveau schiuri pe care şi le făceau singuri, împreună cu ghetele şi legăturile, sau le primeau de la magazie. Se mişcau admirabil pe ele şi trăgeau mitralierele pe sănii, la fel şi echipamentul greu, deplasându-se rapid pe drumuri numai de ei ştiute, acoperind distanţe foarte mari. În acest timp, echipamentul greu sovietic înota prin zăpada adâncă, soldaţii nu aveau schiuri şi păşeau anevoie, îngropaţi până la genunchi în zăpadă, se mişcau foarte încet şi, până ocupau o nouă poziţie, finlandezii se retrăseseră sau lansau pe neaşteptate un atac în alt loc.

— Sau poate că aţi încheiat un pact cu trădătorii?, a întrebat brusc Mereţkov. Voia să-i sperie pe comandanţi, care îşi aminteau foarte bine perioada epurărilor din armată, când consecinţele unei astfel de bănuieli puteau fi cumplite. Dar s-a stăpânit repede şi a întrebat mai calm:

— De ce anume aveţi nevoie?

— Trebuie să ne întărim forţele blindate, în faţa cărora inamicul este neputincios, din cauză că nu posedă numărul corespunzător de arme antitanc. Folosirea tancurilor grele *T-28*[1] ne va permite să rupem poziţiile de apărare finlandeze.

— De acord, a încuviinţat Mereţkov. Voi cere la comisariat să primiţi ca întăriri unităţi de blindate, dar vreau să văd rezultatele cât mai repede.

Zilele următoare de decembrie au adus valuri după valuri de geruri cumplite. În nord, temperatura a scăzut până la −50°, ceea ce a paralizat armata sovietică. Soldaţii care nu aveau haine călduroase şi corturi încălzite şi îngheţau în timpul nopţii, adormind în gropile săpate

[1] **T-28**, tanc de dimensiuni medii, construit în 1932, era puternic apărat şi înarmat. În turela principală avea un tun calibru 72,6 mm şi o mitralieră, apoi două alte mitraliere în două turele independente în partea anterioară; în multe cazuri, în locul unei mitraliere în turela dreaptă s-a montat un tun calibru 45 mm. Aceste tancuri au fost folosite până în 1941, când s-au dovedit depăşite de tancurile germane.
Date tactico-tehnice: echipaj − 6 persoane, motor pe benzină cu puterea de 500 CP, viteza 35 km/h, blindaj 10-30 mm.

în zăpadă. Şenilele tancurilor plesneau, ca şi când ar fi fost de sticlă, iar vehiculele care supravieţuiau nu mai puteau fi puse în mişcare, căci uleiul se solidificase şi nu mai permitea mişcarea părţilor motorului. Acumulatoarele trebuiau aruncate, căci nu rezistau în timpul nopţii şi gerul le descărca. Iar finlandezii se descurcau din ce în ce mai bine.

Matti Jokela s-a oferit voluntar să facă parte din unitatea de distrugere a tancurilor. La drept vorbind, nu prea ştia de ce arme va dispune şi în ce va consta lupta acestei unităţi, dar suna frumos: distrugător de tancuri! Văzuse un astfel de tanc. Era mare, avea o turelă mare cu mitraliere automate. Totuşi putea fi distrus şi acest lucru va fi înfăptuit de distrugătorii de tancuri. Se gândea că o să facă un curs ca să înveţe cum se deserveşte unul din noile tunuri antitanc care tocmai sosiseră din Suedia. Izbucnirea războiului mobilizase multe ţări europene să acorde ajutor micuţei Finlanda. De exemplu, Suedia trimisese în ianuarie 1940 18 tunuri de calibrul 75 mm şi promitea şi alte piese de artilerie, printre care tunuri grele de calibrul 150 mm şi 210 mm. Franţa furnizase 20 de tunuri uşoare antitanc şi mortiere, mitraliere şi 76 de avioane vechi de vânătoare. Dar era lipsă de soldaţi calificaţi pentru ele, aşadar s-a anunţat înscrierea voluntară în unităţile dotate cu noile arme, iar Jokela, încrezător că va deveni artilerist, s-a înscris printre primii, dar, spre uimirea lui, nu a fost trimis în spatele frontului pentru cursuri. În schimb, de dimineaţă venise sergentul şi confirmase că trebuie să plece cu camionul la Viipuri şi să aducă de acolo noua armă. Jokela era uimit de adresă: Fabrica de Stat de Băuturi Spirtoase – *Alkhooliliike*, dar pe timp de război se întâmplau fel de fel de lucruri, aşadar nu s-a mai gândit prea mult la asta. Se gândea că armata rechiziţionase uzina şi păstra în depozitele ei noua armă.

Abia când în piaţă au început să fie încărcate în camioane lăzile cu sticle a înţeles ce era arma cea nouă. Se numea cocktail Molotov şi erau sticle cu spirt sau benzină. Primele aveau fitil realizat dintr-o bucată de cârpă care trebuia aprinsă înainte de lansare. Mai târziu au fost introduse fitilele lipite de sticlă, care aprindeau lichidul când sticla se lovea de blindaj.

În ziua următoare, sergentul le prezentase tehnica de luptă cu ajutorul noii arme. Sticla aprinsă trebuia aruncată într-o deschizătură a tancului, eventual chiar în orificiul de ventilaţie. Desenase silueta unui tanc pe o bucată de carton gros agăţată de trunchiul unui copac, arătând că aceste orificii se găseau, de regulă, în spatele turelei. Restul depindea de precizia aruncării.

Începând din dimineaţa zilei de 8 decembrie aşteptau semnalul apropierii coloanei de blindate. În timpul nopţii săpaseră gropi în zăpadă de-a lungul drumului, pe care puteau să vină tancurile sovietice. Prima alarmă, în jurul amiezii, s-a dovedit falsă. Apoi la ora 14.00 sergentul a venit în fugă strigând:

— Tancuri! Aveţi două minute să ocupaţi poziţiile!

În combinezoane albe, aproape invizibili pe fundalul zăpezii care îi înconjura, finlandezii au alergat în jos spre drumul care şerpuia printre copaci. Huruitul motoarelor se auzea încă de departe. Matti a văzut că grupul geniştilor în combinezoane albe a început să se apropie de copaci. Când s-au lipit de trunchiurile lor, au devenit invizibili.

Matti a coborât în groapa lui, unde sticlele de benzină stăteau aranjate una lângă alta. S-a întins pe spate şi a tras ramuri de brad deasupra lui. N-a avut timp să-şi camufleze mai bine ascunzătoarea, căci huruitul motoarelor se apropia tot mai ameninţător şi, câteva secunde mai târziu, de după cotitură a apărut un tanc cu turelele îndreptate într-o parte şi în alta, căutând de zor inamicul. Ruşii, care pierduseră deja mulţi oameni în ambuscade, erau precauţi. Căutau mereu soldaţi ascunşi, dar finlandezii, cunoscând mult mai bine terenul, reuşeau să-i păcălească. Matti a apreciat cât de bine aleseseră locul pentru atac. O jumătate de kilometru mai departe, drumul cobora şi trecea apoi pe un mic podeţ peste un pârâu. Era clar că această zonă va atrage atenţia soldaţilor sovietici, căci se vor aştepta ca podeţul să fie minat. Comandanţii vor pune mâna pe lunete ca să cerceteze malurile pârâului, iar echipajele tancurilor vor îndrepta periscoapele în acea direcţie.

Primele automobile blindate au trecut atât de aproape, că Matti a simţit căldura motoarelor. S-au oprit lângă pârâu şi turelele lor continuau să se rotească la dreapta şi la stânga, gata să deschidă foc spre ţinta descoperită. În sfârşit, primul vehicul a intrat pe pod şi a ajuns cu bine în partea cealaltă. Între timp, de după cotitură a apărut primul tanc. Matti nu mai văzuse un asemenea monstru[1]. Era cu mult mai mare decât tancurile pe care le folosiseră ruşii până atunci şi atrăgea

[1] Era fără îndoială tancul greu T-35, produs în 1933 şi 1934, la care, pe lângă turela principală cu un tun calibru 76,2 mm, se mai găseau şi altele prevăzute cu tunuri calibru 45 mm şi mitraliere. Aceste tancuri au fost folosite în războiul cu Finlanda, apoi şi în războiul cu Germania, dar nu s-au dovedit un adversar pe măsura tancurilor germane, deoarece motorul era insuficient de puternic, viteza prea mică şi blindajul prea slab.
Date tehnico-tactice: echipaj – 10 persoane, motor pe benzină cu puterea de 500 CP, blindaj 11-35 mm, greutate 45 t, viteza 30 km/h, armament – un tun calibru 76,2, două tunuri calibru 45,6 mitraliere automate.

atenţia prin mulţimea de turele îndreptate în ambele părţi ale drumului. S-a ghemuit instinctiv mai tare în zăpadă, căci huruitul tancului era insuportabil. Simţea cum se zguduie pământul. Tancul acesta trebuia să fie atacat de doi soldaţi care stăteau ascunşi ceva mai sus pe drum. După o clipă, de după cotitură au mai apărut încă două. Ultimul era al lui.

A mirosit ca să vadă dacă bucata de cârpă înfăşurată pe gâtul sticlei nu s-a uscat şi a scos bricheta din buzunar. O brichetă grea cu benzină, pe care o primise de la tatăl lui.

Tancul se oprise la câţiva metri de poziţia lui.

Matti a calculat: dă la o parte crengile, aprinde cârpa, se ridică şi aruncă. Dacă nu nimereşte, se apleacă şi ia sticla următoare; dacă nimereşte din prima, o ia apoi la fugă prin pădure. Primi copaci erau la o distanţă de câţiva paşi, aşadar trăgea nădejde că va reuşi să ajungă până acolo.

— La atac!, a auzit el strigătul primului soldat, care sărise afară din groapa lui cu sticla aprinsă în mână. A aruncat-o, dar n-a nimerit şi lichidul s-a răspândit pe blindaj. A aruncat-o imediat şi pe a doua, dar nu a nimerit nici de data aceasta. Era prea departe de colosul blindat.

Turelele celui de-al doilea tanc s-au îndreptat în direcţia lui şi l-au retezat în momentul în care se apleca după alte sticle.

Matti a decis că nu va sări afară din ascunzătoarea lui, ci se va strădui să se târască şi să ajungă cât mai aproape de ţintă. I se părea că echipajul tancului nu-l va vedea dacă se târăşte pe zăpadă, îmbrăcat în combinezonul alb.

A dat ramurile la o parte. A văzut numai cum cade şi cel de-al doilea soldat, care nici el nu nimerise. Sticla căzuse pe şenile şi lichidul se prelinsese în zăpadă. Fumul negru care se ridica din flancul tancului i-a uşurat sarcina lui Matti, căci acoperea fanta de observaţie. S-a hotărât să profite. S-a apropiat foarte mult. Vedea reţeaua de deasupra orificiilor prin care motorul arunca gazele de eşapament. A scăpărat bricheta şi flacăra mică galbenă a ţâşnit imediat, căci avusese grijă să tragă fitilul brichetei mult în afară, ca să nu fie stins de vânt. A apropiat-o de cârpa de pe sticlă şi văzând că aceasta s-a aprins, şi-a luat puţin avânt şi a aruncat-o. N-a mai aşteptat să vadă efectul. A luat cu mâna dreaptă a doua sticlă şi a aruncat-o în acelaşi loc. Câteva secunde mai târziu s-a înălţat o flacără lungă şi o trâmbă de fum s-a ridicat în aer. Dintr-odată a observat cu uimire că zăpada din jurul lui este împrăştiată în toate direcţiile. A înţeles că se trage în el. Flăcările cuprinseseră tancul cu o rapiditate uimitoare. Cineva a deschis trapa şi lângă turela a apărut un tanchist. Matti a înţeles într-o străfulgere: distrusese tancul! Stătea în faţa maşinii în flăcări, mare cât o casă. El o distrusese! Primul glonţ l-a nimerit în umăr. Durerea a fost atât de puternică, încât a căzut în zăpadă şi aceasta l-a salvat de celelalte gloanţe, care au zburat pe undeva pe sus, pe deasupra capului. S-a aruncat înainte. Şi-a pierdut echilibrul şi a căzut din nou în zăpadă, dar era cu doi paşi mai aproape de copacii salvatori. Un glonţ a ricoşat într-o piatră şi sfărâmăturile l-au lovit dureros în faţă. Simţea cum mâneca i se umple de sânge şi îi vine să leşine. Dar şi-a adunat forţele şi a mai făcut un pas. Apoi încă unul. Simţea cum i se întunecă în faţa ochilor, dar cineva l-a apucat de mână provocându-i o durere năprasnică şi îl târăşte pe zăpadă. A înţeles că reuşise să ajungă între copaci. Supravieţuise.

Victorie sau înfrângere

Din ianuarie 1940, comandamentul sovietic a început să-şi întărească armata: la începutul lunii februarie, cele patru armate care luptau în Finlanda aveau aproximativ 850.000 de soldaţi, grupaţi în 55 de divizii, sprijinite de 2.000 de tancuri şi 2.500 de avioane. Comanda asupra lor fusese preluată de Semion Timoşenko[1], iar nepriceputul Mereţkov fusese trimis în calitate de comandat al Armatei VII. Stalin nu ordonase

[1] **Semion Timoşenko** (1895–1970), mareşal al Uniunii Sovietice, a participat la Primul Război Mondial, a fost ofiţer de cavalerie în timpul războiului civil, în 1920, în timpul războiului polono-bolşevic a fost comandantul Diviziei 6 cavalerie din Armata I Călare, în septembrie 1939, în calitate ce comandat al Frontului Ucrainean, a intrat în Polonia, pe urmele lui Budionnîi. În a doua etapă a războiului fino-rus, în 1940, a comandat armata sovietică. Din mai 1940 a fost comisar al poporului pentru apărare al URSS şi a fost avansat la gradul de mareşal. În iunie 1941, după agresiunea germană, fiind comisar pentru apărare, a devenit şeful Statului Major şi Comandant Suprem titular al armatei sovietice (comanda reală se afla în mâinile lui Stalin). La 10 iulie, din ordinul lui Stalin, a plecat pe front în calitate de comandant al Frontului de Vest şi al Armatei V de rezervişti. Armatele comandate de el nu au reuşit să oprească loviturile diviziilor germane; împinse spre est, au pierdut aproximativ 400.000 de oameni şi 4.000 de tancuri. Din septembrie 1941 a preluat comanda Direcţiei Sud-Vest şi curând a Frontului de Sud-Vest. În aprilie 1942, în timpul ofensivei de la Hrkov, care ar fi trebuit să preîntâmpine ofensiva germană, a pierdut 250.000 soldaţi; la 23 iulie, Stalin l-a rechemat la Moscova, fără îndoială dorind să-i salveze reputaţia. Din octombrie 1942 a comandat Frontul de la Stalingrad, apoi Frontul de Nord-Vest. Lipsa de succese a armatelor sale a fost decisivă în transferarea lui ca reprezentant al Comandamentului Suprem la Statul Major al Frontului 2 şi 4 Ucrainean. După război a comandat pe rând mai multe regiuni militare.

să fie arestat, pentru că se simţea şi el vinovat, căci nu rezervase suficient timp pentru pregătirea întregii operaţii.

Noul comandat a pregătit cu mare grijă planurile de ofensivă şi armata pentru luptă. Soldaţii din noile divizii erau dotaţi cu combinezoane de camuflaj, au avut timp să se familiarizeze cu condiţiile, au primit arme mai bune şi sprijin din partea noilor tancuri *KW*.

La 11 februarie unităţile Armatei Roşii au trecut la ofensivă în istmul Careliei, au străpuns prima poziţie finlandeză în partea ei centrală şi de est. Ca urmare a celei de-a doua ofensive din 26 februarie peste Golful Vîborg care era îngheţat, au ocupat câteva insuliţe şi au instalat desantul pe ţărm. La 7 martie au străpuns principala poziţie de apărare în tronsonul de vest al liniei Mannerheim şi au pornit a doua ofensivă, având drept scop înconjurarea unităţilor finlandeze în zona Golfului Vâborg.

Situaţia devenea disperată pentru apărători. Nu aveau arme, mai ales muniţie. În Corpul II, care respingea cele mai puternice atacuri, rămăseseră câte două obuze de fiecare tun. Aliaţii promiseseră ajutor, dar Mannerheim nu credea în eficacitatea lui. În Finlanda trebuia să vină Corpul aliat expediţionar de 15.000 soldaţi (printre care se aflau şi patru batalioane ale Brigăzii Independente din Podhale). Dar trebuiau să treacă multe zile până când soldaţii să se obişnuiască cu clima aspră de aici şi să-şi dovedească valoarea în luptă. În afară de aceasta, mareşalul se temea că desantul aliaţilor îi va provoca pe germani să pornească o acţiune împotriva sovieticilor. La 6 martie 1940, o delegaţie, în fruntea căreia se afla premierul Ryti, a plecat cu avionul la Stockholm, iar în ziua următoare a ajuns la Moscova. În noaptea de 12 spre 13 martie s-a anunţat încetarea focului şi o zi mai târziu s-a semnat acordul în virtutea căruia Uniunea Sovietică ocupa Istmul Carelia şi oraşul Vîborg (al doilea ca mărime din Finlanda), partea de vest a Careliei şi partea de vest a Peninsulei Râbacii şi primea în posesie pentru 30 de ani zona Hanko; Finlanda pierdea un teritoriu cu o suprafaţă totală de 35.084 km^2, dar fără populaţie, căci cei 450.000 de locuitori din teritoriile pierdute au fost strămutaţi în interiorul ţării.

Ca urmare a operaţiunilor militare au pierit 24.923 de soldaţi, 43.557 au fost răniţi. Era foarte mult pentru un popor care avea 4 milioane de oameni.

Pierderile sovietice au fost cu mult mai mari: 126.875 de soldaţi ucişi şi dispăruţi, 264.000 – răniţi, bolnavi, cu degerături, 800 de avioane şi aproximativ 2.300 de tancuri.

Acesta a fost preţul pe care l-a plătit Stalin ca să smulgă Finlandei teritoriile strategice şi să-şi introducă acolo garnizoanele sale. Pentru el nu era un cost prea mare. Armata Roşie nu a pus niciodată preţ pe viaţa soldaţilor. Erau destui. Dar nu era vorba despre aceasta. Armata Roşie fusese umilită. Îşi dovedise incapacitatea. Înfrângerea unui duşman mult mai slab durase 105 zile.

Această realitate era cu atât mai supărătoare, cu cât în vest, Germania pornise la război şi zdrobise un duşman cu mult mai puternic într-un interval de timp semnificativ mai scurt.

La 9 aprilie 1940, armata germană a atacat Norvegia şi o zi mai târziu nemţii ocupau Narvik, Trondheim, Bergen, Egersund, Arendal, Oslo şi Stavager, suferind totuşi pierderi mari pe mare, unde bateriile de ţărm norvegiene avariaseră vasul-şcoală de artilerie *Bremse*, crucişătorul *Königsberg* şi scufundaseră crucişătorul greu *Blücher*.

Iniţial, Stalin a crezut că va fi un război lung şi sângeros, căci aliaţii, deşi fuseseră luaţi prin surprindere de atac, la 10 aprilie îşi trimiseseră flota în apele norvegiene, iar la 14 aprilie începuseră să paraşuteze trupe pe ţărmurile Norvegiei. Dar unităţile aliate paraşutate la 16 şi 17 aprilie la Namsos şi la 18 aprilie la Andalsnes, erau slabe şi insuficient înarmate, aşadar nu a putut să acorde ajutor armatei norvegiene care se apăra în sud. Desfăşurarea campaniei din Norvegia a arătat că învingători în acest război vor fi germanii. Războiul din vest ar fi putut avea un cu totul alt rezultat decât prevăzuse Stalin. Aşadar, trebuia să tragă cât mai repede concluziile cuvenite din războaiele din Finlanda şi Norvegia şi să înceapă reorganizarea Armatei Roşii. Iar forţa s-ar putea să fie necesară mai devreme decât se estimase. Şi nu pentru atac, ci pentru apărare.

În seara zilei de miercuri 17 aprilie 1940, Stalin îşi pusese în minte să plece la *dacea* lui de la Kunţevo. Luase această decizie imediat după încheierea lucrărilor Consiliului Suprem de Război, care fusese convocat în urmă cu trei zile şi fusese deosebit de furtunos. Trebuia să se analizeze desfăşurarea războiului cu Finlanda şi oamenii care se perindaseră la tribună, înţelegând ce doreşte Conducătorul, îi atacaseră fără milă pe cei care se făcuseră răspunzători de uriaşele pierderi. Stalin, care a luat cuvântul ultimul, îşi păstrase rolul care îi plăcea cel mai mult, acela de judecător care îi stabileşte pe vinovaţi şi îi împacă pe cei mai înverşunaţi. De aceea a făcut observaţii numai cu privire la nevoia de modernizare a armatei, care, după cum afirma el, trebuie s-o rupă cu experienţele din anii trecuţi, acumulate încă de pe timpul războiului civil.

— Comandanţii trebuie să uite de trecut. Tehnica trebuie să reprezinte noua teorie militară modernă, a spus el.

Nu a menţionat, fireşte, numele lui Voroşilov, dar tuturor le era clar că era vorba despre el, atunci când pomenea despre războiul civil şi despre ataşamentul prea mare al comandaţilor faţă de trecut. Abia mareşalul Lev Mehlis l-a atacat pe comisarul pentru apărare şi n-ar fi făcut în niciun caz acest lucru, dacă n-ar fi simţit că Stalin îi permite.

Toţi aveau motive să se simtă obosiţi după lucrările care duraseră trei zile şi, dacă de obicei primeau invitaţiile de a participa la libaţiile nocturne de la vila lui Stalin ca o obligaţie, de astă dată au plecat acolo cu multă plăcere.

Era deja noapte târziu, când Stalin, vizibil ameţit de băutură, a început să-i facă reproşuri serioase lui Voroşilov, aruncând asupra lui vina pentru insuccesul războiului din Finlanda. Voroşilov, care de regulă suporta fără să crâcnească mustrările lui Stalin, de astă dată n-a mai răbdat. A sărit de pe scaun şi cu faţa stacojie de prea multă votcă şi furie, a urlat:

— Numai tu eşti de vină pentru toate astea! Tu eşti cel care a nimicit vechea gardă! Ai omorât cei mai buni ofiţeri!

Comisarul ştia foarte bine ce spune. Era conştient de prăpădul pe care îl făcuse marea epurare în rândul cadrelor de comandanţi ai Armatei Roşii. Ştia că unităţile trimise în Finlanda erau comandate de ofiţeri care nu ştiau să citească o hartă, nu ştiau să treacă din atac în apărare, să alcătuiască formaţiunea de atac, să execute misiuni de recunoaştere, să evalueze forţele inamicului. Ştiau numai să-şi trimită ostaşii la atac frontal împotriva mitralierelor finlandeze, pe care nu le depistaseră din timp.

Şi nu era de mirare. Cunoştea rapoartele care arătau că din 225 de comandanţi de regiment niciunul nu studiase la o academie militară superioară, numai 25 absolviseră şcoala de subofiţeri, ceilalţi făcuseră cursuri rapide la unităţile lor. Războiul avea nevoie de cunoştinţe acumulate în ani lungi de învăţătură şi de practică.

Stalin a amuţit. A înhăţat farfuria cu friptură de porc şi a izbit-o de masă cu atâta putere, încât cristalul s-a spart şi cioburile au ajuns până la geam. A mai rămas o clipă ca uimit de propria reacţie, apoi a ieşit din încăpere fără un cuvânt.

Schimbările în Armata Roşie erau deja stabilite, dar Stalin nu avea de gând să-i facă rău lui Voroşilov, vechiul lui prieten de la Ţariţîn. Dar trebuie să plece, căci era limpede că nu va reuşi să conducă Armata în vremurile care urmau.

Evenimentele din Uniunea Sovietică luaseră o direcţie ciudată. În timp ce Germania ducea luptele rapide şi încununate de victorie din Norvegia, comandamentul Armatei Roşii se pregătea să-şi pună marea maşinărie militară în stare de pace. Unităţile însângerate şi epuizate de luptele în Finlanda s-au întors în cazărmi şi soldaţii trebuiau trimişi acasă, astfel că efectivul unităţilor se micşora. Acestea erau planurile lui Voroşilov în ultimele zile ale funcţionării lui la Comisariat.

La 9 mai 1940, aşadar în ajunul începerii agresiunii germane din Belgia şi Franţa, comisarul le-a trimis lui Stalin şi Molotov un document „strict secret şi foarte urgent" în care scria:

„După încheierea războiului (cu Finlanda – B. W.) am efectuat o trecere în revistă şi la 4 aprilie 1940 am acceptat organizarea şi forţa infanteriei, în scopul întăririi unităţilor staţionate în Transcaucazia, Caucazul de nord, zonele militare Odesa şi Kiev, dar nu am analizat organizarea şi efectivele altor tipuri de servicii".

Regiunile de sud, datorită bogăţiilor naturale, mai ales a câmpurilor petroliere din Transcaucazia şi a marilor zone industriale, ocupau un rol aparte în planurile de apărare ale Uniunii Sovietice. Regiunile militare de acolo – Kiev şi Odesa, fuseseră întotdeauna cele mai puternice, aveau cele mai mari efective de oameni şi primeau cele mai bune armamente. Nu este deci de mirare că după încheierea războiului cu Finlanda comandamentul Armatei Roşii era preocupat de regiunile sudice. În scrisoarea către Stalin şi Molotov, comisarul Voroşilov propunea ca efectivele infanteriei să fie lăsate deocamdată la nivelul de 1.736.146 de soldaţi, dar la alte tipuri de forţe armate propunea reduceri. De exemplu, în legătură cu blindatele, Voroşilov scria:

„Propun să se reducă brigăzile de tancuri aflate în prezent în stare de război, cu excepţia a trei brigăzi staţionate în Estonia, Lituania şi Letonia şi a celor două brigăzi din Regiunea Militară Transcaucaziană".

Comisarul mai propunea limitarea efectivelor aviaţiei de la 293.000 la 291.000. O reducere drastică urmau să sufere unităţile de construcţii de drumuri: de la 69.216 soldaţi la 19.000. Numai numărul elevilor din şcolile de ofiţeri trebuia să crească foarte mult, ceea ce era un rezultat al concluziei paralizante că ofiţerii sovietici nu ştiu nimic.

Aşadar, armatele hitleriste porniseră la război spre Occident, iar armatele lui Stalin se întorceau în cazărmi, soldaţii erau demobilizaţi şi se trecea la starea de pace. Era, fără îndoială, un gest făcut de dragul lui Hitler, iar Stalin era convins că mai are mult timp ca să pregătească

Armata Roşie pentru lovitura finală. Inamicul său trebuia mai întâi să sângereze mult, ca să-şi piardă forţele. Nu avea nicio îndoială că aşa se va întâmpla când Wehrmacht-ul va începe să ia cu asalt fortăreţele belgiene şi linia fortificată Maginot.

Drumul spre Occident

În zorii zilei de 10 mai 1940, trenul special cu care Führer-ul şi colaboratorii lui apropiaţi plecaseră de la Berlin cu o zi în urmă în jurul orei 13.00, s-a oprit în gara Euskirchen, o mică localitate aflată la 50 km vest de Bonn. Hitler, plin de vigoare şi odihnit, s-a mutat din tren în Mercedesul blindat, care l-a dus la noua reşedinţă de vânătoare *Felsennest* (Cuibul de stâncă) din pădure, în apropiere de Münstereifeld, la 45 km de frontiera belgiană. De acolo, din buncărul construit în stâncă, urma să comande armatele care se îndreptau spre malurile Canalului Mânecii.

Ştia din raportările spionajului că belgienii, observând mişcările intense ale unităţilor germane de-a lungul frontierei ţării lor, în jurul orei unu noaptea dăduseră alarma. Permiseseră oare şi intrarea unităţilor britanice şi franceze pe teritoriul lor? Asta Hitler nu mai ştia.

Comandantul armatei franceze, generalul Maurice Gamelin[1], aştepta de la ora unu noaptea ca guvernul belgian să permită armatei

---

[1] **Maurice Gamelin** (1872–1958), general francez, în ianuarie 1935 a fost numit şef al Statului Major General al Apărării Naţionale şi a început reorganizarea şi modernizarea armatei franceze. În perspectiva războiului iminent, a afirmat că Franţa poate şi este datoare să acorde ajutor militar Poloniei, dar a avertizat guvernul premierului Edouard Daladier că armata franceză şi armata aliată a Marii Britanii nu vor putea câştiga războiul. Conducându-se după experienţa din Primul Război Mondial, a planificat o apărare statică a Franţei, neţinând seama de rapiditatea loviturilor detaşamentelor germane de blindate, nici de necesitatea unei reacţii rapide de răspuns din partea diviziilor franceze. Susţinea că „tancurile sunt necesare. Dar să crezi că ajutat de tancuri, vei străpunge apărarea inamicului este o chestiune neserioasă. (...) Cât despre aviaţie, nu va juca rolul pe care îl prevedeţi." Nu şi-a schimbat opiniile nici în cursul acţiunilor militare, insistând cu încăpăţânare asupra concepţiei apărării de poziţie. La 19 mai 1940 a fost înlocuit de generalul Maxime Weygand, ceea ce nu a mai putut influenţa desfăşurarea acţiunilor de război. În februarie 1942 a fost trimis în judecată în procesul organizat de guvernul lui Philippe Pétain, acuzat că a târât Franţa în război (alături de el au luat loc pe banca acuzaţilor premierul Léon Blum, Edouard Daladier şi Paul Reynaud). În aprilie 1942 procesul a fost întrerupt şi nemţii l-au arestat pe Gamelin şi l-au dus în lagărul de concentrare de la Buchenwald, de unde a fost eliberat de armatele americane în mai 1945.

Aliaţi reticenţi: armata belgiană mărşăluieşte în faţa Palatului regal din Bruxelles

britanice şi franceze să pătrundă pe teritoriul acestei ţări, unde ar fi putut opri armata germană care venea spre vest.

La ora 4.30 a devenit clar că războiul începuse, iar guvernul de la Bruxelles tot nu-i chemase pe aliaţi în ajutor.

Abia la ora 6.25 comandamentul francez a primit cererea oficială a guvernului belgian şi douăzeci de minute mai târziu generalul Gamelin a dat ordinul Alertă 4 – trecerea frontierei Belgiei.

Două armate franceze: 7 şi 1, precum şi unităţile Corpului Expediţionat Britanic au pornit, conform planului, spre nord, spre Belgia, lăsând apărarea sudului în sarcina Armatei 9, o armată slabă de rezervă.

În noua sa reşedinţă, Hitler aştepta cu nerăbdarea ştirile din Belgia. Aliaţii îşi vor da oare seama că atacul principal al armatei germane nu va fi îndreptat acolo, ci prin Ardeni, o zonă deluroasă din sudul Belgiei? Se lăsase convins de generalul Erich von Manstein, că atacul coloanelor de blindate prin Ardeni este posibil, deşi, fireşte, foarte riscant. Acolo, tancurile nu puteau fi dispuse în formaţie de luptă şi, înghesuite pe drumurile înguste şi şerpuitoare dintre păduri şi dealuri, nu ar fi scăpat de bombardamentele din avioanele aliaţilor. Nu puteau să-şi folosească forţa distrugătoare. Rămânea aşadar întrebarea dacă aliaţii nu ghiciseră planurile germanilor şi nu transferaseră acolo forţe masive, ca să apere Ardenii.

Hitler, în picioare lângă harta mare atârnată pe perete, pe care adjutanţii marcau cu steguleţe mişcările trupelor proprii şi ale inamicului, a văzut în sfârşit semne că francezii nu-şi schimbaseră planul de acţiune şi principalele lor forţe se îndreptau spre Belgia. A exclamat:

— A fost o treabă foarte bună atacul acela de la Liège!

Vorbea despre mişcarea unei părţi a armatei germane în nordul Belgiei.

— I-am făcut să creadă că vom rămâne fideli vechiului plan al lui Schlieffen!

Dar bucuria aceasta putea fi prematură. În calea armatei a 6-a germane care mergea în Belgia se aflau fortăreţe importante. Eben Emael, situată pe malul înalt al Canalului Albert, avea în raza sa de acţiune toate podurile de pe Canal şi de pe Meuse, pe o rază de 15 km. Luarea cu asalt a fortăreţelor perfect asigurate împotriva atacurilor aeriene şi a bombardamentelor de artilerie ar fi durat câteva săptămâni bune. Era suficient timp pentru ca Franţa să facă mobilizarea, iar din Marea Britanie să sosească întăriri, blocând marşul Armatei 6 germane, care trebuia să ajungă la Canalul Mânecii pentru a tăia posibilitatea de aprovizionare cu alimente din Marea Britanie şi totul s-ar fi terminat cu o înfrângere. Dar acolo Hitler utilizase o armă secretă: un mic detaşament de comando dotat cu încărcătoare cumulative încă necunoscute până atunci, care puteau distruge cel mai puternic blindaj, a aterizat în zori pe teritoriul fortăreţei. După mai puţin de o zi de luptă, comandourile de câteva zeci de persoane i-au obligat pe cei 800 de apărători ai fortăreţei belgiene să capituleze. Fortăreaţa Eben Emael, care ar fi trebuit să oprească întreaga armată germană, fusese exclusă din luptă. Drumul prin Maastricht era deschis, ceea ce permitea tancurilor germane să pătrundă în teritoriul plat dintre Wawre şi Namur cu condiţii admirabile pentru un atac de blindate spre Canalul Mânecii, să pună stăpânire pe porturile de acolo şi în felul acesta să taie ajutorul britanic pentru corpul expediţionar şi pentru armata franceză.

Încă din 20 mai, mai devreme decât era prevăzut în plan, blindatele germane ajunseseră la Abbeville, în apropiere de Canalul Mânecii, tăind legătura armatelor franceze, engleze şi belgiene cu grosul forţelor franceze care se aflau la sud de Somme şi Aisne.

Între timp, principalele forţe germane din Grupul de Armate „A" au trecut frontiera Luxemburgului şi în două zile au ajuns până la cursul mijlociu al fluviului Meuse. Prima a ajuns la Meuse divizia 7 blindate a generalului Erwin Rommel; la 12 mai, patrulele diviziei 5 (subordonată lui Rommel), neîntâmpinând nicio rezistenţă, au trecut pe un dig râul, în apropiere de oraşul Dinant. Au creat un cap de pod, care în ziua următoare a fost lungit la 1,5 km şi a devenit un teren foarte comod pentru lansarea unui atac.

La 14 mai, a ajuns la Meuse, în apropiere de Sedan, avangarda Corpului XIX blindate al generalului Heinz Guderian. Bombardierele au distrus apărarea franceză şi în zori nemţii au început să construiască un pod de pontoane, prin care au pătruns adânc în teritoriul Franţei. Coloana de blindate care traversa Ardenii nu mai putea fi oprită.

În zorii zilei de 22 iunie, geniştii germani au aruncat în aer zidurile muzeului din Compiègne, ca să scoată de acolo vagonul în care la 11 noiembrie 1918 delegaţia germană semnase încetarea focului, punând astfel capăt Primului Război Mondial. În acel vagon, delegaţia franceză urma să semneze încetarea focului care va pune capăt războiului din Franţa.

Erich Tuch, funcţionar în ministerul german de externe, şi-a luat aparatul de fotografiat şi a pornit repede prin pădure în direcţia vagonului. Dorea să facă o fotografie înainte ca locul unde se afla vagonul să se umple de mulţimea de curioşi şi paza să nu mai permită observatorilor să se apropie de acest obiectiv istoric. L-a zărit atunci printre copaci pe Hitler, care mergea agale, ca şi când ar fi cugetat la probleme importante. Dintr-odată, Hitler s-a oprit. A ridicat mâna şi a salutat pe cineva. Pe cine? Tuch, aflat la 20 m distanţă, ascuns printre copaci, s-a uitat de jur împrejur. În apropiere nu era nimeni. Hitler a zâmbit şi a dat din cap în toate direcţiile, ca şi când ar fi salutat mulţimea, apoi a plecat mai departe spre vagon. S-a oprit o clipă în faţa treptelor, s-a uitat din nou într-o parte şi în alta şi a urcat până la uşă. Nu a intrat, ci a coborât de pe scară. S-a dat apoi înapoi cu spatele câţiva metri şi a repetat toate mişcările.

Tuch a înţeles: Hitler nu înnebunise, aşa cum crezuse la început, văzându-l că salută în gol şi zâmbeşte copacilor. Făcea repetiţia generală a marelui spectacol, care urma să aibă loc în piaţeta unde fusese instalat vagonul memorabil. În zilele următoare, camerele de filmat ale cronicii săptămânale din jurnalul de ştiri aveau să imortalizeze această scenă, pentru a o arăta germanilor şi lumii întregi. Voia ca lumea întreagă să-l admire pentru această măreaţă victorie. În patruzeci de zile, armata lui învinsese Belgia, Olanda şi Franţa (ca să nu mai amintim de Danemarca, a cărei armată nici nu opusese rezistenţă), sprijinite de

Marea Britanie. Iar în Occident, Wehrmacht-ul nu avea superioritatea numerică şi de armament, datorită cărora zdrobise Polonia! În Franţa, nemţii erau într-o situaţie mai proastă, căci graniţele erau puternic fortificate, aviaţia franceză era modernă, iar blindatele lor erau numeroase şi le depăşeau pe cele germane în privinţa grosimii blindajului şi a calibrului tunurilor. Dar Hitler aplica doctrina războiului fulger, în a cărei forţă generalii francezi refuzaseră să creadă.

La o zi după semnarea acordului de la Compiègne, Hitler a decis să-şi acorde o zi de odihnă. Era duminică, aşadar o ocazie perfectă pentru a face o excursie. Dis-de-dimineaţă, la ora 5.30, Hitler, însoţit de sculptorul Arno Breker şi de doi arhitecţi, Albert Speer[1] şi Hermann Giessler, îmbrăcaţi în uniformele de campanie cenuşii, au coborât din avion pe aeroportul din Le Bourget, unde îi aşteptau trei Mercedesuri mari şi paza.

— Acesta a fost visul meu: să văd Parisul!, i-a spus Hitler lui Speer. Nici nu pot să spun cât sunt de fericit că mi s-a îndeplinit visul!

Speer, care îl cunoştea de multă vreme şi îl văzuse în diverse situaţii, nu se aştepta la o mărturisire atât de sentimentală. Şi i se făcu milă. Excursia la Paris a durat numai trei ore, dar a fost suficient ca să-l facă fericit.

În seara aceea, Speer s-a întâlnit din nou cu Hitler, fiind invitat la reşedinţa lui din Brûly-de-Pesche.

— Te rog să scrii un decret în numele meu ca să dispui începerea lucrărilor la clădirile din Berlin, a spus Hitler. Nu-i aşa că Parisul este minunat? Dar Berlinul trebuie să fie şi mai minunat! În trecut m-am gândit adesea să distrugem Parisul, dar când vom sfârşi reconstrucţia Berlinului Parisul va rămâne în umbră. Aşadar, de ce să-l mai distrugem?

[1] **Albert Speer** (1905–1982), arhitect, membru al partidului nazist NSDAP din 1931, a câştigat încrederea şi sprijinul lui Adolf Hitler pentru proiectele obiectivelor oficiale de stat şi ale marilor acţiuni propagandistice, ceea ce i-a decis cariera. În 1934 a devenit arhitectul lui Hitler, ulterior: şef de departament în Frontul German al Muncii, şef al secţiei de investiţii în construcţii din subordinea Führer-ului, din 1942, şeful organizaţiei Todt. Din 1943 a fost ministru al înarmării şi industriei de război, precum şi împuternicit general pentru înarmare în Biroului Planului pe patru ani. Datorită calităţile excepţionale de organizator a contribuit la reconstrucţia rapidă a industriei germane de război. În mai 1945 a fost arestat de soldaţii britanici la Flensburg, a fost judecat de Tribunalul Militar Internaţional de la Nürnberg şi acuzat de crime de război şi crime împotriva populaţiei (folosirea muncii silnice în industria de război); a fost găsit vinovat şi a fost condamnat la 20 de ani de închisoare.

Adolf Hitler şi Albert Speer (stânga) în timpul excursiei la Paris

— Berlinul trebuie să fie renovat în aşa fel încât să reflecte marea noastră victorie, a spus el. Consider că aceasta este o misiune de primă importanţă şi cel mai mare pas al nostru spre imortalizarea victoriei noastre.

Nu era cam prematură sărbătorirea? Planul lui Hitler nu se referea numai la Berlin. A cerut curând să se înceapă renovările la Nürnberg, München şi Linz, iar două luni mai târziu a adăugat pe listă alte 27 de oraşe din Germania.

Speer era înspăimântat: această misiune necesita aproximativ 22-25 de miliarde de mărci, iar pentru prima etapă a lucrărilor de construcţii era nevoie de aproximativ 84.000 de tone de oţel şi fier şi asta în primăvara anului 1941. În carierele de piatră din Norvegia, Finlanda, Italia, Belgia şi Suedia fuseseră comandate blocuri de granit în valoare de 30 de milioane mărci, iar şantierele navale germane au început construcţia unor barje cu capacitatea de 500 de tone, care urmau să aducă blocurile în porturi. Marea reconstrucţie a oraşelor germane începută pentru a pune în umbră Parisul urma să se încheie în 1950.

Fără îndoială că victoria împotriva Franţei îi crease lui Hitler o bună dispoziţie atât de nemaipomenită, încât era convins că lumea întreagă îi aparţine. Ce e drept, Canalul Mânecii apăra Marea Britanie, dar Hitler nu vedea aici nicio primejdie. I-a spus generalului Gerd von Rundstedt:

— Acum Anglia va dori să încheie un acord de pace rezonabil, iar eu voi avea mâinile libere ca să mă ocup de misiunea mea principală: conflictul cu bolşevicii.

Termenul aceste bătălii putea fi stabilit. După victoria împotriva Franţei, nu mai rămânea suficient timp ca să înceapă războiul împotriva Uniunii Sovietice înainte de sosirea ploilor şi a frigului de toamnă. Transferarea armatelor în răsărit, completarea pierderilor în oameni şi echipament militar provocate Wehrmacht-ului de războiul pe frontul de vest trebuiau să dureze câteva luni. În plus, Hitler plănuia să folosească vara şi toamna anului 1940 pentru a obliga Anglia să încheie pace, dacă noul premier Winston Churchill se va dovedi prea încăpăţânat şi nu va dori să profite imediat de oferta de încheiere a războiului. Aşadar, totul arăta că agresiunea împotriva Uniunii Sovietice va trebui să înceapă în primăvara anului 1941.

Stalin se aştepta la atacul din partea lui Hitler. Era, de asemenea, pe deplin conştient, după războiul din Finlanda, că Armata Roşie nu era pregătită de apărare. Şi nici societatea. Timp de zece ani, Stalin construise o armată agresivă, care trebuia să intervină în afara graniţelor URSS. Nu vedea niciun motiv pentru care să sape adăposturi antiaeriene, să facă exerciţii de apărare civilă, să pregătească populaţia pentru un război de apărare. Teritoriile poloneze cucerite în septembrie nu erau fortificate. Era de aşteptat ca ucrainenii de orientare naţionalistă să devină aliaţii fireşti ai armatelor germane, când acestea vor pătrunde pe teritoriul lor. Până acum îl sprijiniseră pe Stalin, pentru că sperau ca prăbuşirea statului polonez să le dea şansa creării unei Ucraine libere. Dar Stalin le-a spulberat curând speranţele: poliţia secretă NKVD a început să se răfuiască fără milă cu naţionaliştii.

Armata sovietică intrase în Lituania, Letonia şi Estonia, în urma unor înţelegeri impuse cu forţa, dar adversitatea populaţiei locale şi a forţelor armate era vizibilă la tot pasul. Vor putea considera atacul împotriva Uniunii Sovietice drept o ocazie favorabilă ca să-şi recâştige suveranitatea şi să atace şi ei garnizoanele.

În marea zonă tampon care se întindea din Finlanda până la Marea Neagră, situaţia era aşadar nesigură. Şi cel mai rău se prezenta în sud, într-o zonă atât de importantă pentru Uniunea Sovietică.

Din această analiză a lui Stalin rezultau două concluzii: trebuia să menţină relaţii cât mai bune cu Hitler, ca să nu-l neliniştească şi să nu-l provoace să lovească prea devreme şi, în acelaşi timp, să-şi întărească forţele, eventual chiar până la un nivel la care ar putea s-o ia înaintea agresiunii germane şi să atace el, înainte s-o facă Hitler. Dar până acolo mai era cale lungă şi era nevoie de un efort militar, politic şi economic ieşit din comun.

Mai rămânea speranţa că Hitler nu se va decide să înceapă războiul cu Uniunea Sovietică până nu va încheia pacea cu Marea Britanie, ca să evite războiul pe două fronturi. Repetase de mai multe ori că Germania pierduse Primul Război Mondial pentru că a luptat şi în estul, şi în vestul continentului. Se va strădui să încheie războiul cu Marea Britanie. Încă din 19 iulie 1940 rostise o cuvântare în care se adresa guvernului britanic:

— Domnul Churchill trebuie să mă creadă atunci când prorocesc că marele imperiu va fi distrus. Un imperiu pe care niciodată nu am avut intenţia să-l distrug, nici măcar să-i fac rău (...) Acum simt că este de datoria mea faţă de propria conştiinţă să fac apel încă o dată la simţul de răspundere şi la judecata sănătoasă a poporului Marii Britanii şi a altora. Am considerat că pot să lansez acest apel, căci nu sunt învins şi n-am venit să cerşesc mărinimie, ci sunt învingătorul care vorbeşte în numele raţiunii. Nu văd niciun motiv pentru care războiul ar trebui să mai continue.

Dar premierul Winston Churchill, care preluase conducerea guvernului la 10 mai 1940, după ce Chamberlain se compromisese, nu a răspuns. E clar că nu avea de gând să profite de această ofertă. Aşadar, trebuia să facă presiuni asupra lui, pentru ca să se sperie şi să fie de acord cu încheierea păcii sau să-l oblige la aceasta britanicii înspăimântaţi de perspectiva unei invazii iminente a nemţilor.

Hitler a dat Directiva nr. 16:

„Întrucât Anglia, în pofida situaţiei ei militare fără speranţă, nu manifestă dorinţa de a face niciun fel de compromis, am decis să încep pregătirile pentru efectuarea invaziei Angliei, dacă acest lucru se va dovedi necesar."

Una din condiţiile esenţiale pentru realizarea invadării Angliei era, după părerea Führer-ului, eliminarea aviaţiei britanice, pentru ca aceasta să nu se poată opune armatei germane.

Prima versiune a planului prevedea debarcarea unui prim val de 13 divizii pe un front cu o lungime de 360 km şi ocuparea capetelor de pod, la care s-ar adăuga apoi al doilea val de 26 de divizii; dar debarcarea unui număr atât de mare de forţe era nerealistă din cauza lipsei de vase şi transportoare navale.

Succesul acestor intenţii depindea de învingerea Royal Navy şi de distrugerea aviaţiei britanice, care puteau să oprească flota germană de invazie. În iulie 1940 a început prima fază a luptei aeriene pentru Anglia, pe parcursul căreia avioanele Luftwaffe trebuiau să convingă guvernul britanic să capituleze. Dacă acest lucru nu ar fi reuşit, trebuiau să distrugă aviaţia britanică. Între timp, în porturile franceze au fost masate aproximativ 4.000 de unităţi, printre care erau multe iahturi, bărci de agrement, ambarcaţiuni fluviale nepotrivite pentru traversarea Canalului Mânecii nici chiar pe o vreme liniştită. Pe lângă aceasta, lipsea echipamentul necesar pentru debarcarea trupelor: tancurile şi transportatoarele amfibie, care să poată sprijini detaşamentele în momentul debarcării. Nu erau rezolvate nici problemele logistice esenţiale, respectiv alimentarea cu combustibil şi muniţie a detaşamentelor de pe ţărm, nu se prevăzuseră acţiuni de recunoaştere a fortificaţiilor britanice de apărare, posibilităţile de descărcare a echipamentului greu etc. Întreaga operaţie de invadare, care primise numele de cod „Seelöwe" (Leul Mării), era un mare bluf al lui Hitler. Dar trebuia să recurgă la el, ca să oblige Marea Britanie să încheie pace, iar aceasta însemna că în vest trebuiau să rămână aproape trei mii de avioane şi câteva zeci de mii de divizii, care să joace rolul de sperietoare pentru Marea Britanie.

Angajarea Wehrmacht-ului în Occident dădea Uniunii Sovietice mână liberă în est şi Stalin intenţiona să profite fără scrupule de aceasta, având grijă să salveze numai aparenţele. În primul rând, avea de gând să-l enerveze e Hitler şi asta cât mai mult timp cu putinţă...

Comerţ şi încredere

Stalin acorda mare importanţă comerţului cu Germania. Cu ce altceva ar fi putut să câştige încrederea lui Hitler, dacă nu cu respectarea scrupuloasă a termenilor din acordul comercial, semnat în februarie 1940 la Berlin? Ştia cât de mult îi interesează pe nemţi lucrul acesta. Înainte să se ajungă la semnarea acordului, aşa cum îi era obiceiul, tărăgănase şi întârziase foarte mult exprimarea acordului, până când ministrul Ribbentrop îi trimisese o scrisoare în care îl ruga politicos să încheie cât mai rapid înţelegerea şi să înceapă livrările.

Valoarea schimburilor comerciale era apreciată la aproximativ 860 de milioane de mărci în următoarele douăsprezece luni. Din Uniunea Sovietică urmau să fie trimise în Germania materii prime şi alimente în cantităţi uriaşe: un milion de tone de grâu, 900.000 de tone de ţiţei, 100.000 de tone de bumbac, 100.000 de tone de minereu de crom, o jumătate de milion de tone de minereu de fier, 300.000 de tone fontă, două tone şi jumătate de platină şi de minereuri neferoase, lemn şi multe alte materiale foarte necesare economiei germane. Din partea sa, Uniunea Sovietică prezentase lista de achiziţii, care cuprindea 42 de pagini. Pe primul loc era vasul blindat clasa Lützow[1], a cărui carenă construită în şantierele navale germane urma să fie finisată în şantierele navale sovietice. Pe lângă aceasta, şantierele navale sovietice mai trebuiau să primească planurile cuirasatului Bismarck şi ale unui distrugător mare, împreună cu maşinile şi informaţiile necesare ruşilor ca să construiască două crucişătoare.

Lista achiziţiilor din domeniul aviaţiei era foarte lungă. Cuprindea 10 avioane Heinkel *He 100,* cinci avioane bimotoare de vânătoare Messerschmidt *Bf 110,* două bombardiere Junkers *Ju 88* şi două Dornier *Do 215*, trei Büker *Bü 131* şi trei *Bü 133*, trei Focke Wulf *Wu 58-v-13*, trei elicoptere *Fa 255* şi un Messerschmidt experimental *Me 209*. Ruşii jurau că vor aceste avioane ca să le încerce şi după aceea să comande licenţa. Negau categoric orice bănuială că ar încerca să copieze maşinile germane. Urma apoi o listă lungă de alte mărfuri: mitraliere, tunuri, maşini pentru fabrici, staţii radio, automobile şi motociclete.

Schimbul comercial, atât de promiţător prezentat pe hârtie, a mers foarte greoi. La sfârşitul lui martie 1940, ruşii au oprit livrările de ţiţei, afirmând că, în general, nemţii nu-şi respectă obligaţiile. Au arătat calcule din care reieşea că din august 1939 trimiseseră în Germania mărfuri în valoare de 66,5 milioane de mărci şi primiseră numai în valoare

[1] **Lützow** (iniţial numit *Deutschland*), cuirasat de buzunar, lansat la apă la 19 mai 1931, a început serviciul la 1 aprilie 1933. În februarie 1940, Hitler şi-a dat seama că denumirea *Deutschland* (Germania) poate fi stânjenitoare dacă vasul va fi scufundat şi a ordonat să i se schimbe numele în *Lützow*. În aprilie 1940, în timpul invadării Norvegiei, vasul a fost avariat de obuzele artileriei de coastă şi apoi şi, ca urmare a atacului cu torpilă subacvatică lansat de submarinul britanic *Spearfich*, şi-a pierdut cele două elice, iar cârma a fost avariată grav. După un an de reparaţii, a fost adus în fiordul norvegian Trondheim. Acolo, în iunie 1941, a fost atins de o torpilă lansată de un avion britanic, ceea ce a imobilizat vasul încă un an. La 31 decembrie 1942, *Lützow* şi crucişătorul greu *Admiral Hipper*, împreună cu şase distrugătoare au atacat în apropierea Insulei Ursului convoiul JW 51 B, apărat numai de distrugătoare şi crucişătoare uşoare. Vasele germane, în pofida forţei de foc superioare, nu au reuşit să scufunde niciun vas de transport, în plus au mai şi pierdut un distrugător. *Lützow* a fost trimis în Marea Baltică şi a servit ca navă-şcoală până la sfârşitul anului 1944, apoi a patrulat de-a lungul ţărmului în faţa portului Gdańsk şi a participa la evacuarea germanilor din Pomerania. La 16 aprilie 1945, în Świnoujście a fost avariat grav în timpul unui raid, a eşuat într-un loc puţin adânc. La 4 mai 1945 a fost distrus de nemţi. Date tactico-tehnice (1939): deplasament 11.700 tone, lungime 188 m, lăţime 20,7 m, viteza 28 noduri, armament 6 tunuri calibru 280 mm, 12 tunuri calibru 150 mm, 6 tunuri antiaeriene calibru 105 mm, 8 tunuri antiaeriene cal. 37 mm, 10 tunuri antiaeriene calibru 20 mm, 8 torpile calibru 533 mm, 2 hidroavioane.

de 5,5 milioane. În plus, lipseau tocmai articolele care interesau cel mai mult partea rusă: armele moderne. Târguielile au durat până la 9 aprilie, când dintr-odată Molotov l-a invitat în cabinetul său pe ambasadorul Schulenburg şi a început să se scuze cu o deosebită politeţe de întârzierile livrărilor ruseşti, ceea ce s-a produs, după cum spunea el, din cauza subcontractorilor. Diplomatul german nu a comentat explicaţiile, dar îşi amintea perfect că încercase să-l convingă cu câteva săptămâni înainte pe Anastas Mikoian, comisarul pentru comerţ, să reia livrările, iar acesta refuzase cu încăpăţânare.

Ambasadorul german ştia foarte bine în ce perioadă se află – 9 aprilie era ziua începerii invadării Norvegiei. Molotov nu a omis cu această ocazie să-i transmită lui Schulenburg felicitări pentru Hitler:

— Urăm succes Germaniei în eforturile ei de apărare, a spus el.

Aşadar, era timpul ca Stalin să înceapă să aplice politica de concesii faţă de Hitler. Şi a continuat-o, fără să ţină seama cât de defavorabile erau schimburile comerciale pentru Uniunea Sovietică. Germania nu avea intenţia să furnizeze unei ţări pe care avea intenţia s-o bată, niciun fel de arme moderne. Dimpotrivă, se străduia să întârzie cât mai mult livrările, fără să se mai obosească să dea explicaţii, ceea ce ar fi fost un motiv de anulare a acordului, dar Stalin prefera să închidă ochii. Drept urmare, bilanţul comercial era pentru el din ce în ce mai dezavantajos.

Până la jumătatea lunii iulie 1940, Uniunea Sovietică a livrat Germaniei mărfuri în valoare de 160 milioane mărci. La multe articole, planul fusese realizat înainte de termen, de exemplu, livrările de zinc, cupru şi nichel atinseseră deja în iulie valoarea planificată pentru întregul an. Germania trimisese maşini în valoare de 80 de milioane de mărci, în care era inclusă şi valoarea carenei cuirasatului Lützow, care nu ajunsese încă în portul sovietic. Situaţia se putea înrăutăţi de pe o zi pe alta, căci Hermann Göring interzisese exportul de mărfuri care ar fi putut întări potenţialul defensiv sovietic. Cu toate acestea, ruşii s-au decis să semneze acordul comercial pe anul 1941 şi au promis că îşi vor îndeplini obligaţiile în zece luni.

Această politică putea întârzia agresiunea, dar nu putea alunga pericolul. Acesta trebuia să vină şi Stalin ştia.

Pumnul

Zgomotul, vibraţiile şi hurducăturile bombardierului SB îi produseseră lui Pavel Sudoplatov, trimis special al NKVD, dureri de cap şi de stomac. Şi, colac peste pupăză, duhnea şi a benzină, ulei şi gaze arse. Simţea cum i se ridică stomacul în gât şi de câteva ori abia s-a abţinut. Şi-a adunat toate forţele, s-a ridicat de pe fotoliul mic şi incomod, fixat special pentru el cu şuruburi în pardoseală şi a pornit aplecat spre cabina piloţilor.

— O să mai zgâlţâie mult aşa?, l-a întrebat el pe aviatorul care şedea cel mai aproape.

Acesta a ridicat din umeri.

— E o vreme mizerabilă, a răspuns el şi a înclinat capul, prefăcându-se că este ocupat cu trasarea cursului pe harta desfăcută pe măsuţa mică. Nu ştia cine este Sudoplatov, aşadar prefera să nu discute prea mult.

— Peste cât timp aterizăm la Riga?

— Mai puţin de o jumătate de oră – navigatorul a lăsat din nou capul în jos, prefăcându-se că este ocupat.

Sudoplatov a ridicat din umeri şi apoi, având grijă să nu alunece pe pardoseala metalică plină de ulei, s-a întors la locul lui incomod. Nu putea decât să spere că ultima jumătate de oră de zor va trece repede. Dar când s-a uitat la ceas, a constatat că mai are în faţa lui încă 28 minute de zbor neplăcut. Cu atât mai mult cu cât vântul puternic începuse să zgâlţâie şi mai tare avionul.

Câtva minute mai târziu a observat că aviatorul care nu avea chef să vorbească cu el îi face semne pe care nu le înţelege. Omul s-a ridicat de la locul lui şi s-a apropiat de Sudoplatov.

— Legaţi-vă centura, a spus el. Ţineţi-vă bine, tovarăşe, în câteva minute aterizăm la Riga.

L-a ajutat pe Sudoplatov să-şi găsească centura cu o cataramă obişnuită, precum cea de la pantaloni, şi a strâns-o tare.

— Acesta nu este avion de pasageri, a adăugat el, ca şi când s-ar fi scuzat.

Zgomotul motorului care îi produsese durerea de cap lui Sudoplatov, începuse să scadă şi avionul lăsase botul în jos. Presiunea s-a modificat atât de brusc, încât Sudoplatov avea impresia că o să-i plesnească timpanele şi o să i se taie răsuflarea.

A simţit cu o mare uşurare când trenul de aterizare s-a izbit de beton, e drept cam tare, căci avionul a ricoşat, s-a aplecat spre o aripă şi a lovit încă o dată pista, dar era oricum semn că drumul de coşmar de la Moscova se încheiase. A mai aşteptat o clipă până când pilotul a deschis uşa din spate şi a împins afară scara de metal.

— Atenţie la cap!, l-a avertizat el pe pasager, dar prea târziu, căci acesta se izbise deja de marginea dură, cu atât mai dureros cu cât îşi scosese cascheta.

— Mulţumesc, tovarăşe, reuşi el să articuleze printre dinţi. Nu mă întorc la Moscova decât cu voi!

— Aşa să fie! Pilotul nu înţelesese aluzia răutăcioasă şi a salutat zâmbind, considerând că observaţia lui Sudoplatov fusese un compliment.

Din automobilul care se apropiase de avion a coborât Mihail Vetrov, consilierul ambasadorului sovietic de la Riga, pe care Sudoplatov îl cunoscuse cu câteva zile mai înainte, când acesta venise în cabinetul lui de la Moscova. I se păruse un om cu picioarele pe pământ. Vorbea puţin, ştia să prezinte situaţia foarte precis şi concis şi să tragă concluzii. Pe lângă aceasta, cunoştea foarte bine terenul şi ştia multe despre membrii guvernului leton.

— Ulmanis nu este prea agreat, a spus el despre premierul guvernului leton, din cauza rezultatelor economice şi a docilităţii exagerate faţă de nemţi...

— Vorbiţi despre docilitatea politică?, l-a întrerupt Sudoplatov, care ştia că Ulmanis mergea destul de des la Berlin şi se întâlnise acolo cu Ribbentrop.

— Nu numai. Ulmanis îi favorizează pe întreprinzătorii germani, le permite să cumpere cele mai bune parcele. Închide ochii, de asemenea, la exportul practicat de întreprinderile germane în Germania sub preţurile de cost, a explicat Vetrov. Nu am avut posibilitatea să verific, dar este vorba probabil de subvenţii speciale ale guvernului german.

— Dacă Ulmanis ar demisiona, pe cine vedeţi în locul lui?, a întrebat Sudoplatov.

— Pe Munters, a răspuns după o clipă de gândire Vetrov, ministrul de externe. Este un om foarte ambiţios şi îşi doreşte foarte mult să devină premier al guvernului leton. Şi ne este favorabil.

— Pe ce anume vă întemeiaţi această apreciere?

— Chiar şi pe ultimele articole din presa letonă, unde la cererea lui Munters câteva ziare au publicat fotografia tovarăşului Molotov cu ocazia zilei lui de naştere când a împlinit 50 de ani.

În ziua următoare, după ce i-a relatat această convorbire lui Beria, Sudoplatov a fost chemat la Vladimir Dekanozov. Erau de faţă şi

Vladimir Vîşinski, adjunctul comisarului pentru afaceri externe, şi Andrei Jdanov, şeful organizaţiei de partid Leningrad, şi Vsevolod Merkulov, adjunctul şefului NKVD.

— Pe baza deciziei Biroului Politic şi la dorinţa tovarăşului Stalin, problema siguranţei frontierelor noastre de nord-vest trebuie rezolvată acum, a spus Dekanozov. Guvernele burgheze ale celor trei state baltice, acţionând conform instrucţiunilor primite de la Paris şi de la Londra, fac tot posibilul pentru a sabota acordurile semnate cu Uniunea Sovietică.

Auzind aceste cuvinte pe care le considera absolut inutile în cercul de înalţi funcţionari în care se aflau, Sudoplatov se întreba dacă Dekanozov va începe să enumere cazurile de „provocări". De la jumătatea lui mai, presa sovietică vorbea despre atacurile împotriva soldaţilor sovietici din garnizoanele staţionate în Lituania, Letonia şi Estonia, care, chipurile, se intensificaseră, iar la 25 mai, Molotov îl convocase pe ambasadorul Atanas Merkys, apoi şi pe ceilalţi, pentru a le înmâna un protest ferm. Se referea mai ales la soarta unui anume soldat Butaiev, care dispăruse fără urmă în Lituania. Fireşte că erau zeci de moduri în care putea fi explicată dispariţia lui: a dezertat, s-a îmbătat şi a căzut în apă etc. Molotov se încăpăţâna însă să susţină că dispariţia lui „a fost organizată cu ajutorul guvernului lituanian", ca şi când guvernul nu ar fi avut altceva de făcut decât să atenteze la viaţa răcanului Butaeiv.

Atmosfera devenea din ce în ce mai încinsă. Mai ales când în prima săptămâna lunii iunie 1940 s-au produs câteva ciocniri la graniţa republicilor baltice cu Uniunea Sovietică, chipurile provocate de soldaţii statelor mici.

Sudoplatov nu se înşelase când prevăzuse că Dekanozov va începe să înşire provocările:

— În faţa provocărilor împotriva soldaţilor sovietici, a spus mai departe Dekanozov, Uniunea Sovietică a fost nevoită să trimită trei grupe ca să creeze condiţiile în care Armata Roşie va putea să apere graniţa de nord-vest a patriei noastre socialiste.

A explicat repede în ce va consta crearea acestor condiţii de apărare:

— În cazul în care clasa muncitoare din Letonia şi din celelalte state baltice îşi va exprima dorinţa ca noile guverne să fie numite socialiste şi sovietice, tovarăşul Stalin a spus că nu se va opune dorinţei lor.

A dat apoi celor adunaţi în încăpere planurile secrete elaborate pentru fiecare din ţările baltice în parte. Un an mai târziu, un astfel de document a căzut în mâinile germanilor din Lituania. Fusese elaborat în scopul: „Stopării active a influenţei centrelor inamice faţă de statul sovietic: naţionalişti, populişti, creştini democraţi, troţkişti, social-democraţi şi alţii. Acţiunea trebuie să fie executată în acelaşi timp în toată Lituania în noaptea de 11 spre 12 iulie 1940."

După acest text urma lista oamenilor suspectaţi de acţiune duşmănoasă împotriva Uniunii Sovietice, care în noaptea aceea urmau să fie arestaţi şi lichidaţi pe loc sau închişi. Data menţionată în documentul secret era în legătură directă cu alegerile care urmau să aibă loc câteva zile mai târziu în statele ocupate, pentru ca noile parlamente să accepte includerea în URSS.

Cu această misiune sosise la Riga, în ziua de 18 iunie 1940, Sudoplatov, cu un paşaport diplomatic pe numele Matveev. Ştia că acţiuni similare au fost efectuate şi în celelalte state baltice: Dekanozov zburase la Kovno, Jdanov, alegând un mijloc de transport mai solid, sosise cu un tren blindat la Talin, în ziua de 19 iunie.

— Care este planul de acţiune?, l-a întrebat Sudoplatov pe Vetrov, după ce s-au urcat în automobil.

— Tovarăşul Merkulov este deja la ambasadă. El va coordona acţiunea. Pentru dumneavoastră am aranjat o întâlnire cu ministrul Munters, căruia i-am spus că va veni un trimis special, consilier al tovarăşului Molotov, adică dumneavoastră, cu un mesaj deosebit de important din partea conducerii sovietice, i-a explicat Vetrov.

S-a uitat la ceas şi apoi a continuat:

— Întâlnirea este fixată peste o jumătate de oră. Ştiu, e cam din scurt, a adăugat el în chip de scuză, dar avionul dumneavoastră a întârziat.

— A fost vreme rea, a mormăit Sudoplatov, amintindu-şi trăirile de coşmar de la bordul bombardierului *SB*.

Întâlnirea cu Munters a fost scurtă. Amândoi ştiau despre ce este vorba în acest joc. Sudoplatov şi Vetrov i-au comunicat că guvernul sovietic se aşteaptă la schimbări în administraţia letonă şi ar fi încântat să-l vadă pe Munters în funcţia de premier al noului guvern de coaliţie, ceea ce acesta a ascultat cu vizibilă plăcere.

Au plecat apoi în grabă la ambasadă, chemaţi de Merkulov. Ştirea care îi aştepta era de-a dreptul şocantă: Stalin îşi schimbase părerea în legătură cu Munters. Considera că nu trebuie să se facă niciun compromis şi nu trebuie să se alcătuiască un guvern de coaliţie, ci pur şi simplu un guvern „sovietic" şi „socialist".

Citind telegrama cifrată venită de la Moscova, Sudoplatov, simţea cum i se înmoaie genunchii. Înţelegea că dacă nu va reuşi să-l convingă pe Munters să renunţe la ambiţiile lui şi la funcţia de ministru, răspunderea pentru insucces i se va reproşa lui. Îşi amintea perfect ce se întâmplase cu Piotr Zubov, trimis la Belgrad în 1938 cu scopul de a organiza o lovitură de stat, când se întorsese cu mâinile goale.

Şi Vetrov înţelegea foarte bine în ce situaţie periculoasă se aflau după schimbarea produsă la Kremlin. În timp ce mergeau cu maşina spre Munters tăceau amândoi, dar fiecare se gândea la varianta cea mai riscantă a situaţiei. Au respirat uşuraţi atunci când ministrul înspăimântat a fost de acord fără niciun cuvânt de împotrivire să-şi facă bagajele şi să plece la Moscova.[1]

În celelalte două capitale baltice lucrurile s-au desfăşurat în mod similar.

La Talin, capitala Estoniei, Andrei Jdanov s-a mutat din trenul lui blindat în automobilul blindat şi, protejat de două tancuri, a ajuns la palatul prezidenţial, pentru a-l ruga pe preşedintele Pats să formeze un nou guvern, argumentând că actualul guvern nu este în stare să rezolve toate problemele. Fireşte că în dosarul pe care îl avea la îndemână avea deja lista noului guvern, două tancuri stăteau în faţa palatului şi armata sovietică era pe străzi, garantând că guvernul îşi va îndeplini misiunea în mod corespunzător.

Mai multe complicaţii a avut Dekanozov la Kovno, unde preşedintele Atanas Smetona fugise peste graniţă în Prusia Orientală, iar constituţia Lituaniei cerea ca preşedintele să numească guvernul. Trimisul sovietic a rezolvat problema dificilă cu care se confrunta, declarând că, din moment ce preşedintele părăsise teritoriul statului, aceasta înseamnă că renunţase la funcţia sa. L-a numit imediat preşedinte pe Justas Paleckis, un ziarist de stânga, care, după demisia premierului, a încredinţat funcţia de şef al statului profesorului Vincas Kreve-Mickevicius.

Acţiunea instaurării noilor autorităţi în cele trei state baltice s-a încheiat la 22 iulie 1940, când Hitler se pregătea la Compiègne să-şi sărbătorească marea victorie. În euforia care îl cuprinsese, putuse să treacă uşor cu vederea informaţia cu privire la micile state din estul Europei. Şi chiar dacă dăduse atenţie ştirilor alarmante trimise de ambasadele germane la Berlin, nu avea nicio posibilitate de a acţiona: armata lui era în Franţa. Numai ambasadorul Schulenburg ar fi putut să protesteze, dar acordul semnat de Ribbentrop la 28 septembrie la

[1] Munters a fost dus după aceea la Voronej, unde până în 1941 a predat la Universitate. Arestat după izbucnirea războiului cu Germania, a fost condamnat la ani lungi de temniţă pentru activitate duşmănoasă împotriva guvernului sovietic. Eliberat din închisoare probabil în 1950, a rămas în Uniunea Sovietică.

Moscova nu recunoştea că aceste state se află în zona de interese a Uniunii Sovietice? Aşadar, nu exista motiv pentru un protest diplomatic. Şi după aceea, „poporul muncitor din Lituania, Letonia şi Estonia, în mod liber şi democratic, alesese calea socialistă de dezvoltare a ţărilor lor", după cum scria ziarul *Izvestia*.

La 14 iulie, în cele trei state baltice au avut loc alegeri. Cu două zile mai înainte, în conformitate cu instrucţiunile secrete transmise de Dekanozov în timpul conferinţei de la Moscova, au început arestările în rândul funcţionarilor de stat, al ofiţerilor superiori, intelectualităţii şi clerului. Ruşii foloseau metodele verificate în Polonia. Îi îndepărtau pe oamenii care ar fi putut fi împotriva unirii ţării lor cu URSS şi ar fi putut organiza rezistenţa ilegală armată[1]. Cu toată teroarea, la alegeri au luat parte numai 10-30% din persoanele cu drept de vot, ceea ce fireşte că nu a avut prea mare importanţă. Comisiile electorale au declarat că toţi candidaţii de pe listele clasei muncitoare câştigaseră un sprijin aproape unanim – 99,2% din voturi. Iar în alegerile parlamentare care s-au desfăşurat pe 21 iulie au prezentat propunerea ca aceste state să fie incluse în Uniunea Sovietică. Sovietul Suprem al URSS şi-a exprimat acordul la 3 septembrie 1940. Iar atunci unităţile Armatei Roşii au păşit în Lituania, Letonia şi Estonia.

Anexarea celor trei state a închis golul care, după aprecierea lui Stalin, exista de-a lungul frontierei de nord-vest între Finlanda şi Prusia Orientală. Până atunci, pe aceste teritorii existau trupe sovietice staţionate, dar erau răsfirate ca degetele unei mâini. Lui Stalin nu-i plăcea deloc această discontinuitate teritorială. Lui îi plăceau situaţiile clare şi imaginile coerente. Astfel că în august 1940, mâna aceea se strânsese pumn. Unităţile Armatei Roşii aveau acum acces liber pe teritoriul noilor republici sovietice. Ofiţerii cu atitudine patriotică din forţele armate ale acestor republici au fost trimişi în Siberia sau, în cel mai bun caz, scoşi din armată sau cei care îşi declarau loialitatea faţă de noile autorităţi primeau uniforme şi grade sovietice. În felul acesta, forţele sovietice din regiune au fost întărite. În acelaşi timp, deportarea grupurilor sociale care ar fi putut acţiona împotriva Uniunii Sovietice – să organizeze lupta de partizani, să colaboreze cu inamicul, dacă acesta ar trece graniţele actuale ale URSS – urma să întărească apărarea, căci înlăturau punctele slabe.

Pavel Sudoplatov se întorsese fericit la Moscova. Zborul fusese liniştit, festivităţile cu ocazia marelui succes duraseră trei zile, ştia că

[1] Deportările au durat până în iunie 1941.

Harta Europei în 1939

Merkulov îi menţionase numele în raportul către Stalin. Tot timpul cât stătuse la Riga, Sudoplatov, lucrător cu experienţă al poliţiei secrete sovietice, îşi dăduse seama cât de riscantă este misiunea lui. În timpul războiului civil gloanţele îi şuieraseră pe deasupra capului şi nu se temuse. Nu-i fusese frică nici în 1937, când plecase din ordinul personal al lui Stalin la Paris, într-o misiune foarte riscantă, şi anume atentatul împotriva lui Evgheni Konovaleţ, conducătorul naţionaliştilor ucraineni. Dar erau alte vremuri. Poate că afacerea Zubov îi subţiase în aşa hal nervii. Se cunoşteau foarte bine, erau prieteni, serviseră amândoi în aceeaşi secţie ani la rând. Poate că era şi puţin invidios pe Zubov, pe succesele lui în munca de informaţii. Acestea erau mari. Reuşise să se infiltreze în preajma preşedintelui Beneš, ba chiar, aşa cum susţinea, era ofiţerul de legătură între Stalin şi preşedintele Cehoslovaciei. În 1938, a fost trimis la Belgrad, de unde rezidentul local informase că un grup de ofiţeri superiori plănuieşte să răstoarne guvernul şi să instaureze altul, prosovietic. Zubov nu trebuia decât să le dea banii. Dar când ajunsese acolo, îşi dăduse seama că erau nişte aventurieri şi escroci, gata să fugă cu banii imediat ce vor pune mâna pe ei. Se întorsese la Moscova fără să efectueze plăţile, ceea ce îl înfuriase pe Stalin. Ordonase să fie arestat ca trădător care intrase în contact cu spionajul străin. Fusese supus unui interogatoriu feroce, efectuat de unul dintre cei mai sadici torţionari ai NKVD – Rodos. Îi zdrobise genunchii cu ciocanul, dar Zubov nu recunoscuse nimic. Cu toate acestea, a fost condamnat la ani lungi de temniţă.

Aceeaşi soartă ar fi putut să-l aştepte şi pe Sudoplatov dacă misiunea riscantă nu ar fi reuşit. Din fericire, aceasta era acum de domeniul trecutului şi putea să se întoarcă liniştit la Moscova, gândindu-se dacă nu ar exista nicio posibilitate să-l ajute pe nefericitul Zubov. Îi venise ideea că ar putea să-l folosească pe deţinut ca să obţină informaţii, poate chiar să recruteze oameni care puteau fi preţioşi pentru spionajul sovietic. Colonelul Stanisław Sosnowski, agent al spionajului polonez, care acţionase înainte de război în Germania, dezvăluise multe secrete de război. Prins în 1935, a fost dat la schimb şi s-a întors în Polonia, unde în 1937 a fost condamnat de un tribunal polonez pentru deturnare de fonduri. A fost închis în penitenciarul din Lvov, unde a căzut în mâinile sovieticilor. Ar fi fost suficient să-l cazeze în celula lui pe Zubov. Zilele lungi petrecute în închisoare şi sentimentul nefericirii comune pot deveni o ocazie perfectă pentru închegarea unei noi prietenii, de care trebuie să profite spionajul sovietic.

Mulţumit de ideea lui, şi-a pus în minte s-o realizeze imediat ce ajunge la Moscova. A adormit ca omul mulţumit că îşi îndeplinise misiunea. Şi că a scăpat de un destin cumplit…

Partidul vă iartă

În liniştea dimineţii, ecoul paşilor pe coridoarele închisorii răsuna deosebit de puternic. Rokossowski[1] s-a ghemuit instinctiv. Interogatoriul

[1] **Konstanty Rokossowski** (1896–1968), polonez de origine (probabil fiul unui feroviar

îi lăsase urme foarte adânci. Nu, nu pe trup. Rănile se vindecaseră după câteva săptămâni, deşi pe spate îi rămăseseră cicatrice de la loviturile de bici. Îl spânzuraseră de mâini şi NKVD-istul începuse să-l ardă cu biciul. Ofiţerul privea şi se întreba dacă ajunge. Dintr-odată spunea „destul" şi întreba:

— Acum o să vorbeşti, sau vrei să-ţi mai dea Vasea încă o porţie?

După două sau trei zile învăţase că trebuie să dea din cap că da. Atunci desfăceau legăturile, iar el se prăbuşea pe pardoseala de ciment, udă de sânge şi de apă. Se prefăcea că îşi pierde cunoştinţa şi atunci unul din torţionari se ducea după o găleată cu apă. Apoi făcea câţiva paşi spre el. Aceasta dura câteva secunde. Era mult. Un timp foarte lung fără bătaie. Jetul de apă care se revărsa pe spatele şi pe umerii lui zdrobiţi îi provoca o durere ascuţită, dar mai mică decât loviturile de bici. Se prefăcea că îşi recapătă cunoştinţa. Anchetatorul repeta întrebarea. Şi din nou câteva zeci de secunde de odihnă. Poate că tocmai de aceea rezistase. Dar îşi dăduseră seama repede că încearcă să-i păcălească. Nu-l mai dezlegaseră. Rămânea atârnat de mâini. Durerea din încheieturile întinse era din ce în ce mai mare.

— Eşti spion polonez?, continua să întrebe anchetatorul. Ce ai complotat cu canalia aia de trădător şi vânzător de ţară de Blücher[1]?

Când rostiseră pentru prima dată acest nume înţelesese de ce este arestat şi învinuit. În 1929 fusese trimis la Armata Specială din

polonez, născut în localitatea Wielkie Luky din raionul Pskov), soldat al Armatei Roşii, a fost arestat în 1937, în timpul epurărilor staliniste din armată. Eliberat din închisoare în primăvara anului 1940, a preluat comanda corpului de cavalerie, apoi a corpului 9 mecanizate; din august 1941 a comandat un grup operaţional şi apoi Armata a XVI-a care a luptat în direcţia Moscovei, ulterior − mai multe fronturi consecutiv. Şi-a câştigat o reputaţie de comandant excelent, apreciat de soldaţi datorită faptului că nu le vărsa sângele inutil pe câmpul de luptă (aceste trăsături nu erau frecvente printre comandanţii sovietici). Din 1945 a fost comandantul Grupului Nord al armatelor sovietice din Polonia, iar în 1949 a primit funcţia de ministru al apărării naţionale şi de premier al Republicii Populare Polone; a fost co-responsabil pentru represiunile împotriva ofiţerilor Armatei Polone − foşti soldaţi ai rezistenţei ilegale şi ai Armatei. În noiembrie 1956 s-a întors în Uniunea Sovietică.

[1] **Vasili Blücher** (1890−1938), de meserie fierar, s-a remarcat prin vitejie în timpul Primului Război Mondial. În 1917 a trecut la bolşevici. Pentru meritele în lupta cu Legiunea Cehă a fost decorat cu Ordinul Steagul Roşu. În anii 1921-1922 a fost şeful biroului comisarului pentru război, apoi a plecat în China în calitate de consilier militar. Din 1929 a comandat Armata din Extremul Orient. În 1935 a fost numit unul din cei cinci primi mareşali ai Uniunii Sovietice. Succesul lui cel mai mare şi mai spectaculos a fost victoria armatei sale împotriva japonezilor în lupta de pe râul Hasan din anul 1938. Deosebit de independent, ceea ce Stalin considera că este periculos pentru propria sa poziţie, a fost arestat şi ucis în timpul interogatoriului.

Extremul Orient care lupta cu China. Comandantul trupelor sovietice din această zonă a lumii era Vasili Blücher, ulterior unul din primii mareşali ai URSS. Rokossowski servise sub comanda lui timp de câteva luni, în calitate de comandant de brigadă de cavalerie. Fără îndoială că nimeni nu şi-ar mai fi amintit de această perioadă din cariera lui, dacă în 1935 nu s-ar fi întors în Extremul Orient, pentru a prelua comanda unei divizii de cavalerie. Colaborase din nou cu Blücher şi, deşi durase puţin timp, căci în februarie 1936 fusese transferat la Leningrad, de astă dată colaborarea avea să se dovedească fatală pentru el.

Blücher devenise mare comandat în Extemul Orient, absolut independent faţă de Moscova, ba chiar avea o atitudine duşmănoasă faţă de Stalin. Avea grijă ca armata subordonată lui să fie absolut independentă şi îşi organiza singur partea economică. Fabricile şi colhozurile furnizau armatei lui absolut tot ce îi trebuia, în schimb, se bucurau de anumite privilegii, de exemplu, erau scutite de rechiziţionările în natură. Stalin nu putea tolera faptul că undeva, departe de Moscova, aşadar dincolo de controlul lui direct, se afirmă un conducător care, simţindu-şi puterea, decisese să ia atitudine împotriva secretarului general, aşa cum se întâmplase în 1936 la şedinţa Comitetului Central. Blücher, în calitate de mareşal, îndrăznise să voteze împotriva lui Stalin. Trebuia să plătească cu capul. Acţiunile împotriva lui fuseseră cu atât mai lesnicioase, cu cât, în 1937, din cercul lui fugise în Mandjukuo comisarul Luskov, după aceea şi generalul Fornţevici. Din ordinul lui Stalin, NKVD a început să-l încolţească pe mareşal, folosind o metodă verificată de mult: a căutat în jurul lui persoane care ar fi putut să furnizeze dovezi. Simpla recunoaştere a contactului cu suspectul sau o mărturie agravantă erau suficiente pentru ca acesta să fie arestat şi să fie obligat să-şi recunoască presupusa vinovăţie.

NKVD avea aşadar misiunea să găsească dovezi împotriva lui Blücher că era trădător, vândut spionajului japonez şi începuse cu ofiţerii din subordinea lui. Şi aşa alegerea căzuse asupra lui Rokossowski, numai pentru că întâmplător îşi petrecuse o parte din viaţa militară în Extremul Orient.

A fost arestat la 17 august 1937 şi a fost interogat în mod bestial câteva săptămâni la rând. A rezistat. Nu a recunoscut că a comis „crime împotriva poporului", nici că a spionat pentru Polonia şi Japonia şi nici că a colaborat cu criminalul Blücher. De la Rokossowski nu au fost smulse mărturisiri care să poată fi folosite împotriva acuzatului principal. Dar asta nu l-a ajutat pe mareşal, care a fost arestat în 1938.

I s-a scos un ochi în timpul torturii şi a fost ucis, probabil în timpul interogatoriului când s-a repezit împotriva torţionarilor.

Dar nu s-a renunţat la acuzaţiile împotriva lui Rokossowski, iar principala dovadă împotriva lui urma să fie mărturisirea lui Adolf Iuşkievici, comandant vestit al cavaleriei din timpul revoluţiei, care îşi recunoscuse vinovăţia şi dăduse o declaraţie împotriva lui Rokossowski. Judecătorii nu au dat nicio importanţă faptului că acest martor principal al acuzării murise cu 17 ani în urmă! Cu toată falsitatea acestei mărturii, Rokossowski fusese condamnat şi internat în închisoarea de la Leningrad.

Paşii s-au oprit în faţa uşii celulei lui şi a auzit scrâşnetul cheii în încuietoare. A sărit de pe pat şi a luat poziţie de drepţi, aşa cum prevedea regulamentul închisorii. Uşa grea cu multe întărituri de metal s-a deschis şi paznicul a privit înăuntru.

— Deţinut numărul... a strigat Rokossowski, încercând să se prezinte regulamentar, dar paznicul a dat din mână.

— Te cheamă şeful. Haide!

Era un drum lung. Oare de ce îl chema? Din experienţa lui în închisoare ştia că astfel de convocări nu prevestesc nimic bun. De regulă, deţinutul afla că a primit o nouă sentinţă mai lungă, dar nu ştia de ce. Dar anii petrecuţi în celula de închisoare îşi făcuseră efectul şi perspectiva unei sentinţe mai lungi nu mai părea aşa de cumplită.

Dar temerile lui nu s-au adeverit. Şeful, amabil, ba chiar prietenos, l-a informat pe Rokossowski că, la 22 aprilie 1940, urmărirea în cazul lui a încetat şi este liber.

După trei ani, i se permitea să meargă împreună cu familia la Soci, ca să-şi refacă forţele în soarele de primăvară după coşmarul din închisoare. Tot nu înţelegea ce se întâmplase şi care era mecanismul care îl scotea din fundul iadului şi îl ducea într-un loc scăldat în soare, unde poate să înoate în marea caldă şi să se delecteze cu chiflele proaspete aduse de chelneriţă la micul dejun în sufrageria apartamentului lui din casa de vacanţă.

Dar avea să înţeleagă curând totul. După concediu, s-a întors la Moscova, la mijlocul luni mai 1940. A fost chemat imediat la cabinetul mareşalului Semion Timoşenko, care deţinea funcţia de comisar pentru apărare. Se cunoşteau de mult. În 1930, servise sub ordinele lui, în calitate de comandant al Diviziei 7 de cavalerie din Bielorusia. Timoşenko avusese întotdeauna cea mai bună părere despre posibilităţile şi profesionalismul subordonatului său. Fireşte că nu putea să facă nimic ca să-l salveze de închisoare, dar a profitat de prima ocazie ca să-l scoată de acolo. Şi nu numai pe el. A reuşit să obţină eliberarea din lagăr şi din închisoare a 11.596 de ofiţeri, adică aproape a tuturor celor care supravieţuiseră interogatoriilor, tribunalelor şi detenţiei în închisori. În privinţa tuturor se aplicase aceeaşi procedură: o lună de vacanţă în Crimeea, ca să-şi recapete forţele şi să-şi refacă sănătatea, apoi întoarcerea la unitate. Fără ei nu se putea realiza refacerea Armatei Roşii. Această masă uriaşă de soldaţi avea nevoie de un număr mare de ofiţeri, pe care şcolile nu puteau să-i furnizeze. Pe lângă aceasta, trebuiau să fie oameni cu o experienţă care se dobândeşte în mulţi ani de serviciu.

Stalin înţelesese şi el acest lucru în timpul războiului cu Finlanda, iar ameninţarea din partea Germaniei, care părea mai iminentă după victoriile Wehrmacht-ului din Occident, îl înduplecase să fie de acord cu această propunere. Dar procesul de eliberare a deţinuţilor mergea destul de încet şi asta mai ales din cauza obstacolelor ridicate de funcţionarii locali ai NKVD. Aleksandr Gorbatov, comandantul unei divizii de cavalerie arestat la 22 octombrie 1938 fără niciun motiv, torturat bestial şi condamnat la 15 ani detenţie în lagărul de la Kolîma, fusese anunţat încă din primăvara anului 1940 de către un funcţionar local că va fi pus în libertate. Cu toate acestea, abia la 15 martie 1941 i s-a dat voie să plece la Moscova, după ce a semnat o declaraţie în care îşi lua angajamentul să păstreze secretul asupra desfăşurării interogatoriului şi a perioadei de detenţie în lagăr. S-a prezentat la mareşalul Timoşenko „după întoarcerea dintr-o misiune lungă şi primejdioasă" şi a preluat funcţia de adjunct al comandantului Corpului 25 infanterie.

Eliberarea ofiţerilor care urmau să întărească rândurile cadrelor de comandă din forţele armate pe cale să crească rapid, făcea parte din marea reformă a Armatei Roşii. Timoşenko, la fel ca şi predecesorii lui din această funcţie, care doriseră să creeze o armată modernă, condusă de comandanţi competenţi, era neliniştit din cauza poziţiei comisarilor politici. După arestarea lui Tuhacevski în 1937, Voroşilov reintrodusese posturile lor în divizii şi în unităţile mai mari. Dar din august 1937, Biroul Politic Principal, în fruntea căruia se afla Lev Mehlis, a început să introducă aceşti comisari politici în toate unităţile şi nimeni nu îndrăznea să protesteze, căci era în conformitate cu directiva lui Stalin care prevedea „bolşevizarea" armatei până la nivel de pluton. Incompetenţi, fără nicio pregătire militară (73% dintre ei nu absolviseră niciun fel de curs de pregătire militară), puteau anula orice ordin al comandantului care, înspăimântat de ceea ce se întâmpla cu colegii lui, se străduia să-i facă întotdeauna pe plac comisarului.

La fel ca pe vremea lui Frunze, Timoşenko trebuia să le îngrădească rolul, dar sarcina aceasta se dovedise extrem de dificilă şi, în cele din urmă, abia în timpul războiului Stalin a recunoscut că este necesar să fie retraşi politrucii detestaţi de soldaţi şi de comandanţi.

În schimb, a reuşit să introducă un nou cod de disciplină, să interzică orice critică la adresa ordinelor superiorilor şi să înceapă un nou program de pregătire cu soldaţii, sub lozinca: „Să-i învăţăm pe soldaţi ceea ce le este necesar pentru război, şi numai atât". Dar progresul era foarte lent. La sfârşitul anului 1940, Kirill Mereţkov, care reuşise să-şi salveze cariera militară, ba chiar să avanseze la gradul de şef al Statului Major General, spunea la conferinţa comisariatului pentru apărare că „pregătirea este necorespunzătoare, motivul fiind lipsa de profesionalism militar".

Dar forţa de apărare a ţării se putea realiza şi prin construirea de linii fortificate. În 1929, Uniunea Sovietică, aşa cum era moda atunci în Europa, unde în Franţa, Belgia, Grecia, Finlanda şi în alte ţări începuse construcţia unor sisteme de apărare, a început să construiască buncăre şi bariere de-a lungul graniţei cu Polonia. Nu se cunosc prea multe despre acest sistem, căci nu au fost scoase la iveală nici până astăzi planurile şi nici alte informaţii care să ne permită să ne dăm seama ce obiective de apărare luaseră naştere acolo, cum erau structurate şi cum erau înarmate. Din informaţii indirecte rezultă că, în 1935, un tronson al liniei de apărare care purta numele lui Stalin, era alcătuit din buncăre cu mitraliere grele. Ulterior, s-au instalat şi piese de artilerie, să poată combate tancurile inamice. Această linie nu era continuă, iar fortificaţiile cele mai puternice se găseau în partea de nord-est a zonei Polesie şi la frontiera cu România, sprijinite pe Nistru, apoi la frontiera cu Estonia şi Finlanda, aşadar pentru a asigura protecţia Leningradului. La 15 noiembrie 1939, Sovietul Suprem de Război al Armatei Roşii a luat decizia să retragă o treime din dotările de pe linia Stalin şi în multe locuri să demonteze armamentele. Era fără îndoială o decizie politică. Stalin îi demonstra lui Hitler că deschisese larg braţele. Ca şi când ar fi spus: acum, când dincolo de graniţă avem un prieten, nu are rost să ne apărăm printr-o linie de buncăre cu tunuri şi mitraliere. Lichidăm această barieră de apărare! Şi îşi dădea seama că, din moment ce frontiera Uniunii Sovietice se mutase, în detrimentul Poloniei, cu 200 km la vest, iar ţările baltice deveniseră republici sovietice, nu mai exista niciun motiv să se menţină o linie de apărare întărită în interiorul ţării. A demontat-o.

Dar situaţia s-a schimbat brusc, atunci când speranţele lui Stalin că Germania va fi ocupată cu un război de poziţii lung şi sângeros în vest s-au spulberat şi a devenit clar că foarte curând Hitler îşi va îndrepta forţele spre răsărit. La patru zile după semnarea acordului de încetare a focului de la Compiègne, prin care se punea capăt războiului cu Franţa, mareşalul Timoşenko a dat ordin să se înceapă construcţia liniei de fortificaţii de-a lungul noii frontiere cu Germania. Nici despre acest sistem de fortificaţii nu se ştie prea mult. Se pare că până la izbucnirea războiului cu Germania s-au construit 2.500 de adăposturi din beton armat, din care o mie au fost dotate cu tunuri, celelalte, cu mitraliere grele. Probabil că tronsonul cel mai puternic fortificat era cel din regiunile Augustow şi Przemyśl, aşa cum reieşea din planurile speciale de apărare a Leningradului şi a zonei de sud, care ducea spre Donbas şi spre câmpurile petroliere din Transcaucazia. Dar ritmul de construcţie a liniilor fortificate, numite curent linia Molotov, era insuficient. Din acest motiv, Sovietul Suprem de Război a luat decizia de a folosi fortificaţiile vechii linii Stalin. Era rezonabil, căci menţinerea în stare de funcţionare a unei fâşii uriaşe de fortificaţii de la Marea Baltică la Marea Neagră nu avea sens. Aşadar, se puteau păstra obiectivele defensive de pe direcţiile principale unde era de aşteptat un atac al armatelor inamice, de exemplu în zona Leningradului – şi aşa a şi fost – să se demonteze mitralierele, tunurile, instalaţiile de ventilaţie, filtrele, uşile blindate şi să fie transportate la noile obiective. Aceasta a fost probabil decizia luată de Stalin.

Rămâne fără răspuns întrebarea de ce în anumite zone (nu avem motive să credem că de-a lungul întregii fâşii) ale noii linii fortificate constructorii au renunţat la aşa-numita linie de camuflaj.

La cele mai multe sisteme de fortificaţii construite de-a lungul frontierelor de stat, linia principală a buncărelor era separată de frontieră de o bandă de câtiva kilometri lăţime de obstacole antitanc, garduri de sârmă ghimpată, câmpuri de mine şi adăposturi uşoare, a căror misiune era să dea alarma pentru linia principală şi să preia primul impact al atacului inamic neaşteptat. În plus, distanţa faţă de linia principală de apărare proteja obiectivele de aici de eventuale bombardamente de artilerie din partea cealaltă a frontierei. Probabil că proiectanţii liniei Molotov, ştiind care fusese soarta liniei Maginot din Franţa, s-au gândit că, dată fiind forţa aviaţiei şi a artileriei grele, zona de protecţie nu mai este necesară, ceea ce era important, ţinând seama de graba cu care au fost ridicate principalele puncte de rezistenţă.

Abdomenul

Apărarea frontierei la nord şi în centru era puternică. Adică aşa cum putuse fi pregătită pe parcursul a numai câteva săptămâni. Noile baze din Peninsula Rîbaci apărau intrarea în Murmansk, frontiera cu Finlanda fusese mutată la o distanţă de siguranţă faţă de Leningrad, în porturile de pe insulele luate Finlandei staţionau vase gata să apere linia maritimă din Golful Finic şi să respingă atacurile unor vase care ar fi venit aici să tragă în oraşele Kronstadt şi Leningrad. O jumătate de milion de soldaţi fuseseră aduşi în noile republici sovietice - Estonia, Lituania şi Letonia - şi puteau să oprească armata inamică venind din Prusia Orientală. Armata care ocupase teritoriile poloneze era gata de luptă cu unităţile inamice care ar fi venit de la Varşovia spre Minsk şi Moscova.

Numai în sud situaţia nu-l mulţumea pe Stalin. Şi era o zonă importantă. Pe acolo era drumul cel mai scurt spre Donbas şi spre câmpurile petroliere de la Baku. Mai mult chiar: evenimentele politice din această parte a Europei deveneau tot mai alarmante pentru Stalin.

Slovacia, din momentul în care se rupsese de Cehia, se afla sub influenţa totală a Germaniei. Ungaria şi Bulgaria, deşi păstrau aparenţa de neutralitate, ameninţate de Uniunea Sovietică erau gata să-şi strâng legăturile cu Germania. România se pregătea şi ea să facă un pas asemănător.

Stalin şi-a pus în minte să o ia înaintea tuturor.

Protocolul secret anexat la acordul pe care îl semnaseră Molotov şi Ribbentrop la 29 septembrie 1939 la Moscova, definea foarte neclar statutul părţii de răsărit a României, al Basarabiei:

„În ceea ce priveşte Europa de Sud-Est, partea sovietică îşi exprimă interesul pentru Basarabia. Partea germană declară clar că nu este interesată de aceste teritorii."

Nu putem şti după ce criterii se conduceau Hitler şi Ribbentrop, acceptând o astfel de formulare. Poate ştiau că Uniunea Sovietică se simte nedreptăţită prin pierderea unor teritorii care făcuseră cândva parte din imperiul ţarilor. Stalin nu acceptase decizia marilor puteri occidentale pe baza căreia Basarabia şi Bucovina reveniseră României. La Congresul XVI din 1939 al partidului comunist spusese:

— Pe baza cărui drept internaţional gentlemanii aliaţi au luat Uniunii Sovietice Basarabia şi au dat-o în folosinţa boierilor români?

Poate că Ribbentrop a vrut să evite confirmarea definitivă a dreptului Uniunii Sovietice asupra acestor teritorii, dorind să-l asigure în acelaşi timp pe Stalin că Germania nu se va deplasa în această direcţie. Dar nu prevedea că Stalin va profita de această formulare din protocolul secret pentru a-şi însuşi ceea ce considera el că este o proprietate rusească. Şi, mai ales, îşi lega de aceasta posibilitatea de a întări apărarea teritoriilor de sud al URSS şi speranţa de a avea un cap de pod perfect pentru ofensivă, în cazul în care s-ar fi decis să trimită Armata Roşie să cucerească Europa. O lovitură dată acolo ar fi putut decide soarta războiului şi chiar aşa s-a şi întâmplat patru ani mai târziu, când, în august 1944, armata sovietică a ocupat România, tăind aprovizionarea cu ţiţei a Germaniei şi grăbind astfel prăbuşirea economiei germane.

În 1939, Germania importa 5.165.000 de tone de ţiţei în special din Statele Unite, Mexic, Venezuela, România, Iran şi Irak. Importul din Uniunea Sovietică se ridica atunci numai la 5000 tone şi nu conta. Încetarea comerţului cu SUA şi blocarea căilor maritime de către marina britanică au dus la scăderea la jumătate a importurilor de petrol, adică la 2.075.000 de tone, ceea ce era prea puţin pentru a pune în mişcare industria germană de război şi armatele uriaşe care se deplasau în Europa cu mii de tancuri, avioane şi automobile. Diviziile mecanizate şi de blindate, care le asigurau victoria, aveau nevoie de foarte mult petrol, care trebuia transformat în ulei, unsori şi benzină. Ce reprezentau aşadar cele 2.075.000 de tone de ţiţei pentru un stat aflat în război, din moment ce Marea Britanie, care nu avea atâtea forţe militare şi terestre, importa în 1940 11.271.000 de tone de petrol? Fireşte, se conta pe faptul că Germania îşi va mări producţia de benzină sintetică, rezultată din gazificarea cărbunelui, şi chiar aşa a şi fost; într-un an, uzinele germane dădeau economiei şi armatei peste un milion de tone de benzină sintetică (producţia crescuse de la 2.200.000 de tone până la 3.348.000 de tone). În această situaţie, livrările din România şi din URSS au devenit extrem de importante pentru Germania. Importul de ţiţei din România a crescut de la 848.000 de tone la 1.177.000 de tone.

Însă era clar că livrările sovietice vor înceta în ziua în care Germania va începe războiul. Puteau conta, ce-i drept, pe o oarecare îmbunătăţire a situaţiei după ocuparea câmpurilor petroliere din regiunea Boryslaw, care, fiind foarte aproape de frontieră, vor fi ocupate imediat de nemţi, dar era de aşteptat ca sovieticii să demonteze în retragere toate instalaţiile. Va fi nevoie deci de timp ca să le repună în funcţiune. Până la principalele zone petroliere de la Baku era departe, iar acolo fără îndoială unităţile germane ar fi găsit rezervoarele golite şi plutind pe mare. România rămânea aşadar de o mare însemnătate pentru economia Germaniei şi pentru maşina ei de război. Iar Stalin îşi pusese în minte să-şi ducă armata mai aproape de un loc atât de important cum erau câmpurile petroliere din regiunea Ploieşti.

La sfârşitul lunii mai 1940, aşadar în timp ce Hitler era preocupat de războiul din Occident, s-au observat mişcări intense de trupe în zonele Lvov şi Kiev. În curând, rapoartele serviciilor de spionaj au informat că Uniunea Sovietică avea 30 de divizii concentrate de-a lungul frontierei cu România. Dar acest stat nu avea de gând să se predea atât de uşor. Avea o armată care număra 1.600.000 de soldaţi, din păcate, slab înarmată şi echipată. Românii voiau să lupte, dar regele Carol era conştient de faptul că, fără ajutorul unor aliaţi, nu va reuşi să se opună puterii sovietice. Pe Franţa, legată printr-o alianţă de România, dar care era în plin război cu Germania, nu putea conta. Din acelaşi motiv, ieşea din discuţie şi Marea Britanie. Numai Germania, de teama de a nu-şi pierde siguranţa livrărilor de petrol, ar fi putut veni în ajutorul României ameninţate. Însă regele Carol nu ştia de existenţa protocolului secret, în care Ribbentrop îşi declara lipsa de interes pentru această zonă a Europei.

Stalin, deşi îşi dădea seama de avantajul pe care îl avea faţă de Germania, nu dorea să-şi strice relaţiile cu Hitler. Aşadar, a decis să păstreze o atitudine elegantă şi, la 23 iunie 1940, pe când Hitler se plimba cu maşina prin Paris, Molotov i-a telefonat ambasadorului Schulenburg, ca să-i aducă la cunoştinţă faptul că Uniunea Sovietică a decis să intre cu armata în Basarabia şi în Bucovina în ziua de 25 iunie.

Hitler, încă exaltat de excursia la Paris, cobora pe mica alee şerpuitoare din apropierea unui castel de vânătoare de la marginea Parisului împreună cu generalul Wilhelm Keitel, când un adjutant a venit în fugă cu o telegramă de la Ribbentrop. Hitler a dat din mână impacientat, ca şi când ar fi vrut să-l repeadă pe intrusul care îşi alesese un moment atât de nepotrivit să-i transmită informaţii de la Berlin, dar adjutantul, cunoscând conţinutul şi importanţa telegramei, nu s-a lăsat intimidat.

Hitler şi-a pus ochelarii şi a citit telegrama. Faţa i s-a făcut imediat stacojie. A strigat:

— Asta contravine acordului! I-a arătat hârtia lui Keitel, ca să-şi dea şi el seama despre ce este vorba, apoi a pornit cu paşi grăbiţi spre casă.

— Te rog să-i transmiţi lui Ribbentrop să-mi trimită imediat textul acordului cu Molotov din septembrie, i-a ordonat Hitler adjutantului, imediat ce a intrat în cabinet.

Câteva zeci de minute s-a învârtit nerăbdător prin încăpere, până când a primit textul.

— Fă-mi legătura cu Ribbentrop! Imediat!, a ordonat el adjutantului şi a smuls receptorul din furcă în momentul când i s-a comunicat că are legătura.

— De ce i-aţi dat mână liberă lui Stalin în România? Vă rog să-mi explicaţi!, a spus el în microfon, deşi abia se abţinea să nu-l înjure pe Ribbentrop.

— *Mein Führer*, am acţionat în conformitate cu instrucţiunile dumneavoastră. Ribbentrop era înspăimântat, dar se apăra ferm. Mi-aţi spus că trebuie să declar că Germania nu este interesată de teritoriile din sud-estul Europei, iar dacă va fi necesar, chiar până la Constantinopol şi la strâmtori − se referea la Bosfor şi Dardanele. Nici nu am ajuns atât de departe...

Hitler a tăcut o clipă. Şi-a amintit discuţia cu Ribbentrop înainte de plecarea acestuia la Moscova. Stalin putea aşadar să interpreteze punctul trei al protocolului secret aşa cum îi convenea mai bine. Nu încălcase tratatul.

— Rusia încearcă să-şi apere flancul, a spus el încet. Trebuie să procedăm cu multă atenţie. Să încerce Schulenburg să salveze ceva de aici.

Câteva minute mai târziu, a ordonat să fie transferate în est 24 de divizii, dintre care şase blindate şi trei motorizate. Comandantul, generalul Georg von Kühler, a aflat că misiunea armatei lui va fi să-şi demonstreze prezenţa, dar „să se abţină de la acţiuni duşmănoase". Două zile mai târziu, ambasadorul Schulenburg se afla în cabinetul lui Molotov, pentru a-i prezenta răspunsul lui Hitler: Führer-ul sprijină planurile sovietice de ocupare a Basarabiei, dar trebuie să includă aici şi Bucovina? Acolo locuiesc 100.000 de oameni de origine etnică germană!

— Bucovina, o regiune mică, împădurită, de la poalele Carpaţilor, aflată la graniţa Ucrainei, este partea care lipseşte din Ucraina unită, a răspuns Molotov, vizibil pregătit pentru a respinge acest argument. Discuţiile cu acest om reprezentau în continuare o mare probleme pentru diplomaţii germani. Nu reuşeau să se descurce cu logica lui de fier. Pierdeau. Deşi Stalin a recunoscut că mersese prea departe în chestiunea Bucovinei şi va fi suficient dacă Uniunea Sovietică va ocupa numai partea de nord a acestui ţinut.

În ziua următoare, 27 iunie 1940, Wilhelm Fabricius, ambasadorul german de la Bucureşti, a sosit la palatul regal, convocat de regele Carol, care cu cinci zile mai înainte instaurase dictatura regală în ţară.

— Excelenţă!, a izbucnit regele văzându-l pe ambasadorul german în sala de primire. Nu i-a dat timp să-l salute, nici să prezinte lămuririle pe care le pregătise în legătură cu ultimatumul pe care îl primise guvernul României noaptea trecută din partea ruşilor.

— Adolf Hitler mi-a garantat cu cuvântul lui când ne-am întâlnit la Berghof pe 24 noiembrie 1938 că va sprijini România! Cum se poate aştepta că voi ceda o treime din teritoriul ţării mele fără luptă?

Fabricius se aşteptase la această reacţie şi se consultase cu Berlinul în privinţa răspunsului pe care ar putea să-l dea regelui. Primise indicaţii de la Ribbentrop să arunce vina asupra britanicilor. Aşa a şi făcut.

— Înălţimea Voastră, britanicii au provocat Uniunea Sovietică să ameninţe România. Vor să se ajungă la război. Noul ambasador de la Moscova, Sir Stafford Cripps, a îndemnat pe faţă guvernul sovietic să întreprindă acţiuni în Balcani, a spus Fabricius, apoi a adăugat: Molotov a informat guvernul german în legătură cu aceasta. Şi, pe lângă acesta, România şi-a atras singură necazuri, cerând garanţii de la britanici. România nu poate aştepta ajutor din partea Germaniei.

Unităţile Armatei Roşii, printre care şi Corpul V cavalerie, comandat de generalul Konstanty Rokossowski, au intrat la 28 iunie 1940 în Basarabia. Frontiera Uniunii Sovietice s-a mutat cu 100 km mai aproape de câmpurile petroliere care îi interesau atât de mult pe nemţi.

Ocuparea unei părţi a României îl nelinişte pe Hitler şi din alt motiv. Oare ruşii se vor opri acolo, sau se vor strădui să se extindă şi mai mult spre sud şi est, dorind să-şi exercite controlul asupra strâmtorilor Bosfor şi Dardanele şi asupra Iugoslaviei? Răspunsul la aceste întrebări a sosit curând.

La 18 iulie serviciul de ascultare organizat de Hermann Göring şi care funcţiona foarte bine, a interceptat o telegramă, trimisă de la Moscova la Ministerul din Belgrad de ambasadorul Milan Gavrilović, cunoscut pentru simpatiile lui prosovietice, deşi nimeni nu-l suspecta că ar fi în serviciul NKVD. Acesta relata discuţia avută cu ambasadorul Turciei şi cu Veaceslav Molotov.

— Nemţii nu vor obţine tot ce li s-a promis în *Mein Kampf*, ar fi spus Molotov, cu „deplină convingere". Iugoslavia, Uniunea Sovietică şi Ucraina erau deja ocupate de Germania, dar şi armata noastră a fost la Berlin şi nemţii ştiu bine asta.

Din discuţie reieşea în continuare că Moscova se bazează pe o colaborare strânsă cu Iugoslavia, ceea ce în contextul declaraţiilor anterioare putea fi considerată o încercare de încheiere a unei alianţe împotriva Germaniei.

Hitler nu avea nevoie de o dovadă mai clară ca să-şi dea seama că ocuparea Basarabiei era numai primul pas făcut de Stalin în direcţia Balcanilor.

În aceeaşi zi, 20 iulie 1940, a decis să se ducă să se odihnească o zi sau două la Obersalzberg, unde trenul lui a ajuns în orele după-amiezii. Ca de obicei în astfel de călătorii, suita lui apropiată l-a însoţit în trenul special „Atlas" şi s-a oprit pe o linie laterală în localitatea Bad Reichenhall, la aproximativ 20 km de Obersalzberg, din motive de securitate.

Serviciul în trenul confortabil al comandamentului era o ocupaţie cât se poate de plăcută, cu atât mai mult cu cât vremea era frumoasă, iar staţiunea balneară de la poalele Alpilor avea mult farmec, de care după serviciu se puteau bucura toţi ofiţerii superiori.

Aşa era şi în această zi de 29 iulie, dar dimineaţa a venit ordinul că nu este voie să se coboare din vagoane. Toţi ofiţerii care plănuiseră să facă plajă la soare pe terasa sanatoriului ofiţerilor şi să participe la o frumoasă libaţie seara la cazinou au oftat adânc şi şi-au amânat planurile pentru ziua următoare.

După-amiaza era pe terminate, când în faţa gării s-a oprit automobilul generalului Alfred Jodl[1]. Toţi ofiţerii superiori au fost convocaţi în salonul trenului. Jodl a aşteptat nerăbdător ca toţi să ia loc şi a spus să se închidă toate uşile şi ferestrele.

— Hitler a hotărât să elibereze o dată pentru totdeauna lumea de pericolul bolşevismului, a spus el fără introducere. Iar aceasta va avea loc ca urmare a unui atac surpriză împotriva Rusiei sovietice în cel mai scurt timp, probabil chiar în mai 1941.

---

[1] **Alfred Jodl** (1890–1946), ofiţer german, în 1932, în grad de maior a preluat comanda unităţii operative *Truppenamt* (Statul Major General al Reichwehr-ului). În august 1939 a fost numit şef al secţiei operative şi apoi al comandamentului în Oberkommando-ul Wehrmacht-ului. Deşi nu aproba nazismul, a rămas un executant credincios al planurilor lui Hitler. În atentatul din iulie de la Kętrzyn a fost rănit. În mai 1945 a semnat capitularea fără condiţii a Germaniei. În 1946 a fost judecat de Tribunalul Militar Internaţional de le Nürnberg şi condamnat pentru participarea la planificarea războiului. A fost condamnat la moarte şi executat. La 28 februarie 1953, tribunalul german pentru denazificare l-a reabilitat de acuzaţia de crimă, afirmând că se limitase numai la chestiunile operative.

Abia după aceea a anunţat că vine de la reşedinţa lui Hitler din Obsersalzberg. Acolo, împreună cu mareşalul Keitel[1], prezentase un memorandum în care se afirma că începerea războiului în anul 1940 nu este posibilă, din cauza anotimpului şi a „factorului spaţiu", cum definiseră ei distanţele uriaşe pe care ar fi trebuit să le parcurgă armata germană în Uniunea Sovietică. Hitler fusese de acord cu această opinie şi ordonase să se înceapă pregătirile de război pentru anul viitor.

Aceasta era şi misiunea oamenilor cărora se adresa Jodl. Trebuiau să pregătească ordinul „*Aufbau Ost*", marele proiect prin care se transferau un milion de soldaţi, sute de mii de automobile şi de camioane, care blindate, cai, tancuri, motociclete, tunuri şi se concentrau la frontiera Uniunii Sovietice. Începea războiul din est.

Hitler contraatacă

Războiul cu Anglia se desfăşura foarte prost pentru Germania. Optimismul lui Hermann Göring, comandantul Luftwaffe, care dăduse asigurări că va scoate Anglia din război prin bombardamente, începuse să cam scadă, în urma pierderilor tot mai mari suferite în luptele aeriene. Hitler începea să înţeleagă că aviaţia lui minunată, care jucase un rol atât de important în victoriile din Polonia, Norvegia, Belgia,

[1] **Wilhelm Keitel** (1882–1946), ofiţer german, în anii 1926–1933 a condus secţia organizatorică din *Truppenamt* (Statul Major General al Reichswehr-ului). Din 1935 până în 1938 a fost şef al Conducerii Generale a Wehrmacht-ului. În februarie 1938 a preluat funcţia de şef al Comandamentului Suprem al Wehrmacht-ului (OKW). La 22 iunie 1940 a condus personal negocierile de încetare a focului cu Franţa. Ca recunoaştere a meritelor, în iulie 1940 a primit gradul de feldmareşal. A luat parte la toate conferinţele importante referitoare la acţiunile militare şi a semnat ordinele operative. La 6 iunie 1941 a semnat ordinul de împuşcare a comisarilor sovietici care se predau prizonieri. La 8 septembrie 1941 a semnat ordinul referitor la tratamentul prizonierilor sovietici; la 16 septembrie acelaşi an a ordonat să fie împuşcaţi 50-100 de ruşi ca represalii pentru fiecare neamţ ucis; la 4 august 1942, a dat ordinul ca paraşutiştii aliaţi capturaţi să fie transferaţi în custodia Serviciului de Securitate (SD). După atentatul împotriva lui Hitler din 20 iulie 1944, a condus tribunalul de onoare care a examinat comportamentul ofiţerilor germani; sentinţa de îndepărtare a ofiţerilor din armată echivala cu condamnarea la moarte. La 8 mai 1945 a semnat la Berlin documentul capitulării necondiţionate a forţelor armate germane. În 1946 a fost judecat de Tribunalul Militar Internaţional de la Nürnberg pentru crime de război şi crime împotriva populaţiei şi a fost condamnat la pedeapsa cu moartea. A fost spânzurat la 16 octombrie 1946.

Olanda şi Franţa, nu se poate achita de misiunea pe care o avea în faţa Angliei.

Avioanele *Luftwaffe* fuseseră construite cu gândul la acoperirea propriilor armate şi pentru a ataca duşmanul pe linia frontului. Acolo Heinkle *He 111* şi Junkers *Ju 88* şi *Ju 87* fuseseră nişte avioane de temut. Erau suficient de rapide şi bine înarmate pentru a se apăra împotriva vechilor avioane de vânătoare poloneze, norvegiene şi belgiene. Fireşte că ar fi pierdut războiul în faţa avioanelor de vânătoare franceze moderne, dar atunci le veniseră în ajutor Messerschmitt *Bf 109*[1], considerate cele mai bune avioane de vânătoare din lume. De aceea în prima perioadă de război, *Luftwaffe* se dovedise ideală, capabilă să neutralizeze rapid aviaţia inamică şi să pună stăpânire pe spaţiul aerian, lovind cu eficacitate unităţile inamice în marş şi punctele

---

[1] **Messerschmitt Bf 109** – avion de vânătoare german, proiectat la sfârşitul anului 1933 de prof. Willy Messerschmitt şi colaboratorii săi la uzinele Bayerische Flugzeugwerke (de unde şi denumirea avionului: *BF*). Primele avioane din producţia de serie începută în februarie 1937 au fost numite *Bf 109B-1*. Avioanele *Bf 109B*, *C* şi *E* au luptat în cadrul Legiunii *Condor* în războiul civil din Spania. Experienţa de pe front a permis introducerea mai multor îmbunătăţiri, în urma cărora au apărut versiunile *D* cu motor Daimler Benz DB 600 şi versiunea *E-1*, apoi 1868 în versiunea *E-3* şi aceste avioane au devenit tipul de bază al aviaţiei de vânătoare germane în lupta pentru Franţa şi pentru Anglia, la jumătatea anilor 1940. În ianuarie 1941, a început serviciul şi *BF 109F*, la care s-a folosit un motor cu putere mai mare (1.200 CP) şi cu o siluetă aerodinamică îmbunătăţită (prin rotunjirea terminaţiei aripilor şi păstrarea rotiţei din spate). Următoarea variantă, *Bf 109G*, a apărut în primăvara anului 1942; aceste avioane au fost cele mai numeroase şi produse în toate versiunile. În 1943, uzinele Messerschmitt au început să lucreze la construcţia unui avion capabil să execute sarcini la mare înălţime: *Bf 109H* cu o suprafaţă mai mare a aripilor şi motor mai puternic, putea dezvolta o viteză de 750 km/h la o înălţime de 10.100 m, atingând chiar 14.600 m. În pofida acestor calităţi superioare, producţia acestui tip a fost sistată, căci testările în unităţile de luptă de la cumpăna anilor 1943 şi 1944 au scos la iveală multe defecte. În noiembrie 1944 a început producţia de serie a avioanelor *Bf 109K-2* şi *K-4* cu motoare capabile să dezvolte o putere de 2.000 CP la decolare şi 1.800 la o înălţime de 5.000 m. Aceste avioane aveau cabină presurizată şi armament puternic compus dintr-un tun calibru 30 mm şi două tunuri cal. 15 mm. Au început serviciul în ianuarie 1945, dar nu au fost prea multe utilizate în război. Avioanele ultimei versiuni de producţie *K-14* aveau motoare puternice de 1.750 CP, în zbor la o înălţime de 9.500 m puteau să dezvolte o viteză de 727 km/h, ajungând până la o înălţime de 11.400 m. În anii 1939–1945 au fost produse 30.573 de avioane *Bf 109* de toate tipurile.
Date tactico-tehnice (*Bf 109E-1*): motor Daimler Benz DB 601 D cu puterea de 1.050 CP, anvergura 9,87 m, lungimea 8,65 m, greutatea max. la decolare 2.010 kg, viteza max. 550 km/h, independenţa de zbor 660 km, armament: 2 mitraliere, două tunuri calibru 20 mm.

lor de rezistenţă, terorizând populaţia care fugea din oraşele în flăcări. Dar *Luftwaffe* nu era pregătită pentru raiduri strategice. Cantitatea de bombe ridicate de la sol şi raza de acţiune a bombardierelor germane erau insuficiente pentru a realiza atacuri eficiente împotriva oraşelor, fabricilor şi bazelor aeriene britanice. Deasupra Angliei ieşeau în întâmpinarea lor noile avioane de vânătoare *Spitfire*[1], adversar pe măsura avioanelor Messerschmitt. Abia atunci conducerea Luftwaffe s-a convins că bombardierele lor nu sunt suficient de rapide şi nici suficient de bine înarmate, ca să se poată apăra de avioanele britanice. Şi nu era numai asta. Luftwaffe a început războiul împotriva Angliei deja slăbite. În timpul campaniilor din Belgia şi din Franţa fuseseră doborâte 1.428 de avioane germane, 499 avariate, ceea ce însemna 36% din numărul total de la 4 mai 1940. Drept urmare, nemţii puteau trimite împotriva Marii Britanii 2.669 de avioane din cele două flote care operau în Belgia şi în nordul Franţei (933 de avioane de vânătoare Messerschmitt *Bf 109*, 375 bimotoare *BF 110,* 346 de bombardiere *Ju 87* şi 1.015 bombardiere orizontale), sprijinite de 190 de avioane *Luftflotte* 5 cu baza în Danemarca şi Norvegia, a căror misiune era să atace ţinte din Scoţia.

Britanicii au aruncat în război forţe mult mai însemnate: 462 de avioane de vânătoare *Hurricane* şi 279 de *Spitfire*, aproximativ 160 de avioane *Blenheim* şi *Defiant*, care, date fiind distanţele mici de acţiune, nu puteau fi luate în considerare. Dar britanicii aveau o armă cu o forţă neobişnuit: radarul şi „Ultra", despre care nemţii nu ştiau nimic sau aproape nimic.

---

[1] **Spitfire** – unul din cele mai bune avioane din cel de-al Doilea Război Mondial, construit în 1935 de Reginald J. Mitchell. Prototipul a fost lansat în aer la 6 martie 1936, iar producţia de serie *Mk I* a început în a doua jumătate a anului 1937 (constructorul lor nu a mai apucat acest moment, căci a murit de cancer la 11 iunie 1937). În iunie 1938, primele avioane au fost livrate diviziilor RAF şi imediat au venit comenzi pentru un număr total de 4.000 de avioane. Producţia s-a dezvoltat încet şi abia după intervenţia noului ministru al aviaţiei, lord Beaverbrook, uzinele şi-au dublat numărul de avioane produse. *Spitfire* s-au dovedit admirabile avioane de vânătoare: rapide, manevrabile, puternic înarmate, erau superioare altor avioane şi numai *Messeschimtt*-urile germane *Bf 109* erau adversari pe măsura lor. Au fost modificate continuu în timpul războiului şi nu şi-au pierdut locul de frunte printre avioanele de vânătoare din lume. Au fost utilizate pentru misiuni de bombardament, de capturare, de recunoaştere şi fotografiere. Producţia s-a încheiat în 1947, iar până atunci au fost construite 20.351 de bucăţi.
Date tactico-tehnice (*Mk I*): motor cu puterea de 1.030 CP, anvergura 11,22 m, lungimea 9,12 m, greutatea max. la decolare 2415, viteza max. 571 km/h, independenţa de zbor 805 km, armament 8 mitraliere calibru 7,69.

În iulie 1940, de-a lungul ţărmului britanic acţionau 80 de staţii de radiolocaţie, de unde informaţiile erau transmise la Comandamentul Aviaţiei de Vânătoare. În şase minute de la depistarea pe ecran a formaţiei inamice, controlorul, cunoscând locul şi cursul aparatelor duşmane, putea să trimită avioanele la luptă.

Sistemul „Ultra" era un procedeu de descifrare a ordinelor germane cifrate cu maşina „Enigma"[1], care permitea comandamentului britanic să afle unde va avea loc următorul raid şi care va fi forţa lui. În felul acesta, Comandamentul Aviaţiei de Vânătoare putea să-şi folosească în mod foarte eficient forţele puţine de care dispunea, provocând nemţilor pierderi mari.

Prima fază a războiului, faza incipientă, a început la 10 iulie 1940, când *Luftwaffe* a început să atace convoaiele britanice din Canalul Mânecii şi din Marea Nordului, precum şi în porturile de pe ţărmul sudic al Angliei. Nemţii se străduiau să atragă avioanele de vânătoare britanice în luptă deasupra mării, unde pierderile de avioane şi piloţi ar fi fost mai mari decât deasupra uscatului. Dar intenţia nu a reuşit. Nemţii au suferit pierderi mai mari decât aliaţii. Până la 12 august, nemţii au pierdut 286 de avioane (dintre care 105 Messerschmitt Bf 109) şi britanicii – 150.

După victoriile uşoare din prima parte a războiului, Hermann Göring era foarte încrezător în posibilităţile *Luftwaffe* şi a făcut greşeli din ce în ce mai mari. Ciocnirile de deasupra Canalului Mânecii au abătut atacurile de la aeroporturi şi uzinele de avioane, de a căror distrugere depindea succesul bătăliei aerului. Englezii câştigau timp ca să-şi pregătească apărarea.

Era amiaza zilei de 31 iulie 1940, când în sala de conferinţe de la Berghof a intrat Adolf Hitler, în urma căruia veneau adjutanţii. Ofiţerii

---

[1] **Enigma** – maşină germană de cifrat, utilizată de forţele terestre, navale şi aeriene, făcea imposibilă spargerea cifrului. În anul 1934, criptologii polonezi Marian Rejewski, Jerzy Różycki şi Henryk Zygalski de la Biroul de Cifru BS4, folosind documente furnizate de spionajul francez, au construit o copie a versiunii de război a maşinii *Enigma*, care nu garanta descifrarea permanentă a cifrogramelor, mai ales că din octombrie 1936 nemţii au început să modifice *Enigma*. Polonezii au construit atunci o instalaţie numită *Bomba*, care făcea posibilă deschiderea compartimentului rotorului, operaţiune indispensabilă pentru citirea textului cifrat. Descoperirea poloneză a fost prezentată înainte de război britanicilor şi a permis descifrarea ordinelor germane, furnizând comandamentului aliat informaţii care au făcut posibilă câştigarea multor bătălii importante (printre altele, în timpul luptelor din Africa de Nord, pe Marea Mediterană şi în bătălia pentru Atlantic, în timpul invaziei din Normandia).

care şedeau în fotoliile comode din jurul mesei mari rotunde din mijlocul sălii au sărit în picioare, ridicând braţul în semn de salut hitlerist.

— Unde este amiralul Raeder?, a întrebat Hitler, nevăzând printre uniformele verzi cenuşii ale ofiţerilor forţelor terestre şi cele albastre cenuşii ale *Luftwaffe* uniforma albastru închis a comandantului *Kriegsmarine*.

Abia se auzise întrebarea şi din coridor a intrat Erich Raeder, scuzându-se pentru întârzierea provocată de zborul de la Berlin. A întins în grabă hârtiile în faţa lui pe masă şi, după ce a primit un semn din partea lui Hitler, a început să informeze cu privire la starea de pregătire a marinei militare pentru operaţiunea „*See Löwe*" – invadarea Marii Britanii. Dar a consacrat cel mai mult timp încercării de a-l convinge pe Hitler să amâne invazia pentru primăvara anului următor, când *Kriegsmarine* va fi mai bine pregătită pentru a îndeplini această misiune.

Hitler, care părea să înţeleagă şi să fie de acord cu argumentele amiralului, a respins posibilitatea de anulare a acţiunilor invaziei prevăzute pentru septembrie 1940, deşi promisese că va da ordinul de începere a operaţiunii numai atunci când *Luftwaffe* va învinge aviaţia britanică şi nu erau niciun fel de perspective că în viitorul apropiat va reuşi să facă acest lucru.

Raeder a explicat că trebuie să se întoarcă de îndată la Berlin, a rugat să i se permită să părăsească conferinţa şi, cum a ieşit din sală, Hitler a început să vorbească despre marile dificultăţi legate de debarcarea trupelor de invazie pe ţărmul britanic. Oare să fi fost de acord că trebuie să se amâne invazia, dar nu-i spusese acest lucru amiralului ca să nu-i dea motiv să încetinească ritmul pregătirilor?

— Ultima speranţă a Angliei sunt Rusia şi Statele Unite, a spus el. Dacă Rusia este eliminată, atunci va fi eliminată şi America, căci lipsa Rusiei va duce la o creştere însemnată a importanţei Japoniei în Extremul Orient. În mâinile Angliei şi ale Americii, Rusia este sabia împotriva Japoniei. Dacă Japonia nu va mai trebui să se teamă de Rusia, va deveni o mare ameninţare pentru Statele Unite în Pacific, aşa că americanii vor fi foarte ocupaţi şi nu vor mai putea să-i ajute pe britanici.

Şi Hitler a încheiat cu concluzia următoare:

— Cu cât vom zdrobi mai repede Rusia, cu atât mai bine. Operaţiunea va avea sens numai dacă vom nimici acest stat dintr-o singură lovitură puternică.

Conferinţa s-a încheiat la ora 13.45. Decizia de începere a pregătirilor de război împotriva Uniunii Sovietice fusese luată. Din acel moment, statele majore trebuiau să înceapă munca meticuloasă de pregătire a marii armate (Hitler ceruse să fie pregătite 180 de divizii, dintre care 40 trebuiau să fie unităţi cu experienţă în luptele din Polonia şi din Europa de Vest) pentru marşul victoriei prin stepele ruseşti.

La începutul lunii august 1940, două colective de strategi, conduse de generalul Erich Marcks şi de generalul Bernhard von Lossberg, aveau deja pregătite planurile de război numite „Otto" şi „Fritz".

Hitler continua să trăiască cu iluzia că Marea Britanie, atacată de *Luftwaffe,* se va decide să ceară pace. Lupta aerului încă nu era decisă, iar Hermann Göring, care la 2 august 1940 dăduse ordinul „Adler" - intensificarea războiului aerian împotriva Marii Britanii - prevedea că avioanele germane vor distruge în patru zile aviaţia de vânătoare staţionată în sudul Angliei. *Luftwaffe* deţinea în continuare superioritatea. Ziua atacului masiv decisiv - „Adlertag" - a fost fixată pentru 15 august. Dar atacul lansat de cele 1.485 de avioane germane împotriva ţintelor de pe teritoriul Angliei nu a adus Germaniei succesul aşteptat.

Din 19 august, *Luftwaffe* şi-a modificat ţintele, îndreptându-se spre aeroporturile şi uzinele britanice de avioane. Efectuarea consecventă a acestor atacuri putea provoca pierderi însemnate apărătorilor, chiar dacă nemţii nu erau în stare să distrugă industria aviatică engleză. Lipsa de pregătire a *Luftwaffe* pentru astfel de misiuni era vizibilă. Nu avea avioane de bombardament şi de vânătoare cu rază lungă de acţiune, care să atace uzinele şi bazele situate în interiorul ţării. Din acest motiv, uzinele din zona Birmingham - Liverpool puteau să-şi continue nestânjenite producţia. În schimb, fabricile care se aflau în raza de acţiune a *Luftwaffe* au devenit ţinta unor atacuri înverşunate, dar nemţii făceau greşeală după greşeală, risipindu-şi forţele: efectuau raiduri repetate asupra unor ţinte care fuseseră deja atinse. Drept urmare, în pofida unor avarieri serioase, unele obiective, de pildă uzinele Vickers din Weybridge sau aeroportul Biggin Hill funcţionau în continuare, iar stricăciunile erau înlăturate rapid.

În noaptea de 24 spre 25 august unul dintre avioanele germane al cărui pilot se orienta după indicaţiile false ale dispozitivului de navigaţie „Knickebein" a aruncat bombe deasupra cartierului londonez East End. Premierul Winston Churchill a decis să execute un raid de pedeapsă împotriva Berlinului. În noaptea următoare, 43 de avioane de tip *Whitley, Hampden* şi *Wellington* au aruncat bombe în numeroase cartiere de locuinţe din capitala celui de-al Treilea Reich.

Hitler şi Göring au primit provocarea şi au trimis avioanele *Luftwaffe* împotriva oraşelor engleze. La 7 septembrie, 300 de avioane germane de bombardament au efectuat un raid similar deasupra unor cartiere din Londra.

Schimbarea bruscă a strategiei germane s-a dovedit salvatoare pentru sistemul deja mult prea greu încercat al apărării aeriene din Marea Britanie. La Londra ardeau casele, dar *Luftwaffe* nu mai avea avioane de bombardament ca să continue atacurile împotriva aeroporturilor şi a uzinelor de avioane.

Momentul culminant a sosit la 15 septembrie, când într-o singură zi, *Luftwaffe* a executat 1.000 de zboruri de luptă. Avioanele de vânătoare britanice şi artileria antiaeriană de la sol au doborât 80 de avioane germane şi au pierdut numai 26. După pierderi atât de masive, intensitatea raidurilor a scăzut, iar spre sfârşitul lui septembrie şi la începutul lui octombrie nemţii au renunţat la misiunile pe tip de zi şi au continuat atacurile numai noaptea, dar acestea erau şi mai puţin eficace. Lupta pentru Anglia s-a stins treptat şi ziua de 31 octombrie este considerată data încheierii ei; nemţii au suferit atunci prima înfrângere strategică din timpul celui de-al Doilea Război Mondial.

În cursul atacurilor aeriene împotriva Angliei pierduseră 1.733 avioane, 643 fuseseră avariate. Britanicii pierduseră 915 avioane, 450 fuseseră avariate.

Hitler n-a mai aşteptat rezultatul luptei, fiind convins că, indiferent de acesta, oricum îi va sili pe britanici să încheie pace, nimicind Uniunea Sovietică şi obligând Statele Unite să se îndepărteze de Marea Britanie, pentru a stăvili expansiunea japoneză din Pacific, care ameninţa interesele vitale ale SUA.

Dar mai întâi trebuia să-l oprească pe Stalin, ale cărui acţiuni deveneau din ce în ce mai periculoase pentru Germania.

Situaţia din România se complica tot mai mult, căci şi alte ţări emiteau pretenţii teritoriale faţă de această ţară: Bulgaria şi Ungaria.

Numai autoritatea Germaniei îi putea opri pe dictatorul ungar Miklós Horthy şi pe regele bulgar Boris III să nu trimită armată ca să ia României teritoriile disputate. Şi chiar aşa s-a şi întâmplat.

În primul rând Bulgaria, sub presiunea Germaniei şi Italiei, a renunţat la pretenţiile asupra Dobrogei. Ungaria cerea de la România Transilvania şi era mai greu de potolit. Dar şi ungurii au fost nevoiţi să se împace cu gândul că în Europa anului 1940 deciziile sunt luate de două mari puteri.

Ţările aflate în dispută, delegaţia ungară şi cea română, s-au întâlnit la 30 septembrie la Viena, în Camera de Aur a Palatului Belvedere.

Conferinţa de la Viena, care a decis soarta României: Joachim von Ribbentrop (în picioare lângă masă), Galeazzo Ciano, ministrul de externe al Italiei, reprezentanţii României şi Ungariei

Ribbentrop a pus pe masă harta cu împărţirea Transilvaniei, arătând că Ungariei îi revin două treimi din acest teritoriu. Ministrul român de externe a leşinat, s-a prăbuşit la pământ şi a durat destul de mult timp până a fost readus în simţiri. În cele din urmă, a fost de acord cu propunerea germană, când Ribbentrop, ca un adevărat prestidigitator care scoate iepurele din pălărie, a pus pe masă un document în care se afirma că „Germania şi Italia garantează integritatea teritoriului românesc". Diplomaţia germană rezolvase două probleme dintr-o sigură mişcare: împăcase părţile certate şi, dând garanţii, pusese o barieră în calea armatei sovietice, dacă ar fi încercat să înainteze în direcţia câmpurilor petroliere române.

Conferinţa de la Viena avusese loc fără ca aliatul să fie prevenit – Uniunea Sovietică nu fusese informată, ceea ce le-a provocat o furie turbată lui Stalin şi lui Molotov. Dar nu puteau să-şi exprime nemulţumirea decât faţă de Schulenburg, care după semnarea înţelegerii de la Viena venise în cabinetul premierului ca să-i transmită informaţia.

— Am auzit despre aceasta de la radio, a spus Molotov, deşi articolul trei al acordului de neagresiune stipulează necesitatea consultării în prealabil.

Schulenburg nu avea nicio justificare dar, mergând la Kremlin, fusese convins că discuţia nu se va desfăşura într-o atmosferă plăcută. Mai ştia şi că astfel de situaţii se vor repeta.

Evenimentele din România se desfăşurau într-un ritm destul de rapid. La 6 septembrie 1940, regele Carol a fost silit să abdice. Deşi oficial a predat puterea fiului său, aceasta a trecut de facto în mâinile generalului Ion Antonescu[1], care, cu două zile mai înainte, preluase funcţia de premier. Hitler a fost încântat de noul dictator, când acesta l-a vizitat la Berghof – de ţinuta lui militară, gândirea clară, dar mai ales de dorinţa de a încheia o alianţă cu Germania. Antonescu avea scopuri foarte concrete: voia să ia Basarabia şi Bucovina de Nord din mâinile ruşilor, de aceea l-a rugat pe Hitler să-şi trimită armata în România. Fireşte, ca să nu-l irite pe Stalin, soldaţii trebuiau să vină numai în calitate de consilieri de război, cu misiunea de a şcoli armata română. Antonescu nu a aşteptat mult acest ajutor: în septembrie în România intra deja o divizie motorizată, sprijinită de tancuri şi avioane.

Raportul de forţe în Balcani începea să încline treptat în favoarea lui Hitler, cu atât mai mult cu cât Bulgaria, care nu se putea decide dacă să dea prioritate ruşilor sau nemţilor, în cele din urmă se decisese să treacă de partea lui Hitler. Consecinţa directă a acestei schimbări a fost sosirea unui număr de 30.000 de soldaţi germani, în costume civile.

Acum venise rândul Finlandei. Hitler nu credea că Stalin se va mulţumi numai cu jumătatea anexată din această ţară. Minele de nichel de

[1] **Ion Antonescu** (1886–1946), ministru al apărării în guvernul regelui Carol II (1934) şi şef al Statului Major General (1937), a fost arestat în 1938 pentru participare la complotul împotriva guvernului de orientare pro-franceză. După înfrângerea Franţei în 1940 şi după ocuparea Basarabiei şi a Bucovinei de Nord de către Uniunea Sovietică, a lansat un apel la redobândirea teritoriilor pierdute, sprijinindu-se pe alianţa cu Germania, ceea ce i-a adus multă popularitate. La 4 septembrie 1940, a preluat funcţia de premier. Câteva zile mai târziu, regele Carol II a abdicat în favoarea fiului său, Mihail I. Antonescu s-a proclamat „Conducător", creând o dictatură după modelul lui Mussolini. În 1941, a condus România în război de partea Germaniei. În noiembrie 1941, armata română a ocupat Odesa, iar oraşul a primit numele lui. A fost perioada de maximă popularitate pentru Antonescu, dar în anii următori situaţia de pe front şi pierderile uriaşe pe care le-a suferit armata română în luptele cu Armata Roşie au slăbit sprijinul popular pentru guvernarea lui. În această perioadă, a încercat să stabilească un contact cu puterile occidentale, dar nu a vrut să accepte condiţia capitulării necondiţionate a armatei române. La 23 august 1944 regele Mihai a schimbat guvernul şi l-a arestat pe Antonescu. După război, Antonescu a fost judecat de Tribunalul Poporului şi a fost condamnat la moarte. Sentinţa a fost executată la 1 iunie 1946.

la Petsamo din nordul extrem erau mult prea ademenitoare. Industria de armament nu putea funcţiona fără acest metal. Ruşii puteau să intre acolo şi să ocupe raionul Petsamo sau să oblige guvernul Finlandei să-l cedeze, ceea ce ar fi fost acelaşi lucru.

La 21 septembrie 1940, ambasadorul Schulenburg era din nou cu o misiune delicată în cabinetul lui Molotov – venise să-l informeze că în ziua următoare armata germană, invitată de guvernul Finlandei, va intra pe teritoriul acestui stat. Oficial, trebuia să fie numai un batalion de artilerie antiaeriană, a cărui misiune ar fi fost să apere minele de nichel din nordul ţării împotriva avioanelor britanice. Ruşii puteau să protesteze? Nu puteau, deşi ştiau foarte bine că vor veni în Finlanda multe mii de soldaţi germani în „batalionul de artilerie antiaeriană". Mai ştiau şi că Germania livrase armatei finlandeze cantităţi însemnate de arme, mai ales din cele a căror lipsă îngreunase atât de mult apărarea în timpul războiului cu Uniunea Sovietică: tunuri antitanc, tancuri şi avioane.

Într-o lună, Hitler stabilise controlul asupra flancurilor ameninţate. Dar mai rămânea în continuare problema cea mai mare: Marea Britanie.

Acolo, războiul continua cu înverşunarea, iar noul premier, Winston Churchill, respingea absolut orice propunere de împăcare cu Hitler. Erau multe indicii că rezistenţa britanică va fi şi mai puternică, atunci când va primi ajutor de peste Ocean.

Aliaţii

Casa Albă era puternic luminată în seara rece de toamnă de 5 noiembrie 1940. În sufragerie se strânsese grupul prietenilor apropiaţi ai preşedintelui Franklin D. Roosevelt[1]. Acesta stătea fără haină, cu

[1] **Franklin Delano Roosevelt** (1882–1945), preşedinte al Statelor Unite din 1933, a deţinut această funcţie timp de patru mandate (din 1933). După izbucnirea celui de-al Doilea Război Mondial, din cauza atitudinii puternic izolaţioniste din societatea americană şi din Congres, a proclamat neutralitatea Statelor Unite şi a interzis exportul de arme, aşa cum ceruse Polonia, printre alţii; abia la 4 noiembrie 1939 a reuşit să convingă Congresul să ridice embargoul. În 1940 a întreprins paşi îndreptaţi spre creşterea potenţialului de apărare al Statelor Unite; ca urmare a acţiunilor administraţiei, Congresul a aprobat în mai anul acela 1,5 miliarde de dolari pentru apărare, adică o creştere de zece ori faţă de martie acelaşi an (142 de milioane). Următoarea acţiune a preşedintelui, care avea drept scop intrarea Statelor Unite în război, a fost prezentarea în faţa Congresului, la 10 ianuarie 1941, a unui proiect

gulerul de la cămaşă desfăcut şi examina documentele puse în faţa lui pe masă. Era calm, deşi nerăbdarea cu care întindea mâna după hârtiile aduse de secretar din camera dactilografelor îi trăda încordarea.

De dincolo de ferestre străbăteau strigăte şi strălucirea făcliilor purtate de mulţimea adunată în faţa porţii. Oamenii scandau: „Victorie la a treia" (*Safe on third*), ceea ce însemna că îi urează preşedintelui să câştige alegerile şi pentru al treilea mandat de preşedinte al Statelor Unite.

Roosevelt se temea că, de astă dată, alegerile nu vor avea un rezultat la fel de bun ca în cele două cazuri precedente. Lupta acum pentru a-şi păstra funcţia de preşedinte într-o situaţie în care părerea lui despre războiul din Europa şi planurile legate de ea se aflau în contradicţie cu sentimentele marii majorităţi a alegătorilor lui. De acest lucru profita oponentului lui, Wendell Willkie, care îi avertiza pe americani că al treilea mandat al lui Roosevelt va însemna pentru ei război. Şi avea dreptate. Roosevelt ştia că Statele Unite nu pot rămâne indiferente faţă de evenimentele sângeroase din Europa. După încheierea Primului Război Mondial, americanii se retrăseseră din politica europeană, se închiseseră în fortăreaţa lor sigură de dincolo de ocean, unde nu-i ameninţa nimeni. Îşi păzeau „splendida izolare" cu legi despre neutralitate şi nu aveau intenţia să se amestece în războaiele de pe vechiul continent, aflat la mii de kilometri depărtare.

---

de lege referitor la acordarea de ajutor ţărilor a căror „apărare este considerată de preşedinte drept vitală pentru securitatea Statelor Unite" (*Lend-lease*), ceea ce dădea posibilitatea acordării de ajutor imediat Marii Britanii. În zilele de 9-12 august 1941 s-a întâlnit la bordul unui vas de război cu Winston Churchill, premierul Marii Britanii; întrevederea s-a încheiat prin semnarea Cartei Atlanticului. Cei doi bărbaţi de stat au stabilit atunci că, în cazul în care Statele Unite vor intra în război, efortul principal va fi concentrat spre înfrângerea Germaniei (*Germany first*, ceea ce s-a confirmat la următoarea întrevedere din decembrie acelaşi an de la Washington). În 8 decembrie 1941, la o zi după atacul japonez împotriva bazei americane de la Pearl Harbor, a făcut apel la Congres să declare război Japoniei. În pofida importanţei teatrului de acţiuni din Extremul Orient pentru politica şi economia Statelor Unite, a respectat principiul „*Germany first*". În timpul numeroaselor întâlniri cu Churchill şi al întrevederilor cu Stalin, aliaţii au elaborat o strategie de acţiune, deşi în momentul culminant al Conferinţei de la Teheran din noiembrie 1943 Roosevelt a sprijinit planul lui Stalin de invadare a Franţei şi a respins sugestia lui Churchill de a efectua invazia în Balcani, ceea ce a avut o influenţă esenţială asupra configuraţiei Europei după război. În timpul Conferinţei de la Ialta, din februarie 1945, şi-a exprimat acordul cu privire la forma Poloniei postbelice, aşa cum îi convenea lui Stalin, unica observaţie referindu-se la necesitatea de a se organiza alegeri libere. În martie 1945 starea sănătăţii lui Roosevelt, care era paralizat din 1921, s-a înrăutăţit şi la 12 aprilie a murit.

Roosevelt considera că noul război care izbucnise în Europa la 1 septembrie 1939 va schimba lumea. Fireşte că Statele Unite puteau să mai rămână încă mulţi ani în izolaţionismul lor, în toată siguranţa şi fără nicio ameninţare. Dar cât timp? Zece ani? Poate douăzeci. Până când duşmanii vor deveni suficient de puternici şi vor ajunge la ţărmurile Americii ca să ocupe şi aceste teritorii, aşa cum făcuseră în Polonia.

La 3 septembrie Roosevelt spusese într-o cuvântare radiodifuzată:

— Nouă ne este uşor să ridicăm din umeri şi să spunem că aceste conflicte se desfăşoară la mii de kilometri de emisfera americană şi nu pot să dăuneze în mod serios Americii, iar Statele Unite trebuie să le ignore şi să-şi vadă de treburile lor (...). Dar trebuie să recunoaştem că fiecare vapor care pluteşte pe mare, fiecare bătălie influenţează viitorul Americii.

Aceasta era prefigurarea acţiunilor pe care intenţiona să le întreprindă pentru ca Statele Unite să înceapă să participe la evenimentele din Europa. Dar nu putea spune deschis acest lucru. Teama americanilor de amestecul într-un război îndepărtat era mare, influenţele grupărilor izolaţioniste puternice, simpatiile pentru Germania nazistă şi Italia fascistă aveau şi ele o influenţă considerabilă, astfel încât preşedintele nu-şi putea permite să acţioneze prea energic înainte de alegeri. Trebuia să procedeze cu mare grijă, pas cu pas, să fie atent la convulsiile pe care ar putea să le provoace din partea izolaţioniştilor.

La 21 septembrie 1939, preşedintele a convocat o sesiune specială a Congresului, în chestiunea ridicării embargoului pe vânzarea de arme pentru ţările aflate în conflict. Fireşte era vorba de posibilitatea de a se livra armament statelor care se apărau de fascism. La 3 noiembrie, majoritatea deputaţilor din Senat şi din Camera Reprezentanţilor s-a pronunţat în favoarea ridicării embargoului şi, o zi mai târziu, preşedintele a semnat noua lege. Primul pas în direcţia ruperii cu izolaţionismul fusese făcut. Ce e drept, în iulie 1940, când bătălia pentru Anglia era în toi, Statele Unite continuau să-şi păstreze neutralitatea, iar Roosevelt se adresa „mamelor americane": „Fiii voştri nu vor fi trimişi într-un război străin." Niciun politician european nu s-ar fi aşteptat la altă declaraţie în preziua alegerilor prezidenţiale din Statele Unite. Dar la 3 septembrie 1940, preşedintele semna deja cu Marea Britanie înţelegerea referitoare la distrugătoare, prin care se prevedea că americanii vor ceda britanicilor 50 de distrugătoare vechi în schimbul accesului în opt colonii britanice, unde urmau să-şi stabilească baze. Era o mişcare foarte abilă, căci, fără îndoială, înţelegerea era avantajoasă pentru Statele Unite şi adversarii politici nu puteau să-i reproşeze nimic. Pentru Marea Britanie, care începuse o luptă înverşunată pentru stăpânirea căilor maritime oceanice, problema fundamentală era lipsa vaselor adaptate pentru combaterea submarinelor germane. În astfel de condiţii, cele 50 de distrugătoare însemnau foarte mult. Ridicarea embargoului pe vânzarea de arme făcea posibilă achiziţionarea de echipament de război, de care Marea Britanie avea cea mai mare nevoie, dar acesta trebuia plătit cu numerar, iar Anglia nu dispunea de lichidităţi. În a doua jumătate a anului 1940, deficitul comercial a crescut într-un ritm înspăimântător: 8,5 miliarde de dolari (90 de miliarde de dolari la valoarea actuală a dolarului) lunar! Războiul este foarte costisitor. Şi înainte de alegeri Roosevelt nu putea să facă nimic mai mult, căci adversarii lui nu pierdeau nicio ocazie să-i convingă pe alegători că dacă „Votezi cu Roosevelt, votezi pentru război!" Trebuia să aştepte până când va fi ales.

După miezul nopţii de 6 noiembrie 1940 au sosit ultimele rezultate ale alegerilor. Veştile au ajuns repede la mulţimea masată în faţa porţii Casei Albe, iar exclamaţiile s-au înteţit brusc. Numărul celor adunaţi crescuse considerabil şi făcliile lor luminau tot parcul. Roosevelt s-a ridicat anevoie din fotoliu, susţinut de fiii lui, Franklin şi John, în urma cărora veneau soţiile acestora, mama lui, Sara, şi soţia, Eleonora. Au ieşit cu toţii pe terasă ca să salute mulţimea de acolo. Venise momentul relaxării. Cu câteva minute mai înainte încă se mai temea de rezultatele alegerilor din statul New York. Acum tensiunea trecuse. Ştia că învinsese şi va mai fi preşedinte încă un mandat. A ridicat mâna ca să liniştească mulţimea.

— Deşi familia mea spune că nu este posibil, mi se pare că îmi amintesc prima alegere a lui Grover Cleveland în 1884. Aveam pe atunci un an şi jumătate şi îmi amintesc de o paradă cu torţe, la fel ca cea de azi. Dar tânărul de aici – a arătat spre fiul său, Franklin Roosevelt junior, mi-a spus că se întreabă dacă Franklin al treilea – vorbea despre nepotul lui – care doarme în camera lui va ţine minte această noapte. Are tot un an şi jumătate…

Aclamaţiile i-au întrerupt cuvântarea. Era mulţumit, căci putea să-şi tragă sufletul o clipă. Campania electorală îi pusese la încercare sănătatea şi aşa precară.

— Ne aşteaptă vremuri grele în această ţară, dar cred că voi fi pe viitor acelaşi Franklin Roosevelt pe care îl ştiţi de mulţi ani, a spus el când s-a făcut din nou linişte. Inima mea a fost întotdeauna aici şi aici va fi.

Era vizibil emoţionat şi obosit. A fluturat din mână către mulţime. S-a întors şi, sprijinit de cei doi fii, a intrat în casă.

În aceeaşi noapte a venit o telegramă de la Londra, de la Winston Churchill.

„Simt că nu mi-o veţi lua în nume de rău dacă am să vă spun că m-am rugat pentru succesul dumneavoastră şi sunt sincer recunoscător pentru el."

Roosevelt nu a răspuns niciodată la această telegramă. Mai târziu a explicat că în învălmăşeala care urmase după anunţarea rezultatelor alegerilor, felicitarea caldă a premierului britanic dispăruse.

Două zile mai târziu, în seara de 8 noiembrie, Adolf Hitler s-a dus la berăria „Burgerbaukeller", unde se adunau întotdeauna la ora aceea tovarăşii de partid, ca să sărbătorească aniversarea puciului de la München din 1923, când Hitler pusese mâna pe putere pentru prima dată. În sala sprijinită de coloane, împodobită cu ghirlande de flori şi steagurile naziste, se adunaseră câteva sute de persoane ca să asculte ce are să le spună Führer-ul într-un moment atât de important pentru Germania. Fără îndoială, comentariul lui referitor la rezultatul alegerilor din Statele Unite era punctul cel mai important al cuvântării. Totuşi Hitler n-a rostit niciun cuvânt despre Roosevelt. A spus numai atât:

— În ceea ce priveşte datele referitoare la producţia industrială americană, acestea nu pot fi calculate în cifre astronomice. În acest domeniu, nu doresc să fim concurenţi. Dar pot să vă asigur de un lucru: producţia germană este cea mai mare din lume! Astăzi, Germania împreună cu aliaţii săi este suficient de puternică pentru a se împotriva oricărei forţe din lume.

Hitler a terminat discursul mai repede şi a părăsit sala mai devreme decât era prevăzut, căci se grăbea să ajungă la Nürnberg. Imediat după plecarea lui acolo a explodat o bombă cu ceas, ascunsă într-una din coloane. Poate că, într-adevăr, aşa cum suspecta serviciul german de informaţii, atentatul fusese pus la cale de spionajul britanic. Problema acelei explozii nu a fost niciodată definitiv elucidată.

Deşi menţionase numai în treacăt rezultatul alegerilor din Statele Unite, Hitler era pe deplin conştient de pericolul unei alianţe americano-britanice. Întreprinsese şi mai înainte acţiuni menite să împiedice intrarea Statelor Unite în războiul din Europa.

La 27 septembrie 1940, la ora 13.15, în Holul Ambasadorilor din Cancelaria Reich-ului s-au aşezat la masa lungă miniştrii de externe ai Germaniei, Italiei şi Japoniei, pentru a semna un acord, numit ulterior Pactul celor trei[1]. Scopul principal al acestui pact era întărirea Japoniei, pentru ca aceasta să-şi continue expansiunea în Pacificul de Sud, devenind astfel o ameninţare pentru interesele americane din această regiune a lumii.

Articolul 3 al Pactului obliga părţile semnatare să-şi acorde ajutor „cu utilizarea tuturor mijloacelor politice, economice şi militare", dacă una dintre ele ar fi fost atacată de „o putere străină, care în momentul de faţă nu participă la războiul din Europa (...)".

Hitler avea grijă, aşadar, ca Iosif Stalin să nu se simtă ameninţat de înţelegerea tripartită. Era încă prea devreme pentru asta. Apoi a făcut pasul următor.

A dictat o scrisoare lungă de 19 pagini semnată de Ribbentrop pe care ambasadorul Schulenburg a dus-o la Moscova când s-a întors din concediu. I-a transmis scrisoarea lui Molotov abia la 17 noiembrie, ceea ce i-a stârnit furia lui Ribbentrop, jignit că ambasadorul a tărăgănat lucrurile atât de mult şi, în plus, i-a dat scrisoarea comisarului, nu lui Stalin. S-a liniştit de abia când a auzit explicaţiile ambasadorului cu experienţă, care i-a spus că evitarea lui Molotov ar fi putut să-l ofenseze şi să afecteze negocierile viitoare.

În această scrisoare Hitler arăta că toate acţiunile armatei şi ale diplomaţiei germane au fost generate de mişcările agresive ale Marii Britanii şi Statelor Unite şi nu reprezintă decât o manevră de apărare faţă de aceste mari puteri. Propunea să aibă loc convorbiri care să permită elucidarea neînţelegerilor şi edificarea de relaţii bune în continuare.

De ce se decisese Hitler, în momentul în care Germania îşi transfera armata la frontiera cu Uniunea Sovietică şi îşi pregătea poziţiile de plecare pentru agresiune, să facă un gest care ar fi putut fi luat drept o încercare de reconciliere?

---

[1] **Pactul celor trei (Pactul de la Berlin)** – înţelegere semnată la Berlin la 27 septembrie 1940 de către miniştrii de externe ai Germaniei – Joachim von Ribbentrop, Italiei – Galeazzo Ciano şi Japoniei – Yosuki Matusoka reprezenta o extindere a pactului oţelului din 22 mai 1939, încheiat între Germania şi Italia, în care se defineau obligaţiile militare reciproce ale celor două părţi, în special obligaţiile de a acorda ajutor aliatului, dacă acesta are război cu un alt stat. Japonia decisese să adere şi ea la acest pact, considerând că înţelegerea cu puterile fasciste europene îi va consolida poziţia faţă de Statele Unite şi dorind să preia coloniile Franţei şi Olandei din Extremul Orient. Pactul definea împărţirea lumii în sfere de influenţă, atribuind Germaniei şi Italiei rolul conducător în organizarea „noi ordini" în Europa, iar Japoniei, în Asia. În lunile următoare, la pact au aderat: Ungaria (20 noiembrie 1940), România (23 noiembrie 1940), Slovacia (24 noiembrie 1940) şi Bulgaria (1 martie 1941).

Nu există până acum nicio explicaţie.

Nu pare probabilă o ezitare bruscă, o îndoială cu privire la capacitatea de a învinge Uniunea Sovietică şi o eventuală dorinţă de renunţare la planurile de cucerire a acestei ţări. Wehrmacht-ul repurtase victorii însemnate, dobândise o uriaşă experienţă de luptă şi moralul soldaţilor săi era ridicat, căci se considerau cei mai puternici din lume. Ocuparea unei jumătăţi din Franţa şi a altor ţări europene puternic dezvoltate întărise considerabil industria germană de armament. În această situaţie, un conducător atât de agresiv precum Hitler nu putea să şovăie! Pusese deja în mişcare o uriaşă maşinărie politică şi militară, care începuse pregătirile pentru realizarea unei misiuni istorice: ocuparea unei mari porţiuni din Uniunea Sovietică, în care poporul german avea să-şi găsească mult râvnitul spaţiu vital.

Pasul acesta poate fi explicat într-un singur mod: Hitler se străduia să adoarmă vigilenţa lui Stalin. Cea mai bună dovadă în acest sens sunt instrucţiunile pe care i le-a dat la începutul lui noiembrie lui Hermann Göring, ca livrările pentru Uniunea Sovietică să se facă la timp şi cu cea mai mare conştiinciozitate. Nimic nu trebuia să-l neliniştească pe Stalin!

Hitler ştia că dictatorul rus poate să creadă că doreşte să încheie o înţelegere din cauza situaţiei dificile în care se găsea Germania, căci nu încheiase războiul pe frontul de vest. Scrisese acea scrisoare atunci când bătălia cu Anglia se încheiase oarecum şi când, în sfârşit, îi devenise clar că nu există nicio posibilitate să execute un desant al armatei germane în Marea Britanie. Deşi la 12 octombrie a dat ordin să se continue pregătirile în scopul menţinerii politicii de presiune politică şi militară împotriva Marii Britanii, era clar că nu se va ajunge la o invadare a insulelor britanice. Dovada cea mai clară era retragerea flotei de invazie din porturile franceze, unde, atacată de avioanele britanice, aceasta suferise pierderi importante.

Se repeta povestea din septembrie 1939, când alianţa cu Uniunea Sovietică îi era necesară lui Hitler ca să poată începe războiul. Acum avea din nou nevoie de acord, ca să încheie acest război. După cum gândea Hitler, aşa ar fi putut înţelege situaţia Stalin, şi chiar aşa a fost.

Stalin a văzut în scrisoarea lui Hitler un semn de slăbiciune. A înţeles că Germania are din nou nevoie de el şi şi-a pus în minte să profite de aceasta pentru a câştiga noi teritorii.

În dimineaţa de 22 octombrie, Molotov i-a înmânat lui Schulenburg răspunsul, rugându-l să facă în aşa fel încât acesta să ajungă cât mai repede la Berlin. La amiază, Gustaw Hilger, ducând în servietă scrisoarea cea importantă, a plecat de la Moscova cu un avion special la Berlin.

„Stimate domnule von Ribbentrop,

Am primit scrisoarea domniei voastre. Vă mulţumesc călduros pentru încredere şi pentru analiza constructivă a ultimelor evenimente cuprinse în ea”, scria Stalin.

S-ar fi putut interpreta ca o afirmaţie răutăcioasă, căci în scrisoarea sa, Ribbentrop explicase toate evenimentele care nelinişteau Moscova – intrarea armatelor germane în Finlanda, garantarea integrităţii frontierelor României şi sosirea „consilierilor militari” germani în acea ţară, încheierea Pactului celor trei – ca acţiuni îndreptate împotriva Marii Britanii şi a Statelor Unite.

„Domnul Molotov consideră că este de datoria sa să facă o vizită la Berlin. Acceptă invitaţia domniei voastre”, îşi încheia scrisoarea dictatorul rus.

Ultimul meci

Stalin nu era la gara Bielorusia în seara zilei de 10 noiembrie 1940, când Veaceslav Molotov se pregătea să se urce în tren ca să meargă la Berlin. Acesta era un semnal pentru Hitler, pe care fără îndoială că îl transmisese la Berlin şi îl comentase ambasadorul Schulenburg, prezent la gară. Un semnal de avertizare.

Nu ştia nimeni de ce se decisese Molotov să meargă cu trenul, era un drum lung şi primejdios, mai ales că trebuia să traverseze teritoriile poloneze. Poate că premierului îi era frică să zboare cu avionul, poate era încă sub impresia încordării provocate de faptul că era pentru prima dată când mergea în străinătate şi alesese un mijloc de locomoţie care îi oferea mai mult timp să se pregătească în mod corespunzător pentru vizită. Până atunci, toate negocierile avuseseră loc în cabinetul lui sau în cabinetul lui Stalin. În timpul vizitei care urma îl aştepta o luptă pe teren străin.

Printre cele 60 de persoane care au luat loc în vagoanele trase de două locomotive se afla şi Viktor Merkulov, adjunctul şefului NKVD, care trebuia să vegheze personal la securitatea premierului, având în subordine 16 ofiţeri de corp. În componenţa delegaţiei era şi medicul personal al lui Molotov şi cei trei valeţi ai lui. Prima oprire a fost la noua frontieră sovieto-germană, unde se termina linia ferată cu ecartament mai mare.

— Cum se numeşte gara de frontieră unde vom schimba vagoanele?, l-a întrebat pe Merkulov consilierul ambasadei germane de la Moscova, Gustaw Hilger, care mergea şi el la Berlin ca interpret, deşi era răcit îngrozitor.

Merkulov l-a privit bănuitor.

— Se va face în locul stabilit de preşedintele Sovietului Comisarilor Poporului, a răspuns adjunctul NKVD, ceea ce era o prostie, căci schimbarea nu se putea face decât într-o staţie echipată cu instalaţia necesară pentru ridicarea vagoanelor şi schimbarea şasielor. Curând s-a constatat că neamţul şi rusul vorbeau despre două operaţiuni diferite.

Germanii prevăzuseră că delegaţia lui Molotov se va muta în trenul lor. Se ştia nu numai că vagoanele sovietice au ecartamentul roţilor mai mare, dar şi gabaritul mai mare. Dar nu ştiau că trenul special al lui Molotov avea vagoane adaptate la normele europene şi era suficient să schimbe şasiul ca să poată circula pe căile ferate europene cu ecartament normal. De aceea, Merkulov s-a încăpăţânat să susţină că vor schimba şasiul şi nu a fost de acord nici în ruptul capului ca delegaţia să se multe în trenul german, deşi toţi priveau cu lăcomie la vagoanele care îi aşteptau. În fiecare din ele erau cabine luxoase pentru o singură persoană, foarte bine aprovizionate cu alcool şi dulciuri. Dar Merkulov se temea că sunt la fel de bine dotate şi cu dispozitive de ascultare, astfel că delegaţia sovietică dezamăgită a rămas în vagoanele sale, deşi în cadrul compromisului, vagoanele germane au fost ataşate la trenul sovietic. Aceasta a avut o consecinţă favorabilă, căci diplomaţii au putut profita de vagonul restaurant şi de bar, dar numai după ce au primit aprobare de la Moscova, cu care au luat legătura în acest scop prin radio.

Trenul a sosit la Berlin la 12 noiembrie, ora 10.55. Şi-a depăşit deci planul cu cinci minute, ceea ce nu avea prea mare importanţă, dar o adevărată problemă a fost creată de mecanicul de locomotivă, care avea semn de oprire interzisă într-un anumit loc şi vagoanele s-au oprit cu câteva zeci de metri mai departe de locul prevăzut de nemţi.

Molotov, în picioare în uşa vagonului, de unde saluta oficialităţile germane venite să-l întâmpine, a rămas în această poziţie câteva minute, până când orchestra, comitetul de întâmpinare şi covorul mare roşu au fost mutate la scara vagonului.

După un scurt schimb de saluturi pe peron, unde Hilger, răcit îngrozitor, stătuse între Ribbentrop şi Molotov şi tradusese amabilităţile reciproce, oaspeţii au fost conduşi la *Fürstenzimmer*, salonul oficial al

Veaceslav Molotov în timpul discuţiei cu Hitler, interpret fiind Gustaw Hilger

gării, pregătit pentru a primi demnitarii străini, iar de aici s-au îndreptat cu toţii spre Mercedesurile negre care aşteptau în faţa clădirii gării, unde orchestra a intonat Internaţionala, spre stânjenirea prost ascunsă a lui Ribbentrop. Străzile erau pustii, nu erau nici lozinci, nici steaguri, nici mulţimi prietenoase de oameni care să arunce flori. Trecătorii, văzând coloana de maşini negre se opreau uimiţi. Ce e drept, în ziua precedentă, principalul ziar nazist, „*Völkischer Beobachter*" publicase pe prima pagină un articol lung despre sosirea lui Molotov, dar nu dăduse nici traseul delegaţiei, nici ora sosirii premierului sovietic. Berlinezii nu fuseseră invitaţi să iasă în stradă ca să-l salute pe oaspete. Astfel răspundea Hitler la semnalul de avertisment al lui Stalin.

La amiază, Molotov, în urma căruia păşeau mărunţelul Dekanozov şi Vladimir Pavlov în rol de interpret, au intrat în salonul din noul sediu al Ministerului Afacerilor Externe. Ribbentrop, cu un zâmbet larg pe faţă, a făcut câţiva paşi în întâmpinarea rusului, imediat ce acesta a trecut pragul, i-a salutat din nou pe oaspeţi şi i-a invitat la masa rotundă, în jurul căreia se aflau fotolii scunde, tapiţate.

Cuvântarea ministrului german, în care îşi exprima bucuria revederii, descria succesele Germaniei şi sublinia dorinţa de a învinge Marea Britanie şi Statele Unite, a durat destul de mult. Ruşii stăteau cu chipuri de piatră, numai Dekanozov din când în când îşi trecea nervos mâinile prin păr.

— Hitler intenţionează să stabilească noi zone de interes pentru Germania, Italia, Japonia şi Uniunea Sovietică, a spus apoi Ribbentrop, trecând la probleme concrete. Aceste state privesc spre sud. Şi Uniunea Sovietică ar trebui să se îndrepte în această direcţie, spre marea largă, importantă pentru interesele sale...

— Despre ce mare vorbiţi?, l-a întrerupt Molotov.

Întrebarea l-a luat prin surprindere pe Ribbentrop. Nu a răspuns la ea, ci a început din nou o cuvântare lungă despre politica engleză, încheind cu golful Persic şi Marea Arabiei.

Molotov nu a avut nicio reacţie. Aştepta în continuare ceva concret şi nu divagaţii despre nişte ţinuturi îndepărtate, asupra cărora Germania nu avea niciun drept şi nici posibilitatea să le ocupe.

Ribbentrop, dându-şi seama că o luase într-o direcţie greşită, şi-a propus să abordeze tema principală: aderarea Uniunii Sovietice la Pactul celor trei şi colaborarea cu statele care aderaseră deja pentru a împărţi între ele restul lumii.

— Fireşte, nu am niciun fel de propuneri concrete, a spus rezervat Ribbentrop, înţelegând că o propunere concretă ar produce nemulţumirea părţii sovietice, căci o punea în faţa unui fapt împlinit.

— Este numai o idee pe care am discutat-o cu Hitler, a continuat el, în timp ce scria scrisoarea pentru Stalin. Dar dacă Uniunea Sovietică o va considera interesantă, aş putea veni la Moscova, pentru a o discuta cu domnul Stalin. Aş putea chiar să vin împreună cu miniştrii de externe ai Italiei şi Japoniei, dacă partea sovietică îşi doreşte acest lucru. Îmi dau seama că cel mai mare impediment este războiul dintre China şi Japonia, dar sunt pregătit să-mi ofer serviciile de mediator.

— Ar fi important pentru toată lumea dacă China şi Japonia ar putea să se înţeleagă, a răspuns Molotov.

Era clar că respinge toate propunerile ministrului german. Îl interesa Pactul celor trei şi propunerile germane de împărţire a lumii. Dar Ribbentrop nu voia să le dea la iveală şi şi-a limitat răspunsul la formulări generale şi vagi:

— Pactul conferă Germaniei şi Japoniei supremaţia în stabilirea noii ordini în Europa, iar Japoniei în Asia Mare de Sud-Est, a spus el.

— Dar ce înseamnă Asia Mare de Sud-Est?, a întrebat Molotov. Nu este clar pentru o ţară care nu face parte din Pact.

— În realitate nu este foarte clar, a fost de acord Ribbentrop. Nu a fost definită în detaliu, căci negocierile s-au desfăşurat foarte repede. Dar nu are importanţă pentru zonele de interese care prezintă importanţă pentru Uniunea Sovietică.

Discuţia de la amiază nu a dus la nicio decizie. Ribbentrop se eschiva, evita răspunsurile clare şi concrete, iar Molotov se străduia cât mai mult să-l sondeze pe adversar şi să se orienteze în ce măsură Germania este gata să prezinte o propunere de împărţire a Europei. Fără îndoială că ezitările şi momentele frecvente de stânjeneală cu care răspundea Ribbentrop erau un indiciu pentru Molotov că poate să-şi mărească cererile. Şi aceasta a fost linia de conduită pe care a adoptat-o în timpul întrevederii cu Hitler.

Aceasta a început după o scurtă pauză de prânz, în care Molotov şi membrii delegaţiei lui s-au dus la ora 13.00 la Schloss Bellevue, fostul palat regal al familiei de Hohenzollern din grădina Tiergarten, unde erau pregătite apartamentele pentru delegaţia sovietică.

Hitler părea într-o dispoziţie foarte binevoitoare. Cuvântarea de o oră cu care l-a salutat pe Molotov, când acesta, împreună cu Dekanozov, a intrat în cabinetul lui mare şi a luat loc pe canapeaua de lângă cămin, avea drept scop să-i dea toate asigurările premierului sovietic că cele două ţări vor rămâne în relaţii de prietenie. Molotov asculta ca de obicei, cu un chip lipsit de orice expresie, şi a dat aprobator din cap numai atunci când Hitler a amintit cât de mult obţinuseră împreună ca aliate Germania şi Uniunea Sovietică.

Molotov a întors repede aceste cuvinte împotriva lui Hitler. Chiar la începutul cuvântării lui a amintit cât de mult profitase Germania de pe urma alianţei cu Uniunea Sovietică. A putut să desfăşoare războiul din Polonia şi din vest, fără să se teamă de spatele frontului. Molotov dorea să obţină un răspuns clar la întrebarea: ce vrea să-i propună Führer-ul dacă va intra în Pactul celor trei?

— Pactul celor trei are drept scop stabilirea în Europa a unor relaţii în conformitate cu interesele fireşti ale statelor europene, a început să explice Hitler. Germania a încheiat alianţa cu Uniunea Sovietică pentru a-şi exprima opinia asupra problemei spaţiilor care interesează această ţară. În niciun caz împărţirea nu se va face fără participarea Uniunii Sovietice. Iar această afirmaţie se referă nu numai la Europa, ci şi la Asia, unde Uniunea Sovietică va colabora, de asemenea, la definirea zonei Asiei Mari de Est şi îşi va prezenta cererile. Germania poate juca rolul de mediator, dar în niciun caz Rusia nu va fi pusă în faţa unui *fait accompli*[1].

Întrevederea care a durat trei ore nu a dus la nicio rezolvare. Hitler nu putea ajunge decât la concluzia că se confirma încă o dată caracterizarea pe care i-o făcuse cândva lui Stalin, atunci când spusese că este „un şantajist cu sânge rece". Molotov nu şi-a prezentat poziţia, nici nu părea să fie înclinat favorabil şi lăsa impresia că respinge direcţia în care doreau să meargă nemţii.

— Mi-e teamă că va trebui să ne întrerupem discuţia, a spus la un moment Hitler şi s-a ridicat din fotoliu. În caz contrar, s-ar putea să ne surprindă alarma antiaeriană.

L-a condus pe Molotov până la uşă, unde i-a strâns mâna destul de mult timp, pentru ca fotografii să imortalizeze momentul despărţirii şi l-a asigurat că ziua următoare va aduce rezolvarea multor chestiuni.

Hitler era iritat şi observatorii de la această întrevedere fusese miraţi de calmul cu care reuşise să se stăpânească până la sfârşit. Văzuseră de mai multe ori cum izbucnise în crize de furie nestăpânită faţă de interlocutorii lui din străinătate din motive mult mai nevinovate.

Schimbarea alianţei este foarte vizibilă. Cu un an înainte, în câteva ore Ribbentrop şi Molotov semnaseră acordul de neagresiune şi stabiliseră zonele de influenţă. Acum trecuse deja o zi şi nu reuşiseră să ajungă la nicio concluzie, în afară de schimbul de amabilităţi şi duelul verbal.

Ziua următoare a adus o acutizare a discuţiei, căci după prânz, pe care Hitler şi Molotov îl serviseră împreună cu delegaţiile lor în apartamentele private ale Führer-ului din Cancelaria Reich-ului, s-au aşezat amândoi pe aceleaşi locuri din cabinetul unde întrerupseseră discuţia cu o zi mai înainte. Fără îndoială că Molotov acţiona pe baza noilor instrucţiuni primite telefonic de la Stalin, după ce îi relatase desfăşurarea zilei precedente. Nu avea de gând să se mulţumească cu afirmaţii de ordin general. De aceea, a început cu Finlanda, cerând ferm ca Hitler să onoreze dispoziţiile protocolului secret, ale cărui clauze includeau acest stat în sfera de influenţă sovietică.

— Protocolul secret nu menţionează nimic despre ocuparea Finlandei de către Uniunea Sovietică, a mârâit Hitler, vizibil nemulţumit de modul în care îşi prezenta Molotov argumentele. Dacă este vorba

[1] Fapt împlinit (fr.).

de luarea unor teritorii în posesie, noi am respectat întotdeauna întocmai protocolul, ceea ce nu se poate spune întotdeauna despre Rusia. Germania nu a ocupat niciun teritoriu din zona sovietică de interes.

Vizibil întărâtat, a amintit despre ocuparea Lituaniei şi a Bucovinei de nord.

— Iar acum vorbiţi şi despre Finlanda la fel ca despre Lituania şi Bucovina de nord, a spus Hitler, arătându-şi clar nemulţumirea. Nu avem acolo interese politice şi ne-am îndeplinit obligaţia de a rămâne neutri, făcând multe servicii Uniunii Sovietice. Germania are nevoie de nichelul finlandez şi de lemn mai ales acum, când suntem în război cu Marea Britanie şi nu ne dorim un conflict la Marea Baltică.

Molotov a ascultat netulburat această tiradă. Când Hitler a terminat, şi-a repetat argumentele:

— Frontiera dintre Germania şi Uniunea Sovietică a fost stabilită în pact, la fel ca şi problemele referitoare la ţările baltice, România, Finlanda şi Polonia - vorbea într-un fel care îl irita din ce în ce mai mult pe Hitler.

Dar afirmaţiile cele mai supărătoare abia urmau.

— Uniunea Sovietică şi-a limitat cererea la partea de nord a Bucovinei, a amintit Molotov.

Şi spunea adevărul. Iniţial, Uniunea Sovietică ridicase pretenţii asupra întregii Bucovine, dar ca urmare a intervenţiei lui Hitler se mulţumise cu partea de nord a acestei provincii româneşti.

— Dorim în continuare şi sudul. Iar dumneavoastră, deşi ştiaţi acest lucru, aţi garantat integritatea teritorială a României, fără a ţine seama câtuşi de puţin de dorinţele sovietice!

Hitler începea să se enerveze. Îşi dădea seama că discuţia în continuare despre împărţirea Finlandei şi a României nu va duce la nimic bun şi s-a decis să renunţe la această temă. A început să-l convingă pe Molotov că trebuie să colaboreze. Acesta a fost, fireşte, de acord, dar s-a întors cu încăpăţânare la subiectul pretenţiilor sovietice faţă de Finlanda şi de România:

— Guvernul sovietic consideră de datoria sa să rezolve problema finlandeză o dată pentru totdeauna. Nu este nevoie de o nouă înţelegere. Cea existentă situează Finlanda în sfera de interese sovietice, a spus el accentuând cuvintele.

Asta era chiar prea mult pentru Hitler. Pe parcursul întrevederii de aproape două ore, dăduse dovadă de o răbdare neobişnuită pentru el. S-a ridicat din fotoliu, a început să se plimbe după obiceiul lui între uşă şi canapeaua pe care şedeau oaspeţii şi a repetat:

— Nu dorim război în zona Mării Baltice. Avem nevoie de Finlanda ca furnizor de nichel şi de lemn. Nu avem interese politice în Finlanda şi, spre deosebire de Rusia, nu ocupăm teritoriul finlandez. Armata germană se află acolo în tranzit, iar acesta se va încheia peste câteva zile. Nu vom mai trimite alte armate care să treacă prin Finlanda, dar pentru Germania se pune întrebarea: Rusia intenţionează să declare război Finlandei?

— Totul va fi în ordine dacă guvernul finlandez va renunţa la atitudinea sa echivocă faţă de Uniunea Sovietică - de astă dată Molotov se decisese să nu-i răspundă.

Discuţia care dura deja de trei ore, nu rezolvase niciuna din problemele importante, dar se conturaseră pretenţiile ruşilor: subordonarea Finlandei faţă de Uniunea Sovietică, retragerea garanţiei de integritate dată de Germania României, siguranţa ţărmurilor sovietice ale Mării Negre. Iar acesta era un element nou în discuţie, care l-a supărat rău de tot pe Hitler. Molotov a spus de-a dreptul că Uniunea Sovietică doreşte şi subordonarea Bulgariei şi a Turciei cu scopul de a putea controla strâmtorile Bosfor şi Dardanele, care asigură accesul spre Marea Neagră.

Hitler era deja sătul de această discuţie. La fel ca şi în seara precedentă, s-a ridicat brusc afirmând că problema intereselor sovietice în zona Mării Negre necesită o altă discuţie cu altă ocazie.

În pofida atmosferei tensionate şi a conştientizării de către ambele părţi a faptului că situaţia s-a înrăutăţit după schimbul de păreri, recepţia festivă de la ambasada sovietică din acea seară le amintea tuturor de vremurile mai bune, când Stalin îl îmbrăţişa pe Ribbentrop şi rostea un toast în cinstea lui Hitler.

Pe mesele aşezate în marea sală de marmură luminată ca ziua, tacâmurile elegante de argint se reflectau în strălucirea candelabrelor mari de cristal. Pe dâmbuleţe de gheaţă erau aşezate farfurioare cu caviar de cea mai bună calitate. Vinurile spumante de Crimeea delectau cerul gurii, putându-se compara cu cele mai delicate sortimente de şampanie. Votca, podoaba tradiţională a tuturor recepţiilor oficiale ruseşti, curgea în valuri, ceea ce nemţii apreciau în mod deosebit. Fireşte, Hitler nu se afla printre invitaţi, dar Molotov nu era prea tare supărat din cauza aceasta, căci erau acolo cei mai înalţi demnitari, în frunte cu Hermann Göring şi Rudolf Hesse. Totul crea o atmosferă care îi ajuta să dea uitării jignirile din timpul discuţiei dure de după-amiază. Dar, spre marele regret al participanţilor, recepţia s-a încheiat prematur, din cauza avioanelor britanice. Sirenele alarmei antiaeriene au început să urle dintr-odată, producând panică în sală, căci în clădirea ambasadei nu exista adăpost. Göring şi Hesse au pornit în mare grabă spre maşinile lor ca să ajungă la adăposturile personale, ceilalţi oaspeţi au luat-o la fugă pe jos spre cea mai apropiată staţie de metrou, membrii delegaţiei sovietice au fost duşi la castelul Bellevue, unde pivniţele erau atât de adânci şi zidurile atât de groase că puteau să aştepte liniştiţi acolo încetarea alarmei aeriene. Ribbentrop l-a luat pe Molotov şi au pornit cât mai repede spre adăpostul de sub clădirea Ministerului de Externe, unde, din fericire, a reuşit să ajungă şi Gustav Hilger, care a putut astfel să traducă discuţia dintre cei doi politicieni.

Ribbentrop, care intenţionase să-l ia prin surprindere pe oaspetele său, a scos dintr-odată proiectul de acord referitor la aderarea Uniunii Sovietice la Pactul celor trei. Textul era foarte general şi în afară de declaraţia cu privire la participarea Uniunii Sovietice şi anunţarea încheierii unor protocoale secrete nu cuprindea nimic concret.

Molotov, pe care acest document nu-l interesa deloc, a hotărât să-şi exprime clar poziţia. Cuvintele care au urmat l-au făcut să tresară puternic pe Ribbentrop. A auzit că Uniunea Sovietică este interesată nu numai de subordonarea Turciei, ci şi a Bulgariei, României şi Ungariei!

— Şi ce intenţionează Germania în legătură cu Iugoslavia şi Grecia?, a întrebat dintr-odată Molotov, şi, fără să mai aştepte răspunsul, a pus următoarea întrebare:

— Germania consideră că protocolul secret care a fost semnat în august 1939 mai este în vigoare? Şi ce părere are despre neutralitatea Suediei?

Ribbentrop, complet năucit, căci nu se aşteptase ca Molotov să ridice problema Balcanilor şi a Suediei, s-a străduit să schimbe subiectul de discuţie, dar Molotov nu l-a lăsat. A mai spus încă ceva care de astă dată nu l-a surprins pe Ribbentrop, ci l-a zguduit de-a dreptul:

— Uniunea Sovietică este interesată de controlul asupra strâmtorilor care duc din Marea Nordului spre Marea Baltică!

Despre România nu mai avea sens să discute – spusese tot ce era de spus în discuţia cu Hitler.

Ribbentrop a încercat din nou să abată discuţia în altă direcţie, dar Molotov a ţinut-o pe a lui. A început să vorbească despre misiunea istorică pe care o aveau Germania şi Uniunea Sovietică de a destrăma imperiul britanic, astfel încât Uniunea Sovietică să aibă ieşire la Oceanul Indian. Trebuia să fie o chestiune ţinând de viitorul apropiat, căci războiul Germaniei cu Marea Britanie era ca şi câştigat.

Benito Mussolini la comanda avionului: dorea să creeze al doilea Imperiu Roman

— Dacă este aşa, a intervenit Molotov, atunci de ce stăm în adăpost şi ale cui sunt bombele care cad în capul nostru?

În ziua următoare la ora 11.00, delegaţia sovietică s-a urcat în trenul său care se afla în Anhalter Station. Pe peron era numai ministrul Ribbentrop. Nu era nici orchestră, nici companie de gardă, nici flori şi nici îmbrăţişări frăţeşti.

Ce a schimbat această vizită nereuşită în relaţiile sovieto-germane? Nimic. Absolut nimic. Stalin îşi greşise socotelile. Crezuse că, din moment ce Hitler se află într-o situaţie dificilă, căci nu încheiase războiul din vest, va fi înclinat să accepte pretenţiile sovietice, aşa cum făcuse în august 1939. Tocmai de aceea ceruse foarte mult. Ca un negustor care începe de la un preţ exagerat, pentru ca după aceea să aibă de unde scădea. Nu prevăzuse că Hitler nu va fi dispus să se târguiască. Avea alte planuri. Dorea să pună capăt războiului cu Marea Britanie şi să înceapă răfuiala cu Uniunea Sovietică! Şi a început să acţioneze rapid şi decis.

În câteva zile după plecarea lui Molotov a convins trei ţări să adere la Pactul celor trei: la 20 noiembrie, Ungaria, două zile mai târziu, România, la 24 noiembrie, Slovacia. Mai mult chiar, convorbirea pe care a avut-o Hitler cu regele Boris al Bulgariei arăta că această ţară este gata să semneze şi ea pactul, dar se abţine din considerente tactice, căci nu doreşte să-l irite pe Stalin. Aceeaşi declaraţie a făcut-o şi ministrul de externe al Iugoslaviei în timpul convorbirilor secrete de la Berlin.

Stalin nu a dat atenţie acestor lucruri. După părerea lui, situaţia Germaniei se înrăutăţise, iar aceasta din cauza aliatului incomod care era pentru ea Italia. Mussolini voia să-l uimească pe Hitler şi, fără să se pună de acord cu el, a luat decizia să lovească Grecia. I-a anunţat pe nemţi abia pe 27 octombrie 1940 la ora 21.00, iar în dimineaţa următoare armata lui a dat atacul. Şi-a ales cât se poate de prost momentul. Plafonul dens de nori şi ploaia au făcut imposibilă utilizarea aviaţiei. La 4 noiembrie ofensiva italiană a început să dea înapoi, iar între timp Marea Britanie trimisese Greciei cinci divizioane de aviaţie şi se pregătea să transfere acolo mai multe unităţi de armată, ceea ce s-a şi produs la 14 noiembrie, când în portul Pireu au intrat crucişătoarele britanice cu primele unităţi numărând 3.400 de soldaţi.

Pe lângă aceasta, în noaptea de 11 spre 12 noiembrie, britanicii au lovit baza maritimă italiană de la Tarento[1]. Avioanele torpilă *Swordfisch* decolate de pe portavion au atacat cuirasatele şi crucişătoarele ancorate acolo, trimiţând la fund două dintre cele mai mari; al treilea a fost avariat atât de grav, încât nu a mai putut fi reparat. Pe lângă aceasta, exploziile torpilelor au provocat avarii grave altor două crucişătoare. Pierzându-şi atât de multe vase mari, flota italiană a fost nevoită să-şi limiteze acţiunile din Marea Mediterană.

---

[1] Lovitura a fost planificată de comandantul Flotei Mediteranei, amiralul Alan Cunningham. Ansamblul britanic compus din portavionul *Illustrious*, 4 crucişătoare şi 4 distrugătoare, a pornit în ziua de 6 noiembrie din portul Alexandria din Egipt. La 11 noiembrie ora 20.30 şi 21.30, de pe portavionul aflat la o distanţă de 290 km de Tarento, au decolat 21 de avioane, dintre care 11 înarmate cu torpile, restul cu balize luminoase şi bombe (unul s-a întors imediat după decolare). Primul grup a luminat portul cu balizele luminoase, apoi a urmat atacul cu bombe executat de 4 avioane, care au trecut prin focul de apărare de pe vasele staţionate în bază. Două grupe de avioane *Swordfish* au atacat consecutiv şi au lansat 11 torpile, care au nimerit cele mai mari vase italiene: cuirasatele *Littorio* şi *Caio Duilio* s-au scufundat, cuirasatul *Conte di Cavour* a fost avariat în aşa măsură încât nu a mai putut fi folosit, alte două crucişătoare au fost avariate. Britanicii au pierdut două avioane.

Până în 21 noiembrie, armata italiană a fost respinsă din Grecia. Situaţia a devenit cu atât mai periculoasă pentru Germania, cu cât britanicii şi-au întărit rapid forţele aeriene din bazele greceşti, iar de acolo bombardierele aveau de parcurs numai 500 km până la câmpurile petroliere din România. Stalin îşi dădea seama că Hitler nu va putea rămâne pasiv în faţa unei asemenea ameninţări şi din moment ce armata italiană se retrăsese, însemna că va trebui să-şi trimită acolo diviziile lui. Aşadar, s-a decis să insiste asupra pretenţiilor sale teritoriale.

La 26 noiembrie ambasadorul Schulenburg a venit la cabinetul lui Molotov, pentru a afla că Uniunea Sovietică hotărâse să adere la Pactul celor trei! Această veste bună pentru Germania şi-a pierdut însă curând farmecul, căci Molotov a început să-i înşire lista de condiţii de care depindea semnătura ruşilor. Stalin cerea retragerea armatei germane din Finlanda şi predarea acestei ţări Uniunii Sovietice. În plus, Bulgaria trebuia să încheie un pact de ajutor mutual cu URSS, ceea ce, practic, însemna subordonarea totală faţă de Moscova. Teritoriile din zona Golfului Persic trebuiau să fie recunoscute ca zonă a intereselor sovietice, ceea ce însemna preluarea controlului asupra câmpurilor petroliere arabe. Pe lângă aceasta, Japonia trebuia să renunţe la pretenţiile asupra părţii de nord a insulei Sahalin, bogată în cărbune şi ţiţei.

Hitler n-a răspuns la această notă. Începuse războiul.

O privire aruncată peste graniţă

Mugetul motorului avionului s-a înteţit. Căpitanul *Luftwaffe* Kurt Steiner a pus deoparte ziarul pe care îl citea de câtva minute şi s-a aplecat în scaun ca să privească pe fereastră. Deasupra aeroportului se rotea un Messerschmitt *Me 108*, a cărui sosire nu-i fusese anunţată, deşi era ofiţer de serviciu.

Aşadar, a pus mâna pe telefonul de pe birou şi a format un număr.

— Turnul, ce e cu Messerschmitt-ul ăsta?

— Colonelul Rowehl.

— Cine e de serviciu?, a întrebat el şi auzind numele soldatului a strigat: Să ieşi la raport! Ai să înveţi să raportezi mai devreme, nătărăule!, a urlat el în telefon.

— Domnule căpitan, raportez, domnul colonel nu a avizat sosirea. Vremea este atât de rea, încât nu ne aşteptam că va sosi vreun avion, s-a apărat soldatul.

Într-adevăr, ploaia măruntă de noiembrie făcea ca vizibilitatea să fie foarte slabă şi era greu de presupus că cineva se va încumeta să decoleze.

— Vă arăt eu vouă!, s-a mai îmbunat el.

Şi-a pus haina, şi-a îndesat şapca pe cap şi a ieşit din clădire să-l întâmpine pe comandantul al cărui avion rula deja pe iarba aeroportului. Pilotul a deconectat motorul şi când elicele s-au oprit, a sărit din cabina avionului mic. Era colonelul Theodor Rowehl, un pilot cu experienţă, care îşi începuse cariera încă din timpul Primului Război Mondial. În avionul său tip Rhomberg *C7* zburase peste Canalul Mânecii ca să observe mişcările flotei britanice. După război împărtăşise soarta miilor de ofiţeri demobilizaţi, care nu găsiseră de lucru, dar se întorsese repede la ocupaţia preferată. Ca aviator civil, zburase cu un avion particular deasupra teritoriilor poloneze din Pomerania, fotografiind zonele unde urmau să fie construite fortificaţiile. Fotografiile lui au trezit interes la *Abwehr*, care în 1930 decisese să-i plătească un salariu permanent şi să-i încredinţeze un avion Junkers *W 34*, foarte adecvat pentru zborurile de recunoaştere, căci cu câteva luni mai înainte stabilise recordul mondial de înălţime, ridicându-se până la 12.739 m. Ce-i drept, după venirea lui Hitler la putere în ianuarie 1933, zborurile de spionaj deasupra Poloniei au fost sistate − Führer-ul nu voia să strice relaţiile cu vecinii − dar nu pentru mult timp. Câteva luni mai târziu primise misiunea să organizeze unităţile de recunoaştere. Angajase câţiva vechi prieteni, obţinuseră cinci avioane şi alcătuiseră Unitatea Experimentală de Zboruri la Mare Înălţime. Unitatea se mutase din Kiel la aeroportul din Berlin. În 1943 efectuaseră primele zboruri deasupra Uniunii Sovietice. Piloţii din grupul lui Rowehl zburau deasupra Kaliningradului, Leningradului, Pskovului şi Minskului. Făcuseră zboruri de recunoaştere şi în Franţa şi Cehoslovacia.

În 1936, şeful lui Rowehl, amiralul Wilhelm Canaris, îl prezentase pe acesta lui Hermann Göring, comandantul aviaţiei, pe care îl găsiseră în cabinetul lui, aplecat deasupra fotografiilor făcute din avion.

— Veniţi încoace, a spus scurt Göring.

Era un semn bun pentru grupul de spioni ai aerului. Au primit avioane noi Heinkel *He 111* şi aparate de fotografiat excelente marca Zeiss, pe care le folosiseră tot timpul cât durase războiul. Decolau în principal de pe aeroportul berlinez Staaken, dar uneori trebuiau să schimbe avionul la Budapesta, ca să poată ajunge mai adânc deasupra teritoriului sovietic.

În misiunile în care trebuiau să fotografieze obiective civile – oraşe sau uzine – foloseau avioane de pasageri, ca să poată explica pătrunderea în spaţiul aerian al altui stat prin avarierea busolei sau printr-o greşeală de pilotaj. Deasupra obiectivelor militare şi deasupra bazelor militare secrete, avioanele germane zburau la peste 10.000 m înălţime. Pe pământ se auzea numai huruitul motorului, iar şansa de a descoperi pe cer silueta micuţă a avionului era practic inexistentă.

În 1939 detaşamentului lui Rowehl crescuse şi avea trei escadrile, fiecare cu câte 12 avioane şi ţinta specială a misiunilor de spionaj devenise Uniunea Sovietică. Din noiembrie 1939, avioanele cu aparate de fotografiat efectuau zboruri zilnice. De două ori se întâmplase să fie nevoiţi să aterizeze pe aeroporturi sovietice. Un avion avusese probleme cu motorul, celălalt *Ju 86*, din cauza decompresiei cabinei coborâse de la 13.000 de metri la 5.000, unde îl reperaseră avioanele de vânătoare sovietice şi îl siliseră să aterizeze. În avion fuseseră găsite hărţile, aparatele de fotografia şi un film care, după developare, arătase ce anume îi interesa pe nemţi. Cu toate acestea, echipajul avionului fusese trimis la bază, iar autorităţile sovietice nici măcar nu protestaseră. Stalin era de părere că nimic nu trebuie să strice bunele relaţii cu Germania.

Avioanele grupului lui Rowehl decolau tot mai des de pe aeroporturile de lângă Cracovia, Bucureşti sau Plovdiv, sau de pe bazele din Norvegia. Fiecare din ele era echipat cu trei aparate de fotografiat cu casete gata încărcate care permiteau efectuarea a 540 de fotografii. Cel mai mare, cu obiectiv focal de 749 mm, era aşezat în aşa fel încât să fotografieze obiectivele de sub avion. Alte două mai mici, cu obiective de 495 mm, erau îndreptate lateral şi instalate într-un unghi de 30° sau 60° pentru a face fotografii mai detaliate, cuprinzând o suprafaţă mai mică, sau mai generale, pe o suprafaţă mai mare. Fiecare aparat de fotografiat era deservit de unul din piloţi, care stabilea unghiul, deschiderea obiectivului şi lumina.

În apropierea ţintei conectau aparatele, care după aceea făceau automat fotografiile pe o bandă cu lăţimea de 27 km, când avionul zbura la o înălţime de 8.000 de metri, sau 43 km, când se ridica la 13.000 de metri, dar, în acest caz, calitatea fotografiilor era mai slabă.

După aterizare, tehnicienii scoteau casetele cu filme din camere şi le trimiteau la Oranienburg, unde filmele erau developate, iar fotografiile, analizate de colective de specialişti.

Colectivul înfloritor şi prosper al lui Rowehl, care la jumătatea anului 1940 număra deja 50 de avioane de diverse tipuri, printre care Heinkle

He 111, Junkers *Ju 88* şi *Ju 86*, Dornier *Do 215*, fusese silit să-şi sisteze pe neaşteptate activitatea împotriva Uniunii Sovietice. În septembrie 1940, Adolf Hitler ordonase să se întrerupă zborurile. Îşi începea jocul care trebuia să-l inducă pe Stalin în eroare în privinţa intenţiilor Germaniei şi nu voia ca aterizarea forţată sau doborârea unui avion spion să trezească suspiciuni în legătură cu aceasta. Dar n-a durat prea mult.

— Veşti bune de la Berlin!, a strigat Rowehl, văzându-şi adjunctul care alerga în întâmpinarea lui. A întins mâna ca să-l salute şi l-a îmbrăţişat pe Steiner, pornind apoi împreună cu el spre clădire.

Cum au intrat în cabinetul bine încălzit al comandantului, Rowehl, fără să-şi scoată haina, s-a aplecat peste birou şi a scos din sertar o sticlă de coniac. A turnat în pahare şi i-a dat unul din ele adjunctului său.

— Avem ordin să reluăm zborurile deasupra Rusiei!, a spus el vizibil mulţumit. Prosit!

A ridicat paharul şi a băut coniacul până la fund.

— La naiba, niciodată nu mi-a plăcut porcăria asta franţuzească, dar este singura sticlă care mi-a mai rămas la birou.

S-a apropiat de harta mare întinsă pe perete şi a examinat o clipă frontierele.

— Avem ordin să efectuăm zboruri până la o adâncime de 350 km de la frontieră. Scoate planurile zborurilor efectuate din mai până în octombrie! Trebuie să actualizăm fotografiile făcute atunci. Diseară am să transmit instrucţiuni precise întregului detaşament.

— Nu e cazul să ne grăbim, a spus Steiner şi a dat paharul peste cap. După cum spune buletinul meteo, vremea proastă va mai dura...

— Omule, nu înţelegi?, l-a întrerupt Rowehl. Ne întoarcem la luptă! Este război!

Îşi dădea seama cât de importante vor fi informaţiile furnizate de detaşamentul lui. Nemţii nu ştiau mare lucru despre duşman.

Abwehr-ul, a cărui direcţie de spionaj împotriva Uniunii Sovietice începând din 1927 se afla la Kaliningrad (Königsberg), nu repurtase cine ştie ce succese, iar una din operaţiunile lor se terminase cu un scandal. Într-o zi, un bărbat a telefonat de la Gdańsk şi s-a prezentat ca membru al organizaţiei „Stejarul verde", care avea numeroase contacte printre soldaţii superiori din Armata Roşie. Cercetările mai amănunţite efectuate de *Abwehr* arătaseră că organizaţia era alcătuită din foşti ofiţeri ţarişti şi menţineau legăturile cu foştii lor colegi din armata ţaristă. Şeful lor acţiona de la Bucureşti şi de acolo, contra unei plăţi grase, soseau rapoartele despre forţele şi organizarea Armatei Roşii. Suspiciunile au apărut în momentul în care organizaţia secretă a refuzat să dea amănunte cu privire la căile pe care primea materiale informative din Uniunea Sovietică. O analiză atentă a demonstrat că toate datele fiabile proveneau din presa sovietică, iar restul erau inventate.

Cu un insucces similar se încheiaseră şi încercările de a-i folosi pe naţionaliştii ucraineni. În statul poliţienesc al lui Stalin, activitatea de spionaj era imposibilă. Nu puteau decât să strângă informaţii cu privire la zonele din apropierea frontierei. Acolo, *Abwehr*-ul trimitea zeci de agenţi care treceau frontiera verde. O mare parte dintre ei, prost pregătiţi pentru misiunile lor, cădeau în mâinile pazei de frontieră imediat ce treceau graniţa. Alţii ajungeau ceva mai departe, dar nu puteau să-şi găsească un loc în comunităţile xenofobe ale bieloruşilor şi ucrainenilor, strict supravegheate de serviciile secrete ale NKVD.

— Este mai uşor pentru un arab să treacă neobservat fluturându-şi burnusul prin Berlin, decât pentru un agent străin să pătrundă în Rusia, spunea generalul Ernst Köstring, ataşatul militar care lucra pe acest post la ambasada din Moscova de la 1 octombrie 1935. Ştia foarte bine ce spune, căci, din cauza eficienţei ca şi inexistente a eforturilor *Abwehr*-ului, îi revenea lui misiunea dificilă să obţină informaţiile despre forţele armate sovietice. După ce preluase postul de la ambasadă îi scrisese şefului spionajului din Statul Major General:

„Experienţa activităţii din ultimele luni arată că este puţin probabil să obţinem informaţii militare, nici chiar indirect legate de industria armamentului şi nici în cele mai nevinovate chestiuni".

La începutul activităţii sale mai reuşea să afle câteva ceva cu ajutorul consulatelor, ai căror funcţionari îi trimiteau indicii precise la ce anume să se uite la parade sau la exerciţiile militare. Se ducea singur în regiunile cele mai îndepărtate ale Uniunii Sovietice, călătorind, de regulă, cu automobilul lui mare, la care montase un rezervor de benzină cu capacitatea de 240 l. În 1938, posibilităţile de obţinere a informaţiilor pe această cale încetaseră. Cele mai multe consulate germane au fost închise, iar ofiţerii străini nu au mai fost invitaţi la manevre.

Drept urmare, comandamentul german nu numai că nu ştia care sunt cu adevărat forţele Armatei Roşii, dar, ceea ce era încă şi mai rău, nu-şi dădea seama de adevărata valoare a inamicului.

Hitler considera că armata de blindate sovietică este cea mai numeroasă din lume, căci datele spionajului arătau că au 10.000 de tancuri.

În realitate, aveau de două ori mai multe. Eroarea de evaluare comisă de nemţi era cu atât mai mare, cu cât erau luate în considerare numai tancurile depăşite *BT*, *T-26* şi *T-28*, care nu se puteau măsura cu tancurile germane *PzKpfw III* şi *IV*. Nemţii nu ştiau nimic despre tancurile *T-34*[1], construite în anii 1937–1939 şi produse începând din 1940, care s-au dovedit imediat cele mai bune tancuri din această perioadă a războiului, şi nici despre tancurile *KW*, la fel de înfricoşătoare. În iunie 1941, Armata Roşie avea peste 1.500 de astfel de care de lupte.

În februarie 1941, spionajul *Luftwaffe* evalua forţa aviaţiei sovietice la 10.500 de avioane de toate tipurile şi susţinea că 60% din acestea sunt gata de luptă. Greşeală fatală, căci în realitate, Forţele Aeriene Militare aveau 18.000 de avioane, dintre acestea în regiunile vestice aveau peste 8.500: 1.540 de avioane moderne de vânătoare, de asalt şi bombardiere.

Generalul Erich Marcks lucra la planurile de război cu Uniunea Sovietică şi susţinea că această ţară va putea ridica 170 de formaţii mari: 117 divizii de infanterie, 24 de divizii de cavalerie şi 30 de brigăzi mecanizate. În ajunul izbucnirii războiului număraseră 226 de formaţii mari!

Fără îndoială că aceste greşeli au avut influenţă asupra optimismului lui Hitler, care era convins că este suficient să dea un şut în această clădire putrezită, cum credea el că este Uniunea Sovietică, şi ea se va nărui.

---

[1] *T-34* – proiectul lui a fost prezentat de constructori la 19 decembrie 1939 în faţa Comitetului de Apărare, care a luat decizia de a începe producţia la Fabrica nr. 183 din Harkov şi în 1940 a comandat 220 de tancuri. Primul tanc experimental a fost gata în februarie 1940 şi, după testări intense, în iunie 1940 s-a trecut la producţia de serie. Până în momentul izbucnirii războiului sovieto-german din iunie 1941 au fost construite în două uzine 1.225 de exemplare de tancuri *T-34*. În primele ciocniri cu tancurile germane *PzKpfw II, III* şi *IV* tancurile sovietice şi-au demonstrat superioritatea: erau mai rapide, mai bine înarmate, mai manevrabile şi mai bine blindate. Plăcile de pe caroserie apărau mai bine echipajul de lovituri. În anii 1941–1942 au fost modernizate de mai multe ori: s-a îmbunătăţit şenila, a fost introdus un nou tip de roţi portante cu amortizoare, s-a schimbat cutia de viteze etc., ca răspuns la introducerea de către nemţi a tancurilor tip *Panther* şi *Tiger I* şi a folosirii la tancurile *PzKpfw IV* a unui turn cu ţeavă lungă şi calibru 75 mm cu putere de foc superioară. La începutul anului 1944, Fabrica nr. 112 a început producţia de tancuri *T-34-85* cu tun de calibru 85 mm în noua turelă. În timpul celui de-al Doilea Război Mondial, s-au fabricat în total 34.400 tancuri cu tunuri calibru 76 mm şi 18.000 tancuri cu tunuri calibru 85 mm. Date tactico-tehnice (*T-34-85*): echipaj 5 persoane, motor cu puterea de 500 CP, greutatea 32 t, blindaj 20-90 mm, armament un tun calibru 85 mm, două mitraliere DTM calibru 7,62, viteza 48km/h.

PARTEA A IV-A – Anul 1941

Este suficient să dai un şut în această clădire putrezită şi se va nărui.

ADOLF HITLER despre UNIUNEA SOVIETICĂ

Jocul

Chipul dictatorului nu prevestea nimic bun. Era vizibil furios. Modul cum îi salutase pe ofiţerii care intraseră în cabinet arăta că are veşti proaste pentru ei.

— Iar dumneata, tovarăşe Timoşenko, nu găseşti de cuviinţă să pui de acord textul cuvântării cu mine? Aţi ajuns aşa de mari că secretarul general nu mai contează? Mâna în care ţinea pipa a făcut un gest de parcă ar fi vrut să-l plesnească pe comisarul pentru apărare.

Stalin vorbea despre conferinţa comandanţilor militari, care avusese loc la Moscova în ultima săptămână a lunii decembrie 1940 şi care îi provocase multă nemulţumire, căci se rostiseră prea multe aprecieri critice la adresa pregătirii de luptă a Armatei Roşii. Poate tocmai de aceea voia să-şi verse furia pe comisarul pentru apărare.

— Tovarăşe secretar! Timoşenko, care nici nu apucase să se aşeze, a sărit de pe scaun. V-am trimis ciorna cuvântării şi, din moment ce nu am primit răspuns, am crezut că nu aveţi observaţii!

Privea drept în ochii lui Stalin, mâna dreaptă îi tremura de încordare. Se putea ajunge la un schimb de cuvinte dur, căci mareşalul nu putea permite să i se submineze autoritatea în prezenţa subalternilor săi.

Stalin a schimbat brusc subiectul.

— Când începe jocul vostru?, a întrebat el despre jocul militar tradiţional programat pentru începutul anului.

— Mâine, a răspuns Timoşenko, derutat de schimbarea bruscă a subiectului.

— Aş dori ca după încheierea jocului niciunul dintre voi să nu părăsească Moscova, căci vreau să aud concluziile. Cine este de partea „albaştrilor” şi cine este de partea „roşiilor”.

— Tovarăşii Jukov şi Kuzneţov vor comanda forţele „albaştrilor”, tovarăşul Pavlov ajutat de Klimovski – „roşii”.

Această distribuţie însemna că generalul Gheorghi Jukov va prelua comanda armatei care atacă, generalul Dmitri Pavlov – a celei care se apără.

Cu siguranţă că Stalin se aştepta la un rezultat prost pentru „roşii", căci a ordonat ca toţi participanţii să rămână după încheierea jocului şi să-i dea posibilitatea să participe la discuţia fială, când se vor trage concluziile referitoare la jocul desfăşurat pe hărţi în sala mare a Statului Major.

Scenariul pornea de la presupunerea că Wehrmacht-ul, „albaştrii", va ataca cu o forţă de 80 de divizii pe un front care se întindea de la Prusia Orientală până în bazinul Pripetului. Dar nimeni nu se aştepta să repurteze asemenea succese.

Jukov a condus trei atacuri puternice, a nimicit forţele „roşiilor" şi şi-a condus diviziile adânc în teritoriul Rusiei.

În următorul joc războinic, rolurile s-au inversat. Pavlov se afla în fruntea armatei atacatorilor „albaştri", Jukov îi comanda pe „roşii", care se apărau în zona de sud a Uniunii Sovietice. Rezultatul nu a fost aşa de rău pentru apărători ca în primul joc, dar tot nu aveau motive de mândrie.

Convocarea la Stalin a sosit pe neaşteptate în dimineaţa zilei de 13 ianuarie 1941; dictatorul ordona ca toţi participanţii la jocul războinic să vină în cabinetul lui şi să prezinte raportul referitor la jocul desfăşurat pe hartă. Generalul Kiril Mereţkov, şeful Statului Major General, era şocat. El trebuia să prezinte desfăşurarea operaţiunii, dar Stalin nu-i dăduse timp să se pregătească. Nimeni nu era în stare să refacă sutele de mişcări efectuate în timpul jocului, dispunerea forţelor în diverse etape, pierderile şi victoriile. Dar nu putea să ceară amânarea consfătuirii. A fost nevoit să se prezinte în faţa lui Stalin şi a membrilor Sovietului Suprem de Război şi ai Biroului Politic, care se adunaseră în sala plenară de la Kremlin. Şi fusese nevoit să suporte înfrângerea. Nu fusese în stare să răspundă la întrebările de amănunt puse de Stalin şi, emoţionat, a încurcat părţile. Din relatarea lui reieşea că în primul joc învinseseră „roşii". La întrebările referitoare la cel de-al doilea joc, a răspuns vag, s-a încurcat, până când Stalin a izbucnit:

— Deci până la urmă cine a câştigat în jocul al doilea? Tot „roşiii"?

Mereţkov s-a fâstâcit aşa de tare că nu a mai reuşit să răspundă deloc la această întrebare. Aceasta i-a decis soarta, căci, după conferinţă, Stalin s-a hotărât să-l elibereze din funcţia de şef al Statului Major General şi să-l pună în locul lui pe Jukov, deşi acesta refuza, spunând că el nu este ofiţer de stat major. Dar nu s-a putut opune lui

Stalin şi convingerii acestuia că numai el poate îndrepta situaţia forţelor armate. Rezultatul jocurilor războinice era copleşitor şi Stalin îşi dăduse seama probabil că, în cazul unei agresiuni germane, Uniunea Sovietică nu va reuşi să se apere.

Această descoperire paralizantă fusese făcută în momentul când îşi dăduse seama că politica lui dăduse greş: Molotov se întorsese de la Berlin cu mâinile goale, iar Hitler nu-i răspunsese la scrisoarea pe care o trimisese în legătură cu aderarea Uniunii Sovietice la Pactul celor trei. Nu mai avea nevoie şi de alte dovezi ca să-şi dea seama că relaţiile cu Germania se stricaseră rău de tot. Îi mai rămânea speranţa că Hitler este prea ocupat în vest, ca să lovească Uniunea Sovietică deja în 1941. Dar chiar şi dacă ar fi fost aşa, lui Stalin îi rămânea foarte puţin timp să-şi pregătească ţara pentru o asemenea evoluţie a evenimentelor. Trebuia să-şi schimbe politica faţă de Germania, ceea ce ar fi însemnat să-l linguşească din nou pe Hitler şi să înceapă rapid pregătirile Armatei Roşii şi a societăţii civile pentru războiul de apărare sau agresiv. Experienţa din alte perioade de criză similare din timpul domniei lui îi sugera un procedeu care dăduse rezultate de fiecare dată, în timpul colectivizării, al primului cincinal, al marilor epurări: teroarea. Omul va da tot ce poate din el când viaţa îi este ameninţată. Atunci nu mai simte nici oboseala şi nici nu se plânge. Munceşte din răsputeri şi în acelaşi timp este supus.

Le aplicase metoda constructorilor de avioane, căci voia să obţină în cel mai scurt timp cele mai moderne tipuri de avioane. Războiul cu Spania, unde cele mai bune avioane sovietice de vânătoare pierduseră cursa chiar în faţa bombardierelor germane, impunea aplicarea unor măsuri speciale.

Andrei Tupolev[1], părintele aviaţiei sovietice, a fost arestat în octombrie 1937 sub acuzaţia de a fi întemeiat Partidul Fascist Rus, pentru activitatea de spionaj şi sabotaj. NKVD afirma, de exemplu, că le-a transmis nemţilor planurile avionului pe baza cărora aceştia construiseră vestitul, deşi nu chiar cel mai bun, avion de vânătoare *Bf 110*,

[1] **Andrei Tupolev** (1888–1972) – unul dintre cei mai vestiţi constructori sovietici de avioane, are merite uriaşe în crearea şi dezvoltarea industriei aviatice sovietice. În 1918 a făcut parte dintre organizatorii Institutului Central Aero-Hidro-Dinamic. În 1923, sub conducerea lui a fost construit în URSS primul avion din duraluminiu *ANT-2*, apoi multe alte avioane militare (de ex., *TB-1, TB-3*, giganticul *ABT-20* „Maksim Gorki"). În 1937 a fost arestat şi a lucrat mulţi ani în închisoare, construind de pildă bombardierul *Tu-2*. După război a fost şeful biroului de construcţii, în care au fost proiectate multe avioane militare şi civile, de ex.: *Tu-104, Tu-114, Tu-134, Tu-22.*

ceea ce fireşte că era o absurditate. Dar soarta lui Tupolev fusese împărtăşită şi de alţii.

Serghei Korolov, supranumit mai târziu părintele programului cosmic sovietic, a fost arestat în 1938 sub învinuirea tipică de trădare şi spionaj în favoarea puterilor imperialiste. A petrecut cel mai mult timp în închisoare dintre toţi, căci lucrase la construcţia de rachete şi avioane cu reacţie. De aceea, a fost eliberat abia în iulie 1944.

Doi colegi de-ai lui, cunoscuţii oameni de ştiinţă Kleimionov şi Langhemak, nu au avut acest noroc, deşi construiseră una dintre cele mai vestite arme ale celui de-al Doilea Război Mondial: katiuşa. Au fost arestaţi ca urmare a denunţului unui coleg din institut, Andrei Kostikov, care, drept recompensă pentru că îi demascase pe duşmanii poporului, a fost numit şef al institutului şi a preluat realizările colegilor trimişi la închisoare.

Şi Vladimir Measişcev, Vladimir Petlakov, Nikolai Polikarpov şi mulţi alţi constructori de avioane mai puţin cunoscuţi şi-au pierdut libertatea.

În 1939, au fost transferaţi la Bolşev, lângă Moscova, unde s-a înfiinţat Biroul Central de Construcţii şi li s-a ordonat să lucreze acolo. După ce şi-au îndeplinit misiunea, au fost puşi în libertate. Petlakov a fost eliberat abia după ce a construit bombardierul *Pe-2*. Tupolev a ieşit din închisoare în 1943, după ce a construit *Tu-2*.

Acţiunile de război din Polonia, dar mai ales cele de pe frontul de vest i-au întărit lui Stalin convingerea că avioanele reprezintă o armă foarte puternică, iar în acest domeniu Uniunea Sovietică nu prea avea un cuvânt de spus. Iar din moment ce noile proiecte ale constructorilor din detenţie înaintau încet, trebuia să li se dea ajutor: să poată vedea cu ochii lor câteva modele deja verificate. De aceea, în acordul comercial se acorda o importanţă deosebită clauzei referitoare la condiţiile de achiziţie a avioanelor de ultimă generaţie Messerschmitt şi Heinkle. Din acelaşi motiv, Stalin l-a numit comisar adjunct pentru industria aviatică pe cunoscutul constructor Aleksandr Iakovlev[1], deşi acesta s-a apărat din răsputeri, nedorind să accepte funcţia.

---

[1] **Aleksandr Iakovlev** (1906–1989), soldat al Armatei Roşii din 1924, trei ani mai târziu a construit primul său avion. În acelaşi timp a început să studieze la Academia de aviaţie, pe care a terminat-o în 1931. Avionul lui de vânătoare *Jak-1* lansat în aer în mai 1939 şi versiunea îmbunătăţită *Jak-3* au devenit cele mai frecvent fabricate avioane de vânătoare (24.000 de bucăţi). Din ianuarie 1940 până în 1948 a fost adjunct al comisarului industriei aviatice. A construit, în total, 75 de tipuri de avioane militare şi civile.

— Eu sunt constructor, nu administrator, încerca el să-l convingă pe Stalin în 1940. Considera că realizările lui vorbesc de la sine.

În mai 1939 a fost lansat în aer avionul lui *Jak-1*, rapid, foarte bine înarmat, care a devenit o ameninţare serioasă pentru avioanele germane.

— Tocmai despre asta este vorba...

— Dar sunt prea tânăr!, s-a apărat mai departe constructorul în vârstă de 30 de ani.

— Aceasta este o calitate, nu un neajuns, a răspuns Stalin, care începea să-şi piardă răbdarea cu argumentele constructorului şi l-a întrebat:

— Deci nu vrei să fii adjunct de comisar?

— Nu, nu vreau, tovarăşe Stalin!, a răspuns ferm Iakovlev.

— Poate vrei să fii comisar?

— Nu, în niciun caz! Iakovlev începea să înţeleagă că împotrivirea lui nu are prea mare importanţă, căci Stalin luase deja decizia.

— Ca membru al partidului comunist nu ai dreptul să refuzi această sarcină, a recurs Stalin la argumentul în faţa căruia nu mai avea ce spune.

— Dar înseamnă că mă siliţi!, a protestat Iakovlev spre amuzamentul vădit al lui Stalin.

— Noi nu ne temem de forţă. Nu dăm înapoi în faţa forţei, când aceasta este necesară. Fără ea nu ar fi existat revoluţia.

La 11 ianuarie 1940, Iakovlev a fost numit adjunct al comisarului industriei aviatice pentru problemele de cercetare şi dezvoltare.

Stalin înţelegea argumentele remarcabilului constructor, dar voia să-l aibă pe acest om într-o funcţie de decizie pentru industria aviatică. A combinat acest lucru cu acordul cu Germania şi a prevăzut în mod viclean că, pe baza înţelegerii comerciale, delegaţiile sovietice vor vizita frecvent uzinele germane de avioane. Printre cei care vor merge în vizită va fi în mod obligatoriu şi talentatul constructor, care, imediat după ce se va întoarce la Moscova, ar putea să profite de ceea ce văzuse. Şi mai credea că nemţii vor fi mai deschişi şi mai prietenoşi faţă de un specialist de nivelul lui Iakovlev. Şi nu s-a înşelat. În timpul vizitei de la sfârşitul anului 1940, nemţii i-au arătat lui Iakovlev cele mai noi construcţii şi au fost de acord să vândă Uniunii Sovietice Messerschmitt *Bf 109*, Junkers *Ju 88* şi Dornier *Do 215*. Când a aflat acest lucru, Hitler a turbat de furie şi a ordonat să fie adus în faţa tribunalului cel care luase o asemenea decizie.

Dar, deşi a avut asemenea modele excelente, industria sovietică centralizată, cu directori înspăimântaţi şi aşteptând indicaţii de la Moscova, nu a reuşit să le folosească. Producţia se dezvolta rapid, însă avioane moderne se produceau puţine: drumul de la planşeta de proiecţie la hala de montaj era extrem de lung. În consecinţă, deşi numărul de avioane a crescut de la 10.500 în 1940 la 15.735 în 1941, ceea ce a fost un salt uriaş, în acest mare număr de avioane erau puţine tipuri noi: în 1941 numai 3.719 bucăţi.

Nerăbdător, Stalin s-a decis să aplice următoarea metodă pe care o considera cea mai eficace în situaţiile de criză: să schimbe oamenii.

În timpul conferinţei de la Sovietul Suprem de Război din ianuarie 1941 a luat cuvântul comandantul aviaţiei, Pavel Rîgaciov. Nu se ştie ce l-a făcut să îndrăznească să afirme:

— Gradul de avariere a avioanelor va fi mai mare, pentru că ne siliţi să zburăm cu nişte coşciuge!

Cuvintele acestea i-au şocat pe cei de faţă.

— N-ar fi trebuit să spuneţi aşa ceva, s-a auzit după o tăcere prelungită vocea lui Stalin. Luase observaţia comandantului aviaţiei drept un afront personal.

Râgaciov a fost curând aruncat în închisoare, iar la mijlocul anului 1941 i s-a intentat procesul în care a fost acuzat că este răspunzător de starea proastă a aviaţiei. La închisoare a ajuns şi soţia lui, ce-i drept puţin mai târziu, femeia-pilot Maria Nesterenko. Apoi a urmat seria de arestări cărora le-au căzut victime constructorii de avioane, directorii de uzine, comandanţii aviaţiei. În celule s-au regăsit împreună Vannikov, comisarul pentru industria de înarmare, generalul Stern, comandantul armatelor de apărare antiaeriană, generalul Piotr Pumpur, fostul şef al Statului Major al Forţelor Aerului, constructorul Iakov Taubin şi mulţi alţi constructori, ofiţeri superiori de aviaţie, directori ai uzinelor de avioane şi de armament. De remarcat că o mare parte dintre cei arestaţi atunci erau evrei.

Astfel, la mijlocul anului 1941, Stalin a făcut epurarea în rândurile aviaţiei şi a industriei armamentelor – două domenii de importanţă esenţială pentru capacitatea de apărare a ţării. În felul acesta, se străduia să-i mobilizeze pe toţi ca să acţioneze cât mai eficient şi să-i arate în acelaşi timp lui Hitler că nu are planuri de agresiune. Înlăturându-i pe evrei îi dădea lui Hitler o altă dovadă de bună credinţă.

Noul acord comercial semnat la 10 ianuarie 1941 trebuia să facă o impresie bună nemţilor, şi Hitler a apreciat acest lucru. Deşi se plângea că economia germană devine tot mai mult dependentă de livrările sovietice, era mulţumit că ruşii fuseseră de acord să mărească volumul de ţiţei, grâne, minereu de fier şi, mai ales, de metale neferoase.

În aprilie 1940, livrările sovietice au atins un nivel record: 208.000 t grâne, 50.000 t ţiţei, 8.300 t bumbac, 8.340 t metale neferoase. În plus, ruşii îşi ofereau serviciile de transportatori ai unor materii prime strategice, mai ales cauciuc din Extremul Orient. În luna aceea, vagoanele sovietice au livrat în Germania 4.000 t cauciuc.

Stalin a dat ordin ca livrările sovietice să fie efectuate la termen, indiferent dacă nemţii onorează sau nu condiţiile acordului.

A interzis să se reacţioneze împotriva avioanelor de recunoaştere din unitatea colonelului Rowehl, care şi-au intensificat activitatea la începutul anului 1941. La 5 ianuarie, unul din avioanele germane a încălcat spaţiul aerian sovietic, pătrunzând până la 30 km şi s-a plimbat de-a lungul frontierei 160 km fără să trezească nicio reacţie din partea aviaţiei sovietice. La începutul lunii martie, când aceste zboruri deveniseră foarte frecvente, comandatul Flotei Roşii, fără să mai ceară acordul lui Stalin, ordonase să se tragă în două avioane care zburau pe deasupra portului lituanian Liepaja. Când Stalin a aflat aceasta, a interzis imediat să se mai deschidă foc împotriva avioanelor germane. Din acel moment, avioanele germane – şi frecvenţa zborurilor ajunsese chiar și la trei pe zi – au profitat de imunitate totală, mergându-se până acolo că, atunci când un avion spion avariat a aterizat forţat la Równo, ruşii l-au reparat, l-au ospătat pe spion şi după aceea l-au trimis fericit acasă.

Pilotul nu ştia, fireşte, că, mult mai înainte, la 19 decembrie 1940, Adolf Hitler semnase Directiva nr. 21:

„Wehrmacht-ul german trebuie să fie gata să zdrobească Rusia Sovietică într-o campanie rapidă (operaţiunea „Barbarossa") înainte de încheierea războiului împotriva Angliei".

Chiar dacă serviciile de informaţii i-ar fi adus la cunoştinţă lui Stalin această directivă, n-ar fi crezut şi ar fi fost convins, aşa cum se mai întâmplase de câteva ori până atunci, că este vorba de o provocare din partea britanicilor, care doresc să declanşeze un război ruso-german. Stalin era convins că englezii nu au decât o singură şansă să scape de presiunea nemţilor: să-i facă să se certe cu ruşii şi să determine astfel Wehrmacht-ul să-şi trimită diviziile blindate şi aviaţia în est.

În deciziile pe care le lua Stalin, informaţiile aduse de serviciul de spionaj jucau un rol foarte important, dar exista un prag al dependenţei de informaţiile secrete, pe care Stalin nu îndrăznea niciodată să-l depăşească, temându-se că ar fi putut să fie o păcăleală, ca urmare a jocului complicat de informare şi dezinformare. Cu o deosebită neîncredere privea informaţiile sosite de la Londra, deşi acolo acţiona cea mai puternică reţea de spionaj, care avea acces la cele mai importante secrete ale guvernului. Atitudinea lui Stalin decurgea aici din convingerea că politicienii britanici sunt extrem de perfizi şi din contactele cu ei va ieşi cu bine numai cel care nu îi crede. Cu atât mai mult nu trebuia să creadă în declaraţiile lor altruiste, în spatele cărora nu se ascundeau interesele imperiului, căci cu siguranţă erau false.

Stalin lua decizia finală numai pe baza evaluării personale a situaţiei. Din acest punct de vedere, semăna cu Hitler, care elabora cele mai importante planuri strategice de unul singur şi decidea să le pună în aplicare în pofida analizelor, a principiilor diplomatice şi a artei războiului sau a sfaturilor diplomaţilor şi militarilor cu mai multă experienţă. Iar desfăşurarea evenimentelor îi confirma curând că avusese dreptate.

La începutul anului 1941, Stalin putea conta pe faptul că agresiunea germană nu va începe prea curând. Evoluţia evenimentelor în sudul Europei şi în Africa angaja tot mai mult armata germană din cauza aliatului său italian, care suferea înfrângeri cumplite peste tot unde începea lupta.

În Balcani, armata italiană fusese respinsă din Grecia şi aproape în acelaşi timp suferea înfrângeri grele în Africa de Nord. Acolo, în ianuarie, generalul Annibale Bergonzoli s-a predat împreună cu 45.000 de soldaţi. Armata britanică a pornit spre vest, spre Tobruk, şi l-a luat prizonier pe următorul general, Pitassi Manella, cu 25.000 de soldaţi, iar celor care reuşiseră să fugă le-a tăiat curând calea de retragere. La 7 februarie au repurtat un nou succes, luând prizonieri încă 20.000 italieni. Se prefigura o înfrângere totală, ceea ce Hitler nu putea permite. Cât timp italienii luptau în Africa, ţineau ocupate acolo efective importante ale armatei britanice. Dacă războiul de acolo ar fi încetat, britanicii ar fi putut trimite în Grecia peste 60.000 de soldaţi. Hitler nu dorea să se ajungă la aşa ceva şi a trimis în ajutorul italienilor corpul expediţionar Deutsches Afrika Korps[1]. Nu era o unitate foarte mare,

[1] Primul transport german cu unităţile DAK a sosit la Tripoli la 13 februarie. În componenţa lui erau Divizia 5 uşoară şi din aprilie – Divizia 15 blindate, care (la 15 august 1941, Divizia 5 uşoară a fost transformată în Divizia 21 blindate) formau nucleul corpului de blindate. Tot în 1941 a sosit divizia pentru misiuni speciale „Afrika", formată din germani care serveau în Legiunea Străină. Starea efectivelor din Afrika Korps a crescut în 1941 de la 19.000 soldaţi în aprilie, la 48.500 în octombrie. În 1942, forţele germane din Africa de Nord au crescut la 90.000 de soldaţi. S-au adăugat Divizia 164 infanterie, brigada de paraşutişti a lui Ramcke şi alte unităţi. Afrika Korps împreună cu unităţile italiene (mai ales Corpul Armat de Manevră) formau Armata

căci la început avea numai 19.000 de soldaţi, dar se putea presupune că, în condiţii atât de grele şi ţinând seama de hotărârea fermă a englezilor de a apăra cu orice preţ Egiptul, tot mai mulţi soldaţi nemţi şi echipament militar vor fi trimişi în acest război. Deşi intrarea unităţilor germane în războiul din Africa de Nord a produs o schimbare radicală şi a întrerupt şirul victoriilor britanice, premierul Churchill nu a încetat să-i sprijine pe greci, considerând că va reuşi să formeze un front balcanic şi să se instaleze temeinic în această regiune a lumii. În porturile greceşti din Pelopones soseau transportoarele britanice aducând soldaţi, al căror număr a crescut la 68.000.

Hitler putea să se teamă că ruşii, care se instalaseră aşa de uşor în Basarabia şi Bucovina de nord, vor dori să-şi consolideze poziţiile din Balcani, sprijinind Bulgaria şi Iugoslavia. Guvernele acestor ţări îşi dădeau seama de această primejdie şi au început să caute ajutor la nemţi.

Guvernul Bulgariei, deşi se decisese încă din 8 februarie 1941 să adere la Pactul celor trei, temându-se de reacţia lui Stalin, preferase să amâne semnarea până în momentul în care armatele staţionate deja în Bulgaria şi noile divizii germane vor fi gata să facă faţă unei eventuale invazii sovietice.

În această situaţie, ambasadorul Friedrich von der Schulenburg s-a prezentat într-o seară la cabinetul lui Molotov, ca să-l informeze că în ziua următoare Bulgaria va semna pactul. Stalin nu mai putea face

---

Blindată Germano-Italiană.
După conferinţa germano-italiană de la Cirene din 8 septembrie 1941, Afrika Korps şi Corpul XXI italian s-au unit şi la 15 august au format grupul de blindate „Afrika" (*Panzergruppe Afrika*), la comanda căruia s-a aflat generalul Rommel (în fruntea Afrika Korps era gen. Ludwig Cruewell).
Din 24 martie 1941, unităţile Afrika Korps au început acţiunile agresive, luându-i prin surprindere pe britanici, iar până la jumătatea lui aprilie au reuşit să ocupe Cirenaica, dar nu şi Tobrukul. Atacurile rapide, în care Rommel ştia să valorifice admirabil posibilităţile artileriei şi ale blindatelor, au caracterizat acţiunile din Africa de Nord. Dar forţele lui armate erau limitate. Hitler era ocupat cu invadarea Uniunii Sovietice şi nu avea prea multe posibilităţi să refacă Afrika Korps. Situaţia unităţilor britanice era mai bună, căci premierul Winston Churchill acorda foarte mare importanţă întăririi armatei britanice care lupta în deşert. La 23 octombrie 1942, britanicii, care dispuneau de o superioritate numerică netă, au început ofensiva în apropiere de El Alamein şi au provocat armatelor „Axei" pierderi importante; Corpul Armat de Manevră (CAM) a încetat să mai existe, dar Afrika Korps, deşi sensibil subţiat, şi-a păstrat capacitatea de luptă şi în noiembrie s-a retras în Tunisia. S-a constituit acolo în principala forţă de manevră a Axei. În mai 1943, după invadarea Africii de Nord de către englezi („*Torch*"), toate unităţile Axei din Africa au capitulat.

decât o singură mişcare: să-şi subordoneze Iugoslavia, pentru ca de acolo să ţină în şah armatele germane din sudul Europei.

Harta Iugoslaviei

Cel care va atrage această ţară de partea sa va deţine cheia Balcanilor. Hitler încercase să facă acest lucru încă înainte de război. La 1 iunie 1939, aşadar la câteva zile după semnarea pactului oţelului, regentul iugoslav, prinţul Pavel[1], a sosit împreună cu soţia sa, Olga, la Berlin. Hitler i-a pregătit o întâmpinare deosebit de fastuoasă. În cinstea lui au fost organizate o paradă militară, un mare banchet şi un spectacol de gală la Opera Prusacă. Prinţul a apreciat amabilitatea Führer-ului, dar nu avea de gând să încheie o alianţă cu Germania şi, ca şi cum aceasta nu ar fi fost suficient, a plecat de la Berlin la Londra, ca să-l înfurie şi mai mult pe Hitler, care se simţea tras pe sfoară.

În anul 1941 principele nu-şi mai putea permite o astfel de atitudine. Ameninţarea intrării armatei sovietice în Iugoslavia era prea evidentă pentru a putea dispreţui oferta lui Hitler. Aşadar, când în timpul vizitei la Berghof, unde a sosit în secret în ziua de 4 martie 1941, a auzit că, dacă intră în alianţă cu Germania, Italia şi Japonia, ţara lui va primi portul Salonic, luat de la Grecia, nu a mai stat pe gânduri. Dar nu putea să se decidă pentru o acţiune pe faţă, căci se temea de reacţia lui Stalin, pe de o parte, şi de conaţionalii săi antigermani, pe de altă parte. De aceea a fost ales ca loc pentru ceremonia de aderare a Iugoslaviei la Pact oraşul Viena, unde prinţul Pavel a sosit împreună cu premierul şi ministrul de externe în secret, la fel ca şi mai înainte la Berghof. Actul de aderare a Iugoslaviei a fost semnat la hotel „Imperial".

Hitler era foarte încântat, căci îi suflase de sub nas lui Stalin o bucăţică foarte apetisantă. De aceea, ştirea pe care a primit-o în dimineaţa de 27 martie a fost pentru el echivalentă cu un cutremur: prinţul Pavel fusese răsturnat de la putere de un ofiţer de orientare antigermană, generalul de aviaţie Dušan Simović. În plus, lovitura de stat avusese loc

[1] **Pavel Karađorđević** (1893–1976), după asasinarea regelui Aleksandar I. Karađorđević în 1934, a devenit regent al vărului lui în vârstă de 11 ani, Petar II. La 27 martie 1941, la două zile după semnarea pactului cu germanii, a fost răsturnat de la putere în urma loviturii de stat pregătite de gen. Dušan Simović. A fugit în Grecia, unde a rămas până la sfârşitul războiului, când a fost prins de soldaţii britanici. După o scurtă perioadă de internare în Kenya, a fost eliberat şi a plecat la Paris, unde a locuit până la moarte.

cu aprobarea marii majorităţi a populaţiei, dovadă fiind demonstraţiile de sprijin pentru noile autorităţi şi manifestările de violenţă împotriva nemţilor, a căror victimă fusese şi ambasadorul suedez, căci fusese luat de mulţime drept neamţ şi bătut crunt. Regele Petar II[1], în vârstă de 18 ani, care reuşise să fugă printr-un canal din palat şi să ajungă la sediul complotiştilor, a declarat că preia puterea.

— Pactul cu Germania nu va fi ratificat!, a declarat noul şef al guvernului, dar suntem gata să încheiem un acord de neagresiune!

Ca reacţie faţă de această declaraţie au avut loc alte demonstraţii proguvernamentale şi antigermane. La Belgrad, mulţimea a demolat biroul german de voiaj. Toate străzile principale au fost împodobite cu steaguri britanice, împărţite cu generozitate de ambasada acestei ţări.

Cine a fost iniţiatorul loviturii de stat atât de profitabile pentru Uniunea Sovietică şi pentru Marea Britanie? Serviciile speciale sovietice se pregăteau încă din 1938 pentru a răsturna de la putere guvernul legal şi a introduce în locul lui o echipă prosovietică. Atunci acţiunea nu a reuşit şi nu există urme că NKVD ar fi acţionat împotriva prinţului Pavel. Şi britanicii doreau înlăturarea de la putere a conducerii progermane. Ministrul de externe britanic Anthony Eden i-a telegrafiat la 24 martie ambasadorului de la Belgrad, Sir Ronald Campbell: „Sunteţi împuternicit să recurgeţi, după cum veţi crede de cuviinţă, la toate mijloacele pe care le aveţi la dispoziţie pentru a influenţa conducerea şi opinia publică, pentru a-i face să înţeleagă situaţia şi să întreprindă acţiuni pentru a contracara actualul curs al evenimentelor. Aveţi deplină împuternicire din partea mea pentru a folosi toate mijloacele pe care le consideraţi potrivite pentru a determina schimbări în conducere, chiar şi o lovitură de stat".

Aşadar, în spatele loviturii de stat a generalului Simović se ascundea oare ambasadorul britanic? Probabil că nu, căci desfăşurarea evenimentelor a fost atât de rapidă, încât britanicii nu ar fi avut timp să acţioneze. Dar premierul Churchill a decis să profite de situaţie şi să-şi intensifice eforturile pentru crearea frontului balcanic. Apăruse un aliat nou şi puternic. Armata iugoslavă număra 700.000 de soldaţi sub arme, dar era slab dotată. Aveau puţine tancuri, numai 110, şi

[1] **Petar II** (1923–1970), fiul regelui Aleksandar I, care murise în atentatul din Franţa, în 1934, a preluat tronul la vârsta de 11 ani, deşi puterea efectivă a trecut în mâinile regentului, prinţul Pavel. După lovitura de stat din 27 martie 1941, a preluat puterea, dar a fost răsturnat curând de armata germană. A fugit la Londra şi a devenit şeful guvernului din emigraţie. În 1945, când regatul a fost lichidat în Iugoslavia de Josip Broz Tito, a plecat în Statele Unite şi a rămas acolo până la moarte.

acelea uşoare şi depăşite, singura forţă aeriană era reprezentată de câteva zeci de avioane britanice de vânătoare *Hurricane* şi germane Messerschmitt *Bf 109*, destinate apărării Belgradului. Dar această armată slab echipată putea deveni foarte periculoasă în teritoriul muntos al Balcanilor. În Grecia erau deja 68.000 de soldaţi britanici, care puteau să ajute Iugoslavia în caz de război. Premierul Churchill se pregătea să transfere aici şi unităţi din Armata Nilului.

Dar Hitler nu avea de gând să aştepte până se va întâmpla una ca asta.

Ofiţerii SS au deschis uşile sălii mari de conferinţe din Cancelaria Reich-ului, unde, ca de obicei în fiecare dimineaţă, erau aşteptaţi feldmareşalul Keitel şi generalul Jodl cu adjutanţii lor, ca să-i raporteze Führer-ului evoluţia evenimentelor.

Modul în care Hitler a intrat în sală arăta clar că această şedinţă avea să se desfăşoare altfel decât celelalte. Führer-ul ţinea în mână o foaie de hârtie şi abia se închisese uşa în urma lui, că a şi răcnit:

— N-am de gând să rabd una ca asta! Acum o să zdrobim Iugoslavia o dată pentru totdeauna!

Ofiţerii din sală nu ştiau că Hitler îşi ieşise din minţi încă de dimineaţă, când primise ştirea despre lovitura de stat din Iugoslavia şi refuzul noului guvern de a ratifica pactul. La început crezuse că este vorba de vreo neînţelegere, dar ştirile de la Belgrad s-au confirmat şi atunci turbase de-a binelea. A ordonat să fie chemaţi imediat Ribbentrop, Göring şi ambasadorii Ungariei şi Bulgariei.

— Nu-mi pasă ce spune noul guvern!, a urlat Hitler. Am fost trădat în mod mişelesc, declaraţiile de loialitate din partea lor au fost numai o manevră vicleană ca să câştige timp. Intenţionez să pornesc imediat la atac împotriva Iugoslaviei, de la nord spre sud!

— *Mein Führer!* Keitel nu-şi ascundea uimirea, ceea ce ţinând seama de docilitatea acestui ofiţer faţă de deciziile lui Hitler arăta cât de importante sunt rezervele lui. Nu putem să pregătim o astfel de lovitură acum, când toate mijloacele sunt destinate realizării operaţiunii Barbarossa, care este atât de delicată!, a protestat el ferm. Căile ferate sunt încărcate la capacitatea maximă, armata feldmareşalului List din Bulgaria nu este o forţă suficientă pentru a îndeplini această misiune. Şi nici pe Ungaria nu ne putem bizui.

Hitler nu s-a liniştit şi se vedea că respinge argumentele lui Keitel.

— O soluţie trebuie să găsim! Am intenţia să trec cu tăvălugul peste Balcani! A sosit momentul ca oamenii să mă cunoască mai bine!

Keitel renunţă să se mai opună. Ar fi vrut să mai adauge că războiul cu Iugoslavia va obliga Wehrmacht-ul să amâne agresiunea împotriva Uniunii Sovietice, planificată pentru 15 mai, dar şi-a dat seama că este inutil. Se pare că oricum acea operaţiune trebuia amânată, căci primăvara era foarte întârziată în răsărit, vremea era extrem de ploioasă. Drumurile noroioase din Ucraina şi din Bielorusia nu erau potrivite pentru tancuri şi echipament greu, multe râuri şi pâraie îşi ieşiseră din matcă formând mlaştini mocirloase, care ar fi stânjenit considerabil capacitatea de manevră a armatei germane. Iar acum Hitler era fascinat de ideea răsturnării ordinii din Balcani, aşa că nimic nu putea să-l abată de la acest plan.

— Pregătirile trebuie să înceapă fără întârziere, le-a ordonat Hitler lui Keitel, Jodl şi celorlalţi câţiva ofiţeri care tocmai sosiseră. Vreau să am planul operativ OKW chiar în noaptea aceasta!

Rămânea întrebarea ce va face Stalin? Va îndrăzni să intre în Iugoslavia? Sau poate că va lovi în câmpurile petroliere din România? Niciuna din aceste eventualităţi nu intra în discuţie.

Evenimentele din Belgrad l-au luat prin surprindere pe Stalin în la fel de mare măsură ca şi pe Hitler. Dar a considerat că nu trebuie să se grăbească. Intrarea armatei germane în Iugoslavia nu părea să fie o operaţiune uşoară. Armata acestui stat era numeroasă şi bătăioasă, iar Balcanii nu erau câmpii netede precum Belgia şi Franţa. În munţi, tancurile nu aveau nicio putere. Drumurile care şerpuiau prin trecători strâmte şi adânci, cu pereţi verticali de o parte şi de alta, erau relativ uşor de blocat şi era la fel de uşor să fie distruse orice vehicule s-ar fi aventurat să intre într-o astfel de strâmtoare. Aviaţia nu era prea eficientă pe un teritoriu unde nu se vedea linia tranşeelor, iar armata se putea apăra folosind protecţia naturală a reliefului. În astfel de condiţii, apărarea asigurată chiar şi de o armată mai puţin echipată, putea să reziste mult timp, iar atacatorii sufereau pierderi grele.

Aşadar, trebuia să se acorde sprijin noului guvern care nu se lăsa intimidat de ameninţările nemţilor. Şi aceasta a fost misiunea pe care au primit-o diplomaţia sovietică şi serviciile secrete.

Belgradul în flăcări

Ataşatul militar iugoslav i-a spus colegului său german de la ambasada din Moscova că „cineva din guvernul sovietic” a propus să livreze arme Iugoslaviei. Oare într-adevăr Stalin se decisese să meargă aşa de departe şi să sprijine cu arme apărarea Iugoslaviei? Puţin probabil. Fie că autorităţile iugoslave voiau să-i sperie pe nemţi, fie că ruşii începuseră o astfel de campanie.

Apoi s-au răspândit zvonuri conform cărora Kremlinul ar fi trimis o telegramă de felicitare noului guvern iugoslav, ceea ce *Pravda* din 1 aprilie a dezminţit categoric. În acelaşi timp, în România au început să circule semnale că avioanele sovietice îşi înmulţiseră brusc zborurile de recunoaştere din regiunea Ploieşti. După cum afirmau sursele de informaţii româneşti, pe aeroportul Leof din Basarabia sosiseră 60 de avioane de bombardament, la Kiev îşi începuse activitatea o nouă şcoală de paraşutişti, ceea ce putea fi o încercare de disimulare a unităţilor concentrate de desant. Iar misiunea lor nu putea fi decât una singură: atacul împotriva zonei Ploieşti, ocuparea sondelor petroliere şi a staţiilor de pompare care trimiteau ţiţeiul spre vest. Atmosfera se încingea tot mai mult cu fiecare zi.

În ziua de 5 aprilie, la amiază, a sosit o ştire deosebit de importantă pentru Germania. Ascultarea radio de la Forschungsamt interceptase o telegramă trimisă de ambasadorul iugoslav de la Moscova la Belgrad. Din textul care fusese descifrat parţial, reieşea că cele două state duc tratative în vederea încheierii unui acord de neagresiune!

În acea seară, ambasadorul von der Schulenburg a fost chemat la cabinetul lui Molotov, unde comisarul l-a informat că în următoarele 24 de ore guvernele sovietic şi iugoslav vor semna un acord de neagresiune. Ambasadorul a protestat. Molotov, prefăcându-se mirat, a întrebat:

— Dar de ce, Excelenţă? Iugoslavia a intrat în pactul celor trei, aşadar, de ce nu ar putea să semneze cu Uniunea Sovietică un act de mult mai mică importanţă?

Molotov îl uimise de multe ori prin subtilitatea observaţiilor lui şi prin logica de fier a argumentelor. Într-adevăr, acordul de neagresiune nu trebuia să-i privească deloc pe nemţi, căci, din punct de vedere formal, nu aducea niciun fel de atingere intereselor lor şi nu contravenea în niciun mod ideii de colaborare dintre cele două mari puteri. Schulenburg nu putea să-i spună lui Molotov: Da, dar armata noastră se pregăteşte să atace Iugoslavia. Asta nu avea nicio legătură.

Hitler şi-a dat seama că nu trebuie să stea mult pe gânduri în privinţa intenţiilor dictatorului sovietic şi să aştepte să vadă ce va rezulta din convorbiri. Să lovească!

Stalin îşi atinsese scopul, şi anume provocarea Germaniei de a interveni cât mai repede în Iugoslavia. Conta pe faptul că vor trece luni bune până când Wehrmacht-ul va reuşi să-i învingă pe viteji apărători şi apoi ani de zile până când vor reuşi să lichideze armata de partizani care îi va hărţui soldaţii tot timpul.

Sâmbătă 6 aprilie, dis-de-dimineaţă, reprezentanţii Iugoslaviei şi ai Uniunii Sovietice au semnat pactul de neagresiune. Cam în acelaşi timp, armata germană a trecut frontierele Iugoslaviei şi Greciei.

Dându-şi seama cât de dificil va fi pentru armata germană să învingă pe un teren atât de accidentat, Hitler şi comandanţii militari au decis să lovească mai întâi în centru şi să distrugă comandamentul. Cartierul clădirilor guvernamentale din Belgrad trebuia făcut una cu pământul.

Bombardierele Luftflotte IV, comandate de generalul Alexander Löhr, au efectuat câteva raiduri deasupra capitalei Iugoslaviei. Sute de case, mai ales în zona guvernamentală, s-au prăbuşit în ruine. Au murit sau au fost răniţi cel puţin 17.000 de oameni. Acest raid ar fi trebuit nu numai să paralizeze centrul de comandă iugoslav, ci să şi arate lumii, în primul rând lui Stalin, de ce putere dispune Luftwaffe. Şi cât de lipsită de scrupule este această putere.

În acelaşi timp, Panzergruppe Kleit a trecut frontiera de stat. În zilele de 8-10 aprilie, din Austria şi din Ungaria au lovit înspre Zagreb alte unităţi ale armatei 2; din Bulgaria, grupa 1 blindate a pornit prin Niš spre Belgrad, iar Corpul XL Blindate, spre Skopje. Când succesul german era deja vizibil, au intrat în luptă şi unităţi ungare şi italiene. Soldaţii armatei 3 ungare s-au îndreptat spre Novi Sad, armata 2 italiană a atacat din Italia de-a lungul ţărmului.

Armata iugoslavă, care nici nu apucase să facă mobilizarea, nu a reuşit să opună o rezistenţă eficace. În sud, armata 5 şi unităţile regiunii militare 3 au fost zdrobite de diviziile blindate germane, în nord, răscoala croaţilor a slăbit şi mai mult forţele iugoslave şi armata 12 germană a ocupat Croaţia fără prea mari dificultăţi.

La 12 aprilie, forţele germane s-au unit cu cele italiene şi au pornit spre sud, spre Grecia; o zi mai târziu au ocupat Belgradul, la 17 aprilie, armata iugoslavă a depus armele. Aproximativ 340.000 de soldaţi iugoslavi au fost luaţi prizonieri.

Învingerea rapidă a Iugoslaviei i-a facilitat lui Hitler acţiunile împotriva Greciei. Corpul XL blindate a traversat repede sudul Iugoslaviei şi a înconjurat armata elenă, care se retrăgea din Albania. În acelaşi timp, Corpul XVIII a ocolit linia de fortificaţii numită Metaxas şi la 9 aprilie a ocupat Salonicul, tăind legătura cu Macedonia de răsărit şi o parte a armatei greceşti care se apăra acolo, protejată de linia fortificată. Aceasta a depus armele. Forţele principale ale armatei greceşti care lupta împotriva italienilor în Albania fuseseră înconjurate şi, la 21 aprilie, au fost nevoite să capituleze.

Armata germană putea acum să se concentreze asupra Corpului Expediţionar Britanic, care se retrăgea deja din nordul ţării spre linia muntelui Olimp. Comandantul său, generalul Wilson, a decis să continue marşul spre porturile din sud, sperând că va reuşit să-şi evacueze unităţile. La 24 aprilie 1941, Corpul Expediţionar a ajuns la Termopile şi apoi la celelalte zone portuare din Atica şi Pelopones. Până la 30 aprilie, vasele britanice au evacuat 50.672 de soldaţi ai Commonwealth-ului britanic.

Cucerirea Balcanilor a fost un mare triumf al lui Hitler. Armata germană, care număra aproximativ 500.000 de oameni, învinsese în trei săptămâni două ţări, cu pierderi minime. În luptele din Iugoslavia căzuseră 181 de soldaţi. În Grecia fusese ceva mai rău, dar în întreaga campanie balcanică pierderile germane s-au ridicat la numai 1.684 de morţi şi 3.752 de răniţi.

Stalin trebuia să înţeleagă că pierduse această partidă. Armata germană ocupase o zonă strategică a Europei şi dăduse dovadă de o putere care ar fi trebuit să îngrijoreze Armata Roşie, care se tot reorganiza şi restructura.

Oare atunci a luat decizia că singura şansă de a-şi salva ţară de la pieire este să o ia înaintea Wehrmacht-ului şi să lovească înainte ca duşmanul să apuce să-şi consolideze forţele? Pierderea influenţei în Balcani ar fi putut avea un astfel de efect. Flancul drept era apărat. Marele plan de acaparare a teritoriilor unor state străine şi de creare a unui semicerc tampon nu reuşise, căci în sud, aşadar, în regiunea în care apărarea era cea mai importantă, rămăsese o spărtură.

Şi deci când ar fi trebuit să aibă loc această lovitură sovietică premergătoare? Stalin nu trebuia să se grăbească. Armata Roşie mai avea nevoie de timp ca să se doteze cu armament modern şi, cu toate victoriile obţinute, situaţia era în defavoarea lui Hitler.

Între timp, în Iugoslavia abia se stinseseră ecourile luptelor duse de armata regulată, că Draža Mihailović, colonelul care jucase rolul principal în răsturnarea prinţului Pavel, s-a aşezat în fruntea unor detaşamente puternice de partizani. În munţi au început să acţioneze şi comuniştii conduşi de Josip Broz-Tito. Hitler nu trebuia să uite că 300.000 de soldaţi ai armatei iugoslave rămăseseră în libertate şi cei mai mulţi dintre ei deciseseră să continue lupta. Aşadar, în Iugoslavia trebuiau să rămână forţe de ocupaţie însemnate.

Germanii reuşiseră să provoace pierderi serioase Corpului Expediţionar Britanic şi să-l alunge din Grecia, ceea ce a împiedicat formarea frontului balcanic. Dar războiul cu Marea Britanie mai dura, iar acest stat, deşi suferise pierderi, nu-şi pierduse forţele şi nici dorinţa de a lupta. Cu atât mai mult cu cât preşedintele Franklin D. Roosevelt rezolvase cea mai mare problemă a guvernului britanic, şi anume lipsa de bani numerar pentru a cumpăra arme şi echipament militar. În martie 1941, Roosevelt a supus Congresului spre aprobare legea Lend-Lease[1], care permitea vânzarea sau închirierea în leasing a materialelor de război statelor a căror apărare era considerată de preşedinte drept importantă din punctul de vedere al intereselor Statelor Unite. Era uşor de imaginat că preşedintele va considera că Marea Britanie este statul numărul 1 a cărui apărare este deosebit de importantă pentru SUA. Şi după aceea vor urma miliardele de dolari.

Marea Britanie prindea puteri. Putea să cumpere pe credit sau să împrumute avioane, tancuri, vapoare etc., adică tot ce era necesar pentru război. Nu putea să împrumute soldaţi, dar pierderile pe care le suferise în timpul luptelor în aer, pe mare şi pe uscat din 1939 până acum nu erau foarte mari şi, întrucât efectuase acţiuni militare destul de limitate, nu era cazul să se teamă că va rămâne fără efective şi resursele umane se vor epuiza prea curând[2].

Aşadar, Hitler nu putea lăsa în vest un duşman care devenea tot mai puternic cu fiecare lună, să-i întoarcă spatele şi să se îndrepte spre răsărit!

De aceea, Stalin considera că Hitler îşi va dedica lunile următoare răfuielii cu Anglia şi abia după aceea îşi va îndrepta armata împotriva

---

[1] Împrumutul american de război pentru statele aliate era acordat conform legii referitoare la împrumut şi închiriere (*Lend-Lease Act*), aprobată de Congresul Statelor Unite la 11 martie 1941. Ea îi dădea dreptul preşedintelui să vândă, să închirieze sau să dea în leasing materiale de război statelor a căror apărare era considerată de el importantă pentru siguranţa Statelor Unite. Ajutorul se realiza pe baza unor înţelegeri bilaterale. La 1 octombrie 1941, o astfel de înţelegere a fost semnată şi cu guvernul Uniunii Sovietice. Guvernul polonez în emigraţie a semnat şi el o înţelegere la 1 iulie 1942.

De ajutorul american, a cărui valoare totală în timpul războiului s-a ridicat la 50,7 miliarde dolari, au profitat 38 de state; Marea Britanie a primit echipament şi credite în valoare de 28 de miliarde dolari, Uniunea Sovietică – peste 11 miliarde dolari, China 4 miliarde.

[2] În tot războiul – 1939-1945 – în forţele armate britanice au servit 3,5 milioane oameni, dintre care 264.443 au murit, 42.327 au fost daţi dispăruţi, 277.077 au fost răniţi.

Uniunii Sovietice. După aceea, adică în primăvara anului 1942.

Evenimentele păreau să confirme evaluarea lui. Forţele germane din Africa de Nord, care la început număraseră 19.000 de soldaţi, creşteau continuu. În aprilie a fost debarcată la Tripoli Divizia 15 blindate, care urma să sprijine Divizia 5 uşoară, aflată deja în deşert şi era clar că, dată fiind rezistenţa puternică a trupelor aliate, acolo vor mai fi aduse şi alte unităţi germane.

Generalul Erwin Rommel – comandantul Afrika Korps

Aşadar, Stalin putea să presupună că agresiunea germană împotriva ţării lui nu va avea loc mai devreme de primăvara anului 1942. Avea suficient timp, în acest caz, ca să-şi pregătească armata şi politica pentru a o lua înaintea duşmanului. Atacul în vest impunea rezolvarea unei probleme foarte importante: cum să evite să lupte pe două fronturi. Stalin nu trebuia să uite că în Extremul Orient rămăsese un duşman, al cărui apetit pentru Siberia fusese domolit, dar nu exista siguranţa că Japonia nu va dori să înceapă un război pentru aceste teritorii.

Noi, asiaticii...

Tratativele erau dificile, se întindeau, Stalin nu părea înclinat spre concesii. Armata lui îi învinsese de două ori pe japonezi, o dată în 1938 la lacul Hasa şi în 1939 pe râul Halhin-Gol. Informaţiile spionajului din Tokio – unde acţiona Richard Sorge, care, datorită recrutării lui Ozaki Hitsumi, consilier intim al premierului Fumimara Konoe, avea acces la cele mai secrete planuri ale guvernului japonez – arătau că această ţară îşi schimbase planurile de expansiune. După două înfrângeri usturătoare în nord, înţelesese că ocuparea Siberiei nu va fi posibilă, căci Uniunea Sovietică masase aici suficiente forţe ca să respingă armata japoneză. Mult mai uşoară părea expansiunea spre sud, în direcţia insulelor bogate în resurse naturale de care avea nevoie Japonia: ţiţei, cărbune, cauciuc, minereuri neferoase. Marile puteri coloniale, care până acum îşi păziseră cu străşnicie posesiunile din Extremul Orient, erau acum neputincioase.

Franţa şi Olanda erau învinse şi Marea Britanie îşi concentra forţele pentru a respinge atacurile Germaniei şi Italiei, aşa că nu mai avea putere să se ocupe şi de armata japoneză. Statele Unite, care erau vital interesate de zona Pacificului, nu aveau posibilităţi prea mari de apărare a acestor teritorii, căci era suficient să le distrugi bazele, slab pregătite pentru război şi care nu se aşteptau la un atac. Ar fi privit apoi neputincioase cum japonezii ocupă insulele şi îşi instalează acolo bazele lor. Până când să se pregătească flota americană de război, Japonia ar fi fortificat atât de solid teritoriile ocupate, încât ar fi fost imposibil să mai fie recuperate. Acesta era planul amiralului Isoroku Yamamoto, aprobat de guvernul premierului Tojo, ba chiar şi de împăratul Hirohito, oarecum neliniştit de puterea duşmanului american, căruia trebuia să-i arunce provocarea, dar care nu a condamnat agresiunea.

Aşadar, japonezii se hotărâseră să pornească spre sudul Asiei şi doreau să fie siguri că în nord, Uniunea Sovietică nu va profita de situaţie. În acest scop, la 5 aprilie 1941, a venit la Moscova Yosuke Matsuoka[1], ministrul de externe al guvernului japonez.

Stalin era încă de bună credinţă în problema Iugoslaviei, nu se grăbea deci să încheie o înţelegere cu Japonia. Zilele treceau fără discuţii rodnice şi totul arăta că ministrul va pleca la Tokio cu mâinile

---

[1] **Yosuke Matsuoka** (1880–1946), politician japonez, şi-a început cariera diplomatică imediat după absolvirea Universităţii Oregon din Statele Unite. În anii 1919-1920 a participat la Conferinţa de pace de la Paris. În 1930 a devenit membru în parlament. În anii 1932-1933, a fost reprezentantul Japoniei la Liga Naţiunilor. În iulie 1940 a fost numit de premierul Fumimaro Konoe ministru al afacerilor externe. Într-o perioadă decisivă pentru dezvoltarea ulterioară a politicii japoneze s-a pronunţat pentru apropierea de marile puteri fasciste europene, considerând că în felul acesta va obliga Statele Unite să facă unele concesii. În 1940, datorită victoriilor germane din Occident, a repurtat succese diplomatice importante, câştigând pentru armata japoneză dreptul de a folosi bazele din Indochina şi obligându-i pe britanici să închidă temporar calea maritimă spre Birmania. La 27 septembrie 1940 a semnat în numele guvernului japonez alianţa cu Italia şi Germania (Pactul celor trei). La 13 aprilie 1941 a semnat la Moscova acordul de neagresiune cu Uniunea Sovietică. În iulie 1941 nu a mai intrat în guvernul care, căutând o înţelegere cu Statele Unite, şi-a dat seama că Matsuoka nu garantează aplicarea corespunzătoare a noii politici. În 1945 a fost arestat sub învinuirea de săvârşire de crime de război şi a murit în închisoare înainte de proces.

goale. Situaţia s-a schimbat brusc la 12 aprilie, adică în ziua în care a capitulat Belgradul şi Stalin a înţeles că Iugoslavia va cădea în curând în mâinile nemţilor.

Seara, în mod cu totul neaşteptat, Stalin l-a invitat pe ministrul japonez în cabinetul său de la Kremlin. Era cât se poate de bine dispus.

— M-aţi strangulat, a spus el, punându-şi mâinile la gât arătând că fusese sufocat, ceea ce trebuia să însemne că japonezul era un negociator inflexibil, iar dictatorul sovietic nu mai avea încotro şi trebuia să respecte condiţiile lui.

Richard Sorge – superspionul de la Tokio

În ziua următoare, la ora 16.00, Matsuoka şi Molotov au semnat acordul care garanta neutralitatea celor două state pentru următorii cinci ani.

Stalin dobândise aşadar o relativă siguranţă că atunci când armata lui va porni împotriva Germaniei, în Extremul Orient duşmanul, de care până acum se temuse la fel de mult ca şi de nemţi, va rămâne pasiv. Aceasta îi permitea să-şi retragă de acolo forţele mari folosite până acum la apărarea frontierei siberiene.

La recepţia modestă, organizată în grabă după semnarea înţelegerii, Matsuoka, neobişnuit cu votca rusească, s-a îmbătat, deşi i se părea că ridică paharul la fel de des ca Stalin. Nu ştia, fireşte, că dictatorul sovietic avea în paharul lui, umplut dintr-o carafă separată, numai apă şi şi-a păstrat până la sfârşit gândirea limpede.

— Am încheiat un acord, a spus la un moment dat Matsuoka cu priviri sticloase şi capul clătinându-se uşor pe umeri. Eu nu mint!, a spus el ca să-l asigure pe Stalin că obligaţia de neutralitate va fi respectată. Dacă mint, capul meu vă aparţine. Dacă dumneavoastră mă veţi minţi, puteţi fi siguri că am să vin să vă iau capul!

Stalin a zâmbit în modul acela caracteristic al lui.

— Capul meu este mult prea important pentru ţara mea, a spus el. La fel ca şi al dumneavoastră. Mai bine să avem grijă să ni le păstrăm pe umeri.

După o clipă a adăugat:

— Dumneavoastră sunteţi asiatic şi eu la fel.

— Toţi suntem asiatici! Să bem pentru asiatici!, a strigat ministrul japonez, vizibil beat.

Matsuoka, după ce pierduse destul timp la Moscova cu negocierea înţelegerii care se încheiase atât de neaşteptat, nu a mai aşteptat să se trezească din beţie şi în aceeaşi seară s-a dus la gară, ca să se urce în vagonul salon al trenului transsiberian pentru a ajunge acasă. Dar mare i-a fost surpriza, când i-a văzut pe peron şi pe Stalin, şi pe Molotov, care veniseră să-l conducă. Nu se întâmplase niciodată ca secretarul general să conducă personal la gară un politician străin.

Când i-a dat mâna lui Matsuoka, a spus tare, ca să-l audă toţi diplomaţii străini prezenţi pe peron:

— Orice problemă europeană poate fi rezolvată în mod firesc, dacă Japonia şi Uniunea Sovietică vor colabora!

— Nu numai problemele europene!, a strigat exaltat Matsuoka. Şi cele asiatice la fel!

— Orice problemă mondială poate fi rezolvată, a încuviinţat amabil Stalin, strângând mâna ministrului japonez.

Când trenul s-a pus în mişcare, Stalin l-a căutat pe peron pe ambasadorul von Schulenburg, s-a apropiat de el şi i-a pus mâna pe umăr:

— Trebuie să rămânem prieteni, iar dumneavoastră trebuie să faceţi totul pentru aceasta până la sfârşit, i-a spus el neamţului vizibil nedumerit.

Probabil ştia deja că armata lui va lovi prima. Când?

Convorbiri strict secrete

50.000 de soldaţi în formaţie de dreptunghi cu laturile atât de drepte, de parcă ar fi fost tăiate în granit au întors toţi deodată capul spre Poarta Spaski, de unde a ieşit călare pe un cal roib mareşalul Timoşenko. Calul păşea în ritm, cu o eleganţă şi o uşurinţă la care te puteai aştepta numai de la un pursânge arab. Această parte a paradei de 1 Mai de la Moscova era o amintire romantică a vremurilor când în Piaţa Roşie se aliniau rândurile drepte ale cavaleriei, iar parada era primită de comandanţii legendari din timpul războiului civil: Frunze, Budionnîi.

În Piaţa Roşie era puţină cavalerie, căci, în conformitate cu dorinţa lui Stalin, Armata Roşie arăta lumii că este o armată mecanizată, deşi avea încă în componenţa ei 24 de divizii şi o brigadă de cavalerie, iar transportul în diviziile de infanterie era asigurat aproape în exclusivitate cu cai. Ataşamentul faţă de cavalerie era încă foarte puternic în rândul comandanţilor, astfel încât la consfătuirea de la începutul anului, adjuncţii comisarului pentru apărare, mareşalul Lev Mehlis[1] şi mareşalul Grigori Kulik, ceruseră întreruperea mecanizării Armatei Roşii.

— Pe când luptam în Spania, a spus Kulik, transportul cu cai pentru aprovizionarea infanteriei s-a dovedit foarte eficient pe terenul acela dificil. Dacă au fost buni pentru Franco, o să fie buni şi pentru Hitler! Tancurile nu au importanţă. Artileria le va face bucăţi, aşa că la ce bun să le mai producem?

Abia Stalin a reuşit să-l cheme la ordine, renegându-şi prietenul din vremurile de la Ţariţîn.

— Kulik apără marile divizii din 1918, care aveau cai pentru transport, a spus el. Se pronunţă împotriva mecanizării armatei. Guvernul insistă să se mecanizeze armata, adică să se introducă motoarele în armată, dar Kulik este împotriva motoarelor. Este ca şi cum ar fi împotriva tractoarelor şi a combinelor şi ar lua apărarea plugului de lemn.

Dar nici Stalin nu era chiar nevinovat. El fusese acela care, la 21 noiembrie 1939, obligase Sovietul Suprem al Armatei să ia decizia de dizolvare a corpurilor de blindate, ceea ce slăbise foarte mult forţa Armatei Roşii.

— Să trăiţi!, a strigat Timoşenko, după ce i s-a raportat că defilarea este gata să înceapă.

— Să trăiţi, tovarăşe comisar!, s-a auzit din câteva zeci de gâtlejuri, iar ecoul s-a lovit de zidurile Kremlinului. Impresia era foarte puternică.

---

[1] **Lev Mehlis** (1889–1953), militar în armata ţaristă, în 1918 a intrat în Armata Roşie. Până în 1920 a comandat o brigadă de infanterie. Din 1922 a lucrat la secretariatul lui Stalin, unde şi-a câştigat admiraţia şefului. Din 1937 a fost adjunctul comisarului poporului pentru apărare şi şef al Biroului Politic Suprem al Armatei Roşii, răspunzând de epurările din armată. Din septembrie 1940 a fost comisar al controlului de stat. Deşi era direct răspunzător pentru greşelile din apărare, nu a suportat consecinţe şi a rămas în funcţie. A fost reprezentantul Comandamentului Suprem pe multe fronturi, unde incompetenţa şi aroganţa lui au provocat multe pierderi. Deşi în 1942 Stalin l-a îndepărtat din Moscova, a rămas membru al consiliilor de război de pe multe fronturi (Briansk, de Vest, 4 ucrainean).

Stalin stătea la tribună, deasupra mausoleului lui Lenin şi a ridicat mâna în semn de salut, ca şi când strigătul soldaţilor ar fi fost îndreptat spre el.

Diplomaţii străini invitaţi la festivitatea de 1 Mai au observat că alături de Stalin era micuţul Vladimir Dekanozov, care din 20 noiembrie 1940 era ambasadorul Uniunii Sovietice la Berlin. Numirea în postul de ambasador a unui om despre care se ştia că este apropiatul lui Stalin trebuia să fie un semnal pentru nemţi că Moscova acordă un statut special relaţiilor cu Germania. Acelaşi semnal era şi aşezarea lui Dekanozov alături de Stalin la tribuna de onoare. Diplomaţilor străini le plăcea foarte mult să participe la festivităţile oficiale, căci atunci se putea observa foarte uşor cine a mai avansat, cine este mai aproape de Stalin şi cine a pierdut încrederea acestuia.

Mareşalul Timoşenko, care terminase traversarea Pieţei Roşii, s-a răsucit cu îndemânare pe loc şi s-a apropiat de tribuna principală, unde a aruncat căpăstrul unui soldat. A descălecat şi a urcat pe scările de marmură, luând loc în stânga lui Stalin. Şi acesta era un semnal pentru diplomaţi. Imaginea cea mai grăitoare a politicii lui Stalin. Conducătorul poporului parcă spunea: sunt gata să port negocieri, dar am la îndemână şi o armată puternică.

Timoşenko şi-a început discursul, iar Stalin, care se afla în acel moment lângă el, s-a dat câţiva paşi înapoi şi a început să se plimbe prin spatele oamenilor din tribună.

— Suntem pentru pace, spunea Timoşenko, suntem pentru întărirea prieteniei şi a raporturilor de bună vecinătate cu toate ţările, care doresc stabilirea unor astfel de relaţii cu Uniunea Sovietică. Partidul bolşevic şi guvernul sovietic ţin seama de faptul că situaţia internaţională este foarte încordată şi poate oferi multe surprize. De aceea, întregul popor sovietic, Armata Roşie şi marina de război trebuie să se pregătească de luptă!

O formulare foarte apropiată de cea pe care o folosise Timoşenko a apărut pe 6 mai în „Pravda", într-un articol care relata întâlnirea lui Stalin cu absolvenţii şcolilor militare şi comandanţii superiori ai Armatei Roşii.

„În actuala situaţie internaţională complicată, trebuie să fim pregătiţi pentru orice surpriză" – „*Pravda*" cita cuvintele lui Stalin. Dar până în ziua de astăzi nimeni nu ştie cu adevărat ce le-a spus.

La 5 mai a rostit la Kremlin un discurs la marele banchet, unde au fost invitaţi câteva sute de absolvenţi de la 16 academii militare şi 5 facultăţi militare din cadrul universităţilor. Nimeni nu a avut voie să ia notiţe, cuvântarea nu a fost înregistrată, textul nu a fost publicat (cu excepţia câtorva fraze în „*Pravda*"). Tot ceea ce se ştie pe această temă provine din mărturiile câtorva participanţi la banchet care în timpul războiului au ajuns prizonieri la nemţi şi au relatat cuvintele lui Stalin, şi din amintirile de după război ale participanţilor la această festivitate. Stenograma care s-a păstrat în arhivele forţelor armate sovietice nu are niciun fel de însemnare din care să reiasă că este transcrierea fidelă a cuvintelor lui Stalin. Dar are trăsături de autenticitate. Regăsim stilul cuvântărilor lui Stalin, caracteristica perioadei şi amprenta epocii:

Ce le-a spus Stalin ofiţerilor?

— Oare armata germană este chiar invincibilă?, ar fi întrebat Stalin. Nu, nu este. Nu a existat niciodată pe lume o armată invincibilă. Sunt armate foarte bune, armate bune şi armate slabe. Germania a început războiul sub lozinca eliberării de sub jugul Tratatului de la Versailles. În momentul de faţă, situaţia s-a schimbat. Armata germană luptă sub alte lozinci. A transformat lozinca eliberării de sub jugul Versailles-ului în lozinca unui război de cotropire. Este o lozincă periculoasă.

— Din punct de vedere militar, a continuat Stalin, armata germană nu este nimic special, nu are tancuri speciale, avioane de luptă şi nici tunuri. O mare parte a acestei armate şi-a pierdut entuziasmul iniţial. Pe lângă aceasta, a devenit arogantă, încrezută, încântată de ea însăşi. Dar nu a dezvoltat în aceeaşi măsură şi gândirea militară. Dotarea este mai proastă nu numai în comparaţie cu dotarea armatei sovietice, dar până şi America a început să producă avioane mai bune decât Germania.

Este foarte posibil ca Stalin să-i fi adunat pe ofiţeri ca să le dea curaj. Voia ca aceştia să se întoarcă la unităţile lor şi să spună: „Stalin a spus că nemţii pot fi învinşi". Pe atunci vorbele lui Stalin erau sfinte. Era crezut fără rezerve. Aşadar, îşi pregătea armata pentru războiul devenit acum inevitabil.

De ce a fost această cuvântare înconjurată de atâta mister? Nu se poate explica altfel, decât ca o altă încercare de a-l speria pe Hitler, căci spionajul sovietic şi diplomaţia puteau interpreta cuvintele Conducătorului după cum considerau de cuviinţă, din moment ce nemţii nu le ştiau.

În ziua următoare, la corespondentul german al agenţiei DNB s-a prezentat un bărbat care susţinea că este ofiţer şi că ştie conţinutul cuvântării. Afirma că Stalin s-a concentrat pe compararea fără părtinire a armatelor celor două ţări.

— Concluzia a fost însă că Armata Roşie nu se poate pune cu Wehrmacht-ul. Uniunea Sovietică trebuie să ţină seama de aceasta şi să facă totul, pentru a se pregăti de apărare, spunea informatorul secret. Impresia era că Stalin încercase să-i pregătească pe ascultători pentru necesitatea de a face noi compromisuri cu Germania.

Din alte surse, la fel de nesigure, nemţii au aflat că Stalin se exprimase destul de puţin măgulitor la adresa lor.

— Ajunge cu laudele astea la adresa armatei germane!, ar fi spus el, când cineva de la banchet a propus un toast pentru bunele relaţii dintre Wehrmacht şi Armata Roşie, aşa cum era obiceiul în ultimii doi ani la toate recepţiile de stat.

Evenimentele din zilele următoare s-au dovedit încă şi mai surprinzătoare şi au fost învăluite în şi mai mare taină.

La 6 mai, Stalin a preluat funcţia de preşedinte al Sovietului Comisarilor Poporului, aşadar de şef al statului, pe care până atunci o deţinuse Molotov. Acesta avea funcţia de comisar pentru afacerile externe şi pe cea de adjunct al preşedintelui Sovietului Comisarilor Poporului.

De ce se hotărâse Stalin să facă un asemenea pas? Domnea în ţară nestingherit şi necontestat de peste cincisprezece ani. El era acela care numea şefii de guvern, miniştrii şi comandanţii militari. Lua decizii cu privire la funcţionarea economiei, a armatei, a culturii, dar nu avea nicio răspundere pentru ele. Toate domeniile vieţii din Uniunea Sovietică depindeau de el, dar oficial era numai şeful partidului. Era dictator fără putere. Nu ca Hitler, care, rămânând şef al partidului nazist, preluase conducerea guvernului în calitate de cancelar şi conducerea armatei în calitate de comandant suprem. Führer-ul nu putea să aibă mai multă putere de execuţie. Stalin nu avea niciuna.

Ştia că va veni momentul hotărâtor. Şi îşi propusese să întâmpine acel moment ca un politician care are dreptul constituţional de a conduce statul. Nu mai era regizor. Ieşea pe scenă, ca să joace rolul principal.

Ambasadorul Friedrich von Schulenburg telegrafia la Berlin:

„Sunt ferm convins că în situaţia internaţională actuală pe care o consider gravă, Stalin consideră că obiectivul lui principal este protejarea Uniunii Sovietice de un conflict cu Germania".

Evenimentele din zilele următoare au confirmat opinia ambasadorului german.

La 8 mai, agenţia TASS a dat un comunicat prin care dezminţea zvonurile potrivit cărora Armata Roşie trimite trupe la frontieră. În acelaşi timp, au încetat protestele pe care le exprima guvernul sovietic faţă de cazurile în care avioanele de recunoaştere germane încălcau spaţiul aerian sovietic. Ultimul protest fusese trimis pe 22 aprilie: guvernul se plângea că într-o singură lună avioanele germane intraseră de cel puţin 80 de ori în spaţiul aerian sovietic. Şi deşi până la sfârşitul lunii mai avioanele germane au trecut graniţa sovietică de 180 de ori, guvernul lui Stalin nu a emis proteste. Se părea că ruşii adoptaseră politica „cer deschis" faţă de Germania, pentru ca nemţii să se convingă singuri că Armata Roşie nu are intenţii agresive. În schimb, ruşii au început să protesteze faţă de reţinerea de către nemţi a vagoanelor de marfă cu care livrau articole foarte importante din acordul comercial. Întârzierile în descărcarea şi trimiterea înapoi a vagoanelor îngreunau respectarea termenelor livrărilor următoare, iar feroviarii sovietici îşi luaseră angajamentul că în luna mai vor transporta în Reich cu 2.000 de tone de cauciuc mai mult decât prevedea acordul.

Stalin, ca premier, a început să strângă alianţa politică cu Germania, dovadă fiind ruptura bruscă cu Iugoslavia. Lăsa impresia că doreşte să şteargă urmele jignirilor pe care le generase la Berlin încheierea pactului de neagresiune sovieto-iugoslav. La 8 mai, ambasadorul iugoslav Milan Gavrilović a fost convocat la comisarul adjunct Vîşinski, care l-a informat politicos că Uniunea Sovietică va rupe relaţiile diplomatice cu ţara lui, iar personalul ambasadei este rugat să părăsească neîntârziat teritoriul sovietic. În ziua următoare, aceeaşi veste au primit-o ambasadele Belgiei şi Norvegiei. Guvernul sovietic a stabilit legături diplomatice cu guvernul de la Vichy[1], unde a plecat ca ambasador

[1] **Vichy** – staţiune balneară în Franţa, în Masivul Central, care a dat denumirea guvernului format de mareşalul Philippe Pétain, după demisia premierului Paul Reynaud la 16 iunie 1940. După o scurtă perioadă de activitate la Bordeaux, la 29 iunie guvernul lui Pétain s-a mutat la Vichy, de unde a guvernat partea de sud a Franţei, care nu era ocupată de nemţi. Colaborarea cu Germania s-a intensificat după aprilie

Aleksandr Bogomolov, iar la Moscova a sosit un trimis francez. La 12 mai, guvernul sovietic a stabilit legături cu guvernul progerman al Irakului.

Stalin, care în anii 1938 şi 1939 criticase violent politica lui Chamberlain de concesii făcute Germaniei, a devenit cel mai înflăcărat susţinător al acesteia. Numai că nu conta pe o pace cu Germania. Ştia că războiul este inevitabil.

O misiune secretă

— Vă rog să mă scuzaţi, domnule Speer. Unul din cei doi ofiţeri care la 11 mai 1941 veniseră la vila lui Hitler din Obersalzberg s-a apropiat de Albert Speer. Acesta aştepta în hol sosirea Führer-lui. Sunt Karl-Heinz Pintsch, adjutantul lui Rudolf Hess[1]. Am sosit într-o chestiune de importanţă vitală pentru stat. Aţi fi de acord să ne permiteţi să intrăm

1942, când, ca urmare a presiunilor ambasadorului german Otto Abetz, mareşalul Pétain a trebuit să fie de acord cu întoarcerea în guvern a lui Pierre Laval, cunoscut pentru simpatiile lui fasciste. După ce, în noiembrie 1942, germanii au ocupat şi partea rămasă liberă din Franţa, activitatea guvernului de la Vichy a intrat sub controlul total al nemţilor. După invazia din Normandia, înaintarea rapidă a armatelor aliate care i-au alungat pe nemţi de pe teritoriul Franţei a pus capăt activităţii acestui guvern.

[1] **Rudolf Hess** (1894–1987), cel mai apropiat prieten şi colaborator al lui Adolf Hitler. După puciul nereuşit de la München din 1923, a fugit în Austria, dar s-a întors de bunăvoie în ţară şi a compărut în faţa tribunalului ca să împărtăşească soarta lui Hitler, condamnat deja pentru încercarea de lovitură de stat. Şi-a ispăşit pedeapsa de 18 luni de privare de libertate în închisoarea de la Landsberg, unde probabil că l-a ajutat pe Hitler să scrie *Mein Kampf*. Din 1925 a fost secretarul lui personal. La 21 aprilie 1933 a devenit adjunctul Führer-ului, iar în guvernul nazist a ocupat, începând de la 1 decembrie 1933, funcţia de ministru fără portofoliu. Era considerat a treia persoană în stat (după Hitler şi Hermann Göring) şi supranumit „conştiinţa partidului". De la 4 februarie 1938, a intrat în componenţa consiliului secret care, printre altele, a pregătit planul de agresiune împotriva Poloniei. Nu a reuşit să profite de funcţia şi de poziţia sa şi nici să lupte pentru graţiile Führehr-ului, a fost împins tot mai mult pe un plan secundar de Martin Bormann, pe care îl introdusese chiar el în cancelaria Führer-lui. Probabil că acestea au fost motivele care l-au îndemnat să încerce să schimbe cursul istoriei. La 10 mai 1941, a decolat cu un avion Messerschmitt *Bf 110* de pe aeroportul din Augsburg şi a ajuns în Scoţia, unde a sărit cu paraşuta. S-a prezentat ca emisar al păcii şi a cerut să se întâlnească cu prinţul Hamilton. Britanicii l-au trimis la închisoare, unde a încercat de două ori să se sinucidă. Hitler i-a luat toate funcţiile şi titlurile şi a declarat că este bolnav mintal. În 1946 a fost judecat de Tribunalul Militar Internaţional de la Nürnberg pentru crime împotriva păcii şi a fost condamnat la închisoare pe viaţă. În 1987 s-a sinucis în închisoarea Spandau (unde din 1966 era singurul deţinut).

la Führer înaintea dumneavoastră? Avem o scrisoare personală din partea lui Rudolf Hess.

Speer, auzind numele adjunctului Führer-ului, a dat din cap şi a continuat să privească schiţele pe care le avea în dosarul deschis de pe genunchi. Erau primele schiţe ale proiectului de reconstrucţie a Grosse Strasse din Berlin şi a unui mare arc triumfal, pe sub care urmau să defileze armatele germane care se întorceau din campaniile victorioase. Hitler aducea la îndeplinire în mod consecvent deciziile pe care le luase după întoarcerea de la Paris. La începutul lunii mai, diviziile lui aveau deja la activ victoriile strălucite din Balcani şi acum, aşteptându-se la victorii încă şi mai mari în Uniunea Sovietică, îl grăbea pe Speer să lucreze la marile proiecte de reconstrucţie a Berlinului.

Câteva minute mai târziu, Pintsch şi în urma lui Leitgen, cei doi adjutanţi ai lui Hess, au intrat în cabinet.

Speer şi-a ridicat ochii de pe schiţe mulţumit că cei doi adjutanţi îi vor lua câtva timp lui Hitler, pe care el putea să-l folosească pentru a se pregăti mai bine în vederea discuţiei pe tema noii misiuni de reconstruire a Berlinului, pe care Führer-ul i-o încredinţase cu numai trei zile mai înainte.

Pintsch s-a apropiat de biroul la care şedea Hitler şi i-a dat plicul.

— *Mein Führer*, aceasta este o scrisoare personală din partea domnului ministru Hess.

Hitler l-a privit mirat, dar a rupt repede sigiliul albastru, a sfâşiat plicul şi s-a dus la fereastră, unde lumina soarelui îi permitea să citească textul fără să-şi

Hitler ştiuse de planurile lui Hess? Adolf Hitler cu Martin Bormann

pună ochelarii, ceea ce evita în prezenţa subalternilor. După câteva secunde s-a făcut roşu la faţă.

„Mein Führer, când veţi primi această scrisoare, eu voi fi în Anglia. Vă puteţi imagina că nu a fost uşor să iau această decizie, căci un bărbat de 40 de ani are alte legături cu viaţa decât unul de 20...”

Mai departe Hess scria că nu este condus de laşitate sau de slăbiciune, iar zborul lui nu trebuie considerat o fugă, căci executarea unei misiuni atât de riscante necesită mai mult curaj decât să rămână în Germania. Scopul ei este contactarea unor persoane importante, pentru ca în interesul Angliei şi al Germaniei să se ajungă la negocieri şi la încheierea păcii.

„... şi dacă, *Mein Führer*, această misiune care, recunosc, are puţine şanse de reuşită, se va încheia cu o înfrângere şi soarta se va întoarce împotriva mea, nu vor exista consecinţe dăunătoare nici pentru tine, nici pentru Germania: oricând te vei putea descărca de răspundere, spunând că am înnebunit”.

— Cunoaşteţi conţinutul acestei scrisori?, l-a întrebat Hitler pe Pintsch.

Acesta a şovăit un moment. Nu ştia că de răspunsul la această întrebare va depinde viaţa lui şi a colegului său.

— Da, Mein Führer!, a răspuns în cele din urmă.

Şi atunci s-a întâmplat ceva nemaipomenit. Hitler, care îşi stăpânea cu greu furia, a izbucnit cu toată violenţa şi cu un urlet sălbatic, pe care Speer l-a caracterizat drept animalic, s-a repezit spre uşă.

— Să fie arestaţi!, a răcnit el. Arestaţi şi trimişi într-un lagăr de concentrare! Mi-au încălcat ordinul! Am ordonat să fie păzit! Să fie păzit!

Ofiţerii SS i-au dus de acolo pe cei doi ofiţeri năuciţi şi speriaţi, iar Hitler a rămas în uşa deschisă:

— Să vină Bormann! Unde este Bormann?, l-a strigat pe secretarul lui, care să străduia să fie întotdeauna în preajma Führer-ului.

— Să fie convocaţi Ribbentrop, Göring, Goebbels şi Himmler. Acum, imediat!

Hitler se plimba cu paşi mari prin cabinet, iar Bormann a apucat receptorul, ştergându-şi transpiraţia care îi curgea pe grumazul gros, şi a transmis ordinele.

— Cine o să creadă că Hess nu a zburat în Anglia din ordinul meu, că totul nu este decât un joc perfid pe la spatele aliaţilor mei?, repeta întruna Hitler, învârtindu-se prin cabinet, până s-a prăbuşit obosit în fotoliu.

Era această scenă încă o dovadă a talentului actoricesc al lui Hitler? Adora astfel de spectacole şi rezultatul lor, de pildă întâlnirea cu Wilson sau cu preşedintele Hácha, care dovediseră că pot avea un efect foarte puternic. Să se prefacă turbat sau chiar că este dezechilibrat psihic, aşa cum făcuse în august 1939 la convorbirea cu Birger Dahlerus, mediatorul dintre el şi guvernul britanic, era una dintre metodele lui neconvenţionale şi, în mare măsură, foarte eficiente, pe care le aplica în politică.

Există multe dovezi care arată că Hitler s-a prefăcut surprins şi furios, deşi ştia despre zborul lui Hess în Marea Britanie. Dar la fel de multe dovezi dovedesc contrariul.

Cu o zi mai înainte, la 10 mai 1941, Rudolf Hess luase prânzul la Alfred Rosenberg, un vechi camarad de partid, apoi la 14.20 se întorsese acasă, în Harthauserstrasee 48, în liniştitul cartier Haralching din München. Acolo, se îmbrăcase în uniforma albastră a aviaţiei şi coborâse în salon să ia ceaiul împreună cu soţia sa.

Aceasta s-a mirat văzând că soţul ei se îmbrăcase cu o cămaşă bleau, cu cravată şi veston bleumarin şi cu însemne a căror semnificaţie n-o cunoştea. Ceva mai târziu, când croitorul i-a trimis nota de plată pentru confecţionarea acelui costum, a aflat că era uniformă de căpitan de aviaţie. Hess nu-şi informase soţia cu privire la intenţiile sale. Doamna Hess a remarcat că s-a jucat câteva minute bune cu fiul lor, Wolf Rüdiger. Aceasta nu se mai întâmplase de câteva luni, căci obligaţiile de partid îl ţinuseră mereu la lucru până seara târziu şi se întorcea prea obosit ca să-şi mai găsească timp să se joace cu copilul.

În jurul orei 15.00, în încăpere intrase Josef Platzer, secretarul lui, şi îl informase că sosise maşina. Hess se ridicase repede. Ilse văzuse pe geam că se aşezase alături de Rudolf Lippert, şoferul Mercedesului. Pe banchetă şedeau adjutantul Karlheinz Pintsch şi un ofiţer din paza de corp.

Zece minute mai târziu, maşina s-a oprit în pădure. Hess a luat de la Pintsch prognoza meteo pe care a studiat-o îndelung. Vremea se anunţa bună, soarele strălucea, pe cer nu era niciun nor, staţiile meteo nu prognozau schimbări, ceea ce l-a bucurat în mod deosebit pe Hess. Făcuse o scurtă plimbare şi se întorsese repede la maşină.

Pe aeroportul din Augsburg au ajuns după ora 16.00. Totul se desfăşura conform planului, deşi lipsa combinezonului de piele cu guler de blană îl enerva pe Hess. Aşadar, a luat combinezonul lui Helmut Kaden, al cărui nume era înscris pe eticheta din interiorul gulerului. Este unul din amănuntele care complică foarte mult elucidarea acestei probleme enigmatice. S-ar părea că cineva se înşelase şi luase din greşeală combinezonul adjunctului lui Hitler, dar dulapurile din vestiar nu erau accesibile oricui şi, în plus, costumul de aviator al lui Hess avea, la fel ca şi toate celelalte, eticheta cu numele clar marcat. Nu mai era timp să cerceteze ce s-a întâmplat cu combinezonul şi unde a dispărut. Câteva minute mai târziu, un alt eveniment l-a descumpănit pe Hess: unul dintre motoare nu voia să pornească, dar după ce a fost reglat puţin, totul a intrat în normal. Între timp, Karlheinz Pintsch a făcut fotografii. Una dintre ele înfăţişează un grup de oameni pe aripa avionului, lângă cabina în care stă probabil Hess, cu ochelarii pe frunte. După cum a afirmat Pintsch, fotografia fusese făcută exact atunci când se executa reparaţia şi se constatase că era vorba de un contact electric slăbit. Dacă mărturia lui Pintsch este adevărată, iar fotografia a fost făcută, într-adevăr, pe 10 mai, chiar înainte de decolarea lui Hess şi nu mai devreme, în timpul unei alte decolări, poate că aceasta este enigma cea mai ciudată a întregii zile. Pe botul avionului se poate citi numărul „3526". Avionul care a ajuns în Scoţia purta numărul „3869"!

După ora 17.00, Rudolf Hess s-a îndreptat cu avionul său spre pista de decolare. A încălzit motoarele. A primit permisiunea de decolare la 17.15 şi a pus avionul în mişcare. Karlheinz Pintsch a făcut ultima fotografie de adio a avionului care se îndepărta. Dar sub aripi nu se văd rezervoarele suplimentare! Dacă Rudolf Hess avea intenţia să ajungă până la Dungavell Hil în Scoţia, la reşedinţa prinţului Hamilton, şi acolo să sară cu paraşuta, trebuia să ştie că distanţa de la aeroportul din Augsburg, de unde decolase, în linie dreaptă până la Dungavell Hill este de aproximativ 1.300 km. Teoretic, ar fi putut ajunge acolo şi fără rezervoare suplimentare, căci, dacă zbura cu viteza economică, avionul putea parcurge 1.400 km. Dar n-ar fi avut niciun fel de rezervă pentru cazuri de urgenţă şi un vânt din faţă, o abatere din drum din greşeală sau pentru a ocoli un avion de vânătoare care ar fi necesitat mărirea vitezei la maximum şi punea în primejdie atingerea scopului călătoriei.

Toată acţiunea e imposibil de explicat: Hess – adjunctul Führer-ului, aşadar un om aflat în vârful ierarhiei statului nazist – se urcă în avion ca să facă o călătorie extrem de dificilă şi periculoasă pentru un pilot care zboară singur, pe timp de noapte, deasupra mării, ca să ajungă la prinţul Hamilton, pe care îl văzuse o singură dată în viaţă.

Se poate presupune că Hess, prieten apropiat al lui Hitler de pe timpul când activau amândoi la München, se simţise respins, îndepărtat şi împins pe planul al doilea atunci când Hitler, devenit cancelar în

1933, se mutase la Berlin. Îi lăsase prietenului conducerea partidului, al cărui sediu rămăsese la München şi permisese ca la Berlin locul lui lângă Hitler să fie luat de alţii: Göring, Goebbels, Bormann. Hess nu se putea împăca cu acest gând. Ca să-şi recapete poziţia pierdută, s-a decis să facă un gest extrem de periculos şi riscant, dar care, dacă ar fi reuşit, i-ar fi adus merite incontestabile. A zburat în Marea Britanie ca să ia legătura cu prinţul Hamilton, un om pe care îl cunoscuse în 1936 cu ocazia Jocurilor Olimpice de la Berlin. Credea că acesta o să-l conducă la premierul Churchill, iar Hess îl va convinge pe şeful guvernului britanic că cele două ţări trebuie să încheie pacea şi să colaboreze pentru a învinge răul cel mai mare, şi anume bolşevismul.

Era o mare naivitate din partea unui om care se afla în vârful ierarhiei puterii naziste.

Se pare că înainte să se urce în avion, Hess avusese legătură cu prinţul Hamilton prin intermediul a doi cercetători ştiinţifici ciudaţi: profesorul Karl Haushofer şi fiul acestuia, Albrecht. Chiar şi un om care nu ştia nimic despre mecanismele puterii şi acţiunile serviciilor secrete tot ar fi trebuit să aibă anumite dubii cu privire la sinceritatea acestor oameni. Chiar dacă Hess avea încredere nelimitată în ei, tot ar fi trebuit să se întrebe dacă nu sunt folosiţi de serviciile secrete engleze. Când s-a urcat în avion ca să îndeplinească acea misiune nebunească, ar fi trebuit să aibă garanţia că nu se va face de râs şi britanicii nu-l vor arunca în închisoare imediat după aterizare, ceea ce s-a şi întâmplat, sau că nu-l vor trimite în faţa tribunalului, acuzându-l de crime de război, ceea ce iarăşi s-a întâmplat, dar după război.

Aşadar, pe ce se baza Hess când a crezut că va reuşi să-l convingă pe premierul Churchill să încheie pacea cu Germania, din moment ce acesta afirmase din primul moment când preluase puterea că nu va negocia cu fasciştii, iar britanicilor le spusese că nu aşteaptă de la ei decât sânge, sudoare, lacrimi şi muncă grea? Marea Britanie trecuse prin criza cea mai dificilă pe care Franţa o pierduse şi prin bătălia aerului care durase patru luni. Deşi victoria era încă departe, din apărare disperată trecuse la atac. Bombardierele britanice atacau Berlinul şi zonele industriale germane, iar armata îi bătuse pe italieni în Africa şi îi obligase pe nemţi să invadeze Balcanii, ceea ce nu fusese în planul lui Hitler. E drept că după aceea corpul expediţionar britanic fusese nevoit să se retragă din Grecia, pierzând 12.000 de soldaţi, dar fusese numai o bătălie pierdută, la fel ca şi confruntările din deşert, care luaseră o întorsătură nefavorabilă pentru britanici. Premierul Winston Churchill ştia că Germania se pregăteşte de război împotriva Uniunii Sovietice şi va lovi dintr-o lună în alta. Aceasta însemna că ameninţarea invaziei germane în Anglia nu mai era reală, iar direcţionarea principalelor forţe spre marele front rusesc nu le va mai permite o victorie în Africa.

În mai 1941, situaţia Marii Britanii, care beneficia deja de sprijinul Statelor Unite era mult mai bună decât cu un an înainte. Aşadar, de ce ar fi trebuit Churchill să anuleze tot ceea ce le spusese conaţionalilor săi, atunci când îi îndemnase să lupte şi să încheie pace cu Hitler? Nu putea face acest lucru, căci istoria l-ar fi aşezat alături de colaboraţioniştii de teapa lui Pétain, ba poate alături de trădătorii ca Quisling[1] şi Kuusinen.

Churchill nu poate fi suspectat de aşa ceva. Dar erau mulţi politicieni englezi care considerau că ar fi trebuit să se încheie pacea cu Germania, deoarece continuarea războiului ar fi dus la destrămarea imperiului şi chiar dacă Marea Britanie ar fi ieşit învingătoare din acest război, îşi va pierde rangul de mare putere. În primul rând, va trebui să fie dependentă de Statele Unite, ceea ce se vedea limpede după aprobarea legii Lend-Lease. Drept urmare, după terminarea războiului, trezoreria statului se va îneca în datorii, iar guvernul american va dicta condiţiile. Dacă va izbucni un război germano-sovietic, ceea ce era cât se poate de clar, Marea Britanie va trebui să încheie o alianţă cu bolşevicii şi să-i sprijine. Dacă vor câştiga războiul, vor ieşi cei mai întăriţi. Luptele din Africa şi din Orientul Mijlociu – iar în 1941 nu se putea exclude că vor fi lupte şi în Orientul Îndepărtat – vor obliga guvernul britanic să înarmeze populaţiile din colonii. Iar acestea nu vor preda armele după încheierea războiului, ci vor cere să fie răsplătite pentru lupta lor. Iar răsplata era independenţa. Imperiul se va prăbuşi.

Politicienii britanici, care făceau aceste calcule aparent corecte, îşi dădeau seama că singura soluţie era răsturnarea lui Churchill şi primirea emisarului lui Hitler, cu care trebuiau să încheie pace.

Atunci, să fi ştiut Hitler de expediţia adjunctului său?

Sunt multe indicii în acest sens.

Secretarul de stat Ernst von Weizsäcker a notat în jurnalul său la data de 19 mai 1941: „Problema cu Hess este atât de stranie, că trebuie neapărat să consemnez tot ce ştiu despre ea. Am avut întotdeauna

---

[1] **Vidkun Quisling** (1887–1945), ofiţer în armata norvegiană şi întemeietorul partidului fascist norvegian, *Nasjonal Samling*, în timpul întrevederii cu Hitler din 1939 l-a invitat să ocupe Norvegia şi când s-a produs acest lucru, s-a străduit să formeze guvernul. A fost lipsit de sprijin popular şi a fost nevoit să renunţe la funcţia de premier şi să preia statutul de ministru-preşedinte. După război a fost arestat, condamnat la moarte şi executat.

impresia că Hitler ar fi foarte încântat să facă un compromis cu Marea Britanie în următoarele condiţii: imperiul britanic va continua să existe, dar pe continent britanicii nu ar mai avea niciun cuvânt de spus. Ar fi încercat pentru a doua oară, cum se spune, să încheie printr-o acţiune personală războiul dintre cele două popoare albe".

Fritz Hesse, înalt funcţionar în Ministerul de Externe, specialist în chestiunile britanice, a afirmat după război că Himmler şi Ribbentrop îl întrebaseră ce părere are despre posibilitatea încheierii unei înţelegeri de pace de către Hess.

SS-Obergruppenführer-ul Karl Wolff a mărturisit că, la 17 aprilie 1945, Hitler a afirmat că Hess acţionase din ordinul lui.

Niciuna din aceste chestiuni neclare nu va fi elucidată, atât timp cât Marea Britanie nu publică documentele legate de sosirea lui Rudolf Hess în Scoţia.

La ora 22.30, o staţie de radiolocaţie a identificat un avion care se apropia de ţărmul Scoţiei la o înălţime de 4.000 m. Treisprezece minute mai târziu, postul de observaţie situat la 11 km nord-est de Alnwick a auzit huruitul avionului, pe care l-a numit cu criptonimul *Raid 42*. O clipă mai târziu au identificat că este un Messerschmitt *Bf 110*, şi au raportat acest lucru la camera operativă din Inverness. Dar ofiţerul care a receptat ştirea a crezut că cei de la Home Guard băuseră prea multă bere în timp ce făceau de serviciu în post, căci niciun avion de acest tip nu putea să ajungă aşa de departe fără să piardă orice speranţă de a se mai putea întoarce. Curând au început să sosească rapoarte şi de la alte posturi de observaţie, care anunţau că enigmaticul avion, identificat din nou ca *Bf 110* sau Dornier *Do 215*, se îndreaptă spre Selkirk şi mai departe, spre nord-vest, coborând la 1.500 m. Dar avionul de vânătoare trimis în urmărirea lui l-a pierdut pe intrus.

Curând, centrala de la Inverness a primit ultimul raport de la un punct de observaţie situat la 14 km de Glasgow. S-a raportat că la ora 23.09 avionul s-a prăbuşit în flăcări, câţiva kilometri la sud-est de localitatea Bonnyton Moor.

David Maclean, muncitor la ferma Floors, tocmai lua cina, când a auzit huruitul avionului, apoi explozia şi a văzut pe fereastră cum cerul este cuprins de flăcări. A alergat în curte şi a văzut în lumina lunii un paraşutist care cobora spre pământ. A pus mâna pe furcă şi s-a repezit spre câmp, unde se întinsese ciuperca albă, de sub care a ieşit un paraşutist în combinezon negru de piele. S-a ridicat cu greutate în picioare, căci era rănit.

— Eşti neamţ?, a întrebat Maclean, apropiindu-se cu băgare de seamă şi ţinând furca întinsă în faţă.

— Da, a răspuns celălalt într-o engleză fluentă, deşi cu pronunţat accent german. Sunt german, căpitanul Alfred Horn. Doresc să ajung la Dungavel House. Am să transmit ceva important prinţului Hamilton.

Hess nu ştia că aterizase la aproape 50 km de ţinta sa.

— Eşti singur?, a întrebat Maclean lăsând furca în jos.

— Nu mai este nimeni în afară de mine, a răspuns Hess. Nu am arme.

Dinspre fermă a venit în fugă un argat, pe care Maclean l-a trimis la Eaglesham House, unde se afla o staţie secretă de radar. Văzând că pilotul se mişcă greu, şchiopătând vizibil de un picior, l-a ajutat să strângă paraşuta şi l-a condus la ferma sa. Acolo, în faţa uşii, stătea mama lui David, care i-a primit pe amândoi în cameră, l-a aşezat pe pilot pe cel mai bun fotoliu şi a pus de ceai.

— Aş vrea să ajung la prinţul Hamilton, a repetat Hess.

— Nu pot să te duc acolo, căci dintr-o clipă în alta vor veni soldaţii, a ridicat din umeri Maclean. Deocamdată bea nişte ceai.

Curând în casă au intrat soldaţii care îl căutau de mai mult timp fără rezultat pe paraşutist: un civil cu caschetă metalică pe care scria „Police" şi un soldat de la Home Guard cu un revolver mare în mână. După o scurtă consfătuire unde să-l ducă pe oaspetele neaşteptat, s-au hotărât să-l ducă la compania din Busby, apoi la comandamentul batalionului din Giffnock. În cele din urmă, l-au închis într-o încăpere din cazarma Maryll Barracks.

Şi astfel a început viaţa de închisoare a lui Rudolf Hess, care s-a încheiat 47 de ani mai târziu prin sinucidere în închisoarea Spandau din Berlin.

Britanicii tăceau ca mormântul. Unul dintre ambasadorii străini l-a întrebat pe premierul Winston Churchill dacă Hess adusese propuneri referitoare la rezolvarea problemelor europene, dar el a spus doar atât:

— Nu am niciun fel de informaţii în legătură cu această persoană, dar fireşte că guvernul Majestăţii Sale va informa guvernul Statelor Unite cu privire la acest zbor.

Asta a fost tot ce a spus în mod oficial Winston Churchill despre Hess. Nici măcar nu i-a rostit numele!

Secretul în care guvernul britanic a învăluit şederea lui Hess în Marea Britanie a sporit bănuielile lui Stalin. El considera de mult timp că Marea Britanie se străduieşte să-l facă să se certe cu Hitler şi să declanşeze un război între cele două state totalitare, ceea ce ar fi adus foloase democraţiilor. Fără îndoială că Stalin, suspicios din fire, avea motive să creadă acest lucru despre Churchill. Spionajul sovietic cunoştea bine acţiunile diplomaţiei britanice, mai ales datorită lui John Cairncross[1], unul dintre cei mai eficienţi spioni, care, lucrând la Ministerul de Externe din 1939, le-a furnizat ruşilor documentele cele mai secrete.

În septembrie 1940, Cairncross a preluat funcţia de secretar particular al lordului Hankey, membru cu state vechi în numeroase comisii ale guvernului, iar din 1939 a devenit consilier apropiat al premierului Chamberlain, omul care răspundea de supravegherea spionajului. E drept că, după ce Chamberlain a devenit şeful guvernului, Hankey a pierdut funcţia din cabinetul de război, dar a continuat să aibă acces la toate documentele pe care le examina cu multă curiozitate şi le dădea apoi şi secretarului său.

Cairncross a lucrat atât de intens, încât mulţi ani mai târziu unul din şefii spionajului sovietic, Dmitri Svetanko, a spus că „furniza literalmente tone de documente". Datorită lui, ruşii au cunoscut cele mai secrete intenţii ale guvernului lui Winston Churchill. Şi tocmai de aceea Stalin a devenit atât de bănuitor în legătură cu informaţiile britanice. La fel de neceremonios a procedat şi în legătură cu prima informaţie pe tema intenţiilor germane, pe care i-a transmis-o ambasadorul britanic, Sir Stafford Cripps[2]. Era ca un fel de gest de bunăvoinţă, prin care acest diplomat, cunoscut pentru simpatiile lui procomuniste, fusese trimis la Moscova în mai 1940. La 25 iunie, Cripps i-a transmis o scrisoare din partea lui Churchill în care acesta îl avertiza că Hitler intenţionează

[1] **John Cairncross** (1913–1995), membru al Partidului Comunist Britanic, absolvent al Universităţii din Glasgow, a lucrat câţiva ani la Cambridge, unde a fost recrutat de spionajul sovietic. Din 1936 a fost funcţionar în Ministerul Afacerilor Externe. Din 1939 a transmis informaţii secrete spionajului sovietic. Din 1940, în calitate de secretar al Lordului Maurice Hankey, a avut acces la cele mai secrete informaţii ale guvernului britanic. În timpul războiului, a lucrat la Blethley Park, unde erau descifrate telegramele germane. În 1951 a fost bănuit de spionaj, a fost eliberat din postul de la Ministerul de Finanţe şi a plecat în Africa, apoi în Extremul Orient. În 1964 a recunoscut că este spion. În 1995 s-a întors în Anglia.

[2] **Stafford Cripps** (1889–1952), consilier regal din 1927, în 1931 a devenit membru în parlament din partea Partidului Laburist. A fost întemeietorul Ligii Socialiste în 1932 şi, patru ani mai târziu, s-a pronunţat pentru crearea unui partid comun cu comuniştii, motiv pentru care a fost îndepărtat din Partidul Laburist. Din mai 1940 până în ianuarie 1942, a fost ambasador la Moscova, apoi, în numele guvernului britanic, a condus negocierile cu India. După război, a ocupat diverse funcţii în stat, până în 1950, când s-a retras din activitatea politică din motive de sănătate.

să ocupe toată Europa şi îi propunea ca Marea Britanie şi Uniunea Sovietică să-şi unească forţele în apărare. Această convingere decurgea din telegramele Comandamentului Suprem şi ale Ministerului de Externe din Germania, interceptate şi descifrate la Bletchley Park, ceea ce fireşte că ambasadorul nu avea de unde să ştie. Stalin nu a dat crezare acestui avertisment, astfel că, la 13 iulie, Molotov i-a trimis lui Hitler copia scrisorii şi, în plus, şi stenograma convorbirii cu Cripps. Voia să-i confirme în acest fel loialitatea şi să-i arate lui Hitler că poate avea deplină încredere în el.

Cripps s-a prezentat cu un nou avertisment la cabinetul adjunctului comisarului poporului pentru afaceri externe, Andrei Vîşinski, la 16 aprilie 1941, aducând o scrisoare pe care Churchill i-o scrisese lui Stalin cu două săptămâni mai înainte:

„Am informaţii sigure din partea unui agent de încredere, că în momentul în care Germania a fost sigură de Iugoslavia, ceea ce s-a întâmplat la 20 martie, a început să transfere trei din cele cinci divizii de blindate de pe teritoriul României spre sudul Poloniei. În momentul în care a aflat de revoluţia din Serbia şi de lovitura de stat de acolo din 17 martie, transferul a fost oprit. Las la aprecierea Excelenţei Voastre importanţa acestor fapte".

Cripps ştia deja ce atmosferă nefavorabilă pentru britanici şi pentru avertismentele lor domneşte la Kremlin. De aceea, a ezitat mult timp până să predea scrisoarea. Iar temerile lui erau întemeiate. Comisarul adjunct Vîşinski a confirmat, două zile mai târziu, că i-a transmis lui Stalin scrisoarea, dar acesta nu a răspuns la ea.

Avertismente

Bărbatul care stătea în faţa cinematografului arăta ciudat cu trenciul lui lung şi pălăria care îi cădea peste ochi. Cu câteva luni în urmă, orice poliţist german l-ar fi legitimat imediat, dar de când începuseră raidurile aliaţilor şi bombele distruseseră o mulţime de clădiri, pe străzile capitalei Reich-ului se vedeau mulţi oameni îmbrăcaţi ciudat. Erau cei care îşi pierduseră tot avutul şi umblau îmbrăcaţi în ceea ce primiseră de la rude sau de la serviciile sociale.

Poliţistul care l-ar fi legitimat pe bărbatul din faţa cinematografului ar fi fost uimit să constate că acesta avea paşaport diplomatic. Era Sam Edison Wood, consilierul comercial al ambasadei americane de la Berlin. Observându-i obiceiurile, ai fi putut ajunge la concluzia că era un cinefil împătimit, căci mergea deosebit de des la cinema, de regulă la ultimul spectacol.

Se uita spre intrarea în cinematograf şi când s-au stins luminile, ceea ce era semn sigur că proiecţia începuse, casiera închisese ghişeul şi nimeni nu mai cumpăra bilete, s-a îndreptat către intrare.

În sala cufundată în întuneric, plasatoarea i-a luminat drumul cu lanterna şi l-a condus la rândul nr. 7, indicându-i locul lui.

Sala era aproape pustie, căci berlinezii se duceau tot mai rar la ultimul spectacol, temându-se de bombardierele britanice, care se năpusteau tot mai des asupra oraşului la ora aceasta.

Câteva minute mai târziu, lanterna plasatoarei a strălucit din nou în întuneric şi un alt spectator întârziat a fost condus la locul său. Acesta s-a aşezat în spatele lui Sam Wood.

„Wohnenschau” – cronica cinematografică – înfăţişa trecerea unei coloane germane de blindate printr-un sat din Iugoslavia.

— Zorile ivite deasupra munţilor Iugoslaviei au luminat calea tancurilor noastre, care se îndreaptă neabătute spre ţintă. Vitejii tanchişti, fără să-şi precupeţească eforturile, aduc la îndeplinire ordinele Führer-ului...

Vocea stridentă a crainicului se amesteca cu huruitul tancurilor care se opriseră într-un loc, iar tanchiştii examinau terenul cu lunetele.

Wood nu se uita la ecran. Cu coada ochiului văzuse cum cel care şedea în spatele lui îşi rezemase braţul de spătarul scaunului de lângă el şi aruncase un cocoloş de hârtie în pălăria pe care o pusese pe acel scaun intenţionat cu gura în sus.

— Inamicul fuge numai când zăreşte tancurile noastre, iar acestea îşi confirmă puterea prin bubuitul tunurilor...

Cronica se apropia de sfârşit şi începea filmul, dar Sam Wood s-a ridicat şi s-a îndreptat către ieşire. A aruncat o privire spre bărbatul care şedea pe rândul din spatele lui şi numai o persoană iniţiată ar fi putut distinge în acel gest un salut sau o mulţumire. Oare îl cunoştea pe omul acela? Era greu de spus. Nu era exclus să fi stabilit un contact printr-un intermediar şi se întâlniseră în sala de cinema, unde din cauza întunericului nu putea să distingă trăsăturile feţei. Probabil că nu schimbaseră niciodată nicio vorbă unul cu altul.

Sam Wood nu era agent al serviciilor speciale americane. De profesie inginer, făcuse multe meserii în viaţa sa, până când, în 1928, începuse să lucreze la Departamentul de Stat şi câteva luni mai târziu plecase la ambasada americană din Praga, de unde în 1936 fusese transferat la Berlin. Era un bărbat cu mult farmec, amabil, cu un simţ al umorului tipic american, ceea ce îl ajutase să-şi facă mulţi prieteni. Printre aceştia se găsea şi „Johnnie” von Herwarth, care se întâlnea des cu Wood şi, având încredere în texanul cel voinic, îl informa despre planurile acţiunilor guvernului german.

Dar nu el era acela care îi transmisese lui Wood în acea seară de mai în sala de cinematograf informaţii scrise pe fiţuici, căci se afla în acel moment cu unitatea lui în Polonia. Identitatea acelui informator secret nu a fost dezvăluită niciodată. Încă din septembrie 1940, Herwarth le transmisese americanilor informaţia că Hitler a renunţat la invazia împotriva Marii Britanii şi tot ceea ce era legat de această chestiune – transferurile de efective, testarea noilor echipamente, informaţiile referitoare la forţa unităţilor de invazie – trebuie considerat un joc având drept scop să-i oblige pe britanici să capituleze. În ianuarie 1941, informatorul secret a transmis primul raport foarte amănunţit pe tema intenţiilor lui Hitler faţă de Uniunea Sovietică. Afirma că la mijlocul lunii decembrie, Führer-ul semnase directiva care ordona începerea pregătirilor pentru programul „Barbarossa”!

Wood a mai străbătut câteva străzi, privind tot timpul bănuitor în stânga şi în dreapta, ca să fie sigur că nu-l urmăreşte nimeni, gata în orice clipă să înghită hârtia, pe care o luase la cinema. Dar nu existau motive de nelinişte. Pe străzi era deja pustiu şi ar fi zărit uşor orice agent al contraspionajului dacă era pe urmele lui.

A ajuns într-o mică piaţetă, unde îşi lăsase maşina. A pornit motorul şi a plecat repede, privind mereu în oglinda retrovizoare. S-a liniştit abia atunci când a ajuns în grădina casei în care locuia şi a închis cu grijă poarta. În fiecare misiune pe care o îndeplinea avea nervii întinşi la maximum, deşi nu avea motive, căci ca diplomat protejat de imunitate nu-l putea ameninţa nimic. Dar ştia că pentru orice neglijenţă din partea lui – şi era uşor să comită aşa ceva, căci nu fusese şcolit în mod special pentru astfel de misiuni – oamenii care îi furnizau informaţii puteau plăti cu viaţa.

S-a întors la maşină şi a citit hârtia la lumina brichetei: „Hitler a mutat data începerii războiului cu Rusia pentru mijlocul lui iunie”.

Era aproape miezul nopţii. S-a gândit un moment dacă să aştepte până dimineaţa, dar a ajuns la concluzia că trebuie să transmită aceste noutăţi cât mai repede la Washington. A ars biletul, a strivit cu grijă scrumul în scrumieră şi a pornit spre ambasadă.

Rapoartele trimise de Wood erau privite la Washington cu neîncredere, dar sursele din care primea informaţii erau atât de serioase, încât această ştire a trezit imediat interesul lui Cordell Hull, secretarul de stat, şi al adjunctului acestuia, Summer Wells. Aveau încredere în rapoartele spionului amator, cu atât mai mult cu cât informaţiile lui erau confirmate şi de telegramele japoneze descifrate de curând. Baronul Oshima, ambasadorul Japoniei la Berlin, trimitea la Tokio descrieri destul de amănunţite ale acţiunilor şi intenţiilor guvernului german şi, deşi nu ştia tot, coroborarea telegramelor lui cu informaţiile lui Wood alcătuiau o imagine autentică a pericolului izbucnirii unui nou război în Europa.

Preşedintele Roosevelt îşi dădea seama că nu poate ţine aceste informaţii numai pentru el şi că trebuia să-l avertizeze pe Stalin. S-a ales pentru aceasta calea diplomatică şi misiunea transmiterii avertismentului a fost încredinţată ambasadorului Laurence Steinhardt. Dar acesta a refuzat s-o îndeplinească, susţinând că va face mai mult rău decât bine, căci Stalin nu crede în bunele intenţii ale americanilor şi va respinge informaţiile despre pregătirile germane, considerând că este vorba de o provocare. Fără îndoială că Steinhardt se baza în această convingere pe convorbirea cu ambasadorul Cripps, care se plânsese că ruşii nu numai că nu apreciază bunele lui intenţii, dar îl privesc chiar cu dispreţ.

Pare de la sine înţeles că Stalin nu putea să creadă în bunele intenţii ale unui duşman atât de înverşunat al comunismului cum era Winston Churchill. Încă din 1918, acesta fusese unul dintre autorii intervenţiei marilor puteri europene împotriva revoluţiei bolşevice. Grija bruscă pentru siguranţa Uniunii Sovietice în faţa agresiunii hitleriste putea să pară cu atât mai suspectă cu cât Churchill, ca şef al guvernului unui stat care se apăra cu disperare de nemţi, trebuia să viseze la ziua când Wehrmacht-ul ar trece graniţa Uniunii Sovietice. Aceasta ar fi însemnat ca Hitler să fie ocupat într-un nou război cu o ţară mare şi obligat astfel să renunţe la planurile de a sili Marea Britanie să încheie pace. Pe lângă aceasta, Uniunea Sovietică, aliatul Germaniei, era duşmanul Marii Britanii şi de la izbucnirea războiului mondial guvernul britanic pregătise cel puţin de două ori acţiuni armate împotriva Armatei Roşii. În 1939, Churchill plănuise să trimită Corpul Expediţionar în ajutorul finlandezilor. În 1940, elaborase un plan de bombardare a câmpurilor petroliere sovietice din regiunea Baku, de unde ruşii trimiteau ţiţei nemţilor. Despre ajutorul pentru Finlanda vorbise deschis presa britanică, planurile raidurilor împotriva zonei Baku fuseseră descoperite în Franţa de soldaţii germani şi fuseseră trimise apoi la Moscova.

Summer Wells s-a decis totuşi să-l avertizeze pe Stalin. A profitat de întrevederea cu ambasadorul Umanski, ca să-i vorbească despre planurile lui Hitler.

— Domnule ambasador, Wells l-a luat pe Umanski pe după umeri şi l-a dus deoparte, imediat după ce s-a terminat recepţia de la Departamentul de Stat. Avem informaţii din surse cât se poate de sigure că Germania se pregăteşte foarte serios să vă atace ţara. Războiul poate izbucni înainte de retragerea armatelor germane din teatrul balcanic...

Umanski a pălit.

— Apreciez importanţa informaţiilor pe care mi le transmiteţi, a spus el după o clipă de tăcere. Guvernul meu vă va fi recunoscător pentru încredere. Voi informa neîntârziat despre convorbirea noastră.

Ce anume îi făcuse lui Umanski o impresie atât de puternică, încât pălise? Fusese oare şocat de viziunea războiului iminent? Sau poate se temea mai mult de faptul că trebuia să transmită la Moscova informaţia pe care o auzise de la Wells? Se temea, căci ştia ce îl ameninţă şi nu putea să spună că „uitase" de această convorbire.

Kremlinul era obsedat de suspiciunea că britanicii şi americanii organizaseră o mare campanie cu scopul de a provoca Moscova să înceapă războiul cu Germania.

Stalin ştia cât se poate de bine ce se întâmplă de-a lungul frontierei ţării sale. Germania transfera aici trupe într-un ritm din ce în ce mai rapid. Până la 14 martie 1941, 2.500 de trenuri aduseseră soldaţi şi echipamente militare în zona de concentrare. În aprilie şi mai mişcarea s-a intensificat brusc. În 10 săptămâni, prin Polonia au trecut 17.000 de trenuri de marfă, aducând trupele din cel de-al doilea val. Până la 20 mai, la frontieră se aflau deja 120 de divizii şi mai veneau şi cele retrase din Balcani. O asemenea masă de oameni şi de echipamente de război nu putea fi ascunsă de zborurile de recunoaştere ale spionajului sovietic şi de ochii spionilor, deosebit de numeroşi în zona de graniţă.

La Moscova soseau rapoarte îngrijorătoare, căci fiecare comandant de regiune militară se simţea obligat să înştiinţeze guvernul de concentrarea unor forţe atât de însemnate.

La 2 iunie, comandantul Armatei de Apărare a Frontierei a raportat că în zonele de frontieră au fost identificate 80-85 de divizii germane de infanterie, 7 divizii de blindate, 65 de divizii de artilerie şi multe alte unităţi mari.

Două zile mai târziu, generalul Dmitri Pavlov, comandantul Regiunii Militare Vest, a trimis la Statul Major General un raport din care reieşea că la 25 mai în raioanele de frontieră au sosit două divizii blindate SS şi trei divizii de infanterie. În acelaşi timp, din zona respectivă fusese evacuată populaţia civilă. Raportul se încheia cu cuvintele: „Informaţiile despre intensificarea pregătirilor (...) şi întărirea unităţilor concentrate în zona de frontieră a Regiunii Militare Vest sunt demne de toată încrederea".

La 13 iunie, mareşalul Semion Timoşenko, comisarul poporului pentru apărare, l-a sunat pe Stalin:

— În situaţia care s-a creat de-a lungul frontierelor noastre, consider că este indicat să declarăm alarmă în unităţile de frontieră. Vă rog să vă exprimaţi acordul.

— O să ne mai gândim la aceasta, a răspuns Stalin şi a închis telefonul.

Timoşenko nu a s-a lăsat. În ziua următoare, împreună cu Gheorghi Jukov, şeful Statului Major General, s-a prezentat la cabinetul de la Kremlin.

— Propuneţi începerea mobilizării, punerea în stare de alarmă a unităţilor şi transferarea lor către frontiera de vest? Stalin era furios. Asta înseamnă război, înţelegeţi sau nu?

Timoşenko şi Jukov tăceau.

— Câte divizii avem în vestul ţării?, a întrebat Stalin.

— 149, a răspuns Jukov.

— Şi asta nu este suficient? După informaţiile noastre, nemţii nu au atâtea divizii.

— Este adevărat, a spus Jukov făcând un pas înainte. Dar diviziile germane au efectivele complete, adică între 14.000 şi 16.000 de soldaţi în divizie, bine înarmaţi şi gata de luptă. În schimb, efectivele diviziilor noastre sunt incomplete. Lipsesc rezerviştii şi echipamentul de luptă.

— Să nu credeţi tot ce citiţi în rapoartele spionajului!

Stalin s-a aşezat la birou şi a lăsat capul în jos. Şapoşnikov şi Jukov au înţeles că întrevederea a luat sfârşit. Au salutat şi au ieşit din cabinet.

Stalin a lăsat la o parte toate precauţiile.

— Pavel Mihailovici, vă cheamă tovarăşul secretar general. Vocea lui Gnedih suna sec în receptor.

Nu era de mirare că un membru al secretariatului lui Stalin se adresa pe un ton atât de oficial şefului spionajului extern din NKVD, deşi se cunoşteau de mult. Funcţia de şef al spionajului era deosebit de nesigură în primele zile ale lui mai 1941. Oamenii îşi aminteau ce epurări masive avuseseră loc în această organizaţie. Putea ieşi brusc la iveală că unul ca Fitin este trădător şi spion britanic, iar dacă cineva ar fi auzit că Gnedih i s-a adresat pe numele mic, ba pe deasupra şi politicos, ar fi devenit imediat suspect.

— A spus să vă prezentaţi peste o jumătate de oră la cabinetul tovarăşului secretar, a spus Gnedih şi a închis telefonul.

Pavel Fitin s-a ridicat, şi-a încheiat vestonul şi şi-a adunat hârtiile de pe birou. Drumul până la Kremlin nu putea să dureze mai mult de zece minute, dar prefera să plece imediat. A traversat în pas grăbit secretariatul, aruncându-i din zbor adjutantului să tragă maşina la scară.

Nu de mult mai lucra încă în spionaj. Fusese recrutat în februarie 1938, imediat cum se încheiaseră epurările şi serviciile secrete începuseră să-şi reînnoiască rândurile foarte rărite. În octombrie, fusese trimis la Şcoala pentru Misiuni Speciale (*Şkola Osobogo Naznacenia*) de lângă Moscova, deschisă cu câteva zile mai înainte. Se dovedise un student deosebit de inteligent şi după câteva luni de pregătire fusese angajat la secţia de spionaj străin. În mai 1939 fusese numit şeful spionajului, deşi nu avea decât 31 de ani, ceea ce era o carieră absolut neobişnuită în aparatul anchilozat al statului bolşevic.

Era o funcţie extrem de periculoasă. În cele 15 luni precedente, trei şefi ai spionajului în străinătate sfârşiseră cu un glonţ în cap la Lubeanka. Era deci de aşteptat ca noul şef, tânăr şi lipsit de experienţă, să ajungă curând tot acolo. S-a apărat, deşi nu a fost meritul lui, ci al reţelelor de spionaj admirabil organizate, care luaseră naştere în anii '30 în Marea Britanie şi în Germania. Acestea erau alcătuite din oameni cu educaţie aleasă, convinşi că misiunea vieţii lor este să salveze lumea de fascism şi de nazism, pe deplin devotaţi activităţii lor. Devotamentul şi convingerile lor nu au putut fi slăbite nici de rezidenţii penibili ai spionajului sovietic pe care Fitin îi trimisese în aceste ţări în locul celor ucişi în timpul marilor epurări.

La sfârşit anului 1940, la Londra a plecat Anatoli Gorski, un bărbat abia trecut de 30 de ani, primitiv şi prost, în plus convins de importanţa persoanei sale, ceea ce îl făcea să fie absolut insuportabil. Până la începutul anului 1941 a refăcut contactele cu cinci agenţi recrutaţi de predecesorul lui la Cambridge, care aveau acces la secretele guvernului. Aceştia lucrau în locul lui.

La Berlin a fost trimis Aleksandr Korotkov, care s-a înfierbântat atât de tare de dorinţa de a reface contactele cu spionii germani că pe unul din ei, Arvid Harnack, l-a vizitat la el acasă, ceea ce era în contradicţie cu cele mai elementare reguli ale spionajului. Dar şi în Germania au fost reactivate contactele vechi: pe lângă Harnack, a început să activeze Harro Schulze-Boysen, ofiţer de aviaţie cu acces la cele mai stricte secrete militare. Era un antinazist atât de împătimit că, în timpul nopţii, când sora lui lipea afişe subversive pe zidurile caselor din Berlin, el, în uniforma de ofiţer Luftwaffe, stătea de pază cu pistolul în mână. Datorită informaţiilor obţinute de acesta, Korotkov a putut să trimită la Moscova, în ziua de 16 iunie 1941, informaţia că „lovitura este aşteptată dintr-un moment în altul".

Fitin a sosit punctual la secretariatul lui Stalin, o încăpere modest mobilată, unde sub fereastra mare se afla un birou şi în partea dreaptă, în faţa uşii de stejar care dădea în cabinet, trei fotolii pentru cei care aşteptau să fie primiţi. Gnedih, care îl aştepta deja, l-a introdus în cabinetul lui Stalin fără să-i explice de ce fusese convocat.

— Ascultă, spionule şef!, a exclamat Stalin văzându-l pe Fitin. Nu trebuie să-mi prezinţi ultimele rapoarte ale agenţilor noştri, le ştiu pe dinafară. Ţine minte: Nu există nemţi pe care să-i poţi crede, în afară de Wilhelm Pieck[1]. E clar?

— Clar, tovarăşe Stalin!, a răspuns Fitin.

Ştia perfect că Stalin vorbeşte despre rapoartele lui Harnack şi Schulze-Boysen. Dictatorul nu avea încredere în ele. Considera că aceşti agenţi se lăsaseră păcăliţi de nemţi, ba poate chiar de britanici, al căror spionaj găsise o modalitate să transmită informaţii false.

Fireşte că Pavel Fitin ştia ce crede Stalin despre rapoartele cu privire la pregătirea Germaniei pentru război. Într-unul din ele, trimis de Harro Schulze-Boysen, notase pe margine:

„Puteţi să-l trimiteţi pe informatorul vostru de la aviaţia germană în mă-sa. Nu este informator, este dezinformator." Dar ce era să facă şeful spionajului din străinătate al NKVD cu rapoartele rezidenţilor şi cu materialele informative? După izbucnirea războiului – care se putea întâmpla din zi în zi – ar fi fost învinuit că ascunsese informaţii importante ale spionajului şi ar fi fost împuşcat. Din două rele alesese aşadar pe acela de a-i transmite aceste informaţii lui Stalin şi nici nu ştia cât de aproape fusese să-şi piardă capul. Îl enervase rău pe Stalin, aşa că dacă ar mai fi durat câteva săptămâni ar fi ajuns la închisoare. Dar izbucnirea războiului îi salvase viaţa. Nu fusese la fel de abil ca Filip Golikov, şeful spionajului militar GRU.

Golikov, care fusese numit în funcţie în mai 1940 fără să fi avut niciun fel de pregătire, se temea îngrozitor că incompetenţa lui va ieşi curând la iveală. Dar găsise repede o soluţie, dezlănţuind o campanie

[1] **Wilhelm Pieck** (1876–1960) – activist comunist german, din 1939 a locuit în URSS, unde în 1943 a fost cofondator al Comitetului „Germania liberă". În anii 1949–1960 a fost preşedintele RDG.

de urmărire a spionilor, diversioniştilor şi duşmanilor poporului, care se încuibaseră în armată şi încercau să slăbească Armata Roşie. A obligat, aşadar, cadrele să caute autorii unor acte de sabotaj născocite: de exemplu, adăugarea de sticlă pisată în pâsla din care se confecţionau pâslarii, cuie în ghetele care chinuiau picioarele soldaţilor, cioburi de sticlă sau pâine mucegăită în hrana cailor.

Dar nici el nu putea să arunce la gunoi rapoartele agenţilor subordonaţi serviciilor lui. Aşadar, i le trimitea lui Stalin, dar pe marginea lor menţiona: „vândut britanicilor", sau „agent dublu". La 20 martie 1941, a transmis un raport informativ al agentului Richard Sorge de la Tokio, în care acest spion, care avea acces la secretele guvernului german, preciza data începerii atacului german: 15 mai. Dădea şi structura organizatorică a forţelor germane. Golikov a scris în concluzia raportului: „Zvonurile şi documentele care vorbesc despre începerea inevitabilă în primăvara acesta a războiului cu URSS trebuie considerate dezinformări provenind de la spionajul britanic, poate chiar german".

În acelaşi ton se exprimau toţi comandanţii, ştiind că dacă ar fi vorbit în mod serios despre ameninţare, ar fi avut de suferit consecinţe grave. Comisarul pentru marina militară, Nikolai Kuzneţov, i-a trimis lui Stalin un raport pe tema planurilor germane, în care scria: „Presupun că informaţiile sunt false şi îndreptate în mod special în această direcţie, ca să se vadă cum va reacţiona Uniunea Sovietică".

Din ianuarie 1941, serviciile sovietice de informaţii au transmis aproximativ o sută de rapoarte care avertizau în legătură cu agresiunea germană şi menţionau şi data începerii acesteia: la început mijlocul lui mai, apoi a treia decadă a lui iunie, ca urmare a amânării loviturii din cauza campaniei din Balcani.

Stalin le respingea. Oare nu le credea?

Intenţiile lui Hitler fuseseră clare de la bun început şi rapoartele spionilor nu aduceau nimic nou. Erau ca nişte avertismente pentru cioban: ai grijă că în curând lupii îţi vor mânca oile! Nu avea nevoie de astfel de avertizări. Nu aveau nicio importanţă. Alta era problema cu data începerii agresiunii germane. Stalin era acoperit de o avalanşă de informaţii. Pe de o parte, erau rapoartele de la agenţi care dădeau un termen pentru începerea războiului, pe de altă parte, soseau cele care reprezentau efectul jocului germanilor cu scopul de a semăna derută şi de a crea o imagine total inversă. Pe lângă aceasta, mai erau şi opiniile funcţionarilor înspăimântaţi şi ale comandanţilor care, de frica lui Stalin, se străduiau să tulbure şi mai mult această imagine.

Încă din 15 februarie 1941, feldmareşalul Wilhelm Keitel semnase documentul intitulat „Principiile inducerii inamicului în eroare", în care se definea modul de disimulare a pregătirilor de război cu Uniunea Sovietică. Principiul fundamental era explicarea prezenţei unor unităţi puternice în vecinătatea frontierei sovieto-germane ca exerciţii premergătoare invadării Marii Britanii. În felul acesta era explicată necesitatea de a se ascunde pregătirile de război de avioanele de recunoaştere şi de bombardierele engleze. S-ar fi putut spune că explicaţia este cusută cu aţă albă, dar ea era însoţită de acţiuni care într-adevăr ar fi putut induce în eroare.

La sfârşitul lunii martie, Germania a început operaţiunea „Harponul", care trebuia să lase impresia că pregătirile pentru invadarea Marii Britanii au ajuns în faza finală. Dintr-un port norvegian au pornit pe mare 10 transportoare escortate de 4 cuirasate şi câteva distrugătoare. În acelaşi timp, scurgerile de informaţii din Wehrmacht arătau că această escadră urma să ajungă în Scoţia. Vasele au ieşit din port, dar s-au întors după lăsarea întunericului şi au debarcat oamenii pe ţărm, pentru a-şi continua apoi drumul goale până în Scoţia. Acolo s-au lăsat depistate de aviaţia britanică şi au dispărut apoi la adăpostul întunericului. Misiunea lor fusese să menţină tensiunea.

La 24 aprilie a început operaţiunea „Rechinul", care consta în intensificarea activităţii vaselor germane în zona Norvegiei, pentru a lăsa impresia că invadarea Marii Britanii va avea loc foarte curând.

Operaţiunea era însoţită de acţiuni care induceau în eroare spionajul sovietic din zonele de frontieră. De exemplu, soldaţilor staţionaţi acolo li se distribuiseră manuale de limba engleză cu expresii de felul: „Mâinile sus!", „Predaţi-vă!", „Cum să ajung la..." etc. În Franţa, un ofiţer beat îşi dăduse întâlnire cu o fată şi spusese că în curând va fi la Londra, iar a doua zi nu mai venise la întâlnire; imediat după aceea se răspândise zvonul că fusese arestat pentru că trădase un secret de război.

La Berlin, în ziua de 13 iunie, întregul tiraj al ziarului *„Völkischer Beobachter"* a fost retras de la chioşcurile de presă, chipurile la cererea Wehrmacht-ului, dar multe exemplare fuseseră deja vândute. Cuprindeau articolul *Creta ca exemplu*, din care reieşea în mod clar că invazia în Marea Britanie va începe în zilele imediat următoare. În acelaşi timp, comandamentul Wehrmacht-ului a început să retragă o parte din unităţile de la frontiera germano-sovietică. Bineînţeles că nu au plecat prea departe, dar s-a creat impresia că a început transferul trupelor bine instruite spre ţărmul francez.

Fără îndoială, în acest joc se lăsase antrenat fără voia lui şi ambasadorul Friedrich von der Schulenburg. În iunie, într-o convorbire cu ambasadorul Dekanozov, care venise pentru câteva zile la Moscova, a spus:

— Hitler a luat decizia de a începe războiul cu Uniunea Sovietică pe 22 iunie. De ce vă informez despre asta? Am fost educat în spiritul lui Bismarck, care a fost întotdeauna împotriva unui război cu Rusia.

Dekanozov fireşte că i-a raportat imediat lui Molotov această revelaţie fără să ştie că îşi risca viaţa. Stalin, ce-i drept destul de liniştit, a primit informaţia transmisă de Schulenburg şi a spus numai atât:

— Provocările au ajuns până la nivelul ambasadorilor.

Beria, care nu putea să-l sufere pe Dekanozov şi pândea o ocazie să se descotorosească de el, i-a scris un raport lui Stalin:

„Insist din nou să fie rechemat şi mustrat ambasadorul de la Berlin, Dekanozov, care mă bombardează necontenit cu rapoarte, în sensul că Hitler se pregăteşte să atace URSS. A raportat că atacul va avea loc mâine, dar eu şi oamenii mei, Iosif Visarionovici, ne-am băgat bine în cap opinia dumneavoastră înţeleaptă: Hitler nu ne va ataca în 1941".

Stalin nu avea de gând să aştepte să vadă ce e adevăr şi ce este minciună a serviciilor speciale. S-a decis să se bizuie pe instinctul său. Era convins că Hitler nu va da semnalul de atac împotriva Uniunii Sovietice până nu va rezolva situaţia cu Marea Britanie. Poate că jocul spionajului german justifica o astfel de opinie. Poate se gândea că trecuse deja anotimpul când armata germană ar fi putut să pornească la ocuparea unei ţări atât de mari. Începerea războiului în iunie însemna că Wehrmacht-ul va trebui să dea lupte în timpul ploilor de la începutul toamnei şi al gerurilor de la sfârşitul ei. Nu avea de unde să ştie că strategii germani prevăzuseră ca războiul cu Uniunea Sovietică să se încheie cu victoria Germaniei în 9-17 săptămâni, dovedind astfel că nu ştiau ce înseamnă distanţele din spaţiile ruseşti şi înverşunarea apărătorilor lor.

Stalin se aştepta ca armata aceea mare care stătea la frontiera ţării lui să lovească, dar abia în 1942.

Armata lui trebuia să lovească înainte! Când? Oare chiar în 1941?

Judecând după starea de pregătire a Armatei Roşii în iunie 1941, se putea trage concluzia că ar fi fost gata să înceapă lupta nu mai devreme de august sau septembrie. Aceasta rezulta din ritmul în care se concentra armata la frontieră. Operaţiunea începuse la mijlocul lui aprilie şi până la 22 iunie se aflau în stare de luptă numai 54 de divizii de infanterie şi două divizii de cavalerie. Restul erau în poligoane sau în cazărmi pentru completarea efectivelor. Transferul până în zona de concentrare şi pregătirea de luptă ar mai fi durat încă două luni. Ar fi fost în continuare un moment bun pentru începerea ofensivei. Diviziile sovietice ar fi mers spre vest, unde vremea ar fi fost favorabilă acţiunilor de luptă. Dar Stalin ştia că timpul de pregătire fusese prea scurt. După experienţele nemţilor în Polonia şi în vestul Europei şi ale ruşilor în Finlanda, îşi dădea perfect de bine seama de importanţa blindatelor şi a aviaţiei într-un război de agresiune. Fiecare lună de întârziere a războiului permitea să se trimită unităţilor de luptă sute de tancuri noi, tip *T-34*, în faţa cărora nemţii erau neputincioşi, căci numai tunurile de calibrul 88 le puteau înfrunta. În iunie, Armata Roşie avea 1.225 de tancuri *T-34* şi 250 de tancuri grele *KW*[1], aşadar prea puţine, după părerea comandanţilor sovietici, pentru a purta un război cu blindate. Prea puţine erau şi avioanele de atac *Il-2*[2], a căror producţie a început în 1941, pentru a sprijini atacurile cu blindate. Lipseau modernele

---

[1] **KW**, tancul greu numit *KW-1* (de la iniţialele comisarului poporului pentru apărare, Kliment Voroşilov), a fost proiectat în 1938 de un colectiv de constructori de la uzinele Kirov din Leningrad, unde producţia a început în 1940. În toamna anului 1941, uzina a fost evacuată la Celeabinsk, dar producţia a fost reluată chiar înainte de sfârşitul anului şi a continuat până în aprilie 1943. În această perioadă, uzinele au livrat armatei 4.700 tancuri în mai multe versiuni (printre altele, *KW-2* cu tun obuzier calibru 152 mm, *KW-8* cu aruncătoare de flăcări şi tun calibru 45 mm, *KW-9* cu obuzier de 122 mm). La începutul războiului sovieto-german erau cele mai puternice tancuri de pe câmpul de luptă. Avantajele lor erau blindajul gros, motorul puternic, suspensia elastică şi etanşeitatea la apă, raza lungă de acţiune. Era mai prost rezolvată problema transmisiei şi sistemul de manevrare, ceea ce necesita multă forţă din partea şoferului. La începutul anului 1944, tancurile KW au început să fie înlocuite cu tancuri grele *IS*.

Date tactico-tehnice (KW-1s): echipaj 5 persoane, motor diesel cu puterea de 600 CP, greutatea 42,5 t, blindaj 20-75 mm, armament 1 tun cal. 76,2 mm, 3 mitraliere DT calibru 7,62, viteza 42 km/h.

[2] **Il-2**, avion de atac puternic înarmat şi blindat, construit de S. Iliuşin, lansat la aer în primăvara anului 1939. Primele versiuni de producţie cu cabină pentru pilot şi motor protejat de plăci blindate cu greutatea de 700 kg erau înarmate cu două tunuri mici calibru 20 mm, două mitraliere calibru 7,62 şi 8 rachete calibru 82 sau rachete şi bombe. În 1942, în cabina pilotului a fost adăugat un loc pentru un trăgător care deservea cea mai grea mitralieră şi s-a întărit încărcătura de bombe până la 600 kg. Aceste avioane au jucat un rol foarte important în luptele de pe frontul de est.

Date tehnico-tactice *(Il-2M23):* motor cu puterea de 1600 CP, anvergura 14,5 m, lungimea 11,65 m, greutatea maximă la decolare 5873 kg, viteza maximă 450 km/h, armament două tunuri calibru 20 mm, sau două tunuri calibru 37 mm, o mitralieră grea calibru 12,7 mm, 8 rachete calibru 82 mm sau 132 mm, 600 kg bombe.

Iak-1, bombardierele *Pe-2*[1], produse începând de la sfârşitul anului 1940 şi bombardierele grele cvadrimotoare *Pe-8*.

Fără îndoială, primăvara anului 1942 ar fi fost un moment mai prielnic pentru intenţiile agresive ale lui Stalin decât vara şi toamna anului 1941. Armata Roşie ar fi fost mai bine pregătită pentru a învinge un duşman atât de puternic ca Wehrmacht-ul şi aliaţii lui.

Prima noapte de război

Era târziu, în seara zilei de 21 iunie 1941, când cei trei comandanţi supremi ai Armatei Roşii – mareşalul Semion Timoşenko, comisarul pentru apărare, Gheorghi Jukov, şeful Statului Major General şi generalul Nikolai Vatutin, adjunctul acestuia – au intrat în cabinetul lui Stalin. Aici era semiîntuneric, căci încăperea era luminată numai de lampa de pe biroul secretarului general. Acesta se plimba în jurul biroului şi, văzându-i pe nou-sosiţi, s-a apropiat de masa mare pe care era desfăşurată harta.

— Generalii nemţi au mai trimis un dezertor ca să provoace un conflict?, a întrebat el.

Se referea la ultima informaţie transmisă de Jukov, că la una din unităţile sovietice de frontieră ajunsese un caporal neamţ, care afirmase că armata germană ocupă poziţiile de pornire în vederea declanşării atacului care avea să se producă a doua zi, în primele ore ale dimineţii.

— Nu! Comisarul Timoşenko vorbea cu o voce gravă, ca şi când ar fi vrut să-l convingă şi în felul acesta pe Stalin că informaţiile despre atacul german sunt autentice şi pregătirile pentru atac foarte avansate. Considerăm că acel caporal neamţ a spus adevărul!

---

[1] **Pe-2**, avion uşor de bombardament, construit în 1938 de Vladimir Petliakov, deţinut în acest scop într-o închisoare specială. Constructorul a proiectat un avion de vânătoare bimotor puternic şi prototipul a fost lansat în aer la 7 mai 1939. Mai târziu s-a luat decizia să fie transformat în avion de bombardament şi prototipul a fost lansat în aer la începutul anului 1940. *Pe-2* erau preferate de echipaje datorită uşurinţei cu care puteau fi pilotate, stabilităţii în zbor şi posibilităţii executării unui atac foarte precis. Au fost produse în total 11.417 avioane, dintre care aproximativ 500 de vânătoare *Pe-2V*, şi un număr de avioane de recunoaştere *Pe-2R*.
Date tactico-tehnice: două motoare cu puterea de 1.100 CP, anvergura 17,16 m, lungimea 12,66 m, greutatea max. la decolare 7.680 kg, viteza 540 km/h, independenţa de zbor 1.500 km, armament 2 mitraliere calibru 7,62 mm, 3 mitraliere grele calibru 12,7 mm (sau două mitraliere grele calibru 12,7 mm şi un tun calibru 20 mm) şi 1.100 kg bombe.

Între timp, în birou intraseră membrii Biroului Politic.

— Ce trebuie să facem?, a întrebat Stalin. Fermitatea răspunsului lui Timoşenko îi zdruncinase convingerea conform căreia tot ce se întâmpla de câteva zile la frontieră era o provocare din partea nemţilor.

— Trebuie să dăm ordin armatei să pună toate unităţile în stare de luptă în zona frontierei!

Timoşenko, disperat, ştia că nu poate deschide discuţia pe această temă, căci nu mai era timp.

— Întâmplător, generalul Jukov, şeful Statului Major General, a pregătit un proiect de directivă în acest sens, a mai spus el.

— Citeşte!, a spus Stalin.

Nu a fost de acord cu textul directivei.

— Este încă prea devreme să dăm o asemenea directivă. Poate că vom reuşi să rezolvăm problema pe cale paşnică. Trebuie să dăm o directivă scurtă, în care să atragem atenţia că se poate declanşa o tragedie din cauza provocărilor soldaţilor germani. Unităţile de la frontieră nu trebuie să se lase sub niciun motiv provocate, a propus Stalin.

Elaborarea noii directive nu a durat prea mult şi, după ce a introdus câteva modificări, Stalin a semnat-o. La o jumătate de oră după miezul nopţii de 22 iunie directiva a fost lansată în eter. Era cu 135 de minute înainte de atacul german. Prea târziu! Ceea ce era şi mai rău pentru ruşi, comandanţii multor regiuni militare nu au primit telegramele de la Moscova, căci unităţile germane de diversiune infiltrate de câteva zile pe teritoriul sovietic, unde aşteptau ascunşi ora H, tăiaseră liniile telefonice.

În acelaşi timp, expresul Moscova - Berlin traversa huruind podul din Brest Litovsk. După ce a dispărut în depărtare, semaforul a dat cale liberă trenului de marfă care transporta grâne din Ucraina spre Germania.

Jukov a sunat din nou la Stalin.

— Tovarăşe Stalin, un alt dezertor ne informează că atacul va avea loc în primele ore ale acestei dimineţi.

— Cine e ăsta?

— Un muncitor comunist. Se numeşte Alfred Liskov din regimentul de infanterie 222 al diviziei 74. În jurul orei 21.00 a trecut Prutul, ca să ajungă la unităţile noastre.

— Să fie împuşcat pentru dezinformare, a spus calm Stalin şi a închis telefonul.

O clipă mai târziu, trecea pe coridorul cu covor roşu. A intrat în lift şi a coborât la parter. În faţa intrării în clădire se afla în poziţie de drepţi generalul Nikolai Vlasik[1], şeful gărzii lui personale. Văzându-l pe Stalin, a deschis portiera limuzinei blindate.

— La Kunţevo, tovarăşe Stalin?, a întrebat el în timp ce Stalin dispărea în bezna de nepătruns din interiorul maşinii.

Limuzina neagră şi vehiculele de însoţire au pornit spre Poarta Boroviţki, traversând străzile Moscovei adormite.

Până în acest moment nu există niciun fel de contradicţii în mărturiile care relatează desfăşurarea evenimentelor din cabinetul lui Stalin. Singura uimire poate fi trezită de plecarea dictatorului la vilă, într-un moment în care situaţia la frontieră era atât de tulbure. Dar el nu credea că nemţii vor începe războiul şi în rapoartele alarmante nu vedea decât încercări de provocare sau neînţelegeri obişnuite, aşa cum se întâmplă atunci când se adună la un loc un număr atât de mare de soldaţi. Era o noapte de sâmbătă când Stalin a plecat ca de obicei spre Kunţevo, localitate aflată la 35 km de Moscova. Întoarcerea la Kremlin nu ar fi luat mai mult de o jumătate de oră. Putem aşadar presupune că într-adevăr, dictatorul, plictisit de mutrele posomorâte al generalilor săi, îşi propusese să se odihnească în casa din pădure, cu atât mai mult cu cât duminica promitea să fie frumoasă. Nu se ştie la ce oră s-a întors la Kremlin.

Jukov şedea în cabinetul lui de la Statul Major General. El dădea crezare informaţiilor primite de la dezertori, confirmate şi de patrulele care observaseră mişcarea şi agitaţia neobişnuite de pe partea cealaltă a frontierei. E drept că în multe locuri nemţii ridicaseră baricade înalte sau atârnaseră pături, ca să împiedice vizibilitatea observatorilor sovietici, dar huruitul motoarelor, tot zgomotul pe care îl făceau soldaţii deplasându-se spre poziţiile lor de luptă nu puteau fi ascunse.

Imediat după ora 3.00, viceamiralul Oktreabski, comandantul Flotei Mării Negre, a sunat la superiorul lui, Nikolai Kuzneţov, comisarul

---

[1] **Nikolai Vlasik**, locotenent general, funcţionar al poliţiei politice secrete (din 1920), la recomandarea şefului GPU, V. Mejinkovski, în 1931 a început serviciul ca bodyguard al lui Stalin. Din 1936 până în 1943 a lucrat la Secţia Operativă, din 1942 până în 1946 a fost comandantul acestei secţii.
În februarie 1947 a preluat comanda secţiei de Pază şi Protecţie din Ministerul Siguranţei Statului (MGB). În decembrie 1952, ca urmare a intrigilor lui Beria, a fost silit să-şi dea demisia, a fost exclus din partidul comunist şi numit adjunct de şef de lagăr la Sverdlovsk. Curând după aceea a fost însă arestat sub învinuirea de menţinere a contactului cu V. Sternberg, suspectat de spionaj, iar la 17 ianuarie 1955 a fost condamnat la 10 ani exil la Krasnodar (sentinţa a fost scurtată ca urmare a amnistiei la 5 ani) şi degradarea şi pierderea medaliilor militare.

marinei militare, ca să-l informeze că vasele lui din portul Sevastopol au fost atacate de avioane germane. Curând, o veste alarmantă a sosit şi de la comandantul Flotei Balticii, care raporta mişcări ale vaselor germane în Golful Finic.

Amiralul Kuznetov s-a decis să nu mai amâne şi să-l informeze pe Stalin. La Kremlin a răspuns la telefon Loghinev, ofiţerul de serviciu.

— Tovarăşul Stalin nu este aici, a răspuns el. Nu avea voie să spună că Stalin plecase la vilă. Poate că nici nu ştia, căci existenţa casei de lângă Moscova era ţinută în cel mai deplin secret, fiind cunoscută numai cercului foarte intim al dictatorului.

— Am o informaţie deosebit de importantă, pe care trebuie s-o transmit personal tovarăşului Stalin, nu s-a lăsat amiralul.

— Nu pot să vă ajut, a spus Loghinev punând capăt convorbirii.

Amiralul a sunat din nou câteva minute mai târziu. Nu reuşise să-l găsească nicăieri pe Stalin, aşadar se decisese să-i dezvăluie secretul ofiţerului de serviciu.

— Vă rog să-l informaţi pe tovarăşul Stalin că avioanele germane bombardează oraşul Sevastopol! Este război!

Această informaţie nu a ajuns niciodată la Stalin. Ofiţerul i-a transmis-o lui Gheorghi Malenkov, iar el, furios, i-a telefonat lui Kuzneţov:

— Îţi dai seama ce spui? s-a răstit el la amiral, refuzând să asculte vreo explicaţie.

La ora 3.30 la Statul Major General a sunat şi şeful Regiunii Militare Vest.

— Avioanele germane bombardează oraşele noastre din Bielorusia!, a raportat el.

Trei minute mai târziu, generalul Purkaiev, şeful Statului Major al Regiunii Militare Kiev, a informat despre raidurile împotriva oraşelor din Ucraina.

Rapoartele veneau din ce în ce mai frecvent din toate părţile. Acum nu mai exista nicio îndoială. Nu mai erau incidente de frontieră. Era război!

Înainte de ora 4.00 în dimineaţa zilei de 22 iunie 1941, generalul Gheorghi Jukov a telefonat comisarului pentru apărare şi a raportat că primise câteva telefoane referitoare la bombardarea oraşelor sovietice de către avioanele germane. Timoşenko a dispus să fie înştiinţat Stalin.

Telefonul a sunat mult timp, până când generalul Vlasik a răspuns somnoros:

— Cine e la telefon?

— Generalul Jukov, şeful Statului Major General. Vă rog să-mi faceţi imediat legătura cu tovarăşul Stalin!

— Ce? Acum?! Tovarăşul Stalin doarme.

— Vă rog să-l treziţi, nu e timp! Nemţii ne bombardează oraşele!

Trei minute mai târziu, Stalin a venit la telefon. A ascultat raportul şi nu a spus nimic. Tăcerea din receptor se prelungea.

— M-aţi înţeles?, a îndrăznit să întrebe Jukov.

Tăcerea a continuat. Abia după câtva timp Stalin a întrebat:

— Unde este comisarul poporului?

— Discută la telefon cu Regiunea Militară Kiev.

— Vino la Kremlin cu Timoşenko. Spune-i lui Poskrebîşev să convoace toţi membrii Biroului Politic.

Această descriere a desfăşurării evenimentelor de la Statul Major General din zorii zilei de 22 iunie a fost consemnată în jurnalul său personal de mareşalul Gheorghi Jukov şi este considerată drept versiunea cea mai probabilă. Se ridică însă numeroase întrebări, care pun sub semnul îndoielii veridicitatea întregii relatări. În primul rând, de ce comisarul pentru apărare, cu grad de mareşal, l-a pus pe şeful Statului Major, cu grad numai de general, să-l înştiinţeze pe Stalin că începuse războiul? În viaţa unei ţări nu există eveniment mai important decât acesta şi este greu de imaginat că în acel moment omul care răspunde de forţele armate şi de apărarea statului se eschivează de sarcina de a-l informa pe superiorul său şi o încredinţează unui ofiţer inferior faţă de el ca grad şi funcţie! Din relatarea lui Jukov reieşea că Timoşenko a considerat că discuţia cu comandantul Regiunii Militare este mai importantă şi, fiind ocupat, l-a însărcinat pe Jukov să ia legătura cu Stalin! Dar este puţin probabil, deşi, dacă Jukov a minţit, nu are cine să-l contrazică, căci jurnalele au fost publicate în 1970, la 17 ani după moartea lui Stalin şi la 4 ani după moartea lui Timoşenko, iar generalul Vlasik, cel care îi răspunsese lui Jukov la telefonul de la Kunţevo, nu a spus niciodată nimic despre acesta.

Funcţionarii NKVD au afirmat după război că şeful lor, Lavrenti Beria, fusese cel care îl informase pe Stalin despre începerea agresiunii germane. Dar este puţin probabil, dacă ne gândim că, ceva mai înainte, ceruse demisia lui Dekanozov şi scrisese că tovarăşul Stalin prevăzuse în mod înţelept că în 1941 nu va fi război! În această situaţie, era mai bine pentru el să tacă, lăsându-l pe Stalin să uite de acel raport.

În acelaşi timp, continua activitatea febrilă a diplomaţilor germani şi sovietici.

La Berlin, la prima oră a dimineţii, secretarul ambasadei sovietice, Valentin Berejkov, a sunat la Ministerul de Externe, cerând o întrevedere a şefului său, ambasadorul Dekanozov, cu Ribbentrop. Dar a aflat numai că la Hitler are loc o consfătuire, iar ministrul Ribbentrop este ocupat acolo, ceea ce fireşte că era o minciună. De regulă, în astfel de situaţii tensionate, politicienii germani primeau indicaţii de la Führer să plece departe de Berlin, sau să spună că sunt plecaţi.

Neavând niciun răspuns de la Berlin, Stalin l-a pus pe Molotov să ia legătura cu ambasadorul german, care, convocat fiind, a sosit la Comisariatul pentru Afaceri Externe la ora 21.30. Se temea de întrebarea directă: războiul va începe curând? Spre uşurarea lui, Molotov i-a înmânat un protest în chestiunea încălcării spaţiului aerian de către avioanele de vânătoare, iar în continuare convorbirea s-a desfăşurat într-o atmosferă prietenească. Rusul s-a străduit să sondeze în ce măsură Germania este gata să înceapă noi negocieri pe tema normalizării relaţiilor dintre cele două ţări, iar Schulenburg a dat răspunsuri vagi.

— Acum a început vacanţa, a spus calm Schulenburg; în afară de aceasta, nu au plecat încă toate femeile, multe dintre ele au mai rămas.

Molotov a ridicat din umeri, dând astfel de înţeles că nu acordă prea mare importanţă acestei chestiuni. Din convorbire nu a rezultat aşadar nimic care ar fi putut să-i alarmeze pe ruşi.

Două ore mai târziu, la Berlin, ambasadorul Dekanozov a reuşit în sfârşit să obţină o întrevedere la Ministerul de Externe, dar nu cu Ribbentrop, ci cu secretarul de stat Weizsäcker. Şi această convorbire s-a referit în principal la încălcarea spaţiului aerian şi nu a adus nimic nou. Neamţul a respins protestul sovietic, afirmând că şi avioanele sovietice zboară deasupra teritoriului Germaniei.

Aşadar, sursele diplomatice nu au transmis niciun fel de avertismente. Stalin putea să plece liniştit la Kunţevo.

Abia la ora 3.00, ambasadorul von der Schulenburg a primit de la Berlin o telegramă în care i se ordona să distrugă cifrurile şi maşinile de cifrat şi să înmâneze fără întârziere comisarului sovietic pentru afaceri externe o notă informativă cu privire la începerea războiului.

La ora 16.30, Jukov şi Timoşenko au intrat în cabinetul de la Kremlin; erau acolo toţi membrii Biroului Politic convocaţi de Poskrebîşev.

Stalin, palid precum ceara, şedea nemişcat la birou, cu pipa stinsă în mână. Poate încă nu-i venea să creadă că izbucnise războiul. Aşteptau cu toţii să se întoarcă Veaceslav Molotov, care ieşise ca să se întâlnească cu ambasadorul german.

Friedrich von Schulenburg, însoţit de interpretul Gustav Hilger, a citit telegrama de la Berlin, în care guvernul german informa că, din cauza concentrării armatelor sovietice în zonele de frontieră, fusese nevoit să contraacţioneze. Nu era niciun cuvânt despre război.

— Înţeleg că este o declaraţie de război, s-a auzit după o clipă de tăcere vocea lui Molotov.

Schulenburg a ridicat mâinile, ca şi când ar fi vrut să spună că nu poate face nimic. Molotov a început să vorbească.

— Vestea pe care am primit-o acum – ridica tot mai mult vocea – nu înseamnă nimic altceva decât război, iar armata germană a trecut deja graniţa sovietică, oraşele sovietice Odesa, Kiev şi Minsk sunt bombardate de o jumătate de oră.

A vorbit în continuare despre agresiunea provocată, despre războiul pornit împotriva Uniunii Sovietice în pofida pactului de neagresiune şi de prietenie care leagă cele două state. A explicat că armata sovietică se afla în zonele de frontieră, deoarece acolo urmau să se desfăşoare manevrele de vară, iar dacă prezenţa lor neliniştea guvernul Reichului, ar fi fost suficientă o notă pentru ca aceasta să fie retrasă. În schimb, Germania începuse un război cu consecinţe incalculabile!

— Nu am meritat aşa ceva!, a încheiat Molotov.

Schulenburg nu a răspuns nimic. Instrucţiunile primite de la Berlin îi interziceau orice fel de comentariu. A amintit numai că, în conformitate cu principiile dreptului internaţional, personalul ambasadei trebuia să fie lăsat să părăsească teritoriul Uniunii Sovietice fără oprelişti.

După întoarcerea în cabinetul lui Stalin, Molotov, vizibil zguduit, a spus:

— Guvernul german ne-a declarat război!

Stalin, care văzându-l pe Molotov, se ridicase din spatele biroului, a căzut înapoi în fotoliu. Mult timp nu a spus nimic.

Jukov a decis să rupă tăcerea şi a propus ca toate forţele de la frontieră să fie aruncate în lupta cu duşmanul şi să oprească înaintarea sa.

— Nu să oprească, să zdrobească, l-a corectat comisarul Timoşenko.

— Daţi directiva, s-a decis şi Stalin să vorbească.

Ordinul de respingere a armatei germane şi de trecere la contraofensivă pe tot frontul, transmis în toate regiunile militare la ora 7.30 dimineaţa, a fost o expresie a neînţelegerii totale a situaţiei din armată şi de pe front. Acolo pornise la luptă aşa-numita armată germană a Răsăritului (*Ostheer*), sprijinită de unităţi române şi ungare, în total 120 de divizii de infanterie, 2,5 milioane de oameni, 3.350 de tancuri, 48.000 de tunuri şi mortiere, 2.200 de avioane.

Forţele Armatei Roşii din regiunile de vest ale statului numărau 2,9 milioane de soldaţi în 170 de divizii, 38.000 de tunuri şi mortiere, 1.470 tancuri şi aproximativ 1500 avioane de tip nou, peste 3.000 care staţionau deja în această zonă. Raportul de forţe nu lăsa să se întrevadă cataclismul pe care l-au provocat primele zile de război, dar numai 54 de divizii de infanterie şi două divizii de cavalerie erau în stare de luptă. Trenurile cu muniţie şi carburant stăteau în gări absolut neprotejate de raidurile aeriene. Avioanele de pe aeroporturile militare erau aliniate în rânduri drepte, aripă lângă aripă, ţintă ideală pentru piloţii germani. Era suficient să nimerească un singur avion, că benzina se apindea imediat şi în câteva minute întregul aeroport era în flăcări. Multe avioane fuseseră aduse cu o zi înainte, fără armament şi fără benzină, care trebuiau să sosească în zilele următoare. Echipajele lor nu puteau decât să privească avioanele germane care se roteau fără teamă deasupra aeroporturilor. Pretutindeni, Luftwaffe strângea o recoltă cumplită: în primele opt ore şi jumătate de război, aviaţia germană a distrus aproximativ 1.200 de avioane sovietice (dintre care 70-80% direct pe aeroporturi), obţinând supremaţia necontestată în aer.

Divizia rusă 48 de infanterie Baltica a pornit în marş de la Riga spre font, când au început dintr-odată să zboare jos deasupra arborilor avioanele de vânătoare Messerschmitt *BF 109* şi au tras prima serie de gloanţe spre ofiţerii şi soldaţii luaţi totalmente prin surprindere, căci nimeni nu se gândise să organizeze apărarea antiaeriană. Apoi, în înaltul cerului au apărut şi bombardierele *Ju 87*. Au lansat cu o neobişnuită precizie bombele de 250 kg pe drumul blocat. În timpul celor 20 de minute cât a durat raidul, divizia a suferit pierderi atât de mari, încât în momentul când au sosit unităţile germane nu a mai putut să se apere şi a fost nimicită în întregime.

Două divizii, 5 şi 126, care se aflau în poligoane la o depărtare de aproximativ 200 km de cazărmi, nu au mai putut să ajungă în raioanele fixate, ca să-şi completeze rezervele de muniţie, alimente şi carburant.

Unităţile de apărare antiaeriană destinate protejării oraşului Minsk tocmai îşi terminau instrucţia în poligoanele aflate la o distanţă de 430 km de oraş.

În raionul Tilsit, diviza 125 infanterie trebuia să facă faţă întregii grupe 4 germane de blindate, din care trei divizii de blindate şi două divizii de infanterie au împrăştiat unitatea sovietică fără să-i dea nici măcar şansa de a începe o acţiune.

Imaginea haosului cumplit în care piereau divizii întregi era accentuată de comandanţii care nu ştiau să organizeze apărarea, să stăpânească panica izbucnită în rândul soldaţilor după atacurile bruşte ale nemţilor. Nu ştiau nici unde se află detaşamentele lor. Comandanţii de companie şi de batalion, dintre care mulţi nu ştiau să citească o hartă, primeau ordine contradictorii sau nu aveau niciun fel de indicaţii şi îşi conduceau oamenii chiar în faţa tancurilor germane.

În dimineaţa zilei de 22 iunie, Stalin nu aflase încă dimensiunile înfrângerii. Legătura cu unităţile şi cu comandanţi s-a întrerupt, de pe front veneau informaţii contradictorii. Oare de aceea s-a decis să nu vorbească poporului, ci a trasat această sarcină lui Veaceslav Molotov? Aceasta este cea mai plauzibilă explicaţie a evenimentului care a avut loc în ziua de 22 iunie, la ora 12.15.

Crainicul de la radio a anunţat:

— Vorbeşte Moscova! Veţi asculta cuvântarea vicepreşedintelui Sovietului Comisarilor Poporului, Veaceslav Mihailovici Molotov, comisar al poporului pentru afaceri externe.

Molotov, lăsând să se înţeleagă că vorbea în numele guvernului şi al lui Stalin, a informat despre atacul trădător.

Stalin nu s-a prăbuşit nervos şi nici nu s-a ascuns la Kunţevo. Aceasta este versiunea prezentată mulţi ani mai târziu de Nikita Hruşciov, dar în acele zile el era departe, la Kiev, şi nu ştia prea multe despre ceea ce se întâmpla în preajma lui Stalin. Toate documentele şi amintirile oamenilor care au fost atunci la Kremlin atestă că dictatorul a lucrat foarte intens. După cum reiese din însemnările lucrătorilor secretariatului său, în prima zi de război a avut 29 de întâlniri, în ziua următoare 21. Şi tot aşa în zilele următoare. Şi ca întotdeauna, termina lucrul noaptea târziu.

Unităţile germane înaintau în adâncul teritoriului Uniunii Sovietice cu o viteză nemaiîntâlnită până atunci în război: multe divizii au parcurs în prima zi între 60 şi 90 km! La 29 iunie armata germană înconjura oraşul Minsk şi grosul Armatei Frontului de Vest. Aceasta însemna că de acolo până la Moscova nu mai era niciun obstacol! Se părea că războiul nici nu mai are sens şi că ar trebui căutate urgent alte soluţii decât cea militară.

Oare atunci să fi luat naştere la Kremlin complotul în urma căruia Stalin ar fi trebuit înlăturat de la putere şi tradus în faţa tribunalului, ca vinovat pentru marea înfrângere?

Se pare că în 29 iunie, la Statul Major General, Stalin s-a certat atât de rău cu Timoşenko şi cu Jukov, că Jukov a cerut ca Stalin să părăsească încăperea şi să nu-i mai deranjeze din lucru. Era cel mai vizibil semn că orele dictatorului sunt numărate. Se pare că Beria l-a prevenit cu privire la complot şi l-a sfătuit să părăsească imediat Moscova.

Stalin şi-a petrecut noaptea de 29 spre 30 iunie la vila lui, unde a sosit delegaţia Biroului Politic. Nu există nicio explicaţie de ce au plecat în noaptea de sâmbătă spre Kunţevo.

Când i-a văzut intrând în încăpere, Stalin i-a întrebat:

— De ce aţi venit?

Oare se aştepta la tot ce putea fi mai rău? Să i se aducă la cunoştinţă că, fiind considerat vinovat de înfrângere este arestat şi va fi dus în faţa tribunalului? Era foarte probabil. În situaţia unei rupturi totale cu trecutul şi a pierderilor uriaşe, se putea da vina pe dictatorul răsturnat de la putere şi se puteau începe tratativele cu nemţii, liniştindu-se în acelaşi timp societatea. Ruşinea acestei soluţii ar fi căzut asupra lui Stalin, care până atunci va fi fost mort.

Pe neaşteptate, Molotov a spus că Stalin trebuie să convoace Comitetul de Stat al Apărării (GKO) şi să se pună în fruntea lui, pentru a coordona acţiunile defensive. Oare în acest scop fusese nevoie să vină în toiul nopţii la Kunţevo? N-ar fi putut discuta chestiunea aceasta la telefon sau să aştepte până se întoarce Stalin la Kremlin?

Următoarele evenimente par să confirme posibilitatea pregătirii unui atentat de către comandanţii militari de cel mai înalt rang.

În ziua următoare, Stalin s-a întors la Kremlin şi curând, comisarul poporului pentru apărare a fost scos din funcţie şi trimis la Smolensk, pentru a prelua funcţia de comandant al Frontului de Vest. Vatutin, adjunctul şefului Statului Major General, a plecat şi el din Moscova, fiind numit comandant al Statului Major al Frontului de Nord-Vest. A mai rămas numai Jukov, ceea ce era cât se poate de rezonabil: Stalin îl aprecia şi avea nevoie de el, iar în astfel de împrejurări era în stare să dea uitării cele mai urâte jigniri – fireşte, numai pentru un timp. Iar Jukov avea să se convingă de acest lucru în 1946, când Stalin a pronunţat împotriva lui sentinţa de condamnare la moarte.

Ceea ce s-a întâmplat la Moscova în ultima săptămână a lunii iunie 1941 rămâne până astăzi cea mai mare taină din prima etapă a războiului secret al lui Stalin. Devenit mai puternic după înăbuşirea răzmeriţei, a început o nouă etapă...

Sfârşit

Bibliografie

Abramovitch R., *The Soviet Revolution 1917-1939,* New York 1962

Bailes K.E., *Technology and Society under Lenin and Stalin,* Princeton University Press, 1978

Bialer S., *Stalin and his generals, Soviet Military Memoirs of WWII,* Pegasus, New York 1969

Bregman A., *Najlepszy sojusznik Hitlera*, LTW, Varșovia 1997

Charmley J., *Chamberlain and the Lost Peace,* Ivan R. Dee, Chicago 1989

Conquest R., *The Great Terror: Stalin's Purge of the Thirties*, Macmillan, Londra 1968

Craig G., *The German Foreign Office from Neurath to Ribbetitrop, Diplomats 1919-1939,* Princeton University Press, 1953

Eyermann K.H., *Luftspionage,* Deutscher Militärverlag, Berlin 1963

Engle E., Paanenen L., *The Winter War,* Stackpole Books, Harrisburg, 1992

Kennan G., *Soviet Foreign Policy 1917-1941,* Princeton 1960

Leach B., *German Strategy Against Russia 1939-1941,* Clarendopn Press, Oxford 1973

Lossowski P., *Po tamtejstronie Niemna. Stosunki polsko-litewskie 1883-1939,* Varșovia *1985*

Pertek J., *Dzieje ORP Orzel,* Gdanski Dom Wydawniczy, Gdansk 1998

Rintala M., *Four Finns,* Berkeley and Los Angeles University of California Press, 1969

Rotmistrow P.A., *Wremija i tanki*, Moscova 1972

Tanner W., *The Winter War,* University Press, Stanford 1957

Upton A.F., *Finland 1939-40,* Davis-Poynter 1974

Upton A.F., *Finland in Crisis 1940-41,* Faber & Faber, 1964

Volkogonov D., *Stalin - Triumph and Tragedy,* Forum, Londra 1996

Werner O., *Marshal Mannerheim and the Finns,* Wiedenfeld and Nicolson, Londra 1967

„Wojenno-Istoriczieskij Zurnal" nr 4-6, 1989 r., nr 2 z 1990 r., nr 7 z 1991 r.

Cuprins

Partea I – Criza

PARTEA a II-a – Apărarea

Partea a III-a – Fortăreaţa

Partea a IV-a – Anul 1941

Urmează:

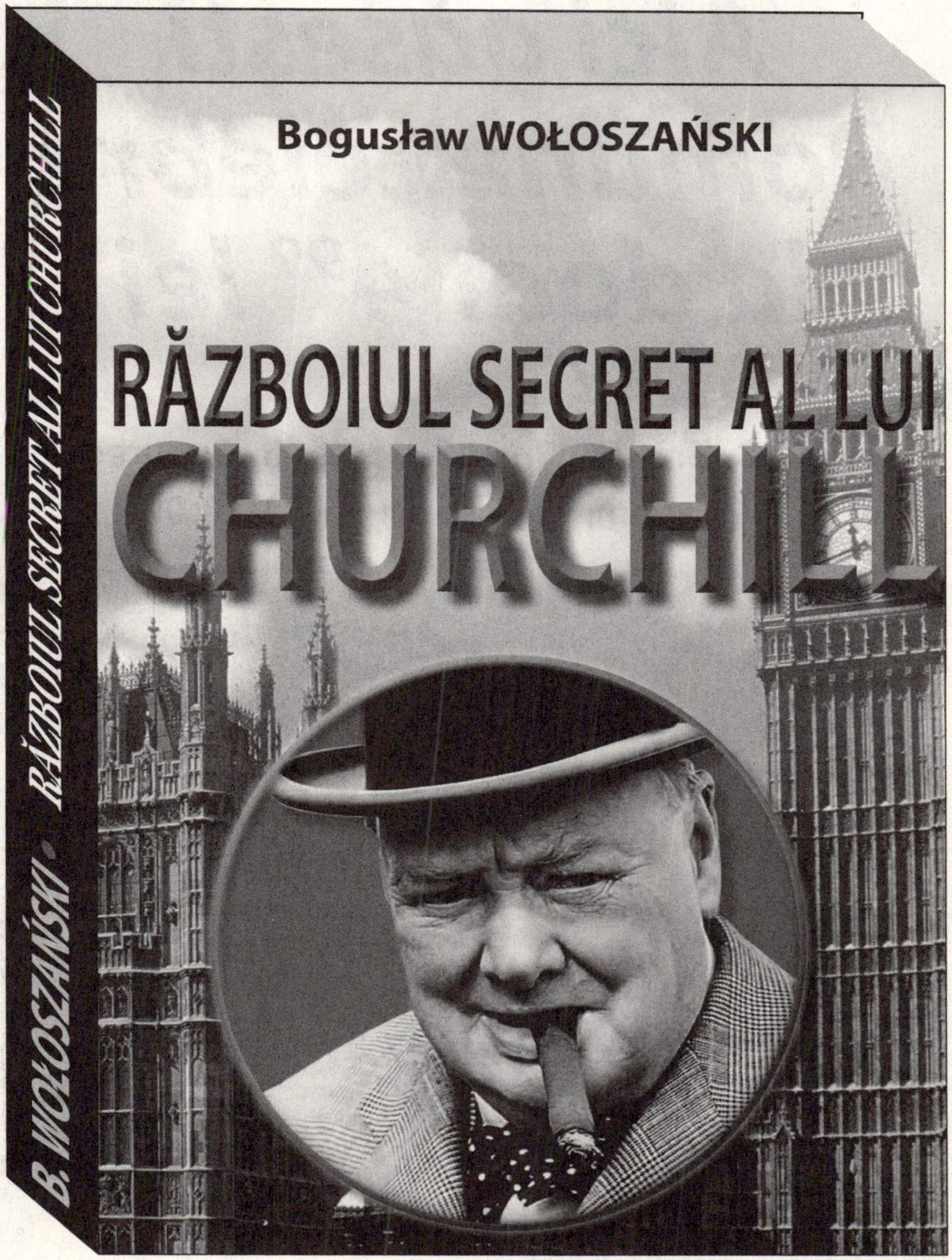
Bogusław WOŁOSZAŃSKI
RĂZBOIUL SECRET AL LUI
CHURCHILL
B. WOŁOSZAŃSKI • RĂZBOIUL SECRET AL LUI CHURCHILL

HOTELUL
INTERCONTINENTAL
LIBRĂRIA
ORIZONTURI
SPITALUL
COLȚEA

IMPORTANT

Pentru comenzile prin poştă completaţi talonul cu titlurile dorite.
ATENȚIE, ESTE NEVOIE SĂ TIMBRAȚI!

Vă rugăm să decupați pe linia întreruptă.

CLUBUL CĂRȚII ORIZONTURI

B-dul Libertății nr. 4, bl. 117, et. 7, ap. 20, sector 4, cod 040128, Bucureşti Tel: 317.76.79; 0744531333; *fax: 317.76.78;*
e-mail: orizonturi@editura-orizonturi.ro

Expeditor ____________________
Strada ________________ **Nr.** ____
Bl. ____ **Sc.** ____ **Et.** ____ **Ap.** ____
Județ. ____________ **Sector** ______
Cod ______ **Localitate** __________
Tel. ______________

CARTE
POŞTALĂ
Post răspuns

TIMBRU

Destinatar:

B-dul Libertății nr. 4, bl. 117, et.7, ap. 20, sector 4, cod 040128, București

TITLURI COMANDATE:

Titlul	Nr. ex.	Titlul	Nr. ex.
1. ______	____	6. ______	____
2. ______	____	7. ______	____
3. ______	____	8. ______	____
4. ______	____	9. ______	____
5. ______	____	10. ______	____